对外经济贸易大学远程教育系列教材

编审委员会

U0950277

对外经济贸易大学远程教育系列教材

管理心理学

（第二版）

Management Psychology

(Second Edition)

廉　茵　编著

对外经济贸易大学出版社
中国·北京

内 容 简 介

本书运用心理学原理对组织中人的心理和行为的规律进行探讨，详细阐述了各种传统和现代流派的组织管理学理论和有关的研究方法，研究了能力、气质、性格、知觉、价值观、态度等影响个体行为的因素及有关的激励理论，探讨了群体问题、组织的变革与发展。有助于学生对个体、群体、领导和组织层次的行为特点以及所蕴涵的心理规律的全面了解；有助于管理者提高对员工行为的预测和引导能力，并更有效地实现管理目标。

图书在版编目（CIP）数据

管理心理学／廉茵编著．—2版．—北京：对外经济贸易大学出版社，2013（2021.8重印）
对外经济贸易大学远程教育系列教材
ISBN 978-7-5663-0597-8

Ⅰ．①管… Ⅱ．①廉… Ⅲ．①管理心理学－高等教育－远程教育－教材 Ⅳ．①C93－05

中国版本图书馆 CIP 数据核字（2012）第 313641 号

管理心理学（第二版）
Management Psychology（Second Edition）

廉 茵 编著
责任编辑：李晨光

对 外 经 济 贸 易 大 学 出 版 社
北京市朝阳区惠新东街10号 邮政编码：100029
邮购电话：010－64492338 发行部电话：010－64492342
网址：http://www.uibep.com E-mail：uibep@126.com

三河市少明印务有限公司印装 新华书店经销
成品尺寸：185mm×230mm 21.25印张 451千字
2013年1月北京第2版 2021年8月第7次印刷

ISBN 978-7-5663-0597-8
印数：8 001－9 000册 定价：35.00元

总　序

（第二版）

2012年正值对外经济贸易大学远程教育学院（简称“贸大远程”）成立10周年。10年来，贸大远程在组织结构、管理体制、招生网络、教学管理、技术平台、教材建设、课件开发等方面已形成了自己的特色。远程教育的名人名师战略、西部战略，以人为本、终身学习的服务理念，以及多元互动的国际化办学特色已在社会上产生了较大的影响力，成为业内公认、全国知名的优秀网院之一。2010年在全国远程教育10周年庆典表彰活动中，贸大远程一举荣获网络教育教材建设奖金奖、国家网络精品课程（网络教育）建设组织奖银奖、优秀网络课程推广奖银奖、优秀论文奖和远程教育贡献奖等五项大奖，成为全国69家试点高校获奖最多的高校之一，受到了教育部和全国高校现代远程协作组的充分肯定和高度赞誉。

《国家中长期教育改革和发展规划纲要（2010—2020年）》强调指出：要“大力发展现代远程教育，建设以卫星、电视和互联网等为载体的远程开放继续教育及公共服务平台，为学习者提供方便、灵活、个性化的学习条件”。中国现代远程教育经过十余年发展，为实现教育大众化、促进教育公平、加快教育教学改革、推进教育信息化等做出了重要贡献。在远程教育系统中，教材无疑是与远程学习者关系最为密切的一个要素。抓好教材建设是办好远程教育的一项十分重要的工作，应充分认识教材建设在远程教育工作中的必要性和重要性。近年来，随着现代远程教育工程试点工作的展开，作为教学资源建设的一个重要组成部分，远程教育教材的研发也越来越为各办学机构所重视。早在2006

年，即“十一五”规划开局之年，贸大远程就率先组织本校具有丰富教学经验的优秀教师，以所开设的两个学历层次的七个特色专业为依据，以现有的导学课件为基础，编写了一套“对外经济贸易大学远程教育系列教材”。本套教材共分为经济贸易、工商管理、法律、金融与会计、行政管理、外语、综合七大系列，全面覆盖贸大远程相关专业的上百门课程。到目前为止，本套系列教材已经编写出版了近90种，其中，《商品学》、《投资管理》、《公共关系学》、《经济法学》和《商务英语写作》先后被评为“北京高等教育精品教材”；《公文写作》、《世界贸易组织概论》、《大学英语》、《国际商法》等教材经多次重印，仍畅销不衰。本套系列教材以品种全、质量高、成规模、销量大而著称，其选用者不仅限于贸大远程，而且涉及其他高校远程学院和培训机构；不仅在学校教学中发挥了重要作用，而且在社会上也具有良好的使用效果，产生了一定的社会效益和经济效益。

对于远程教育的教材而言，“质量与特色”是一个至关重要的问题。教材是否具有远程特色，是否适合远程学习者学习，直接关系到学习者的学习成效，也关系到远程教育的质量。贸大远程在系列教材的策划初期，就高度重视学生在开放教育环境中的个性化学习需求，突出成人教育和远程教育的教学规律，专门为远程学生量身定制。在系列教材的编写与出版过程中，学院高度重视教材建设，始终与作者和出版社保持密切联系，注重收集来自教师与学生的反馈信息，对教材进行及时有效的评价与更新，注重教材的系统性、针对性，确保教材的质量。在系列教材的使用过程中，随着国家政治经济形势的不断变化，国家法律法规的不断颁布与修订，学科的不断发展与知识的不断更新，以及学习者需求的不断变化，贸大远程审时度势，及时根据学院“十二五”教材建设规划作出了对第一版系列教材进行修订再版的决定，以顺应形势的变化、学科的发展以及学习者的需求，适应学院事业发展的新战略。工作着眼点从追求教材的“数量与规模”逐渐转为注重教材的“质量与特色”，着力打造贸大远程优质教材品牌。

第二版远程教材的修订，除了要继续保持和发扬第一版教材在编写体例、结构形式、版式设计等技术层面的原有特色外，更加注重对教材内容及体系的更新和创新，使之更加突出现代远程教育人才培养模式与教学规律，更加体现远程课程体系、教学内容和教学方法方面的改革创新，更加注重理论联系实际和对学员应用能力的培养，更能适应成人教育对象业余学习并以自学为主的特点和需要，较之第一版教材具有更强的针对性、实用性和可操作性。现代远程教育的一个本质特征就是教的行为和学的行为在时空上的相对分离，并以计算机、多媒体、网络为主要媒体的教育形式。在这种新的教育体制下，传统的纸介质教材虽然不再是教学活动的主要媒介，但是在当前技术条件还十分有限的情况下，它仍然是远程教学活动必不可少的辅助工具。有鉴于此，本次远程教材的修订工作，更是有针对性地提出了交互性、一体化的修订策略。力争在导学教材自身的交互性方面有所突破，并力争在媒体建设上实现一体化。将纸质教材与多媒体教学资源有机结合，充分发挥远程教育电子媒体教学资源的优势，减少纸质教材的篇幅。纸质教材要求简洁明了、重点突出。在纸质教材讲清楚基本概念、基本知识、基本技能基础上，拓展阅读参考资料，将与课程内容相关的法律法规、工具模板、操作范例等以多媒体网络资源的形式提供给学生。伴随第二版教材的修订工作，与之相配套的导学课件也将进入新一轮的更新制作阶段。

一套教材只有经过市场的考验，不断修订、完善与更新，才能打造成为精品之作。随着第一版远程系列教材的出版，已经整整过去6年了，经过贸大远程广大师生两至三轮教与学的使用与实践，经过社会大众学习者多年的选用与检验，教材的组织者、编写者和出版者从中积累了丰富的编写与出版经验。随着学院对教材工作的更加重视，我相信在不久的将来，将会有一批体系更加成熟、内容更加实用、形式更加新颖的新版教材陆续问市。步入“十二五”新的历史发展阶段，贸大远程将与时俱进、不辱使命，本着对学生、对社会高度负责的精神，及时推出第二版远程教育系列教材，这是我们贸大远程人为推动中国远程教育的进一步发展所尽的一份教育者的责任。

“读书百遍，其义自见。”希望广大学员养成读书的好习惯，多读书，读好书，并且学以致用。衷心祝愿本套系列教材的修订再版，能够进一步满足接受远程教育的广大学子日益增长的教育需求，伴随大家不断成长和进步。

对外经济贸易大学远程教育学院院长

2012年7月于北京

总　　序

（第一版）

中国远程教育的发展经历了三代：第一代是函授教育；第二代是广播电视教育；20世纪90年代，随着现代信息技术的发展，以网络为基础的第三代现代远程教育应运而生。到目前为止，教育部批准开展现代远程教育试点的高校共67所。对外经济贸易大学远程教育学院（简称“贸大远程”）是在中国加入WTO后的第一年，于2002年3月正式成立的。

现代远程教育作为新生事物，对传统的教学模式、学习习惯、获取新知的途径等产生了巨大的冲击。如何在网络时代打造学习型社会，构筑终身教育体系，是当今时代的重大课题，现代远程教育试点高校为此进行了许多卓有成效的探索。在网络教育的具体实践中，贸大远程始终坚持依托学校的整体优势和特色，坚持知识的内在逻辑性与职业、行业的市场需求的统一，坚持开展面向广大在职人员的现代远程教育，逐步形成了独具我校特色的“7+1”学习模式（即网络课堂、网上答疑、课程光盘、教材资料、适量面授、网上串讲、成绩检测，以及第二课堂活动），为学生个性化学习提供了广阔的空间。自2003年起，贸大远程连续3年蝉联新浪网、择校网、搜狐网和《中国电脑教育报》联合评出的全国“十佳网络教育学院（机构）”称号。值得一提的是，“国际贸易实务”课程荣获国家级奖项，“商务英语”等7门课程荣获北京市优秀教材一等奖和精品课程称号，另有10余门课程在全国性的远程教育课程展示会上获得大奖。

几年来丰富的现代远程教育实践和教学经验积累，为我们出版配套的贸大远程系列教材奠定了厚实的基础。目前，普通高等学校的现有教材并不完全适合远程教学，市面上真正用于现代远程教育的成规模的网络教材还不多见，与网络课件相配套的系列教材更是寥寥无几，因此为接受远程教育的广大莘莘学子专门设计符合他们需要的教材已成为现代远程教育发展的迫切需求。

基于以上原因，贸大远程按照学校一级教学管理体制，本着为社会、为学生服务的宗旨，致力于教学质量的保证和提高，特组织了国际经济与贸易学院、金融学院、国际商学院、英语学院、公共管理学院等学院的优秀教师，以目前开设的两个学历层次的7个专业为依据，以现有的导学课件为基础，编写了这套远程教育系列教材。本套教材共分为外语、经济贸易、工商管理、法律、金融与会计、行政管理、综合7大系列，全面覆盖两个学历层次7个专业的上百门课程。为了打造贸大远程优质教材品牌，我们与清华大学出版社和对外经济贸易大学出版社达成协议，计划3年之内全部出齐。

本套教材在策划编写过程中，严格遵循现代远程教育人才培养的模式与教学客观规律，充分考虑到远程学生在职和成人继续教育业余学习的实际情况，专门为远程学生量身定制而成，具有较强的针对性、实用性和可操作性。本套教材的编写具有如下特点：

一、在教材体系和章节的安排上，严格遵循循序渐进、由浅入深的教学规律；在对内容深度的把握上，考虑远程教育教学对象的培养要求和接受基础，其专业深度比本科有所降低，基础面相对拓宽，不是盲目将内容加深、加多，而是做到深浅适中、难易适度。

二、在每章开篇给出明确的学习目标与重点难点提示，涵盖了教学大纲的重点或主要内容。相对于传统的学校教育，远程教育更倚重于学生的自学能力和自控能力。明确的教学目标有利于学生带着任务有目的地学习。同时，教材中充分考虑到了学生学习时可能遇到的问题，给他们以提示和建议。由于本套教材的作者都是经过挑选的具有长期教学经验的优秀教师，且大多数作者都来自远程教学的第一线，是远程网络课件的主讲老师，能够为学生提供比较丰富的、切中要害的问题解答，从而使远程学生在学习时少走弯路。

三、在章后和书后分别设置“同步测练与解析”和“综合测练与解析”栏目，涵盖了本章及本书的重要知识点，并给出了详尽的参考答案，对难题还进行分析点评，列出解题思路与要点，更加方便学生自学。测验是检验教学目标是否达到的有效手段。由于远程学生是在虚拟的网络课堂上课，远离教师，处于相对独立的学习环境，教师不能通过直接交流，了解学生对学习内容的掌握情况，学生也由于与教师、同学之间的分离，无法判断自己的学习状况。针对这种情况，我们在教材中设置了大量自测自练题目。旨在通过这种自测自练方式，积极引导学生及时消化和吸收所学知识，不断加深对教材内容的理解，阶段性检查学习效果，全面复习和掌握所学知识，综合评判自己对知识的掌握程度，巩固最终学习成果。

四、考虑到有些专业课程具有较强的社会实践性，在教材的编写上也力争做到理论联系实际，注重案例的引入。尽可能安排一个或多个案例，并进行详细的分析讲解。旨在通过案例教学，对课程重点难点进行深化分析和实操训练，加强学生对知识点的理解和记忆，强化学生分析问题、解决问题的能力以及动手操作能力。

在本套教材的编写与出版过程中，我们得到了众多业界专家学者的真诚理解与支持，得到了清华大学出版社与对外经济贸易大学出版社的通力合作，在此向他们一并致以衷心的感谢。在前所未有的战略机遇期和“十一五”期间，相信本套教材的出版，必将是全国远程教育界一件很有意义的事情。衷心祝愿现代远程教育在建立学习型社会、构筑终身教育体系的进程中，在推动中国教育事业向现代化大教育形态的历史转变中，迈出更大更坚实的脚步。

对外经济贸易大学远程教育学院院长

谢毅斌

2006 年 7 月于北京

FOREWORD

再版前言

《管理心理学》一书自2007年出版至今，已有五年。随着世界经济全球化、信息化、一体化迅猛发展的同时，学科的发展，知识的更新对教育教材体系提出了更高的要求。在这五年的时间里，笔者一如既往地从事管理心理学、组织行为学以及人力资源管理方面的教学和研究。从多年的教学经验来看，虽然学科整体水平有待进一步提高，但引进、消化和本土化应该是学科的根本。鉴于教材使用者的范围，本着基础与前沿、本土化与国际化的宗旨，在2007版的基础上，结合当前心理学前沿、热点问题的讨论，结合积极心理学的最新研究，对部分章节和问题进行了进一步补充。希冀通过自己的努力使之更加完善，使得读者能从中受益。

本版在第一版的基础上，对部分章节或做补充或重新编写。重点在于使读者对组织管理情境中人的心理和行为最一般的规律有个清晰的了解，从而为进一步学习其他管理类的课程打下必要的理论基础。

本版保留了第一版的基本框架，仍然按照管理心理学的四个研究领域分别展开：

绪论。对第一章和第二章做了补充和完善。其中对管理心理学概述一节做了重新编写。

个体心理与行为。主要研究作为组织或群体角色的个体的行为学基础、个性、知觉、需要、动机、态度和行为激励等问题。其中对个性的形成进行了重新编写；对个性类型做了补充；增加了个性与行为部分的讨论；引进了积极心理学——自我效能感的概念。在态度一章引入了组织公民行为和心理契约的概念。

群体心理与行为。主要研究群体动力、群体沟通与冲突等问题，本版删掉了群体人际关系一章。在第七章新加入了群体决策部分的讨论。

领导心理与行为。主要研究作为动态活动过程的领导行为方式的选择及其效率分析，以及领导者的影响力、素质结构和领导决策的有效性。本版删掉了有关决策心理一节的讨论。

组织心理与行为。主要研究组织结构对组织成员心理活动的影响、组织设计与组织变革的心理阻力及其克服办法，以及组织心理环境等问题。

本版对第十一章工作压力与员工心理健康一章进行了重新编写。主要就当代社会人们普遍关注的积极心理学与心理健康方面的问题进行了讨论。

本书可供公共管理、人力资源管理等相关专业的学生、教师阅读参考，也可供各级政府公务员培训使用。

在此感谢于福源、李佳、李缨、曹文姝、王冠、穆睿清、杜吉静、肖桂珍、吕淑云在本版写作中给予的极具价值的建议。

由于编者水平有限，书中谬误和不妥之处在所难免，恳请同行专家和广大读者批评指正。

廉　茵

2012 年 8 月于北京育新花园

CONTENTS

目　录

第一编　绪　论

第二编　个体心理

CONTENTS

PART ONE Introduction

PART TWO The Individual

PART THREE The Group

PART FOUR The Organization

第一编　绪　论

第一章

CHAPTER ONE

概　　述

学习目标

通过本章的学习应该掌握管理及心理学的基本概念，了解管理心理学的研究对象、内容和方法，以及管理心理学在整个心理学科中的地位、心理学与行为科学这一综合学科之间的关系等。

重点难点提示

- 心理学的基础理论
- 管理的实质
- 管理心理学的研究对象、内容和方法
- 管理心理学与其他学科的关系
- 行为科学与心理学

第一节　心理学的基础理论

一、科学心理学的界定

英文中“心理学”一词Psychology系由希腊文Psyche和logos两字演变而成，前者意指“灵魂”（Soul），而后者意指“讲述”（Discourse），合之则谓“关于灵魂的科学”。其只具哲学意义，而中国古代汉语中的“心”是指思想感情上的器官，“理”是“成物之文”（韩非语），亦即规律、条例、准则。韩非认为人的七情六欲无不来自于心。心理学从长期孕育在哲学之中，到开始被视为科学，也只是研究一些精神方面的问题。直至20世纪20到60年代，才被界定为研究行为的科学，并加入了心理历程的概念，从而使得心理学具有了内外兼顾的现代心理学的特征。

心理学在当代生活中几乎尽人皆知，人们亦颇感兴趣，但大多都只是望文生义，难以确知“心理”的真正含义，因此，心理学常常被人误解也就在所难免。1879年，冯特（Wilhelm Wundt，1832—1920）在德国莱比锡开了心理学的先河，建立了第一个心理学实验室，自此，心理学便成为一门独立的科学屹立于世界科学之林。所以，心理学是一门渊源数千载却只有百余年历史的学科。虽然一百多年来，心理学有了长足的发展，在人类生活的各个领域得到了广泛应用，但是，我们也应该看到心理学独立发展的历程较短，更为重要的是，心理学研究客体即“人”的独特性。与其他学科相比心理学具有一定的难度，有人将其看作玄虚奥妙，深不可测的东西；有人将之与算命、占卜、相面等混为一谈；更有甚者，将其称为“伪科学”列入“禁区”。所以有必要对心理学进行科学的界定。

二、心理学的性质

任何一门科学之所以能称之为科学，首先就在于它研究的是某一领域对象的共同规律。而心理学的任务恰恰就在于探求人们这种千差万别的心理、行为可遵循的规律。在现实生活中我们常常会看到人们之间在行为习惯、认知风格、个性品质等方面有着非常明显的差异，但另外，也应看到人们的诸多差异中有着共同的规律。由于有了共同的规律，我们才得以了解人们行为习惯的形成过程，以及对个性进行分类等等。

科学最重要的特征是具有客观性和可验证性。所谓科学的客观性即指科学研究必须保持真实、准确；科学研究的结果通常是经过精心设计的程序，在一定的条件控制下而获得的，其结论须明确而客观，避免因各种主观偏见而导致的主观解释。所谓科学的可验证性即指科学研究所获得的科学规律应该经得起别人的验证。正如在标准大气压下，任何物理学家都可以在0度时使水结冰，在100度时把水煮沸；在某一实验室由某位心理学家所得的结果，按照相同的实验进行，在另外的实验室由另一位心理学家应得出同样的结果。

三、心理的实质

心理学是一门研究人的心理现象及其规律的科学。心理现象是人脑对客观现实的主观映象。心理是如何产生的？对此问题有多种回答。主观唯心主义者认为心理是一种主观存在；客观唯心主义者则认为心理是一种“绝对精神”；机械唯物主义者认为心理是由物质派生的。以上这些理解都是错误的。只有辩证唯物主义者才科学地揭示了心理的实质：心理是脑的机能，是人脑对客观现实的主观、能动的反映。

（一）脑是心理活动的器官

产生心理活动的器官究竟是什么？人们并不是一开始就十分清楚的。历史上，相当长一个时期，人们曾经认为心脏是产生心理活动的器官。西方有人认为心脏产生心理活动，如同胆囊分泌胆汁。同样，汉语中也保留着这种错误认识的痕迹：与精神活动有关的字大都带有“心”字部首，成语“心中有数”、“心满意足”，以及至今我们还常说的“用心想一想”等等，都反映了这种认识的痕迹。

随着时代的进步，特别是近代科学的发展，人们逐渐认识到产生心理活动的器官是脑，而心脏与心理活动并无特别直接的关系。我国清代医生王清任早在1830年就指出脑与心理的关系。俄国生理学家谢切诺夫在其著作《脑的反射》一书中，把脑的全部活动解释为对事物的“反射”。之后，著名生理学家巴甫洛夫提出的高级神经活动学说，进一步科学地揭示了心理活动的脑机制。

这些科学研究结果告诉我们，脑是心理活动的器官。人们在睡眠或酒精中毒状态下，心脏活动与清醒时并无多大差别，但精神状态、心理活动却与清醒时大不一样。临床又发现，精神病人的心理活动与正常人相比，差别很大，而他们的心脏机能却与正常人相同。一个心脏机能正常的人，如果大脑受到损伤，心理活动就会部分或全部丧失。诸多事实和越来越多的研究表明，脑是心理活动的器官，人类一切心理活动的产生和发展无不依存于大脑这块物质。

（二）心理是对客观现实的反映

脑是心理活动的器官，心理是脑的机能。但大脑不能凭空和单独产生心理活动，只有一定的对象作用于人脑时，心理活动才可能产生。这一对象就是客观现实。所谓客观现实，是存在于主体意识以外的一切事物，包括自然现实、社会现实和主体自身的机体状况。人的一切心理活动，都是以客观现实中的事物为源泉的，没有客观现实，人的心理就会成为无源之水，无本之木。人之所以为人，决定的因素是因为人生活在人类的社会现实中，即生活在一定的社会制度、社会文化、社会风尚以及各种各样的社会关系之中。具备人类生理解剖特点的个体，一旦脱离了人类社会，其心理的发展就无从谈起。人们最早发现的“狼孩”卡玛拉正说明了这一点。客观现实是人类心理活动的物质内容，但客观现实不会自发地决定人的反映。只有客观现实作为人的实践活动的条件和对象时，对人的心理活动才有意义。人的心理在实践活动中发生和发展，并从不成熟走向成熟，从低级发展到高级。人的心理不仅在实践活动中发生和发展，而且还要受到实践活动的检验。

第二节　管理心理学概述

管理心理学（Management Psychology）也可称为组织管理心理学或行为管理学，在工商管理界称之为“组织行为学”，是工业心理学的一个重要分支。管理心理学是一门研究组织中人的行为与心理活动规律的综合性科学。它是应用管理学、行为学、心理学、社会学、生理学、伦理学、人类学等学科的原理，来研究组织管理中具体的社会心理现象，以及个体、群体、领导、组织中的心理活动、人际关系和人的积极性的一门边缘科学。管理心理学是把心理学的知识应用于分析、说明、指导管理活动中的个体和群体行为的工业心理学分支，是研究管理过程中人们的心理现象、心理过程及其发展规律的科学。20 世纪初，泰勒（F. Taylor，1856—1915）倡导的“科学管理”运动和闵斯特伯格（H. Muensterberg）开创的工业心理学是管理心理学形成的先导，而真正推动管理心理学产生的是 1927 年由梅约（Elton Mayo）领导的“霍桑实验”。直至 20 世纪 60 年代，管理心理学才真正成为一门独立的学科分支，并被人们广泛地应用。①

一、组织与管理

从广义上说，组织是指由诸多要素按照一定方式相互联系起来的系统。从狭义上说，组织就是指人们为实现一定的目标，互相协作结合而成的集体或团体。在现代社会生活中，组织（Organization）是指两个或两个以上的个体人们按照一定的目的、任务，以一定方式有意识地联系在一起，按照一定的规则从事活动的群体或社会集团。组织不仅是社会的细胞、社会的基本单元，而且可以说是社会的基础。

管理（Management）是社会组织中，为了实现预期的目标，以人为中心进行的协调活动。管理的实质就是使别人为组织目标而工作。管理包括多层含义：（1）管理是为了实现组织未来目标的活动；（2）管理的工作本质是协调；（3）管理工作存在于组织中；（4）管理工作的重点是对人进行管理。管理就是制定，执行，检查和改进。制定就是制定计划（或规定、规范、标准、法规等）；执行就是按照计划去做，即实施；检查就是将执行的过程或结果与计划进行对比，总结出经验，找出差距；改进首先是推广通过检查总结出的经验，将经验转变为长效机制或新的规定，从而针对问题进行纠正，制定措施。

① 凌文辁，郑晓明，张治灿，方俐洛．组织心理学的新进展．应用心理学，1997，3（1）：11－18.

管理自古就已存在，但是对管理进行科学研究是近代才开始的，主要起源于工业革命，后来人们将管理引入到了生产与经营活动中来。管理的主体是管理者。正如德鲁克所说，管理者的第一个责任是管理一个组织；第二个责任是管理管理者；第三个责任是管理工作和员工，主要是激励组织成员发挥其创造的热情，求得组织的最佳效果。同时管理又是一种社会现象或文化现象。管理或者管理活动是否存在，必须具备两个必要条件：两个人以上的集体活动；一致认可的目标。在人类社会生产活动中，人们总是或多或少地组织起来，通过协作来获取个人单独活动所不能得到的成果。管理过程主要包括两个系统：一个是技术系统；一个是社会心理系统。

二、人在管理中的地位

管理的主体是人，人是管理的核心。与管理有关的人的行为的研究，最早是由心理学家的关注而引起的。管理者对人以及人的行为的关注，使得管理更加科学，也更加富有成效。

现代管理的一个基本特点，就是强调以人为中心的管理。首先，必须承认人在现代化大生产中作用。众所周知，日本在 20 世纪 60 年代创造了举世瞩目的经济发展奇迹，有专家、学者分析认为，日本经济发展在世界取得领先地位，一靠科学管理，二靠科学技术，或者说“三分技术、七分管理”，科学管理本身体现着重视人在管理中的地位和作用，反映着对人的潜在能力与人力资源的有效开发和利用；而科学技术的创造、发展和应用，自然也离不开人，因为再先进的科学技术的实现，机器设备的正常运转，归根到底是要靠掌握着先进技术的人来完成。只有充分发挥人在现代化管理及现代化大生产中的主体作用，才能真正实现科学管理。其次，研究人的心理活动规律，有效地调动人的积极性，确保管理的科学性和有效性。心理学是研究人的心理发生、发展以及规律的科学，这就要求在运用科学研究方法的同时，还应考虑到心理与环境之间的关系，必须充分考虑到人的心理会受着客观环境的影响和制约，心理现象广泛存在于管理活动中，要理解和控制人的行为，就必须研究和掌握人的心理背景和心理活动规律。研究表明，产生行为的直接原因是动机，促使动机产生的原因有两个：一个是内在因素，一个是外在刺激。内在需要是一个人产生动机的根本原因。需要使个体产生欲望和强烈的驱动力，这种驱动力即为动机，是驱动人们从事某种活动的内在动力，进而导致行为的产生。因此，如何最大限度地激发人的动机，充分发挥人的潜能和积极性，从而实现所追求的目标是管理者必须关注的。最后，心理和行为的文化背景。在不同的文化背景下，对人的认识以及人的具体行为表现并不完全一致，研究表明，在组织中来自不同文化的员工之间的确存在一些明显的差异，在解释众多组织行为时，民族文化背景依然占据着很重要的位置。一项对比了 40 个国家员工的研究最终得出结论，民族文化能够解释员工在态度和行为方面将近 50% 的差异。在跨文化条件下如何克服异质文化的冲突，在不同形态的文化背景下，设计出切实可行的组织机构和管理机构，最大限度地挖掘和利用组织人力资源的潜在能力和价值，从而最大限度地提高管理的综合效益。东西方文化是两种不同的文化体系，由于管理的中心问题是人的问题，东西方对人的认识上的差异，在很大程度上影响着管理模式的形成和发展。

三、管理心理学产生的历史背景

管理心理学是和现代生产力、生产技术相联系的社会化大生产的需要分不开的。由于生产力的飞跃发展和生产关系中劳资矛盾的尖锐化，在资产阶级提出寻求新的管理理论与方法的同时，科学的进步与发展，也为管理心理学这一新的学科理论的形成提供了可能条件。在这个时期，心理学、社会学等学科理论均有了长足发展，相继出现了心理技术理论、群体动力学理论、社会测量理论及需要层次理论等。在 20 世纪初期，社会心理学及社会学等均已发展成为独立学科。上述这些学科理论的形成与发展，为管理心理学奠定了比较充分的理论基础，从而使管理心理学的产生由必需变为可能。

中国古代就有丰富的管理心理学思想。例如，春秋末年军事家孙武在《孙子兵法》一书中就写道："道者，令民与上同意也，故可与之死，可以与之生，而不畏危。"孙武强调领导与下属之间意愿协调一致的重要性，这在今天看来也是十分重要的管理心理学原则。

中国古代的管理哲学思想充分反映在关于人性的争论上。荀子认为"今主人性，饥而欲饱，寒而欲暖，劳而欲休，此人之性情也"（《荀子·性恶》）。他对人性的基本看法是"人之性恶，其善者伪也，"就是说，人的本性都是恶的，如果说善良那是假的。不过，荀子认为，人性是可以改造的，也必须改造，因此要"化性"，"起伪"，通过道德教育和法律制度，使人弃恶从善。

在对"人性"的看法上，孟子提出"性善论"："人性之善也，犹水之就下也"（《孟子》）。在他看来，人性的善良，正好像水性向下流一样，人没有不善良的，水没有不向下流的。这种"人性本善"的思想，通过在我国广为流传的传统儒学启蒙读物《三字经》的开篇首句"人之初，性本善"，便可一目了然。他把"善"看作是一种先验范畴，是人先天就具有的禀性，但他又认为并非每个人都能发挥自身的"善性"，因此要用礼教来陶冶。孟子的"性善论"显然是一种比较理想的看法，他用水这种自然现象比附人性，是任意的主观联系，丝毫不能说明"性善"的本质。

中国古代管理心理学思想已经受到管理心理学家的广泛重视，中国的有关古籍也成了一些国家培养管理人员的必读书目。

19 世纪末，资本主义得到发展，生产规模日益扩大，对企业的管理也更为复杂，劳动组织和合理安排也提到科学研究的日程。这时出现了科学管理的学派，其代表人物是泰勒。泰勒着重研究了工人操作合理化的问题，但他把人看成是经济人，忽视了人的社会性。

第一次世界大战对管理心理学的发展起了促进作用，参战各国都力图利用心理学原则来改进管理，提高生产为战争服务。例如，制定人员选拔和训练的方法，研究最有效的组织形式，调整工人与管理人员的关系等。战后，工业生产的发展提出了一些新的问题，如人在生产中社会性因素的作用等。以社会心理学家梅奥为首的一批专家进行了霍桑实验，提出了“社会人”的思想。他们认为，单靠物质刺激不能保证调动工人的积极性。良好的人际关系，有利的社会条件与工作效率有更密切的关系。此外，他们还提出了非正式组织在群体中的作用。

第二次世界大战中工程心理学的发展，强调研究人与机的关系，同时也提出了解决人与人关系，人与组织关系的问题。战后，许多学者总结了战时的经验，考虑到有必要建立一门研究人的行为的综合科学，认为可以把人与社会，人与生产中的诸因素统一加以考虑。于是 1949 年在美国芝加哥大学的一次讨论会上，便提出了“行为科学”这一名称。其后美国福特基金会给予了经济上的支持，在许多大学中开展了有关行为科学的研究，并出版了行为科学杂志。

由于行为科学这一名称过于广泛，有人把医学中的行为研究、动物行为研究等也包括在内，不能突出与生产管理有关的工作。所以后来有不少单位与专家采用组织行为学或组织心理学的名称，专指在一定组织内活动的个体和群体行为的研究。在中国则多用管理心理学的名称。

四、管理心理学的研究对象

管理心理学是研究组织管理过程中人们的心理现象、心理过程及其规律的科学。通过协调人际关系满足员工需要，充分调动员工的积极性、主动性和创造性，来提高组织工作效率，从而完成组织的总目标。人是最重要的资源，是管理的核心。管理心理学研究组织管理活动中人的心理行为规律，有助于采用科学的管理方法，提高组织管理效能和管理业绩。

任何一个组织都是由人和物两大因素构成的。两大因素在组织中形成了三大关系系统，一个组织是由人和物这两大因素构成的。

（1）物—物关系：主要是技术管理的对象，包括材料、设备、资产、资金、技术等方面的管理。

（2）人—物关系：即人—机关系，是一个交叉系统，部分地作为技术管理的对象，但主要是劳动心理学与工程心理学的对象。

（3）人—人关系：主要是管理心理学的对象。

研究管理心理学的目的在于探讨、揭示人在管理活动中的心理活动规律，找出激励人的行为动机的各种途径与方法，以最大限度地发挥人的潜能。

五、管理心理学的研究内容

管理心理学的研究对象主要包括个体心理、群体心理以及组织心理和领导心理。

（一）个体心理

个体心理是指在组织管理活动中个人的心理、行为等。管理心理学主要研究与组织行为有关的人的个体特点，如动机、能力、性向等。个体心理、行为研究的核心问题是激励问题，同时还涉及如何运用个体在能力、气质、性格等方面存在的诸多差异施以有效管理的问题。所以一直以来有关个体心理与行为的研究都是管理心理学研究的重点课题。

（二）群体心理

群体心理是个体的心理和行为在群体活动中的体现。群体成员之间的相互作用、相互影响等群体活动构成了群体研究的主要课题。如群体动力（包括群体压力与顺从、群体的凝聚力、群体的冲突等），群体的沟通与群体的人际关系等。

（三）组织心理

组织心理是指组织整体动态变化过程中所表现出来的心理现象。组织是一个较大的系统，组织是个体与群体实现某种目标的工具，组织状况影响着个体与群体的工作效率。诸如组织结构、组织设计、组织文化、组织变革与发展等都是组织心理研究的重要课题。

（四）领导心理

领导心理是影响组织、群体以及个体心理，进而影响劳动生产率及组织发展的一个重要因素。由于领导者的特殊地位、特殊的角色身份以及职责与功能等，决定了他们的特殊性和重要性。诸如领导理论、领导影响力、领导者素质、领导者的选择、考核与培训等都是领导心理研究的重点课题。

第三节　管理心理学与其他学科之间的关系

管理心理学也可称为组织管理心理学，它在 20 世纪 50 年代产生于美国，但在它成为一门独立学科之前，有一段理论准备和实际运用的发展历程。

一、管理心理学的理论准备

（一）心理技术学

心理学的知识在企业和组织中的运用是从心理技术学（Psycho-technics）开始的。心理技术学的名称是由德国心理学家斯腾（L. W. Stern）在 1903 年提出的，但是最早进行心理技术学具体研究工作的是美国的心理学家闵斯特伯格（H. Munsterberg）。1912 年，闵斯特伯格所著的《心理学与工业生产率》一书出版。在这本书中论述了用心理测验方法选拔合格工人等问题。其主要观点可归纳为：尽可能有最好的工人；尽可能有最好的工作；尽可能有最好的效果。心理技术学研究的基本方向是解决如何挑选和培养合格的工人去适应他们所掌握的机器，或者简单地说，解决人适应机器的问题。心理技术学主要研究职业选拔和职业培训问题，此外，也研究疲劳、劳动合理化等问题。

（二）霍桑实验与人群关系理论

1924—1932 年，以哈佛大学的著名心理学家梅约（Elton Mayo）为首的一批学者，在美国西方电气公司所属的霍桑工厂进行了一系列的实验。其中包括：工作物理实验、福利实验、群体实验、谈话实验等。1933 年，梅约总结出版了《工业文明中的问题》，系统提出了人际关系理论：

（1）人是社会人，影响人的生产积极性的因素除了物质条件外，还有社会的和心理的因素；传统的管理的经济人假设认为金钱是刺激积极性的惟一动力。

（2）生产效率主要取决于职工的士气，而职工的士气主要取决于职工的态度，以及企业内部的人际关系；传统的管理认为工作效率取决于工作方法和工作条件。

（3）除了正式群体以外，还有非正式群体（亲密伙伴或哥们群体）这种无形的组织有其特殊的规范，影响着群体成员的行为。

（4）新型的领导能力在于通过对职工心理需求的满足来达到提高劳动生产率和工作效率的目的，主张“工人参与管理”、“倾听职工的意见”、“沟通人际关系”、“改善工人对公司的态度”。

霍桑实验第一次正式把社会学、心理学引入到企业管理领域之中。梅约等人通过霍桑实验提出的人际关系理论为管理心理学的形成奠定了理论基础，因此他被西方心理学界公认为是工业社会心理学的创始人和管理心理学的先驱。工业社会心理学实际上是组织管理心理学前身的名称，因此，霍桑实验可以说是组织管理心理学的先驱性研究。

（三）群体动力理论

创始人德国心理学家勒温（Kurt Lewin）借用物理学的磁场概念，把人的内在需求看成是内在的心理力场，把外在环境看成是外在的心理力场。当人的需要未得到满足时，会产生内部力场的张力，而周围环境因素起着导火线的作用。人的行为动向取决于内部力场与环境力场的相互作用，而主要的决定因素是内部力场的张力。根据“场”的理论，勒温提出了他著名的行为公式：

$$B = f(P \cdot E)$$

其中 B 代表行为，P 代表个人个性特征，E 代表环境，f 是函数。可以说，人的行为是个人与环境相互作用的函数或结果。

1933年，勒温移居美国后，把“场”的理论由过去只用于研究个体行为转向研究群体行为，提出了“群体动力”（Group Dynamics）的概念即群体活动的动向。“群体动力”理论对于组织管理心理学的形成和发展有很大影响，特别是对于研究群体行为作出了很大贡献。

（四）社会测量理论

创始人莫里诺提出社会测量理论（Sociometry）。1927年，莫里诺迁居美国，从事社会心理学的研究，提出了社会测量理论。通过填写问卷，让被试根据个人好恶对伙伴进行选择，并把这种选择用图表表示出来，这样可以使人们对群体中的各成员之间的关系进行分析。他原在维也纳的医院和研究所从事精神病治疗和研究工作，创造了所谓“心理剧”的治疗方法。

（五）需要层次理论

需要层次理论是美国心理学家马斯洛（A. Maslow）提出的。20世纪40年代，马斯洛发表了《人的动机理论》一文，其中论述了作为人的动机基础的需要层次理论。马斯洛认为，人的需要可分为五类，即生理、安全、社交、尊重和自我实现的需要。这些需要从低级向高级发展，形成金字塔形的层次。马斯洛的理论对组织管理心理学的发展有很大影响。目前，几乎西方的每本《组织管理心理学》或《管理学》教科书中都引用马斯洛的这一理论。这一理论在我国也有较大影响。

上述理论只是对管理心理学的发展有较大影响的几种，而不是全部。这些理论以及其他理论将在后面的章节中作较详细的论述和评论。

二、管理心理学与其他学科

管理心理学属于心理科学中的应用部门，是应用心理学的一个重要方面。这就是说，心理学的知识用于解决组织和管理问题就是组织管理心理学。在组织和管理方面运用较广的是心理学（普通心理学）、社会学、社会心理学、教育心理学、文化人类学以及政治学的知识，因此，在心理科学系统中，这六个方面与组织管理心理学有着较密切的关系。下面分别谈谈这六个方面。

（一）心理学（普通心理学）

心理学（Psychology）是研究人和动物心理现象发生、发展和活动规律的一门科学。心理学既研究动物的心理（研究动物心理主要是为了深层次地了解、预测人的心理的发生、发展的规律）也研究人的心理，而以人的心理现象为主要研究对象。因此总而言之，是研究人的心理活动的一般规律的科学。研究范围包括：人的心理过程和个性。心理学研究人和动物心理现象、精神功能和行为的科学，既是一门理论学科，也是应用学科。包括理论心理学与应用心理学两大领域。几乎所有涉及人类行为的社会科学，以及人们所生活的各个领域，都在不同程度地应用着心理学的研究成果，以及心理学的理论、方法和技术。管理心理学是其中的一门应用分支学科，主要研究人的心理活动在管理过程中的活动特点和规律。心理学与管理心理学是基础与应用的关系。了解人的心理活动规律是管理的一个重要方面。管理心理学要运用普通心理学提出的人的心理活动的一般规律，并使之在管理活动中具体化。普通心理学中关于心理过程和个性的知识都会在管理中发挥作用。普通心理学与管理心理学的关系是基础理论与具体应用的关系，管理心理学以普通心理学为基础，并在此基础上研究管理过程中人的心理活动的特殊规律。

（二）社会学

社会学（Sociology）的研究对象是人在社会系统中扮演的角色及人际关系，研究人在相互关系、构成群体和组织时所表现出来的复杂现象。提供了有关群体动力学、组织文化、组织理论与结构、组织技术以及沟通、权力、冲突等方面的知识。

（三）社会心理学

社会心理学（Social Psychology）的研究对象是群体中人们彼此之间发生相互作用的情况下所产生的心理活动规律。主要包括：个人心理活动对群体心理活动的影响；群体心理活动对个人心理活动的影响；个人与个人之间心理活动的相互作用、相互影响；群体与群体之间心理活动的相互作用、相互影响。社会心理学的这些内容在企业管理领域中的具体化运用也就是管理心理学的研究内容。

（四）教育心理学

管理心理学与教育心理学（Educational Psychology）也有着极为密切的关系。二者分别研究管理过程中和教育过程中人的心理活动规律。在塑造人的品质、形成人的能力、指导和控制人的行为等方面有着共同的内容。教育心理学和管理学提出的原理和规律可以彼此借鉴、互相启发。管理者同时也应该是教育者，对人进行管理时必然包括教育的因素。

（五）文化人类学

人类学（Anthropology）是研究人类的体质特征及其变化与发展规律的科学。其研究内容包括：人类的进化历程、现代人体质特征与类型在个体间的变异、性别差异和年龄的变化等问题。人类学可划分体质人类学和文化人类学。文化人类学研究人类群体的演化过程和不同群体之间的文化差异。

（六）政治学

政治学（Politics）以政治环境下的个体行为和群体行为为研究对象，以冲突的结构、权力的分配以及人们如何操纵权力、维护个人利益为主题。对于我们了解组织中人们的行为起着非常重要的作用。

三、行为科学与心理学

行为科学（Behavioral Science）是由心理学、社会学、社会心理学、文化人类学以及一切与研究行为有关的学科组成的学科群（学科丛），它研究人的行为规律，借以控制并预测行为。

行为科学研究的对象是人的行为。人的行为千差万别，影响人的行为的因素也是多种多样。如前所述，勒温提出的公式 B = f（P·E）就反映了人的行为最一般的规律。掌握人的行为规律，就可以预测进而控制人的行为。

行为科学研究的内容相当广泛，涉及了与人类行为有关的众多学科的研究，但在众多的学科中，居于核心地位的是心理学、社会学、社会心理学和文化人类学。其中心理学、社会心理学在行为科学中占有举足轻重的地位。人的心理现象是在人们的活动过程中产生的，人的心理对行为起着调节作用，要了解行为的规律，心理学的知识是必不可少的。另外，还要研究影响人类行为的社会因素，如组织结构、身份、权力、冲突等对行为的影响，因而社会学在行为科学中也占有重要地位。

行为科学运用的范围也非常广泛。如，行为科学的知识用于各种组织的管理，称为组织行为学；行为科学的知识用于教育和医疗工作可以改造儿童的不良行为，称为行为矫正（Behavior Modification）技术等。

第四节　管理心理学的研究方法

一、行为测量的标准

管理心理学研究通用的因变量是生产率、缺勤率、离职率和工作满意感，这实际上就是行为测量的标准或称效标。

（一）生产率

在管理心理学中，生产率（Productivity）有时也称为工作绩效（Performance）。一个人或一个组织，如果以最低成本实现了从投入到产出的转换，达到或超过了预期的目标，我们会说，这个人或者这个组织有很高的生产率。

生产率可以从量和质两个维度来测量。从量的维度来看，是以生产或完成工作的“单元”数来计算的。通常这种测量与一定的时间周期有关，例如，操作工每月的产量，推销员每月完成的销售额，打字员每小时打字的数量等。从质的维度来看，主要是指人为的差错率，包括废品率、经济损失、资源损耗等。

生产率还包括效能和效率的概念。效能（Effectiveness）与效率（Efficiency）是两个不同的概念。举例来说，两个卡车司机，驾驶同一型号卡车，用同样时间（4 小时）把同样的货物从甲地运到乙地，这表明，两个司机有同样的效率。但如果一个司机的耗油量多于另一个司机的耗油量，则表明后者的效能高于前者。

总之，生产率是行为测量的最重要的指标之一。

（二）缺勤率

缺勤率（Absenteeism）包括旷工和迟到、早退。旷工可分为无故旷工和不得已旷工（生病、受伤、意外事件等）。测量旷工的指标主要是频次和持续时间（如数时、数天等）。管理心理学研究表明，频次是比持续时间更有效的指标。迟到、早退是最容易测量的指标，虽然这一标准可为管理的目的服务，但管理心理学研究很少使用这种指标。

缺勤对于各类组织的工作绩效有很大的影响。有统计资料表明，美国各公司每年由于缺勤造成的损失高达400亿美元，而加拿大公司则达到120亿美元。缺勤的高峰期一般在周一和周五，尤其是夏季。我国还缺乏这方面的统计资料。

关于缺勤标准问题，研究者之间仍有一些争论。有人认为，应该用出勤率标准代替缺勤率标准；有人还提出所谓磨洋工式出勤，即出工不出力，这一问题与缺勤没有太大差别；等等。但无论如何，缺勤确实可以作为测量个人、群体和组织行为的一个重要指标。

（三）离职率

离职率（Turnover）也是测量行为的重要指标之一。如果一个组织离职率很高，就会增加人员聘用、选拔、培训等方面的费用。如果组织中有大量经验丰富、才能卓著的人员离开，必将影响组织的正常运作。

研究表明，离职并非对组织只有消极影响。应区别自愿离职和非自愿离职。非自愿离职是出于无奈，如健康、家庭原因以及合同期满等。下岗、被解雇等属于另一类问题。管理心理学侧重于研究自愿离职问题。美国学者道尔顿（Dalton）提出，应把自愿离职分为两类：功能性离职（Functional Turnover）和功能失调性离职（Disfunctional Turnover）。功能性离职是指个人想离开组织，而组织也认为该人离开对组织并无损失，组织对该人有消极的评价。功能失调性离职是指个人想离开组织，但组织想挽留该人，该人离开对组织的工作会产生一定影响。从组织的角度来看，前者有利，至少无害；后者则不利。因此组织应采取措施减少或防止功能失调性离职。

（四）工作满意感

工作满意感（Job Satisfaction）属于人的态度范畴，是指人对工作的态度、人对工作的情感反应。它也是管理心理学研究中测量行为的一个重要指标。

上述的生产率、缺勤率和离职率都是可以通过可见的行为变量加以测量的客观指标，工作满意感则是内隐行为变量，是需通过间接方法加以测量的主观指标。工作满意感与生产率、缺勤率和离职率有密切关系。

工作满意感不是一个笼统的概念，它可以被划分为一系列的维度来加以测量，如对工作本身、工作条件、工作报酬、晋升机会、上下级关系等的满意感。

二、管理心理学研究的具体方法

在研究方法方面，管理心理学并没有一种适用于解决一切问题的通用的方法。它主要以心理学及社会学的研究方法，如观察法、访谈法、问卷法、量表法、个案分析、准实验研究、社会调查、公众意见调查等方法为基础，结合管理实际，根据不同的情况、不同的问题，采用适宜的方法，使问题的解决有客观的科学的根据。目前，主要采用的方法有两大类：一为个案研究，二为实证研究。实证研究又分为现场调查、实验室实验和现场实验。具体有：观察法、实验法、调查法、测验法、个案法等。下面对常用的五种方法作一个简单的介绍。

（一）观察法

在日常生活条件下，观察者以感官为工具（如眼、耳），直接观察他人的行为，并把结果按时间次序作系统记录的研究方法，称为观察法。现代研究中，必要时也采用视听器材，如录像、照相机、录音机等工具，协助观察。

在实际情境中进行观察时，可按被观察者所处的情境特点分为自然观察与控制观察两种。自然观察是在完全自然的条件下所进行的观察，被观察者一般并不知道自己正处于被观察之中。控制观察是在限定条件下进行的观察。

按照观察者与被观察者之间的关系，还可以把观察方法分为参与观察和非参与观察两种。观察者直接参与被观察者的活动，并在共同活动中进行观察的方法称为参与观察；而观察者不参与被观察者的活动，以旁观者的身份进行观察的方法则称为非参与观察。

观察法目的明确、使用方便，所得材料比较系统，已在管理心理学的研究中得到广泛应用。但运用这种方法，只能了解大量的一般现象和表面现象，很难进一步了解复杂现象的本质特征。因此，最好能与其他方法合并使用，以便获得更大的效益。

观察法有两个显著特点：一是研究对象是自然发生和发展中的现象，而非人为创设的情景；二是对研究对象不施加任何干预和操纵，所进行的观察尽可能不影响其正常活动。其中自然观察有常用的变式，即个案研究和抽样调查，个案研究会在后面作具体介绍。

（二）实验法

实验法是管理心理学研究的重要方法之一。管理心理学涉及的大多是社会心理现象。

实验法按照实验场地的性质的差异，可以分为实验室实验和现场实验两种。

实验室实验是在专门的实验室内进行的，一般均可借助各种仪器设备而取得精确的数据。它具有控制条件严格、可以反复验证等特点。管理心理学研究中关于学习行为、信息沟通等许多实验都是在实验室中进行的。研究人员创设出一种人工环境，然后在控制条件下操纵因变量。它对变量的控制程度较高，其测量更为准确。但实验室实验具有很大的人为性，永远难以仿造出真实组织的种种特征，往往把复杂的问题简单化，因而许多实验室出现的现象在真实环境中无法实现。所得结果与实际情况存在一定的差距。

现场实验是在实际工作场所进行的。这种方法的特点是在自然条件下即在正常的生产、生活情境中进行，研究者严格控制影响心理活动的因素，尽量排除无关因素的干扰，从而说明在什么条件下，影响因素能够激发员工的生产积极性，提高劳动生产率。但因为现实工作场地的具体条件是非常复杂的，许多控制变量很难排除或在一段时间内保持稳定不变，所以往往需要有一个周密的计划，并坚持长期观察研究才能获得成功。例如，著名的“霍桑实验”是分为五个阶段进行的，它费时长达五年半，动员了以梅约为首的一批学者和许多相关人员参加。因此，这种方法需要投入较多的人力、物力和财力。另外，选择实验的组织也有偏差，如管理心理学中的绝大多数现场实验都是在成功的、有效的组织中进行的，而那些不成功的或危机四伏的组织有时不太欢迎研究者的介入。

（三）调查法

调查法是通过搜集各种有关材料间接地了解组织中人的心理活动的方法。调查法包括谈话法和问卷法两种。

1. 谈话法

研究者通过面对面的谈话，以口头信息沟通的途径直接了解他人心理状态的方法称为谈话法。

根据谈话过程中结构模式的差异，可以把谈话法分为两大类——有组织的谈话和无组织的谈话。有组织的谈话结构严密、层次分明，具有固定的谈话模式。主试根据预选拟定的提纲提出问题，被试针对所提的问题内容进行回答（这种问题一般涉及范围较小）。整个谈话过程中，被试犹如回答一个口头问卷。如招工考试中第一次谈话，了解年龄、学历等就属于有组织的谈话。而无组织的谈话结构松散、层次交叉、气氛活跃，没有一个固定的模式。主试提出的问题往往涉及一个很大的范围，被试可以根据自己的想法，主动地、创造性地进行回答。通过这种谈话，双方不仅交换了意见，也交流了感情。

运用谈话法时，主试既要根据谈话的目的，保持主要谈话问题的基本内容和方向，也要根据被试的回答，对问题内容进行适当的调整，更要善于发现被试的顾虑或思想动向，进行有目的的引导，还必须注意在整个谈话过程中保持无拘无束和轻松愉快的和谐气氛。

谈话法简单易行，便于迅速取得第一手资料，因而使用范围较为广泛。但由于关于被试心理特点的结论必须从被试本人的回答中去寻找，所以具有较大的局限性。

2. 问卷法

运用内容明确、表述准确的问卷量表，让被试根据个人情况自行选择答案的研究方法称为问卷法。常用的问卷量表有三种格式：是非法，选择法，等级排列法。

问卷法的优点是可以在较短的时间内取得广泛的材料，并使结果达到数量化。但问卷法所取得的材料一般要进行质量分析，因而无法把所得结论直接与被试的实际行为进行比较。

（四）测验法

采用标准化的心理测验量表或精密的测量仪器来测量被试有关心理品质的研究方法称为测验法。例如能力测验、人格测验、机械能力测验、驾驶员反应测验等。在管理心理学的研究中，测验法常常作为职工选择、人员安置的一种工具。

采用标准化的测验工具，应该特别重视信度和效度这两个基本因素。现在许多国家已经明确规定，用于人员选择的测验量表，信度系数必须达到或超过 0.8，效度系数必须达到或超过 0.6。

（五）个案法

对某一个体、某一群体或某一组织在较长的时间里连续进行调查、了解，从而研究其心理发展变化的全过程，这种研究方法称为个案法。如对某一先进班组经过较长时间的了解，对其人员状况、生产状况、人员的智力结构以及领导特性等主要因素进行深入细致地分析，整理出能反映该先进班组特性的详细材料。这份材料称为个案。个案法的优点是可以使所获材料全面细致。但因其只适合个别情况，其结果难以得到推广。

因此，以上所述方法都有一定的应用价值，也都有一定的局限性。在许多情况下，进行管理心理学研究并不是只采用一种方法，而是同时兼用几种方法，以达到取长补短、相得益彰的效果。究竟采用哪种方法最好，要根据所研究的具体课题和研究时所处的具体情境来确定。

第五节　管理心理学的发展

一、西方管理心理学的发展

西方管理心理学于 20 世纪 50 年代产生于美国，其主要标志是 1958 年，美国斯坦福大学教授黎维特《管理心理学》一书的出版。因此常用美国管理心理学概况来代替其发展历史。在美国，管理心理学原来并没有统一的名称，最早称为“工业心理学”、“工业社会心理学”，以后又称为“组织心理学”，也曾有人用过“管理心理学”的名称，只是随后才有了统一的名称，即“工业与组织心理学”（Industrial and Organizational Psychology）。美国早期的管理心理学，围绕职工的士气对生产效率的影响等传统问题进行研究，主要局限于工业企业的组织管理。

1959 年，美国心理学家梅尔把工业心理学分为人事心理学、人类工程学和工业社会心理学三个方面，这种划分得到学术界的普遍认同。其中的工业社会心理学实际上就是管理心理学。

1961 年，美国《心理学年鉴》发表了第一篇综述评论，标题是“工业社会心理学”，由著名工业心理学家弗罗姆（V. H. Vroom）和社会心理学家梅尔（R. F. Maier）撰写。该文指明，工业社会心理学应根据两个基本模型，即个体与社会系统这两个分析单元来研究管理中的社会心理问题。这一学科由工业心理学（以个体为分析单元）和组织心理学（以工作组织为分析单元）所组成，因此，合并称为工业与组织心理学。

1964 年，美国《心理学年鉴》发表了第二篇综述，标题是“组织心理学”，作者是著名管理心理学家黎维特（H. J. Leavitt）等人。这篇综述介绍了 1954—1964 年组织心理学方面的研究成果。从这篇综述中可以看到，工业组织心理学研究的初期有下述特点：

其一，工业与组织心理学正在成为一门独立的学科，研究的对象主要限于产业组织。

其二，研究人员以心理学家为主体，但社会学家和文化人类学家开始加入到研究团体中来，研究队伍在不断扩大。

其三，研究工作还局限于少数单位，主要在一些大学的心理学系和商学院。

其四，研究的课题在逐步扩大，从开始研究人员选拔、培训等问题，逐步发展到研究职工士气对生产率影响等问题，进而扩大到研究组织中的信息沟通、决策、人际关系、组织结构设计等问题。

20 世纪 60 年代至今，随着科学技术的迅猛发展和智力劳动在社会劳动结构中所占比重的迅速增加，管理心理学也发生了如下几方面显著变化。

（一）研究机构不断扩大，专业研究人员迅速增加

据美国心理学会统计，美国工业与组织心理学学会的会员在 1960 年为 734 人，而 1991 年增加到 2 481 人，目前美国工业与组织心理学专业人员在 3 000 人以上。据统计，这些人员大约有 36% 在大学和研究部门工作，有 57% 在工业、商业、政府、军队和咨询部门从事实际工作，还有一些人在其他部门工作。到 1989 年，美国有 88 所大学培养管理心理学专业的博士研究生，其中有 46 所授予工业与组织心理学博士学位、42 所在大学商学院授予组织行为学博士学位，另有 26 所大学培养硕士学位研究生。这些研究机构至今比较稳定。

（二）研究课题日益广泛、深入

美国工业与组织心理学的研究课题在不断深化的基础上逐步扩大。其研究课题包括：劳动力的变化、组织特征、组织文化和组织气氛，培训体制、劳动团体及其效率、工作激励理论与实践、新工作场地技术的挑战、组织中的权力和领导、用模拟方法开发管理才能、管理中的妇女与少数民族问题、人力资源规划、工作现场压力的管理措施、员工的适应和良好状态项目规划、行为的组织背景和群体背景、绩效评定中的认知过程、雇用与吸引力、绩效标准、培训需要分析、培训设计的认知模型、训练迁移的促进、开发的经验与辅导等等。此外，新的研究领域也正在不断开辟。例如，总体系统的布局、工会的社会化、失业人员的过渡组织、多样化的管理，以及以计算机为中介的信息沟通系统、组织研究中的多水平影响、职业经历中的晚期生活转变和全面质量管理等问题。

（三）研究方法更为科学

过去的研究往往采用单因素分析方法，现在则运用多因素分析方法。过去研究工作主要采取实验室实验方法，现在则逐步向现场研究、行为研究、参与观察和大规模的问卷调查转变。从统计方法论来看，近些年来也有很大发展。除传统的统计技术外，又开发出一些较新的技术，如结构均衡模型、项目反应理论、元分析、事件历史分析以及其他研究变革的方法。

（四）研究方向逐渐趋于综合化

过去研究人员主要是心理学家，现在社会学家、人类学家、经济学家等都参加到研究队伍中来，使工业与组织心理学问题的研究成为跨学科性质的研究。20 世纪 50 年代，出现了“组织行为学”这一新兴的交叉边缘学科。组织行为学是综合运用与人有关的各种知识，采用系统分析的方法研究一定组织中人的行为规律，从而提高各级主管人员对人的行为的预测和引导能力，以便更有效地实现组织目标的一门科学。目前，尽管许多人认为组织行为学就是管理心理学，但至少在研究方向上，组织行为学比以往的管理心理学更加综合化。

二、管理心理学在中国的发展

虽然我国传统文化蕴含着丰富的管理心理学思想，但这些思想基本上停留在经验和朴素的认识上。管理心理学作为一门独立的学科，是从西方引进的。1935—1937 年周先庚在中央研究院心理研究所与陈立合作，在北平南口机车厂进行了关于职工提合理化建议的调查研究，试图从心理学的角度摸索调动职工积极性的途径。这是中国最早的工业心理实验研究。1935 年我国著名心理学家陈立撰写并出版了《工业心理学概观》一书，第一次从环境、疲劳、休息、工作方法、事故与效率，以及工业组织、激励与动机等重要方面，系统论述了中国工业心理学和管理心理学的基本问题。从 20 世纪 50 年代开始，我国已逐步开展工程心理学和劳动心理学的研究，但管理心理学的起步较晚。20 世纪 60 年代，我国学术界对西方正在迅速发展的工业与组织心理学知之甚少。直到 20 世纪 70 年代末，我国转向以经济建设为中心，工业部门感到需要运用心理学的知识调动企业管理者和职工的积极性，心理学界也感到需要开展有关生产管理中的心理学问题的研究，正是在这种改革和开放的形势下，管理心理学才逐步得到发展。1980 年中国心理学会工业心理专业委员会的成立，标志着我国管理心理学的起步。中国行为科学学会成立于 1985 年，迄今为止各省市基本上都成立了行为科学学会。

从 20 世纪 80 年代开始，我国有两个工业心理学的专门研究机构从事管理心理学的研究。一个是中国科学院心理研究所社会经济与心理行为研究中心（原名工业心理研究室），另一个是浙江大学的工程心理学（原杭州大学的工业心理专业）。它们均为博士学位授予单位。20 世纪 90 年代之后，随着我国人力资源管理热的兴起，全国许多高校的管理学院的部分教师开始从事管理心理学的教学和研究，一批硕士生和博士生以管理心理学领域作为学位论文的课题。从20世纪80年代起，我国翻译出版了一批国外较有影响的著作，如薛恩（Shein）的《组织心理学》（薛恩，1987）、马斯洛（Maslow）的《动机与人格》（马斯洛，2005）、麦考密克（McCormick）等人的《工业与组织心理学》（麦考密克，伊尔根，1991）以及一些以“管理心理学”和“组织行为学”命名的其他著作。1985年出版了第一部由我国学者卢盛忠编写的《管理心理学》教材，随后，又出版了许多管理心理学和组织行为学的著作。其中，比较有影响的有俞文钊的《管理心理学》（甘肃人民出版社，1988），陈立的《工业管理心理学》（上海人民出版社，1988），徐联仓、陈龙的《管理心理学》（光明日报出版社，1988）和王重鸣的《劳动人事心理学》（浙江教育出版社，1988）等。据不完全统计，目前这类著作逾百种。在这个领域内，也开展了多方面的研究，包括激励、人员测评、岗位胜任特征、工作业绩评价、管理培训与发展、领导的CPM理论、变革型领导、管理决策、跨文化研究、组织气氛和组织文化、组织公民行为等，取得了可喜的成绩。但是，与西方发达国家特别是美国相比，我国在研究和从业人员数量、成果的数量和创新性、社会影响等方面仍存在较大的差距。

三、管理心理学的新发展

（一）传统取向的管理心理学的新发展

进入20世纪90年代以来，管理心理学有一些新的发展动向，主要表现为如下几个方面（时勘，卢嘉，2001）。

（1）组织变革已成为全球化经济竞争中管理心理学研究的首要问题。随着经济全球化的潮流和经济结构调整，对企业重组、战略管理、跨国公司或国际合资企业管理的研究呈现强劲势头，由复杂性增加而导致研究的注意力全面转向整个组织层面。这个方面的研究主要探索组织变革的分析框架、理想的组织模式、干预理论以及变革代理人的角色。

与组织变革密切相关的是领导行为研究。受权变理论的影响，先后出现了多种领导理论。在组织变革中，管理决策显得十分重要。目前，在个体层面上，管理心理学比较注重决策和判断中所采用的认知策略和判断决策问题；在组织层面上，管理心理学主要分析不同背景下的决策模式、权利结构和参与体制，并特别重视决策技能的开发和利用。与组织变革密切相关的还有激励机制和企业文化，它们也成为管理心理学研究的热点。

（2）管理心理学强调对人力资源的系统开发。管理心理学更加关注研究管理者决策、技术创新和员工适应中必须具备的胜任素质，更加关注如何充分利用和开发人力资源。相应的管理心理学研究由原来的局部、分散转变为整体、系统。目前有关胜任特征评价、个体对于组织的适应性和干预问题的研究等人力资源问题正向纵深发展。

（3）管理心理学研究更加关注国家目标。在跨国公司和国际合资公司的比较研究、科技投入的行为研究、失业指导研究、劳动力多元化、国家金融安全等方面，均取得了客观的经济效益和社会效益。目前管理心理学家把组织作为开放的社会—技术系统来看待和研究，研究领域已突破传统框架，涉及管理培训与发展、工业业绩评价、管理决策、组织气氛和组织文化、跨文化比较等新领域。

（4）管理心理学研究除秉承强调生产率的传统之外，更加关注工作生活质量。管理心理学认为强调生产率与强调工作生活质量并非相互排斥的。如果工作生活质量不令人满意，是很难实现高生产率的。相反，高的生产率是拥有改善工作生活质量所必需资源的先决条件。管理心理学越来越重视有关工作满意度、雇员安全与健康、组织文化、组织承诺、心理契约、压力管理、工作—家庭平衡等方面内容的研究。

（二）积极管理心理学的兴起

传统管理心理学更多地关注组织、团队、管理者和员工等负面障碍问题的解决，例如，研究怎样引导和激励消极、懒惰的员工；研究更有效地解决冲突、压力和工作倦怠；改进不良的态度和对组织变革的抵制。积极管理心理学的提出弥补了传统管理心理学的不足。

此理论基础源于积极心理学（Positive Psychology）的研究成果。西方积极心理学的发展始于20世纪60年代，到了20世纪90年代，有关积极心理学的研究成果大量涌现。塞利格曼和席克珍特米哈依（Seligman&Csikszentmihalyi，2000）正式提出积极心理学的概念。受积极心理学理论的影响，鲁森斯（Luthans，2002）提出了积极组织行为学（Positive Organization Behavior）的概念。积极组织行为学是对积极心理品质和能力的测量、开发和有效管理的研究和应用，从而实现提高个体、群体和组织的绩效。它强调积极心理品质和能力的可测量、可开发和绩效相关性。自我效能感、希望、乐观、主观幸福感和恢复力被认作是积极组织行为学有关积极心理能力的典型代表。

本章小结

本章从管理及心理学的基本概念入手，详细地介绍了管理心理学的研究对象、研究内容以及研究方法（包括管理心理学研究的常用术语和具体方法），管理心理学在整个心理学科中的地位以及行为科学这一综合学科与心理学之间的关系等，同时还探讨了当今管理心理学发展的趋势和新课题。

重要概念

心理学　组织管理　管理心理学　心理技术学　霍桑实验　行为科学　信度　效度　积极心理学

同步测练与参考答案

一、判断题

1. 群体动力理论的创始人是心理学家勒温，该理论又被称为“场”理论。
2. 组织管理心理学产生于20世纪50年代的美国。
3. 美国斯坦福大学教授黎维特首次提出了管理心理学概念。
4. 构成组织管理心理学理论系统的相关学科有心理学、社会学、社会心理学、人类学、政治学。
5. 梅约指导的霍桑实验系列中有几个著名的实验分为照明度实验、福利实验、访谈实验、群体实验。
6. 梅约提出了非正式群体的概念。
7. 梅约认为在正式的组织内存在着自发形成的非正式群体，这种群体有自己的特殊规范，对其成员的行为起着调节和控制的作用。
8. 梅约提出了人群关系理论。
9. 管理心理学的研究内容包括个体心理、群体心理、组织心理和领导心理四个方面。
10. 管理心理学与普通心理学是应用与基础的关系。

二、选择题

1. 管理心理学的研究内容包括（　　）、群体心理、组织心理和领导心理四个方面。
   A. 组织文化　B. 认知心理　C. 激励心理　D. 个体心理
2. 1927年到1932年，以美国心理学家梅约为首的一批学者，在美国西方电器公司下属的霍桑工厂所进行的一系列实验总称为（　　）。
   A. 电器实验　B. 梅约实验　C. 霍桑实验　D. 系列实验
3. 管理心理学的基本研究方法有五类，它们是观察法、实验法、调查法、测验法和（　　）。
   A. 谈话法　B. 判断法　C. 个案法　D. 分析法
4. 下列各项中不属于管理心理学研究内容的是（　　）。
   A. 个体心理　B. 群体心理　C. 组织心理　D. 病理心理
5. 普通心理学与管理心理学的关系是基础理论与（　　）的关系。
   A. 研究方法　B. 具体应用　C. 应用模式　D. 传统研究
6. 群体动力理论的创始人是心理学家（　　），该理论又被称为“场”理论。
   A. 霍尔（Hall）　B. 勒温（Lewin）　C. 琼斯（Jeass）　D. 凯利（Kelley）
7. 谈话法和问卷法属于管理心理学研究方法中的（　　）。

A. 观察法　B. 实验法　C. 调查法　D. 测验法

8. 对某一个体、某一团体或组织在较长的时间里连续进行观察、调查、了解，是管理心理学研究方法中的（　　）。

A. 观察法　B. 个案法　C. 调查法　D. 实验法

9. 勒温的“群体动力场理论”指出，人的行为取决的因素可用下列公式来表示（　　）。

A. B = f（P·R）　B. B = f（P·E）　C. B = f（P·G）　D. B = f（P·L·E）

10. 心理科学体系中的基础学科是（　　）。

A. 普通心理学　B. 管理心理学　C. 工程心理学　D. 社会心理学

三、讨论题

1. 讨论管理的实质。
2. 简述管理心理学的研究对象、内容。
3. 讨论管理心理学的研究方法及优缺点。
4. 讨论管理心理学的理论准备。
5. 讨论管理心理学与其他学科的关系。
6. 简述行为科学与心理学之间的关系。

参考答案

一、1. T　2. T　3. T　4. T　5. T　6. T　7. T　8. T　9. T　10. T

二、1. D　2. C　3. C　4. D　5. B　6. B　7. C　8. C　9. B　10. A

三、略

第二章

CHAPTER TWO

管理心理学的基础理论

学习目标

通过本章的学习，了解管理学理论产生和发展的历程，了解并比较几种有关人性的基本假设。

重点难点提示

- 管理科学的产生和发展
- 行为科学理论
- 比较几种有关人性的假设
- 几种人性假设相应的管理措施以及对它们的评价

第一节　管理科学的产生和发展

管理活动源远流长，人类进行有效的管理活动，已有数千年的历史，但从管理实践到形成一套比较完整的理论，则经过了一段漫长的历史发展过程。随着资本主义的产生和发展，生产规模日益扩大，从手工业的生产方式发展为机器的生产方式，从手工业的作坊发展为现代化的工厂，企业管理也更为复杂。管理科学的初创阶段，最早始于19世纪末至20世纪初。首先，由美国工程师费雷德里克·泰勒创造出“标准劳动方法”和劳动定额，被称为“泰勒制”，并于1911年发表了他的代表作《科学管理原理》，泰勒被誉为“科学管理之父”。泰勒着重研究了工人操作合理化的问题，但他把人看成是“经济人”，忽视了人的社会性。与“科学管理理论”同期问世的还有法约尔的“管理过程理论”和韦伯的“行政组织理论”。这三种理论统称为“古典管理理论”。回顾管理学的形成与发展，了解管理先驱对管理理论和实践所作的贡献，以及管理活动的演变和发展的历史，这对每个学习和从事管理活动的人来说都是非常必要的。管理科学的发展，大致可以分为以下几个阶段。

一、古典管理理论

（一）早期管理

对资本主义管理理论第一个作出贡献的是亚当·斯密（Adam Smith，1723—1790）。亚当·斯密是英国资产阶级古典政治经济学派创始人之一，他的代表作是《国富论》。1776年，他第一个提出了生产经济学的概念，分析了劳动分工的经济效益，提出了生产合理化的概念。他观察到由于劳动分工而产生的三个基本经济优点：（1）分工可以使劳动者专门从事一种单纯的操作，从而提高熟练程度，增强劳动技能；（2）分工可以减少劳动者的工作转换，节约由一种工作转到另一种工作所损失的时间；（3）分工使劳动简化，可以使人们把注意力集中在一种特定的对象上，有利于促进生产工具的改革和机器的发明。他的劳动价值论，特别是关于分工的理论，对于资本主义的经济管理具有重大的意义。

另一个重要代表人物为大卫·李嘉图（1772—1823）。大卫·李嘉图是英国资产阶级金融家，古典政治经济学的杰出代表者和完成者，古典学派的最后一名代表。1817年，李嘉图《政治经济学及赋税原理》一书的出版在资产阶级经济学界产生了深远的影响。李嘉图发展和完善了古典政治经济学，他的主要贡献是对价值学说和分配学说奠定了科学基础。他的学说代表了上升中的工业资产阶级的利益。例如，他提出了级差地租理论，认为不同的地方，由于发展水平、土地资源状况的不同，地租存在着差异。他承认，资本主义生产关系是建立在各个阶级的利益互相对立的基础上的，但是，他坚持认为资本家和工人的对立从属于资本家和地主的对立。他还重视比较成本，认为商业完全自由的制度下，各国必然把它的资本和劳动用在最有利于本国的用途上。因而英国的工业最发达，发展工业的比较成本最便宜，就应当发展工业；而其他农业国家只能发展农业，为英国等工业国家提供食物和市场。

（二）传统管理理论

美国数学家巴贝奇于 1832 年发表了专著《论机器和制造业的经济学》，在亚当·斯密劳动分工学说的基础上系统地研究了有关专业化问题。他提出劳动分工可以提高经济效益的观点，认为劳动分工可以缩短工人掌握操作所需的时间，节约变换工序所浪费的时间，而且简单操作的重复有利于迅速使操作熟练化并掌握生产技巧，还可以促进工具和专用设备的发展。在有关管理的具体措施方面，巴贝奇认为，工人工资和奖金的衡量应以工人的专业技能为依据。巴贝奇认识到，为了争取工人的合作，必须提供新的刺激。他主张要在管理人员和工人之间寻求建立新的和谐的关系。

总之，早期的管理思想主要以提高效率为核心，同时也看到了人性的因素，在管理中注入了心理学的内容，这就是管理心理学的萌芽。

（三）科学管理理论

早期管理理论是管理理论最初的形成阶段，在这一阶段，侧重于从管理职能、组织方式等方面研究企业的效率问题，对人的心理因素考虑得很少或根本不去考虑。其间，在美国、法国、德国分别活跃着具有奠基人地位的管理大师，即科学管理之父泰勒（F. W. Taylor，1856—1915）、管理理论之父法约尔（H. Fayol，1841—1925）以及组织理论之父马克斯·韦伯（M. Weber，1864—1920）。

1. 泰勒（F. W. Taylor）——科学管理之父

泰勒重点研究在工厂管理中如何提高效率，提出了科学管理理论，科学管理的中心问题是提高劳动生产率，而科学管理的关键在于变原来的经验工作方法为科学工作方法。为此，泰勒提出了任务管理法和配备“第一流”的工人。在泰勒看来，工人最希望资本家提供较高的工资；资本家最希望支付工人最低的工资。双方都想谋得更高的经济利益，由此造成了劳资矛盾。换句话说，工业冲突的原因是对不充裕的资源使用不当。一块“经济利益的大饼”份额有限，其中一个分享者的份额要有所增加，势必会损害另一个分享者的份额；要增加工资，必然会降低利润。只有在这块大饼的大小固定的情况下，才会产生上述所说的利益冲突。如果能够更加有效地使用资源，使得整个经济物质和服务的供应有所增加，也就是增加“大饼本身的大小”，那么，“分饼者”各自所得的份额都可以不必争夺而有所增加，从而维系双方关系的和谐。为了达到劳资双方的目的，管理者应该寻求更好的工作方法以及选拔、训练职工的科学方法，以便提高生产率，不断增加企业利润，皆大欢喜，不至于因经济利益的冲突而使矛盾尖锐。

而要建立和谐的人际关系，关键是要为完成某一任务找到“最好的方法”。测定要完成工作最适宜的速度和方法，训练工人按照这种速度和方法去完成工作。同时对那些出色完成工作任务的工人实行奖励工资制度。

泰勒从1874年开始在一家小型公司里当学徒，1878年以后，先后在米德维尔和伯利恒钢铁公司做工。他晋升很快，6年之内从普通工人晋升为领班、车间工长、车间主任、总机械师，直至总工程师。1900年左右，他在伯利恒钢铁公司实行了著名的“搬铁块”试验。为搬铁块的工人设计了一套标准的动作方式，按照这套标准动作干活，可使每个工人的平均日产量由原来的12 700千克提高到48 260千克。这就是后来被称为“时间—动作分析”的试验，它为科学管理作出了贡献。以后泰勒又相继进行了“铁锹试验”、“金属切削试验”等一系列试验，提出了“劳动定额”、“工时定额”、“工作流程图”、“计件工资制”等一系列科学管理制度和方法。

泰勒成为科学管理的创始人，他的《科学管理原理》一书发表于1911年，在资本主义管理史上，他被称为“科学管理之父”。

他把管理的职能概括为以下四点：

（1）搜集、分析、整理企业所有经验数据，以发展科学的方法。

（2）对工人进行严格挑选和培训，以发挥其最大的能力。

（3）在工人和管理人员之间培养合作精神，以保证工人按科学的方法完成任务。

（4）在工人和管理人员之间进行明确、合理的分工，以保证管理任务的完成。

2. 法约尔（H. Fayol）——管理理论之父

与泰勒处于同时代的古典管理理论的代表人物是法国的法约尔。法约尔于1916年出版了他的著作——《一般工业管理》的法文版。在该书中，他系统论述了自己的管理思想，其中最主要的是提出了管理的基本要素或基本职能的观点和管理的一般指导原则。法约尔对组织管理进行了系统的研究，提出了管理过程的职能划分理论，他在其著作《工业管理与一般管理》中阐述了管理职能的划分，法约尔认为管理的职能是计划、组织、指挥、协调和控制。法约尔被称为“管理理论之父”。

法约尔认为，管理是一门艺术。他试图通过对具体实践的分析，寻找一套必须遵循的结构体系，以此提高管理水平。首先，他指出，管理不同于经营：经营包括技术、商业、财务、安全、会计、管理六种活动；管理只是经营职能中的一部分。其次，他认为，管理包括五个基本要素或基本职能，这就是计划、组织、指挥、协调和控制。尽管在他之后，一些管理学家修订和补充了他提出的这些管理职能，但这五种管理职能现在仍被管理学界认为是管理的基本职能。

3. 马克斯·韦伯（M. Weber）——组织理论之父

20世纪初期，另一位古典管理理论的代表人物是被誉为“组织理论之父”的德国社会学家韦伯。1900年，其主要著作《社会与经济理论》一书的德文版问世。在该书中，他提出了理想官僚组织体系理论，认为建立一种高度结构化的、正式的、非人格化的、理想的官僚组织体系是提高劳动生产率的最有效形式。他论述了组织、权力、领导等一系列管理问题，其中主要是提出了著名的“层峰结构”（又译“官僚结构”）（Bureaucracy）组织模式。他认为，组织应是一个权力集中、职责明确、管理严格的金字塔式的结构。此外，韦伯还提出了“超凡魅力”（Charisma）这一概念，用以描述优秀领导者的品格。所谓“超凡魅力”是指领导者对下属的一种天然的吸引力、感染力和影响力。这一概念一直受到研究领导者品质和风格的管理学家的重视，而且近些年一些学者对这一概念作了重新解释和定义，进行了深入研究，并充实了新的内容。

总之，泰勒、法约尔和韦伯是古典管理理论的三位代表人物。他们分别代表了19世纪末20世纪初管理理论发展的三个重要方面，即“科学管理”理论、“计划管理”理论和“行政组织”理论，成为现代管理学的先驱。泰勒的理论着重于研究基层管理，法约尔侧重于高层管理，而韦伯则偏重于组织理论的研究。这一时期以泰勒的“科学管理”为主要标志。

20世纪50年代以后，管理科学在广泛应用过程中，同许多社会科学学科和自然科学学科交叉、渗透，产生了种种管理学分支。例如：管理社会学、行政管理学、军事管理学、教育管理学、卫生管理学、技术管理学、城市管理学、国民经济管理学等。今天，管理科学已经扩展到各个领域，形成了内容广泛、门类齐全的独立学科体系，管理科学已经成为同社会科学、自然科学并列的第三类科学。管理现代化是应用现代科学的理论和要求、方法，提高计划、组织和控制的能力，以适应生产力发展的需要，使管理水平达到当代国际上先进水平的过程，也是由经验型的传统管理转变为科学型的现代管理的过程。

一般认为，从20世纪50年代开始，西方主要发达国家在高度工业化的同时，实现了管理现代化。管理现代化所包含的内容极其广泛，主要有管理思想的现代化、管理组织的现代化、管理方法和手段的现代化等几个方面。管理现代化是一个国家现代化程度的重要标志。工业、农业、科学技术、国际的现代化，乃至整个国民经济都离不开现代化管理。现代化管理能够有效地组织生产力要素，充分合理地利用各种资源，大大提高各种经济和社会活动的效率，从而成为推进现代化事业的强大动力。管理有自然属性和社会属性。管理的自然属性反映了社会劳动过程本身的要求，在分工协作条件下的社会劳动，需要通过一系列管理活动把人力资源、物质等各种要素按照一定的方式有效地组织起来才能顺利进行；管理的社会属性则体现了统治阶级的利益和要求，在一定的生产方式下，需要通过管理活动来维护一定的生产关系，实现一定的经济和社会目标。在经济管理中，管理的自然属性表现为科学合理地组织生产力要素，处理和解决经济活动中物与物、人与物之间的技术联系，如生产中的配料问题、生产力布局、规划，以及机器设备的技术性能对操作者的技术水平和熟练程序的要求等，都体现自然规律和技术规律的要求，不受社会的经济基础和上层建筑的影响，而经济管理的社会属性则表现为调和、完善生产关系，处理人与人之间的经济利益关系，如分配体制、管理体制等，都由社会、经济规律支配。在现代经济的发展中，科学管理起着越来越重要的作用，科学管理直接带来了经济效益，在物质资源有限的情况下，管理资源的作用显得尤其重要。

二、行为科学理论

“行为科学”学派强调人的行为，认为从人的行为本质中激发动力，才能提高效率。它研究的内容包括人的本性和需要、行为动机、人际关系等。

（一）人际关系理论

20 世纪 20 年代后期，美国梅约和罗特利斯伯创立了行为科学的基础理论，并推动了行为科学理论的发展。提出的原则主要有：

（1）工人是“社会人”，必须从社会、心理方面来鼓励工人，提高劳动生产率。

（2）企业中并存着“正式组织”和“非正式组织”，其中非正式组织是人们在共同的生产活动中，由感情因素形成的联结，对生产率有很大的影响。

（3）以通过对员工满足程度的提高来激发员工的积极性，从而达到提高生产率的目的。

（二）行为科学理论

20 世纪 40 年代，行为科学理论获得了较大的发展，主要集中在以下四个方面：

1. 人类需要理论

（1）美国的马斯洛从社会学和心理学的角度，把人的需要按其重要性和发生的先后次序排成生理、安全、社交、尊重和自我实现的需要等五个层次，建立了需要层次理论。

（2）美国的赫兹伯格对满足员工需要的效果提出了“激励因素—保健因素理论”，认为仅仅是满足员工需要还不能够排除消极因素，应当更为重视“激励因素”对人的影响作用。

（3）弗罗姆提出了“期望理论”，认为激励因素的大小取决于某一行动的绩效对员工的价值，以及员工认为该行动成功的可能性程度。

2. 人性管理理论

人性管理理论侧重研究同企业管理有关的所谓“人性”问题，如美国工业心理学家麦格雷戈的“X 理论”和“Y 理论”以及阿吉里斯的“不成熟—成熟理论”。美国工业心理学家麦格雷戈在其《企业中的人性方面》提出了两种对立的管理理论，对那种以管束和强制为主的传统管理观点即“X 理论”进行了批驳，提出只要给予一定的外界条件就能激励和诱发人的能动性。

3. 群体行为理论

群体行为理论侧重研究企业中非正式组织以及人与人之间的关系问题。勒温创立了“团体动力学理论”，论述了作为非正式组织的群体的要素、目标、内聚力、规范、结构、领导方式、参与者、行为分类、规模对变动的反应等。另一个对群体理论颇有影响的是美国的布雷德福，他主要研究企业中人与人之间的关系，提倡实行“敏感性训练”，通过受训者在群体组织环境中的相互影响，使受训者更加明确自己在群体中的地位和责任，加强对自己感情和情绪的敏感性以及人与人关系处理的敏感性，从而能自我修正自己的行为和动机，使之与群体的目标取得一致从而提高工作效率。

4. 领导行为理论

领导行为理论侧重研究企业中领导方式的问题。其中以坦南鲍姆和施米特为首的“领导方式连续统一理论”，强调在企业领导方式中，从集权到民主、从以领导为中心到以员工为中心的方式中，存在着多种多样的、带有连续性的和统一性的领导方式，应当根据企业人和物的状况、当前和将来的利益、目标和趋势来具体选择最有效的领导方式。

以利克特为首的“支持关系理论”则从被管理者的社会、心理因素出发，认为领导者必须诱导员工认识到他们在工作中的经验能够提高自己的价值和重要性，领导方式应偏重于以员工为中心的民主式。而以布莱克、穆顿为首的“管理方格法”则主张扬长避短，兼收并蓄各种管理方式，认为应当把组织中领导行为的两个主要因素——以工作为中心和以人际关系为中心结合起来，应当是综合性的领导方式。

三、现代管理理论

（一）社会系统学派（Theory of Society System）

系统理论是从整体出发而不是从局部出发去研究事物，把分析的对象看作是一个系统，认为人与人之间、企业与企业之间都存在着千丝万缕的联系，管理者应从整体出发，系统、全面而不是孤立、片面地处理各种管理问题。社会系统学派的创始人是切斯特·巴纳德（Chester I. Barnard，1886—1961）。他认为，社会的各级组织都是一个由相互进行协作的个人组成的系统，包括协作的意愿、共同的目标、信息的联系三个要素。其代表作是1938年出版的《管理人员的职能》一书，被人称为美国管理文献中的经典著作。其主要论点是：

把组织定义为：“两个或两个以上的人，有意识地加以协调的活动或力量的系统。”

系统理论用于管理，就是把企业看成是一个开放的社会技术系统。所谓社会技术系统是指一个企业是由各种子系统构成的完整系统，其中包括目标价值系统、组织结构系统、心理社会系统和管理系统等等。企业目标的改变会引起组织机构、工程技术的相应改变，同时在人的心理和人与人之间的关系方面引起一系列的变化。不仅企业内部各子系统会发生相互作用、影响，而且企业本身并不是一个闭合的系统，而是要不断地与其他组织发生这样或那样的联系，同时也会受到社会大环境的影响，即其本身作为一个系统同时要与环境系统发生相互作用。由此，可以说企业是一个开放的社会技术系统。

（二）决策理论学派

决策理论学派代表人物西蒙等人认为决策贯穿于管理的全过程，强调决策和决策者在系统中的重要作用，建立了有关决策过程、决策的准则、程序化的决策和非程序化的决策、组织机构的建立与决策过程的联系等理论原则。

（三）系统管理学派

系统管理学派侧重于从系统的观点来考察和管理企业，以提高生产效率。

（四）经验主义学派

经验主义学派代表人物德鲁克和戴尔认为以往的“科学管理理论”和行为科学已不能适应现代管理的需要和多方面的期望，强调应注意当今的企业管理现状和实际需要，主张注重吸取大企业的管理经验，以此作为当代经济管理理论的基点。

（五）权变理论学派

权变理论学派认为管理要根据企业所处的内外条件随机应变，不存在一成不变、普遍适用的“最好的”管理理论和方法。

权变理论学派是美国20世纪70年代初管理理论中的一种流派。它有不同的名称，有的称它为权变学说，有的则称它为“形势理论”，还有的学者称它为“分系统间结构探索”或“相互关系模式研究”。权变，就是权宜应变。权变理论认为，在管理中要根据所处的内外条件随机应变，这是普遍适用的“最好”的管理理论和方法。权变理论是在经验主义学派的基础上发展起来的。它与经验主义学派又有不同。权变理论不局限于研究个别案例、提出个别解决办法，而是对大量相同的对象进行调查研究，对所获的经验材料进行概括，在此基础上，针对不同类型的情况，提出不同类型的解决方法和模式。

权变理论的早期代表人物是英国的学者伯恩斯和斯托克。后来对这一理论作出重要贡献的是劳伦斯和洛尔施，他们被称为是现代权变学说的创始者。

（六）管理科学学派

管理科学学派认为管理就是运用数学手段来表示计划、组织、经营、决策等合乎逻辑的程序，并借助于电子计算技术求出最优的解答，以达到企业的最终目标。

该学派有以下三个优点：

（1）使复杂的、大型的问题有可能分解为较小的部分，更便于诊断、处理。

（2）制作与分析模式必须重视细节并遵循逻辑程序，这样就把决策置于系统研究的基础上，增进决策的科学性。

（3）有助于管理人员估价不同的可能选择，如果明确各种方案包含的风险与机会，便更有可能作出正确的选择。这个学派有不同的名称，如运筹学、数量分析、作业研究、作业分析、系统分析或决策科学等，但一般用管理科学这个名称。这个学派都有一个共同点：即对各种类型组织的管理问题进行科学分析。他们都把各种不同科学的知识、方法、工具用于研究和有效地解决各种管理问题，为管理决策提供数量依据。这个学派实际上是“泰勒制”的继续和发展。但它与“泰勒制”的不同之处在于运用现代自然科学和技术科学的成就，并且研究的问题比“泰勒制”更为广泛。这一学派注重数学和统计方法，注重运用电子计算机，研究的重点在于用科学方法达到组织的最佳决策。

第二节　人性假设理论

“人性”问题，自古以来就是哲学史上争论不休的问题，直到马克思主义诞生以后，才为正确解决这个问题指明了方向。马克思说：“人的本质并不是单个人所固有的抽象物，实际上，它是一切社会关系的总和。”这就是说，不能抽象地看待人性问题，人性也不是由先天因素决定的，必须从人们在社会中所占的地位、所处的社会关系来看待人性。

这里不准备谈论关于人性问题的一般哲学观点，而是从管理心理学的角度，联系企业管理的实际来谈人性问题，因为企业的领导人制定什么样的管理制度，采用什么样的管理方法，建立什么样的组织结构，都与他们如何看待人性的问题有关。

西方管理心理学中提出了四种与管理有关的人性假设，即“经济人”、“社会人”、“自我实现人”和“复杂人”的假设。这四种假设表明了西方管理界对于人性看法的发展历程。尽管这些假设都是资本主义社会中提出的人性观点，但只要采取批判分析的态度，也会对我们的企业管理有一定的启发意义。

一、“经济人”假设

“经济人”假设认为，人的一切行为都是为了最大限度地满足自己的私利。人都要争取最大的经济利益，工作是为了获得经济报酬。X 理论概括地说明了“经济人”假设的基本观点。泰勒是“经济人”观点的典型代表。

（一）X 理论的基本观点

（1）多数人天生是懒惰的，他们都尽可能逃避工作。

（2）多数人都没有雄心大志，不愿负任何责任，而心甘情愿受别人的指导。

（3）多数人的个人目标都是与组织的目标相矛盾的，必须用强制、惩罚的办法，才能迫使他们为达到组织的目标而工作。

（4）多数人干工作都是为了满足基本的生理需要和安全需要，因此，只有金钱和地位才能鼓励他们努力工作。

（5）人大致可以分为两类，多数人都是符合于上述设想的人，另一类是能够自己鼓励自己、能够克制感情冲动的人，这些人应负起管理的责任。

X 理论概括地说明了“经济人”假设的基本观点，这就是把人划分为两部分，多数人只能是被管理者，只有少数人才能担当管理的责任。

（二）X 理论的管理措施

基于“经济人”的假设，必然会采取相应的管理措施。这些措施可归纳为以下三点：

（1）管理工作的重点是在提高生产率、完成生产任务方面，而对于人的感情和道义上应负的责任，则是无关紧要的。简单地说，就是重视完成任务，而不考虑人的感情。从这种观点来看，管理就是进行计划、组织、经营、指导、监督。这种管理方式叫做任务管理。

（2）管理工作只是少数人的事，与广大工人群众无关。工人的主要任务是听从管理者的指挥。

（3）在奖励制度方面，主要用金钱来刺激工人生产的积极性，同时对消极怠工者采用严厉的惩罚措施。通俗地说，就是采取“胡萝卜加大棒”的政策。

“泰勒制”就是“经济人”观点的典型代表。泰勒所提倡的“时间—动作”分析，虽然有其科学性的一面，但他的基本出发点是考虑如何提高生产率，而对工人的思想感情则漠不关心。泰勒对于人不像牛那样愚蠢而感到遗憾。他认为，如果人真能像牛那样愚蠢，就可以让他们俯首帖耳地按照他所设计的那套标准动作进行工作，工作效率也会更高。

泰勒还主张把管理者与生产工人严格分开，反对工人参加企业管理。他写道：“一切计划工作，在旧制度下都是由劳动者来做的，它是凭人凭经验办事的结果；在新制度下则绝对必须由管理部门按照科学规律来做，这是因为，即使劳动者熟悉工作情况并善于利用科学资料，但是要一个人在机器旁劳动，同时又在办公桌上工作，事实上是不可能的。显然，在大多数情况下，需要有一类人先去制订计划，另一类完全不同的人去实施计划。”

泰勒还发现工人中有联合起来对付管理当局的倾向。为此，他在伯利恒钢铁公司明文规定，除经特殊批准外，不得有四名以上的工人在一起工作，以减少工人对管理当局的反抗。此外，泰勒提倡的“计件工资制”则完全依靠金钱来调动工人的生产积极性。

（三）评价

“经济人”的假设、X 理论坚持的多数人是天生懒惰的观点，实质上是早已被驳斥的遗传决定论的人性观。把人划分为多数的被管理者和少数的管理者，代表了资本主义向垄断资本过渡早期阶段的管理，它的剥削实质上是赤裸裸的、显而易见的。

现在，在一些发达的资本主义国家，一般都认为 X 理论已经过时，但在个别中小企业中还会看到实行 X 理论的制度和方法。至于 X 理论的思想影响，还是相当普遍的。

“经济人”的假设和 X 理论虽然已经过时，但对我们的企业管理并非全无启发意义。了解“经济人”的假设，可以从反面提醒我们的管理人员改正错误的管理方式和方法。

二、"社会人"的假设

（一）"社会人"假设的基本观点

"社会人"（Social Man）有时也译为"社交人"。"社会人"的假设认为，人们在工作中得到的物质利益，对于调动人们的生产积极性只有次要意义，人们最重视在工作中与周围的人友好相处。良好的人际关系对于调动人的生产积极性具有决定性的作用。

在20世纪初相当长的时间里，西方的许多管理工作者均认为：第一，在物质工作环境、工人的健康与劳动生产率之间，存在着一种明确的因果关系。如果有正常的通风条件、温度、照明及其他物质工作条件，工人就处在最理想的状况中从事经过科学测定的作业，这时再采用刺激性工资制度进行激励，就能更好地达到提高生产率的效果。第二，像疲劳这样一些影响工作效率的因素，在很大程度上是由于不恰当的作业设计、不良的物资流程、在紧张条件下的工作或阻碍工人努力的其他环境因素造成的。他们认为激励生产积极性的动因来自外部环境条件。

有趣的是，当时人们普遍看到了工作场所的照明条件的重要性，发现它影响到工作的质量、数量和安全。1924年，美国国家科学院决定在西方电器公司的霍桑工厂进行研究，以确定照明条件同工人个人工作效率之间的精确关系。霍桑工厂是美国电话电报公司的设备制造和供应厂，坐落于芝加哥西郊的工业区，当时有工人25 000人。按照传统方式，实验一开始就指定两组女工，分别来自两个照明度相同的车间，且都从事相同的工作，从事装配电话继电器这种高度复杂性的作业。其中一个组为对照组，实验期间照明度、工作环境基本不变；另一组为实验组，由六名工人组成。实验中对这一组的照明度作各种变化，由此测定照明对工作的影响。经过仔细设计，对房间的温度、湿度和照明度都作了精细考虑和控制，研究者细心观察并作了精确的生产记录。

随着研究工作的进展，产生的结果越来越令当时的研究人员不可思议：不管照明如何，对照组和实验组的产量都不断上升，没有人能够对此作出解释，因为按照经济人的假设，人们理所当然地认为：人是由外在环境因素所驱使的；工作环境条件优劣不同，生产率应当有所区别。1924—1927年，在整个实验期间每个工人每周的平均产量从2 400个继电器增加到3 000个，由于没有人能够解释其中的原因，以至于所有人都认为这一实验没有什么用处而准备放弃。

1927年末到1928年初，哈佛大学教授艾尔顿·梅约在纽约市的哈佛俱乐部给一批人事经理作报告。听众中有西方电器公司的检验监督乔治·潘诺克。潘诺克告诉梅约有关霍桑工厂的实验情况，并邀请梅约作为顾问参加这一研究。梅约对霍桑实验的初步结果很感兴趣，很快就带着哈佛研究小组进驻工厂，与西方电器公司的职员包括潘诺克等人协作进行研究，梅约敏锐地指出：解释霍桑秘密的关键因素是"小组中精神状态的一种巨大改变"。由于梅约的才干，发现了照明度实验中的一些不寻常的东西，于是他们继续进行实验，并对实验设计作了各种变化，终于揭开了其中“社会人”的秘密，取得了重大成果。

正是根据这些发现，梅约提出了“非正式群体”的概念，认为正式的组织内存在着自发形成的非正式群体，这种群体有自己的特殊规范，对其成员的行为起着调节和控制作用。

1933 年梅约所著的《工业文明中的社会问题》一书出版，总结了上述实验以及其他实验的结果。概括起来说，霍桑实验得出了下述的结论：

（1）传统管理把人假设为“经济人”，认为金钱是刺激积极性的惟一动力。霍桑实验认为，人是“社会人”，影响人的生产积极性的因素，除物质条件外，还有社会、心理因素。“一个人是否全心全意为一个群体服务，在很大程度上取决于他对自己的工作、自己的同事和上级的感觉如何。”金钱只能满足工人的一小部分需要，而不能满足他们进行社会交往、获得社会承认、归属于某一社会群体的强烈需要。因此，在生产线或工作中处理好人际关系，比物质奖励和管理制度有更大的现实意义。

（2）传统管理认为，生产效率主要决定于工作方法和工作条件。霍桑实验认为，生产效率的提高和降低主要取决于职工的“士气”，而士气则取决于家庭和社会生活，以及企业中人与人之间的关系。职工心理需要的满足是提高产量的基础。“满意的工人才是有生产率的工人。”作业方式和工作条件与之相比具有次要的意义。

（3）传统管理只注意“正式群体”问题，诸如组织结构、职权划分、规章制度等，霍桑实验还注意到管理中存在着某种“非正式群体”。这种无形的组织有其特殊的规范，影响群体成员的行为。管理者不能只重视“正式群体”而忽视“非正式群体”。

（4）霍桑实验还提出新型领导的必要性。领导者在了解人们合乎逻辑的行为的同时，还需要了解不合乎逻辑的行为，要善于倾听和沟通职工的意见，照顾到工人的感情，培养一种在正式组织的经济需要和非正式群体的社会需要之间维持平衡的能力，使工人愿意为达到组织目标而协作和贡献力量。

霍桑实验表明，人不是“经济人”，而是“社会人”。工人并非是孤立存在的个体，而是处于一定社会关系中的群体成员。工业革命带来的机械化，使劳动丧失了原有的内涵，使工人变成了机器的附庸，工人需要从工作上的社会关系中寻求意义。因此，工人的工作动机主要出于社会需要（如被同事喜爱和接受），通过与同事的关系而得到社会承认和获得归属感。工人对来自同事的影响力，要比对来自管理者的经济诱因和控制更为重视。管理者若能满足工人的社会需要，则能最大限度地提高其工作效率。梅约的分析揭示了群体生产中的心理秘密，找到了提高生产效率的组织管理新方法，使他的“社会人”理论在 20 世纪 30 年代至 50 年代的西方管理界备受推崇。

由此可见，“社会人”的假设认为人与人之间的关系在调动人的积极性上起决定性作用，正是从这种观点出发，梅约提出了他的“人群关系理论”。

（二）“社会人”假设的管理措施

从“社会人”的假设出发，梅约提出了“人群关系理论”（或称“人际关系理论”）。采取不同于“经济人”假设的管理措施。主要有如下几点：

（1）管理人员不应只注意工作、完成生产任务，而应把注意的重点放在关心人、满足人的社会需要上。

（2）管理人员不能只注意指挥、监督、计划、控制和组织等，而更应重视职工之间的关系，培养和形成职工的归属感和整体感。

（3）在实行奖励时，提倡集体的奖励制度，而不主张个人奖励制度。

（4）管理人员的职能也应有所改变，他们不应只限于制订计划、组织工序、检验产品，而应在职工与上级之间起联络人的作用。一方面，要倾听职工的意见和了解职工的思想感情；另一方面，要向上级呼吁、反映。

霍桑实验启发了越来越多的管理学家，使他们认识到，工人生产积极性的发挥和工效的提高不仅受物质因素的影响，更重要的是受社会和心理因素的影响。于是管理理论开始从过去的“以人去适应物”，转向“以人为中心”，在管理中一反过去层层控制式的管理，转而注重调动工人参与决策的积极性。

在这样的背景下，根据“社会人”的观点，提出了“参与管理”（Management by Participation）的新型管理方式。所谓参与管理，是指在不同程度上让职工和下级参加企业决策的研究和讨论，实行共同管理。

一项心理学的实验证明了参与管理比传统的任务管理更有成效。马罗（A. J. Marrow）的哈乌德公司（The Harwood Co.）进行了这一实验。该公司要实行一项改革，这项改革涉及改变部分工人的工作方法和工作性质，估计会受到工人的反对。实验的设计是要测定，让工人参加讨论变革方案是否有助于克服工人对改革的抵制。为此，把工人分为两组：参与组和非参与组。对非参与组说明新工作的安排和新的计件制度。对参与组详细说明为什么要实行改革，并组织工人讨论如何改变工作方法、如何降低成本等问题，改革后对两组的情况进行了比较分析。

非参与组改革后产量下降了35%，1个月后并无好转，有9%的工人离职另找工作。其他的人都抱怨工资降低，6个星期后情况还是很糟。管理者决定解散这个小组，组内人员另行安排工作。

参与组的情况大不相同。改革后的第二天产量就恢复到以前的水平，3个星期后产量比改革前提高了14%，没有人离职，也没有人发牢骚。

实验还在继续。两个半月之后，又把已解散的非参与组重新集合起来，按参与组的方式组织他们讨论改革方案。这样，该组产量迅速恢复，在一个星期内超过了改革前的水平，没有人要求离职，也没有人发牢骚。这一实验证明了参与管理的方法有着非常明显的效果。这不仅是因为工人参与决策使他们明确了工作任务，更重要的是因为使工人与管理人员处于较平等的地位，改善了双方的关系。

在美国，参与管理的典型是所谓斯凯伦计划（Scanlon Plan）。斯凯伦原系帕帕因梯钢铁公司的工会工作人员。20 世纪 30 年代，美国发生经济危机，该公司濒于破产。此时，斯凯伦提出了他的改革方案，使公司得以扭亏为盈。斯凯伦计划的主要内容是成立劳资双方联合委员会，共同商讨企业降低成本、提高产品数量和质量等重大问题，并发动全企业职工提出合理化建议。此外，还实行集体分红制度，超产部分按一定比例作为职工的集体奖励。实行斯凯伦计划不仅增加了企业的竞争能力，使职工收入增加，更重要的是使职工感到自己是组织的一部分，是为了共同的目的而工作，产生了归属感，减少了工人对企业主的对立情绪。

不少企业实行了斯凯伦计划，都在提高生产率上收到了较好的效果。例如，派克笔厂 1955 年以前实行个人奖励制度，工人都不愿采用新技术，致使该厂 50% 的零件被迫由外厂生产。实行斯凯伦计划后，到 20 世纪 60 年代末，80% 的零件又转回本厂生产，由于不断采用新技术，降低成本，使得利润大大增加。

这些事实说明，参与管理是一种比传统的任务管理更有效的管理方式。

（三）评价

从“经济人”的假设到“社会人”的假设无疑是进了一步。但这种管理上的人性观的改变并不是因为资本家变得善良了，而是由于企业之间竞争的加剧和企业中劳资关系的紧张，迫使资本家不得不改变他们的看法。

“社会人”的假设企图通过改善企业内部的人际关系从根本上解决劳资对立，但这是不可能的。因为只有彻底改变人剥削人的资本主义制度，才能从根本上解决企业内部的劳资对立关系。

但也不能不看到，以“社会人”的观点参与管理，在某些资本主义企业中确实在某种程度上起到了缓和劳资矛盾的作用。“社会人”的假设认为人与人之间的关系对于激发动机、调动职工的积极性是比物质奖励更为重要的因素，这一点对于我们企业制定奖励制度也有参考意义。目前，我国企业实行各种不同的奖励制度，如，小集体计件、个人超越计件、岗位补贴等，如何使奖励制度既克服平均主义，又能增进职工之间的团结，培养集体荣誉感，是一个值得深入研究的问题。

三、“自我实现人”假设

（一）“自我实现人”假设的基本观点

“自我实现人”（Self-actualizing Man）的概念是马斯洛提出来的。在第一章中已经提到马斯洛的需要层次论。马斯洛认为，人类需要的最高层次就是自我实现。

什么是自我实现？所谓自我实现，指的是人都需要发挥自己的潜力，表现自己的才能，只有人的潜力充分发挥出来，人的才能充分表现出来，人才会感到最大的满足。用马斯洛的话来说："每个人都必须成为自己所希望的那种人"，"能力要求被运用，只有发挥出来，它才会停止吵闹"。

马斯洛提出的自我实现的需要是与他的人性观密切相关的。在他的心目中，最理想的就是"自我实现人"。他通过对社会知名人士和一些大学生的调查，认为"自我实现人"应具有15种特征。概括地说，这种人具有敏锐的观察力、思想高度集中、有创造性、不受环境偶然因素的影响、只跟少数志趣相投的人来往、喜欢独居，等等。但马斯洛也承认，在现实中这种人是极少数的。多数人之所以不能达到"自我实现人"的水平，是因为受到社会环境的束缚，没有为人的自我实现创造适当的条件。

美国组织心理学教授阿基里斯（C. Argyris）提出了从不成熟到成熟的理论。他认为一个健康的人是从不成熟向成熟发展的。这种成熟是一个自然发展的过程，但只有少数人能达到完全的成熟。这是因为周围环境、管理制度等限制了人的发展。阿基里斯认为，人从不成熟到成熟包括七个方面：

（1）被动→主动；

（2）依赖→自主；

（3）只有少量动作→能做多种动作；

（4）兴趣浅薄→兴趣深刻；

（5）目光短浅→远见卓识；

（6）服从地位→平等地位或优越地位；

（7）缺乏自我意识→自我意识。

实际上，阿基里斯的不成熟—成熟理论与马斯洛的"自我实现"理论有同样的涵义。成熟过程就是自我实现的过程。人之所以不能达到完全成熟，不能充分"自我实现"，都是由于受到环境条件的限制。

麦格雷戈总结并归结了马斯洛、阿基里斯以及其他人的类似观点，结合管理问题，提出了Y理论。Y理论是与X理论根本对立的，其基本内容如下：

（1）一般人都是勤奋的，如果环境条件有利，运用体力和脑力的工作，正如游戏或休息一样自然。

（2）外来的控制和惩罚的威胁不是实现组织目标的惟一方法。人们在执行任务中对自己所参与的行动能够实行自我指导和自我控制。

（3）在正常情况下，一般人不仅会接受、还会追求责任，而逃避责任、缺乏雄心和强调安全，是经验的结果，而非人的天性。

（4）在人群中广泛存在着高度的想象力、智谋和解决组织中问题的创造性。

（5）在现代工业条件下，一般人的智慧、潜力只利用了一部分。

总之，Y理论实际是概括了"自我实现人"的假设。

（二）“自我实现人”假设的管理措施

根据“自我实现人”的假设和 Y 理论，管理措施也应有相应的改变，这主要表现在下述几个方面：

（1）管理重点的改变。“经济人”的假设只重视物质因素，重视工作任务，轻视人的作用和人际关系。“社会人”的假设正相反，重视人的作用和人际关系，而把物质因素放在次要地位。“自我实现人”的假设又把注意的重点从人的身上转移到工作环境上，但它重视环境因素与“经济人”假设的重视工作任务不同，重点不是放在计划、组织、指导、监督、控制上，而是要创造一种适宜的工作环境、工作条件，使人们能够在这种条件下充分挖掘自己的潜力，充分发挥自己的才能，也就是说，能够充分地自我实现。

（2）管理人员职能的改变。从“自我实现人”的假设出发，管理者的主要职能既不是生产的指导者，也不是人际关系的调节者，而只是一个采访者。他们的主要任务在于如何为发挥人的才智、创造适宜的条件，减少和消除职工自我实现过程中所遇到的障碍。

（3）奖励方式的改变。“经济人”的假设依靠物质刺激调动职工的积极性，“社会人”的假设依靠搞好人际关系来调动职工的积极性，这都是从外部来满足人的需要，而且主要是满足人的生理、安全和归属（交往）需要。麦格雷戈等认为，对人的奖励可划分为两大类，一类是外在奖励，如工资、提升、良好的人际关系；另一类是内在的奖励。内在奖励是指人们在工作过程中能获得知识，增长才干，充分发挥自己的潜力等。只有内在奖励才能满足人的自尊和自我实现的需要，从而极大地调动起职工的积极性。正如麦格雷戈所说：“管理的任务只是在于创造一个适当的环境——一个可以允许和鼓励每一位职工都能从工作中得到‘内在奖励’的环境。”

（4）管理制度的改变。从“自我实现人”的假设来看，管理制度也要做相应的改变。总的来说，管理制度的重点不仅不在于监督人、控制人，而且不在于如何去改善人际关系，而在于如何保证职工能充分地表现自己的才能，取得自己所希望的成就。

阿基里斯在一个工厂里进行了这方面的制度改革的实验。该厂的一个班组从事收音机装配工作，改革之前，组内的 12 名女工按照工业工程师的设计，有明确的分工，如领班、包装、检验等。实验开始时，让这些女工按照她们自己的想法组织生产，产量下降不扣工资；产量提高则增加工资，实验开始后第一个月产量下降 70%；6 个星期后情况更糟；但 8 个星期后产量开始回升；15 个星期后超过实验前的产量，而且成本下降，质量提高，用户对质量的批评信件比实验前减少 90%。

应当指出，阿基里斯的实验结果是否具有普遍意义是值得怀疑的。这里举出这个实验，只是为了说明从“自我实现人”的假设出发实行制度改革的趋向。

（三）评价

“自我实现人”的假设，是在资本主义工业发展到高度机械化的条件下提出的。随着生产力的发展，工人的工作日益专业化，特别是传送带机器的普遍使用，把工人束缚在狭窄的工作范围内。工人只是重复简单、单调的动作，看不到自己的工作与整个组织任务的联系，工作的“士气”很低，影响产量和质量的提高。正是在这种情况下，才提出了Y理论，提出了“自我实现人”的假设，并采取了相应的管理措施，如工作扩大化、工作丰富化等。

从理论上来看，自我实现的人性观也是错误的，人既不是天生懒惰的，也不是天生勤奋的，此外，人的发展也不是自然成熟的过程。“自我实现人”的假设认为人的自我实现是一个自然发展过程，人之所以不能充分地自我实现（马斯洛自己也承认，现实社会中真正达到自我实现的人是极少数），是由于受到环境的束缚和限制，实际上，人的发展主要是社会影响，特别是社会关系影响的结果。

在批判这种人性假设的错误观点的同时，其中的一些管理措施也值得借鉴。例如，如何在不违反集体利益的原则下为职工和技术人员创造较适当的客观条件，以利于充分发挥个人的才能。又如，把奖励划分为外在奖励和内在奖励，与我们所说的物质奖励和精神奖励有一定的类似。可以吸收其中对我们有用的奖励形式。再如，这种假设中包含着企业领导人要相信职工的独立性、创造性的涵义，对我们也不无启发，等等。

四、“复杂人”的假设

（一）“复杂人”假设的基本观点

“复杂人”是20世纪60年代末70年代初被提出的假设，这是由于长期的研究证明，无论是“经济人”、“社会人”的假设，还是“自我实现人”的假设，虽然各有其合理性的一面，但并不适用于一切人，因为人是很复杂的，不仅因人而异，而且一个人在不同的年龄、不同的时间和不同的地点会有不同的表现，人的需要和潜力，随着年龄的增长、知识的增加、地位的改变，以及人与人之间关系的变化而各不相同。根据“复杂人”的假设，提出了一种新的管理理论，称为应变理论（Contingent Theory）。“应变”是指应根据具体情况而定，采取适当的管理措施。由于它既不同于X理论，也不同于Y理论，有人把它称为超Y理论。

这种理论的主要涵义如下：

（1）人的需要是多种多样的。而且这些需要随着人的发展和生活条件的变化而发生改变，每个人的需要都各不相同，需要的层次也因人而异。

（2）人在同一时间内有各种需要和动机。它们会发生相互作用并结合为统一的整体，形成错综复杂的动机模式（Motive Patterns）。例如，两个人都想得到高额奖金，但他们的动机可能很不相同。一个可能是要改善家庭的生活条件，另一个可能把高额奖金看成是达到技术熟练的标志。

（3）人在组织中的工作和生活条件是不断变化的，因此会不断产生新的需要和动机。这就是说，在人生活的某一特定时期，动机模式的形成是内部需要和外界环境相互作用的结果。

（4）一个人在不同单位或同一单位的不同部门工作，会产生不同的需要。例如，一个人在工作单位可能落落寡合，但在业余活动或非正式群体中却使交往的需要得到满足。

（5）由于人的需要不同，能力各异，其对于不同的管理方式会有不同的反应。因此，没有一套适合于任何时代、任何组织和任何个人的普遍的、行之有效的管理方法。

（二）“复杂人”假设的管理措施

从“复杂人”假设出发提出的应变理论，并不是要求管理人员采取完全不同于上述三种假设的新措施，而是要求根据具体的人的不同情况，灵活地采取不同的管理措施，这就是说，要因人而异，因事而异，不能千篇一律。

应变理论现已贯穿到西方管理实践的领域之中，并从这一理论观点出发进行了大量具体的研究工作。例如，企业组织的性质不同，职工工作的固定性也会不同，因此，有的企业需要采取较固定的组织形式，有的企业需要有较灵活的组织结构。企业领导人的工作作风也需随企业的情况而有所不同。

在企业任务不明确、工作混乱的情况下，需要采用较严格的管理措施，才能使生产秩序走上正轨。反之，如果企业的任务清楚、分工明确，则可以更多地采取授权形式，使下级可以充分发挥自己的能动性。此外，根据应变理论，要求管理人员要善于观察职工之间的个别差异，根据具体情况采取灵活多变的管理方法，等等。

（三）评价

应当承认，“复杂人”的假设和应变理论含有辩证法的因素，它强调根据不同的具体情况，针对不同的人采取灵活机动的管理措施，对于我们的管理工作也有一定的启发意义，这是应当肯定的。

但“复杂人”假设只强调人们之间差异性的一面，而在某种程度上忽视人们共同性的一面，是片面的。在阶级社会中，人们的共性首先是由于在生产关系中所处地位决定的阶级性。对于人的阶级性，“复杂人”的假设是避而不谈的，这正说明了这一假设虽然包含有辩证法的因素，但在考察社会中人的本质时，并未摆脱历史唯心主义的观点。

综上所述，可以看到，西方管理心理学中从“经济人”的假设，提出 X 理论；从“社会人”的假设，提出了“人群关系”理论；从“自我实现人”的假设，提出了 Y 理论；而从“复杂人”的假设，提出了应变理论。介绍这些有关人性的假设，不仅能使我们了解西方管理心理学中关于人性观点的演变过程，更重要的是促使我们思考一个问题：现今，在我国，当阶级矛盾已不是我国社会的主要矛盾，实现现代化成为全国人民的中心任务的情况下，应当如何看待人的本质，如何看待我们企业中的职工，并以此来确定我国企业管理的原则。这是一个有待于深入研究的重要问题。

本章小结

本章从管理学理论的发展开始，探讨科学管理发展与管理心理学发展的理论问题，介绍管理心理学的基础学科——心理学研究的主要内容。“人性”问题自古以来就是哲学史上争论不休的问题，直到马克思主义诞生以后，才为正确解决这一问题指明了方向。本章从管理的角度出发，联系企业管理的实际来探讨有关人性的问题。西方管理心理学中提出了四种与管理有关的人性假设，即“经济人”、“社会人”、“自我实现人”和“复杂人”的假设。

重要概念

科学管理　行为科学理论　“经济人”假设　“社会人”假设　“自我实现人”假设　“复杂人”假设

同步测练与参考答案

一、判断题

1. 泰勒的《科学管理原理》一书发表于 1911 年。
2. 法约尔被称为“组织理论之父”。
3. 梅约在霍桑实验基础上提出的管理理论被称为“Y 理论”。
4. 泰勒的科学管理方法是 X 理论的具体体现。
5. 与社会人假设相对应的管理理论是 Y 理论。
6. 麦格雷戈提倡 X 理论，反对 Y 理论。
7. “复杂人”假设的管理理论是超 Y 理论。
8. 梅约认为影响组织生产力的最重要因素是工人的待遇和工作环境。
9. 在《企业中的人性方面》一书中提出 Y 理论的是麦格雷戈。
10. 采用任务管理，忽视心理因素的是“经济人”假设的管理特点。

二、选择题

1. 在人性假设理论中，认为人类需要的最高层次就是自我实现，这是（　　）。
   A. “经济人”假设　　B. “复杂人”假设
   C. “社会人”假设　　D. “自我实现人”假设
2. “重在创造一个使人得以发挥才能的工作环境”是哪一种理论的观点？（　　）
   A. “经济人”假设　　B. “复杂人”假设
   C. “社会人”假设　　D. “自我实现人”假设
3. 认为“工人间的关系形成的影响力，比管理部门所采取的管理措施和奖励具有更大的影响”是哪一种理论的观点？（　　）

A. “经济人”假设　　B. “复杂人”假设

C. “社会人”假设　　D. “自我实现人”假设

4. 在人性假设理论中，认为良好人际关系对于调动人的生产积极性是决定性因素的理论是（　　）。

A. “复杂人”假设理论　　B. “经济人”假设理论

C. “社会人”假设理论　　D. “自我实现人”假设理论

5. 在科学管理理论中，提出五大管理职能和 14 条管理原则的是（　　）。

A. 韦伯　　B. 法约尔　　C. 泰勒　　D. 利克特

6. 心理学家麦格雷格在他的《企业中的人性方面》一书中所批判的 X 理论是对西方人性假设中的（　　）假设的概括。

A. 复杂人　　B. 自我实现人　　C. 经济人　　D. 社会人

7. 古典管理理论是西方管理理论发展的第一阶段，分别由（　　）理论组成。

A. 人际管理理论　　B. 人性管理理论　　C. 早期管理理论

D. 传统管理理论　　E. 科学管理理论

8. 泰勒的科学管理方法是哪种人性假设的具体体现？（　　）

A. “经济人”假设　　B. “复杂人”假设

C. “社会人”假设　　D. “自我实现人”假设

9. 有“组织理论之父”之称的是（　　）。

A. 韦伯　　B. 法约尔　　C. 利克特　　D. 泰勒

10. 被称为“科学管理之父”的是（　　）。

A. 韦伯　　B. 法约尔　　C. 利克特　　D. 泰勒

三、讨论题

1. 讨论管理科学发展的几个阶段。
2. 简述行为科学理论。
3. 比较几种有关人性的假设。
4. 讨论几种人性假设相应的管理措施以及对它们的评价。

参考答案

一、1. T　2. T　3. F　4. T　5. F　6. F　7. T　8. F　9. T　10. T

二、1. D　2. C　3. B　4. C　5. B　6. C　7. CDE　8. A　9. A　10. D

三、略

第二编　个体心理

第三章

CHAPTER THREE

个性差异与管理

学习目标

人的个性是个体行为的一个重要内容。管理工作只有了解了人的个性，才能做到人尽其才，进而收到好的效果。本章从个性的基本概念入手，探讨个性方面的差异包括能力的差异、气质的差异和性格的差异等，并介绍有关心理测验的含义、标准化及分类等问题。

重点难点提示

- 个性的概念
- 个性的特征
- 影响个性形成的因素
- 能力差异与管理
- 气质差异与管理
- 性格差异与管理
- 心理测验的含义及标准化
- 心理测验的分类

第一节　个性的一般概述

一、个性及基本特征

（一）个性的概念

个性亦即人格。个性问题是心理学中最为复杂的问题之一。地球上没有两个指纹完全相同的人，树上没有两片完全一样的叶子。同样，世界上也不存在两个个性绝对相同的人。每个人都具有自己独特的风格，人与人之间存在着心理上的差异。个性是指一个人比较稳定的意识倾向性与心理特征的总和。个性包含了两个相互联系的部分，一是个性倾向性包括个人的需要、爱好、兴趣、理想、信念、价值观等；二是个性心理特征包括能力、气质、性格等。

（二）个性的基本特征

1. 独特性

每个人都有与众不同的特性，有着自己独特的风格，人与人之间都存在着个别差异。个性实际上就是人的心理特征所表现出来的独特性。但是个性同时又有共同性如民族性格、国民性等，个性既有独特性的一面，又有共性的一面，管理心理学着重研究前者。

2. 整体性

个性不是一个孤立的心理特征，而是以整体形式表现出来的，是一个统一的整体。一个人的各种心理现象和心理过程是有机地联系在一起的。

3. 稳定性

个性一旦形成，具有相对的稳定性。个性是人内在的比较稳定的心理特征，这种稳定性也不是绝对的，而是相对的。随着人所处的环境的改变或地位的不同，个性也是可以改变的。

4. 倾向性

个性是一个人所具有的一定的内在意识倾向性，既体现为个人的需要、动机、兴趣、信念、理想和价值观等，又体现为人与人之间在气质、性格和能力等方面存在的个别差异。个体心理是行为的内驱力，行为是个性心理的外在表现。心理向行为转化的过程中总是表现出来一定的倾向性。

二、个性的形成

个性是在生理素质基础上，在社会实践中经过长期的塑造逐渐形成和发展的。人的一生大部分时间是在家庭中度过的，家庭的特点及教育方式对人的个性的形成起着潜移默化的作用。影响个性形成的因素主要有遗传因素和环境因素。

（一）遗传因素

个体自生命开始即携带父母的遗传基因而在生存的环境中生长、发展终其一生。人体的生殖细胞经过减数分裂，其细胞核内染色体变成23条，受精卵细胞核内的染色体为23对，每对之中其一来自精细胞，另一来自卵细胞，期间配对纯属偶然，按数的或然率来计算总的可能组合数约为1 677 216种。由于遗传基因的特殊组合，在个体生命开始之初就决定了三件事：即基本特征包括心理特征与生理特征；男女性别；单复胎。个性所具有的遗传心理特征即神经类型的特点构成了每个人独特的心理生理基础，但这些生理素质仅仅决定个性差异的一个方面，更为重要的是在个性发展过程中来自外界客观环境和个人的主观能动性的影响作用。

（二）环境因素

社会环境在性格形成和发展中起着决定性的作用，这已经为许多研究所证实。这里我们主要论述社会环境中的几个主要方面与性格发展的关系。

1. 家庭

家庭对一个人的性格形成和发展具有重要和深远的影响。家庭把遗传基因传递给后代，家庭又是儿童的最初环境。弗罗姆说："家庭是社会的精神媒介，通过使自己适应家庭，儿童获得了后来在社会生活中使他适应其所必须履行的职责的性格。"许多心理学家都认为，从出生到五六岁是人性格形成的最主要的阶段。在这个阶段中，绝大多数儿童在家庭中生活，在父母爱抚下长大。从教育顺序上看，首先是家庭教育，然后才是学校教育。

（1）亲子关系

亲子关系是儿童最早建立的人际关系，这种关系的好坏不仅直接影响儿童身心发展，而且也影响到儿童以后形成的各层次的人际交往关系。苏联教育家克鲁普斯卡娅指出："母亲是天然的教师。她对儿童、特别是幼儿的影响最大。"日本心理学家松原达哉指出："婴儿生长的环境，是由母亲准备的，但必须认识到，整天都在照料并同婴儿说话的母亲本身，也是重要环境之一。……对婴儿的未来而言，母亲的存在，家庭生活方式是无法估量的重要。"母爱在儿童的性格形成和发展中起着重要作用，是儿童性格健康发展的必要条件。

父亲对儿童在性别角色发展上起着重要作用。父亲为男孩提供模仿同化的榜样，为女孩提供与异性成人交往的机会。幼年没有与父亲接触过的儿童，在性别的社会化方面，往往是不完全的。

（2）家庭结构

研究表明，生活在大家庭里的孩子比生活在小家庭里的孩子有更为开敞的心理状态。有人曾对家庭破裂与子女犯罪问题进行考察，发现家庭破裂对最小的子女的不利影响比对长子女的不利影响更为明显。

大家庭、核心家庭和破裂家庭被认为是三种主要的家庭结构。大家庭是指几代同堂的家庭。生活在大家庭中的孩子，大家庭中长期形成的家风、家规等自然地传给年轻一代，有助于他们形成良好的性格特征。但由于可能存在隔代溺爱，和在教育孩子问题上看法不一致，孩子往往难以形成一致的是非标准，并且会感到无所适从，可能会形成焦虑不安、恐惧等不良的性格特征。核心家庭指一对夫妇和一个孩子组成的家庭。在这种家庭里没有传统的隔代溺爱，但由于年轻的父母缺乏教育孩子的经验和方法，对孩子可能有时放纵，有时管教过严。核心家庭中的夫妇一般都是双职工，可能缺少教养和爱抚孩子的时间。许多研究表明，破裂家庭会对孩子的性格带来不良的影响。破裂家庭可能是父母中有一人死亡或被判刑监禁，也可能是父母离婚（离异家庭）所致。有人认为，父母离婚甚至比父母死亡对孩子性格的影响更大。破裂家庭的孩子由于父母死亡或离婚而得不到家庭的温暖和正常的教育，容易形成悲观、孤僻等不良性格特征，行为问题也较多。波尔贝（J. V. BOWlby）等人的研究表明，少年犯罪率最高的是出生至 4 岁之间丧父或丧母的人，其犯罪率高出一般人的两倍以上。据对北京市三所工读学校中 50 名犯有两性关系错误的女生调查，有 9 人系丧父或丧母，11 人的双亲中有人被判刑，两者合计占 40%。一些研究表明，丧父的破裂家庭对孩子性格（特别是男孩）会产生极不良的影响。在只有母亲的破裂家庭中长大的男孩，由于母亲把一切爱都倾注在他身上，过多的保护、关心，并且原谅孩子的缺点，容易使孩子形成冲动、缺乏自制力等不良性格特征，在青少年期犯罪率也较高。另一些研究表明，早年丧父会影响男孩形成男子汉性格，依赖性强，缺乏果断性，攻击性少，多采用语言攻击，少用身体攻击，等等。这种家庭对女孩的影响，主要表现在青春期与异性交往的问题上。但有些研究表明，如果有良好的教育，破裂家庭的孩子也可以形成坚强等良好的性格特征。

（3）家庭情绪气氛

家庭情绪气氛可以划分为融洽与对抗两种类型。家庭中的情绪气氛是由家庭中全体成员所造成的，但主要由夫妻关系所造成。家庭中的夫妻关系影响着家庭其他成员之间的关系，影响孩子性格的形成和发展。宁静愉快家庭中的孩子与气氛紧张及冲突型家庭中的孩子在性格上有很大的差别。宁静愉快家庭中的孩子在家里感到有安全感、愉快、生活乐观、信心十足、待人和善，能很好地完成学习任务。气氛紧张及冲突型家庭中的孩子缺乏安全感、情绪不稳定、容易紧张和焦虑、长期忧心忡忡，担心家庭悲剧将要发生、害怕父母迁怒于自己而受严厉的惩罚、对人不信任，容易发生情绪与行为问题。

（4）父母教养方式

父母教养方式通常是指训练或教导子女所采用的社会化方式，包括教养态度和教养行为。有研究表明父母教养子女时关怀的程度越高、权威的程度越低，子女的自我概念越好，父母对子女的接纳程度越高；限制的程度越适中，子女的自我肯定程度越高；积极的亲子关系，民主的教养方式有利于子女的认知能力、创造能力及创造行为的发展。父母的拒绝、溺爱、矛盾、分歧、威胁的教养方式将导致子女的不良反应。反之，亲子之间的认同程度越高，父母给子女以深切的关怀爱护，有助于子女对生活的适应。

父母对子女的教养态度是影响儿童性格形成和发展的重要原因。包德温（A. L. Baldwin）等人研究了父母教养态度和子女性格之间的关系，结果见表3－1。

表3－1　　父母教养态度和子女性格之间的关系

父母的态度	孩子的性格
支配	消极、缺乏主动性、依赖、顺从
干涉	幼稚、胆小、神经质、被动
娇宠	任性、幼稚、神经质、被动
拒绝	反抗、冷漠、自高自大
不关心	攻击、情绪不稳定、依赖、服从
专制	反抗、情绪不稳定、依赖、服从
民主	合作、独立、温顺、社交

另有研究表明，小学生的自尊心和他们家庭的贫富和社会地位无关，而与父母的教养态度和方法有关。自尊心强的男孩，其家庭的气氛是民主的，孩子在处理自己的事件上有发言权，像成人一样受到尊重。父母对他们是关心的、爱护的。父母对孩子要求严格，但严而不厉，经常用奖励的办法来引导孩子的行为，而不是用惩罚的方式来约束孩子的行为。父母待人接物都有一定的规则，并要求孩子有良好的行为表现。缺乏自尊心的男孩，父母对他们的行为是放纵的，没有一定的规则，但他们经常受到父母严厉的惩罚。

20世纪60年代前后，美国心理学家皮克（R. F. Peck）等人用谈话法、测验法等研究了美国青少年的性格特征。研究表明，性格特征的发展与父母对子女的教养态度密切相关。儿童良好的性格特征和信任、民主和容忍的态度，其相关系数均比较高；敌对行为和严厉的态度，其相关系数比较高；意志坚强与家长的信任相关系数最高（0.74），与家长的严厉态度则呈负相关；意志坚强、情绪稳定、自发努力和友好态度等良好的性格特征均与家长的严厉态度呈负相关。

Baumrind也对儿童性格与父母抚养方式关系进行了系统研究。他根据儿童性格特征将其分出三组：第一组儿童性格发展最好，他们独立、自信、知足、爱探索、自我控制力强、喜欢交往、自我肯定；第二组儿童属中等，也具备上述一些特征，但较为退缩怀疑，不喜欢交往；第三组儿童性格发展较差，他们有较高依赖性，退缩、缺乏自信、不善交往，自我控制力差。对这三组儿童父母的抚养方式评定，发现组间差异明显：第一组儿童的父母对孩子亲切、温和，既尊重儿童的独立性，又坚持对儿童的合理要求，采用较多的表扬、鼓励、强化、说理，这类父母的特点是理性控制；第二组儿童的父母对儿童的理解和温暖少了些，家长式的强制作风多了些，要求严格，批评多于表扬，这类父母的特点是专制；第三组儿童的父母对儿童缺乏关心和责任心，放任不管，奖罚不明，这类父母的特点是不负责任。

McCord 等对儿童的攻击行为与父母抚养方式进行了系统的长达 5 年的研究，发现父母对儿童的惩罚，关心与拒绝等行为对儿童攻击行为的发生起着极大影响（部分研究结果见表 3 - 2）。

表 3 - 2　　父母管教方式与儿童攻击行为的关系

管教方式	攻击组人数的百分率	非攻击组人数
母亲常采取惩罚方式	54%	31%
母亲不常采取惩罚方式	46%	69%
父亲常采取惩罚方式	58%	41%
父亲不常采取惩罚方式	42%	59%
父母经常威胁	64%	32%
父母不经常威胁	36%	68%
关心的父母	5%	68%
拒绝的父母	47%	10%

从攻击组与非攻击组的比较看出，攻击组儿童的父母常采取惩罚方式，较多威胁和拒绝，而非攻击组儿童的父母则不常采取惩罚，较少威胁，较多关心。

父母抚养方式对儿童的影响途径是多方面的：① 父母行为可以是子女模仿和认同的对象。② 父母行为造成一定情境，引发儿童的行为，如挫折导致攻击。③ 父母对儿童的奖励或惩罚，促成或消退某些行为。

父母抚养方式对儿童性格影响的范围也是多方面的，除上述方面之外，还有性别角色形成、成就感和道德观念等方面。但是，也要看到父母对儿童的影响不是单方面的多种因素，而是相互作用的。例如，在同样的抚养方式下培养出来的儿童也有较大差异，这是为什么？除了遗传因素之外，还有其他环境因素。更重要的是，儿童并不是消极被动地接受父母的影响，他有自己的思想，可以进行选择，并且反过来对父母造成影响，这种相互作用与双向影响是需要深入研究的问题。

2. 同伴

随着儿童的成长，他的社会交往日益扩大。除父母和家庭成员之外，与儿童交往最多的可能是同伴，包括幼儿园的朋友、学校的同学、邻居的小孩、团体中的成员等。同伴对儿童人格形成和发展有着多方面的影响。

同伴可以是儿童学习和模仿的榜样，所谓“近朱者赤，近墨者黑”。例如，儿童经常与慷慨大方的同伴交往，经常看到他们这种大方行为和别人对这种行为的赞赏，则儿童也会学习这种大方行为，相处久了，不知不觉之中发展了大方的特征。

同伴可以是儿童行为的强化之源。在与同伴交往过程中，儿童的某些行为受到鼓励或赞赏，则他倾向保持这种行为；若某些行为遭受反对，则这种行为可能消退。例如，在某个团体中，利己行为被人看不起，而提倡团结互助，则儿童可能发展较多的合作和助人特点。

儿童从同伴那里接受信息感受，别人和社会对他的期望，别人对他的看法，于是进一步认识自己，促进自我意识或自我概念的发展。如感到自信或自卑，儿童也从同伴那里获得同龄人对生活，对社会的看法或态度，或对人对事的态度，有积极的，也有消极的，这些态度和观点将对他的行为产生较大的影响。

与同伴相处还为儿童提供了一个发展人际交往能力的机会，他学会了克制、忍让，学会了与人合作。当然，他还学会了竞争、攻击行为等。

在与同伴相处的过程中，儿童对父母的依赖逐渐减少，独立性日益增加。他在团体中参与不同的活动，扮演或学习不同角色，主动的或被动的，领导者或被领导者，这些活动也影响着他的人格发展。

同伴关系的影响不仅限于儿童，即使是成人，旁人的影响也是不可忽视的。同事好友对人对事和对人生的看法会影响他的态度，别人的行为和榜样同样可以影响他的行为。例如，同伴对生活的乐观态度，刻苦奋斗精神，会影响他对人生的态度。某人在人生转折关头，与朋友一番交谈，可以使他茅塞顿开，所谓“听君一席话，胜读十年书”，使他明确了人生的意义，改变了他的生活观念，从而整个人的行为也随之改变。

3. 学校

学校生活是大多数人发展过程中的一个重要历程。人们不仅从学校获得文化知识，还获得了社会知识，促进了自我发展和社会发展。

学校是一个小环境，有特定的气氛，儿童在学校里学习知识、学习遵守纪律、学习与人相处、学习社会规范、学习所处社会文化传统，逐渐形成基本价值观和人生观，自我概念进一步发展，自我理想逐步形成。儿童常常在学校期间确立奋斗目标，要做什么样的人，并且根据自己设立的目标要求自己。

学校中的同学关系是影响儿童人格发展的一个重要部分。志同道合、情趣相近的同学常聚在一起，相互影响，有理想者互相勉励、互相促进；无志者也有他们的天地，如玩耍逗乐、寻求学习之外的刺激，这些无疑都影响将来的人格发展。

老师也许是对儿童发展至关重要的人物，其影响可能对儿童的一生都有重要意义。老师往往是儿童崇敬的对象，学习模仿的榜样，儿童不仅从老师那里学习知识，而且学习怎样为人。他们观察和模仿老师的举止、言行、态度，老师的思想、信念，对事对人的态度潜移默化地影响着儿童的人生观形成。老师对儿童行为的赞赏或批评，塑造着儿童的行为特征。

Pippert 的研究表明，老师对儿童热情和鼓励的态度，促进了儿童的自信心发展，使儿童敢于面对失败，将来更富于创造性。通常有两种不同类型的老师，一种是权威的，另一种是专制的。权威的老师有能力、有威信，但他不滥用权力。对儿童进行指导，设立目标，他注意儿童的心理需要，鼓励儿童的求知欲、创造性、自尊感和社会责任感。这样的老师促进儿童遵守纪律、自制、主动、有进取心。专制的老师以自我为中心，一切得听他的，批评指责较多。结果儿童感到压抑、被动、缺乏自信、缺少责任感。

老师与儿童关系的密切程度和对儿童的期望水平也对儿童发展起着重大的影响。有一个关于老师期望水平对儿童影响的著名研究，即所谓皮格马利翁（Pygmalion）现象或期待效应研究。皮格马利翁是希腊神话中一个雕塑家，有一天他创造了一个美丽少女的塑像。塑像完成后他不禁被自己的作品迷住了，这个少女塑像太美了。皮格马利翁情不自禁地爱上了这个少女，可惜少女是个塑像。但皮格马利翁并不放弃，始终爱着这个少女，并期望有一天少女会活过来，成为有生命的、真实的人。他的精神感动了上天的神，于是赋予塑像生命，皮格马利翁的期望终于成为现实。Rosenthal 等人对教师的期待效应与学生学业成绩的关系进行了研究，研究假设教师的期望可以改变学生的学业成绩，无论这个学生的能力高低与否。他们首先将学生随机分为两组，两组学生的智商水平相等。老师并不知道是如何分的组。但他们被告知其中一组学生有很大“发展潜能”，而另外一组则“无所成就”。随后的追踪研究表明，被认为是有“发展潜能”的那些学生的学业成绩明显优于被认为是“无所成就”组的学生。显然，教师对有“发展潜能”组学生产生了较高期望影响了这组学生的学业，尽管这组学生实际上与其他学生并无明显不同。老师无形中给予这组学生较多的关注、鼓励，对这些学生的责任心更强，给予更多的训练和指导，与此同时，学生也从老师的鼓励中获得自信，产生学习兴趣，更加努力。由此可见，老师对学生的影响和师生之间的相互作用，对人格形成的影响是很大的。

4. 社会文化

每个社会都有着各自的文化传统，研究结果表明文化传统影响个性形成的多个方面。社会文化是一个十分广泛的范畴，包括政治、法律、道德、意识形态及衣、食、住、行的方式等等。每个国家和民族在长期的历史发展中形成了自己特定的文化模式和传统，对塑造人的个性有着重大的作用。

Krodber 指出：“人类心智广大的可塑性，几乎全部为他周围的一切所决定，其中最大的影响力也许来自个人所生存的社会。”人不是孤立的，而是社会中的一员。人与社会相互影响，因此，人的性格形成与社会文化是分不开的。

不同社会文化都有其特点，有共同认可接受的行为模式或共同反对的行为模式。行为模式意味着同一社会文化中大多数人遵循或具有的某种共同人格特征，即所谓民族特性。例如，一般认为玛雅印第安人具有独立、勤劳、诚实等优点，但也有竞争性差、不善于表达情感的特点。与之形成对照，亚罗印第安人都是依赖性强，缺乏进取心，掩饰。不同社会文化的价值取向不同，亦对人格产生影响。如爱尔兰社会文化强调人性本恶，因此爱尔兰人有较强的罪恶感。与之相反，中国传统文化认为人性本善，以和为贵，以忍让为美德，认为善人多。

社会文化的特征是如何保存和对个人产生影响呢？Linton 指出，不同文化影响着子女的教养方式，通过子女教养方式影响儿童的早期经验，而对后来的人格形成产生影响。例如，人类学家 Geertz 对印度尼西亚群岛中加瓦岛上的加瓦人调查研究，发现加瓦人有突出的羞耻特征，这与母亲的培养有关，如母亲对儿童说："在陌生人面前吵闹，你难道不觉得羞耻吗？""如果没穿衣服在门口被人看见，你会觉得羞耻。""如果你向人借了钱，却无法还清，你会觉得羞耻。"小孩在父亲出现时，被期待表现出羞耻。因此，羞耻成为加瓦人文化塑成的特有的人格表现。

社会文化或规范影响着父母的思想和行为，父母的思想行为又影响了他们对子女的态度。婴儿一出生便成为社会的一员，父母便会根据所处社会文化标准要求和衡量儿童的行为，根据行为是否符合社会文化标准表示赞同或不赞同，儿童又根据父母的态度和要求来调节自己的行为。正如 Meod 所指出的，我们或多或少、无意识地以别人看待我们的眼光看自己、要求自己，逐渐形成一定的行为特征。

社会阶层由教育水平、家庭收入和职业状况等决定。这些因素相互联系，共同组合，形成了不同的社会阶层，如低收入阶层，高收入阶层，工人阶层，知识分子阶层，在我国还有一个特殊阶层，即个体户阶层。不同阶层人群的价值观念、人生观等彼此不同，对子女的期望水平、要求和教养方式也不尽相同。通常，低收入家庭对子女较为严厉，对孩子的责骂或惩罚较多。贫困也是影响家庭稳定的因素，造成较多的家庭矛盾，家庭气氛紧张，如父母心情不佳，消极情绪向孩子发泄造成孩子的压抑，或者缺少对孩子的关心，缺乏良好管教方式，或者降低对孩子的期望水平，忽视孩子的教育。家庭经济状况不好本身也造成孩子心理上的自卑，若不注意引导，则导致适应不良的人格特征。

相比之下，经济状况较好的家庭比较注意对孩子的管束，要求孩子克制，强调责任感和成就，对孩子的期望水平较高。在这种情况下，孩子看重成败，成就动机高，容易产生焦虑和内疚。

当然，这些因素的作用和影响并不是千篇一律的，而只是某种倾向而已。

5. 大众传播媒体

生活中的重大变故常常可以改变一个人的生活，甚至其人格的形成。生活中的变故或生活事件的因素包括很多方面，如亲人去世、父母婚变、家庭不和睦、好友关系破裂、学业失败等等。Bowbly 指出，小孩长期缺乏母亲的照顾，可能对他的性格，甚至对他的一生，产生深远的不良影响。父母的离异、家庭矛盾等因素也会在儿童心灵上蒙上阴影，造成自卑、内向等性格特征。此外，生理的问题，如重大疾患或某些慢性疾病、生理残疾，同样会影响儿童人格的正常发展。

大众传播媒体在现代社会非常普及，电影、电视、广播和书刊到处可以看到和听到，这些媒体传播的内容可以对我们的思想、信念乃至行为产生极大影响，这方面最为典型的研究是关于暴力电影电视内容对人们的影响，研究表明，反映暴力的影视内容确实可以引起人们的暴力行为，增加或对暴力行为的认可。近年来流行起来的激光影碟中的消极内容，也对人们的行为产生消极影响，如追求生活的享受、意志的丧失、道德观念淡薄等。还有年轻一代对明星的崇拜、模仿，也影响他们人格的发展。

当然，传播媒介也有其积极的一面，如英雄形象的宣传和对英雄的学习与模仿，便可促使人格向有利社会、有利他人的方向发展。

上述因素只是影响人格形成和发展有关的社会环境因素中的一些主要内容，并且，这些因素并不是孤立的，而是相互联系、共同作用，特别是社会环境因素与遗传因素之间的相互作用，持续影响人格的发展。这些因素之间的联系是非常复杂的，各因素作用的大小也不尽一致，还有一些别的影响因素，这是需要进一步研究的问题。

第二节　能力差异与管理

一、能力的概念及影响因素

（一）能力的概念

所谓能力（Ability）是指直接影响活动效率，使活动顺利完成的个性心理特征（天生的或习得的）。这种个性心理特征总是和人们完成一定的活动联系在一起的。人们在处理或解决问题时，所需要的能力不是单一的，而是多种能力的结合。一般来说，能力有两层含义：其一为“所能为者”；其二为“可能为者”。近些年来心理学家将智力和能力放到一起进行研究，这是因为智力和能力在内涵上是两个相互包容交织在一起很难划分的概念。智力是大脑的一种潜能，能力则是智力在一定条件下被开发和发展的一种心理特征。两者既相互区别，又相互联系，它们之间维系着一种内因和外显的辩证关系。日常生活中我们在论及人的能力时常常以智力水平去表达，如有人思维敏捷，有很强的数学运算能力；而有人过目成诵，有惊人的记忆力；有人富有想象力，有很好的创造力；有人有组织管理能力；有人能歌善舞，有较强的艺术才能；有人擅长规划设计，等等，因而有心理学家将能力称之为智能。

（二）能力与知识技能的关系

能力与技能也是紧密联系又相互区别的。

所谓技能（Skills）是指与任务相关的能力。能力不同于知识经验。知识是人类社会历史经验的总结和概括；而能力则是人对掌握知识的心理活动的概括，是完成某种活动所必需而且直接影响活动效率的个性心理特征。能力也不同于技能。技能是一种有目的的、通过练习而巩固了的自动化的活动方式，是对动作方式的具体概括，属心理活动过程的范畴。人对知识的理解和掌握有助于技能的形成，而知识的掌握与技能的形成又能推动和促进能力的发展。当人的认识活动和动作方式的水平达到了可迁移的程度，并在个体身上巩固和稳定下来，能对某种知识和技能做到举一反三，触类旁通的时候，就会促进能力的发展。能力反过来也制约和影响着人对知识的掌握及某种技能的形成。

能力和技能在个人行为和绩效方面扮演着非常重要的角色。有经验的管理者应当学会决定成功完成每项工作所需要的技能。如一名帮助管理者与匈牙利客户谈判并签订合同的翻译就特别需要语言方面的技能，包括语言的流利性、数字的敏捷性以及对汉语、英语和匈牙利语的理解能力等等。

（三）影响能力形成和发展的因素

1. 素质

素质是有机体天生具有的某些生理特征，素质是能力发展的自然前提。离开这个物质基础就谈不上能力的发展。但同时也应看到，作为能力形成、发展的自然基础的素质，并不等于能力本身，能力需在长期的生活实践中形成和发展。

2. 教育

教育是人们不断更新知识、提高能力的重要途径。在人的能力形成过程中，教育发挥着极其重要的作用，通过知识和技能的传授促进学生能力的发展。

3. 社会实践

社会实践是发展人的能力的另一条重要途径，是改造客观世界的实践活动。教育作为发展能力的外部条件，必须通过人自身的社会实践才能发挥作用。在实践和完成任务的过程中，人们的能力得以不断提高和发展。

二、能力的结构

1. 一般能力和特殊能力

按能力的倾向划分可将能力分为一般能力和特殊能力。诸如观察力、记忆力、理解力、注意力、思考力等均属一般能力；诸如节奏感、曲调感等音乐或其他方面的才能属特殊能力。

2. 再造能力和创造能力

按能力的创造力程度可将能力分为再造能力和创造能力。所谓再造能力是指能使人迅速地掌握知识，适应环境，善于按照原有的模式进行活动的能力，如观察力、记忆力、思维能力、言语表达能力等，这种能力符合学习活动的要求。所谓创造能力是指具有流畅、独特、变通、创新及超越平常的思考与活动的能力，这种能力符合创造活动的要求。

3. 实际能力与潜在能力

从能力测验的观点可将能力分为实际能力与潜在能力。

三、能力的个别差异

人的能力是有个别差异的。能力的差异在心理学中有两层含义：其一是指个人之间的差异；其二是指团体之间的差异，如年龄、性别、社会文化、职业之间的差异。不同的人在智力、特殊能力、能力表现、性别等方面都存在着差异。人与人之间的能力差别不仅表现为量的差别，而且表现为质的差别。所谓量的差别，是指人与人之间各种能力所具有的水平不同。例如正常人均具有记忆能力，但人与人之间的记忆力强度不同。所谓质的差别，是指人们在完成相同任务时，可以通过不同能力的综合而实现。例如两个管理者都具有良好的组织能力，一个可能在个人的技术能力、演说能力和人际关系能力等方面较出色；另一个可能在调查能力、分析能力以及正确决策能力等方面较出色。

（一）能力的类型差异

能力的类型差异是指个体能力发展方向的差异。人的智力差异表现在知觉、表象、记忆、想象、思维的类型和品质等方面。在知觉方面有综合型、分析型、分析综合型之分；在表象方面有视觉型、听觉型、运动型和混合型之分；在记忆方面有记性好坏之分和形象记忆、动作记忆、情绪记忆、抽象逻辑记忆之分；在想象方面有强弱之分和再造、创造之分；在思维方面有深刻与肤浅、敏捷与迟钝、灵活与死板、再造与创造、聚合与发散、抽象与具体之分等。

（二）能力的水平差异

人与人之间在能力发展水平上存在着明显的差异。测验研究表明：人的智力的个别差异在一般人中测量，呈现出两头小、中间大的常态曲线分布（见表3－3）。

表3－3①　智商分类百分比

智商 IQ	类　别	百分比%		
		WAIS 智商分类	推孟统计	理论分布
140 以上	极优秀	130 以上 2.2	1.3	0.38
120～139	优　秀	120～129　6.7	11.3	8.80
110～119	中　上	16.1	18.1	15.96
90～109	中　等	50.0	46.5	49.72
80～89	中　下	16.1	14.5	15.96
70～79	临　界	6.7	5.6	6.90
70 以下	心智不足	2.2	2.7	2.28

① 程正方. 现代管理心理学. 北京：北京大学出版社，1996.

根据上表数据，智力中等（包括中上与中下）即 IQ 在 80～120 分者，约占全部人口 80% 左右；智力极优秀者即 IQ 在 140 分以上，约占全部人口的 1% 左右；心智不足者即 IQ 在 70 分以下，约占全部人口的 3% 左右。

（三）能力发展的年龄差异

每个人的能力不仅在质与量的方面有差异，而且在表现早晚上也存在着明显的差异。

有的人在儿童时期就显露出非凡的智力或特殊才能，这叫“人才早熟”或能力早期表现。

人的能力也有表现较晚的，俗称“大器晚成”。

人的能力虽有早晚的差异，但就大多数人来说，成才的最佳年龄或出成就的最佳年龄应是青、壮年时期。美国学者莱曼（Lehman）曾研究了几千名科学家、艺术家和文学家的年龄与成就的关系，他认为 25～40 岁是成才的最佳年龄。

学者研究表明，在能力的差异中除能力的个别差异外，还存在着诸如性别、种族及社会阶层等团体差异。

四、能力差异在管理中的应用

（一）人尽其才

组织中，样样精通、十全十美的全才不多，但擅长于某一方面的人才，适合于某项工作的人员则不少。管理者应当善于发现人们的长处，做到用人之所长、避人之所短。任何组织的工作都是多种多样的，而各种工作对人的能力提出了不同的要求。如果一个人的能力符合工作要求，他就能胜任工作；相反，就无法胜任工作。

（二）合理选拔人才

在招聘人员时，注意从职业对能力要求出发，做到“因事设岗、避免大马拉小车”。在人员选择、人员安置时，尽力注意人们所具有的文化水平、技术水平、能力水平与实际工作所要求的智力、体力相匹配，选择能力过高或能力过低的职工均不利于生产。一个好的管理者并不是谋求把能力最优者聚集在自己的周围，而是正确确定本企业所需要的能力标准，谋求适合该组织能力标准的人才。企业只有合理招聘人才，才能提高工作效率。

国外心理学家们在这方面进行了大量的研究。他们认为，一个人所具有的能力低于实际工作所要求的水平，这个人会表现出“无法胜任”；但一个人所具有的能力水平高于实际工作的能力要求时，不仅浪费人才，而且本人不满足现状，工作效果也不佳。美国心理学家布兰卡特（Blanchard）举了一个例子说明这个问题。美国建立第一个农业大工厂时，要雇用一批保安人员，因为当时劳力过剩，工厂制定雇用保安人员的最低标准为高中毕业生，并具有 3 年警察或工厂警卫的经验。但按这个标准雇用的保安人员工作后，感到农业工厂的保安工作（只检查进出门的证件）单调、乏味，表示无法容忍，因而对工作漠不关心、不负责任，而且离职率很高。后来工厂雇用只受过四五年初等教育的人来担任这个工作，他们对工作满意、责任心强、工作负责，缺勤率、离职率都很低，保卫工作做得很出色。这个例子说明人的能力只有与其职业相适应时才能做到既提高效率，又不浪费人才。

（三）发挥团体的协作作用

由于不同的能力之间具有相互补充和相互促进的作用，因此，在进行人员优化组合时，应该充分应用能力的这一特点，避免同类能力的人员过分集中，尽量把各种类型能力的人员编排在一起，以便组织成员之间扬长避短。

（四）加强员工技术教育和能力培训

在人员培训时，注意处理好“一般能力和特殊能力”的关系，以增强培训效果。既要抓好与他们当前所从事的工作或将来可能从事的工作直接有关的专业知识或专业技能的教育，提高员工的特殊能力，同时也要根据员工已有的文化水平、兴趣爱好，增加科学文化知识，提高观察力、分析能力、计算能力、想象力、创造力等一般能力。这些能力的提高，虽然不能像特殊能力的提高那样，立即反映到产量、质量、消耗等指标的更新上，但这些能力的提高，为进一步发展特殊能力做好了准备，为员工队伍的智力开发，奠定了雄厚的基础。

第三节　气质及其在管理中的应用

一、气质的概念与类型

（一）气质的概念

所谓气质是个人与神经过程的特性相联系的行为特征。气质主要表现为心理活动的动力方面的特点。一般讲的“性情”、“脾气”等是气质的通俗讲法。神经过程可分为兴奋过程和抑制过程，神经过程基本特征主要有：神经过程的强度，神经过程的均衡性，神经过程的灵活性，等等。

气质是一个古老的概念。在公元前五六世纪，我国古代的思想家、教育家孔子曾把人的气质分为“狂、狷、中行”三类。狂者言行激烈外露；狷者行为拘谨孤僻；中行者介乎二者之间，依中庸而行。

在日常生活中，人的性情与脾气是有很大差别的，有人活泼好动，反应敏捷；有人安静稳重，反应缓慢；有人性情急躁；有人性情温和；有人善于交往，精力旺盛，情绪外露；有人沉默寡言，性情孤僻，体验深刻；等等。气质就仿佛给每个人的行为染上了一层独特的色彩。气质是典型地表现于人们心理过程的速度（如知觉的快慢，思维的灵活性程度）和稳定性（如注意集中时间的长短）、心理过程的强度（如情绪的强弱，意志努力的程度）以及心理活动的指向性（有的人倾向于外部事物，从外界获得参考信息；有的人倾向于内部，经常体验自己的情绪和思想）等动力方面的特点。

人的气质受个体生物组织制约，是人生来就具有的，表现在人的认识、情绪、意志、行为活动中的一种典型的、稳定的个性心理特征。由于人的气质具有天赋的秉性，故稳定性很强，当然它也不是固定不变的，在剧烈的社会变革或强大的教育影响下，人的气质特点也可能发生某些变化。

（二）气质的类型

1. 高级神经活动类型说

一个人出生时所固有的这种稳定的心理特点就是气质特性。它决定了人的心理活动力方面的自然属性，决定了心理活动进行的速度、强度、指向性等特点。这些特点只反映了一个人情感与活动的外部表现形式，它不涉及情绪和活动的动机、内容。例如，同样是热爱本职工作的工人，有些人在工作中表现为精力充沛、热情洋溢，而有些人则表现为任劳任怨、踏实肯干。气质为每个人增添了独特的色彩。

每个人都有许多种不同的气质特点，但这些特点并非偶然地彼此结合，而是有规则地互相联系着，从而构成代表一定组织结构的气质类型。巴甫洛夫用条件反射的方法对动物和人进行研究，发现神经活动有三种特性，即兴奋和抑制的强弱特征、兴奋和抑制的均衡与不均衡性特征、兴奋和抑制转换的灵活性特征。神经活动的这三种特性可能形成许多特殊的结合，其中可以分出某些最主要的结合方式，从而构成高级神经活动的基本类型。

2. 体质、体型说

德国精神病学家克瑞奇米尔（E. krctschmcr）根据他的临床观察，提出了按体型划分类型的理论（见表 3－4）。

表 3－4　　体型与气质类型的行为倾向表

体　　型	气　　质	行 为 倾 向
瘦长型	分裂气质	非社交的、有怪癖、神经质
肥胖型	躁郁气质	社交的、有温情、情绪不稳定
斗士型	粘着气质	固执、严格、理解迟钝、爆发和冲动

克瑞奇米尔的体型论虽对理解气质有一定的参考价值，但过于强调生物因素，忽视社会因素。另外，他对精神病与体型关系的论述缺乏科学根据。

3. 激素说

现代激素理论认为内分泌腺体活动与气质类型有关。他们根据人的某种腺体特别发达，而对人的行为有一定影响，于是把人分为甲状腺型、脑垂体型、肾上腺分泌活动型、甲状旁腺型和性腺过分分泌型等。

4. 体液说

古代最著名的气质学说是由古希腊的著名医学家希波克拉特（Hippocrates）在公元前五世纪提出的体液说。他认为在体内含有四种体液即血液、粘液、黄胆汁、黑胆汁。它们分别多生于心脏、脑、肝、胃。希波克拉特认为，机体的状态决定于四种体液的有机配合。公元二世纪，罗马医生盖伦（Galenus）采用了气质这一用语，并把人的气质分为13种。后来由古代医学家们以某种体液占优势的情况将这些分类简化为四种：多血质（血液占优势），胆汁质（黄胆汁占优势），粘液质（粘液占优势），抑郁质（黑胆汁占优势）。

多血质。又称为“活泼型”，其特征是“活泼好动、反应迅速、喜欢与人交往”。这种类型的人往往活泼、好动，情感变化快而不持久，动作敏捷而有可塑性，热情外倾。

胆汁质。又称为“兴奋型”，其特征是“直率热情、精力旺盛、情绪易于激动”。这种类型的人往往精力充沛，情感和言语动作的发生强烈而难以控制，反应速度快，但不灵活，具有明显的外倾性。

粘液质。又称为“安静型”，其特征是“安静稳重、沉默寡言、注意力稳定”。这种类型的人往往安静、沉着，情感反应慢而持久，且不外露，动作迟缓而不灵活，具有内倾性。

抑郁质。又称为“抑制型”，其特征是“孤僻胆小、行动迟缓、忍耐力较差”。这种类型的人往往敏感、多疑，感情比较脆弱，情感体验丰富而不外露，严重内倾，反应速度慢，具有刻板性。

实际上，只有少数人是四种气质类型的典型代表，多数人是介于各种类型之间的中间类型（见表3-5）。每种气质类型的特点，都具有好的一面，又具有不好的一面。如多血质的人情绪丰富，工作能力较强，容易适应新的环境，但注意力不稳定，兴趣容易转移。抑郁质的人工作中耐受能力差，容易感到疲劳，但感情较细腻，做事审慎小心，观察力敏锐，善于觉察到别人不易觉察的细小事物。因而一个人的气质类型并不决定一个人的社会价值。每个人的世界观、信仰、道德品质以及兴趣爱好等，并不依赖于他的气质。

表3-5　　气质类型的一般特征

气质类型	感受性	耐受性	不随意反应性	速度与灵活性	内向外向	情绪兴奋性	情感和行为特征	可塑与稳定
多血质	低	较高	强	快而灵活	外向	高	愉快、机敏、不稳定	有可塑性
胆汁质	低	较高	强占优势	快、不灵活	外向	高	容易激怒	可塑性小

续表

气质类型	感受性	耐受性	不随意反应性	速度与灵活性	内向外向	情绪兴奋性	情感和行为特征	可塑与稳定
粘液质	低	高	弱	快、不灵活	内向	低	冷漠	稳定
抑郁质	高	低	弱	快、不灵活	内向	体验深	悲观	刻板性

虽然用体液说来解释气质并不科学，但由于该学说较之其他学说在解释人的情感和行为多样性方面更容易被人们接受，所以体液说一直沿用至今。

5. 血型说

还有人作了血型与气质类型的研究。有人认为易激动者呈酸性反应，性情沉着者呈碱性反应。也有人认为A型血者内倾保守，属粘液质；B型血者外倾进取属多血质；AB型是混合型；O型血者对人对己都积极进取，属胆汁质。

二、气质差异在管理中的应用

（一）正确认识气质类型

研究发现，在同一社会实践领域里的杰出人物中均可找出不同气质类型的代表。气质无好坏之分，任何气质类型既有其积极作用也有消极影响。像多血质者活泼热情，善交际，反应灵活，工作效率高，但稳定性差；胆汁质者外向开朗，反应快，效率高，但暴躁任性，自我控制力差；粘液质者镇静踏实，但反应较迟钝；抑郁质者耐受力差，易疲劳，性情孤僻，但观察细微，感情细腻，办事谨慎。在管理实践中，不能简单地评价一个人的气质类型，关键是要认识其气质类型的优缺点，扬长避短，施以有效的管理。

（二）正确认识气质与成就的关系

同时气质也不能决定一个人的成就高低。气质只是属于人各种心理品质的动力方面，气质使人的心理活动染上某些独特的色彩，却不能决定一个人性格的倾向性和能力的发展水平。如俄国四位著名的文学家就是四种气质类型的典型代表：普希金具有明显的胆汁质气质特点，赫尔岑具有多血质气质，克雷洛夫具有粘液质气质，果戈理具有抑郁质气质。他们虽然气质类型不同，但同样在世界文学领域取得了非凡的成就。

（三）气质与工作组合

研究与实践表明，外向型气质（胆汁质、多血质）的人活泼开朗，善社交，适应环境的能力较强；而内向型气质（粘液质、抑郁质）的人胆怯、羞涩、好独处，适应性较弱。气质类型相同的人容易有共同语言，交往易于协调，但也可能出现“针尖对麦芒”，矛盾摩擦不断的现象。不同气质类型的人在组成群体时，应综合考虑成员各方面的特点，特别是气质类型的差异。

（四）气质与培训

根据不同气质类型对不同职业、不同工作的顺应性，对具有不同气质类型或偏重于某种气质类型的人，进行有针对性、方向性的培训，加速其成才的过程。特别是在对员工的批评、教育中要注意其气质类型的特点，注意方式、方法，以收到好的教育效果。

（五）气质与人的身心健康

很早就有许多医生和心理学家注意到气质和人的身心健康的关系。

如前所述，克瑞奇米尔曾试图从气质类型中找出精神病的根源，这种做法虽然缺乏科学依据，但他针对患者的气质特点采取了不同的施治方法，对治愈病人起了一定的作用。

在美国全国心肺和血液研究所召开的一次会议上许多科学家认为：A 型心理类型（即相当于胆汁质气质）的人是引起心脏病的重要原因。调查显示具有 A 型心理特征的人患心脏病的比例高达98% 以上，美国两位医生曾进行过 30 年的跟踪研究发现：易动怒的气质类型中有 77.3% 的人患高血压、心血管病、良性肿瘤、癌症等；而安静型、开朗型中只有 25% 、26% 的人患上述疾病。

生活实践也表明，胆汁质与抑郁质的人，在不良环境与外界压力下，容易患精神分裂、躁狂症与抑郁症；性情暴躁、易激动者与冠心病、高血压有关；抑郁、多虑者易患溃疡、神经官能症。心脏病专家路森曼认为，雄心勃勃、好胜心强、缺乏耐心者易患高血压、冠心病。

了解气质类型及其对身心的危害，无疑会促使人注意改变气质中的消极因素，调适人的生理健康和心理健康。

第四节　性格及其在管理中的应用

一、性格的概念及其结构

（一）性格的概念

人的性格即指一个人对现实的态度和习惯化了的行为方式中表现出来的较稳定的有核心意义的个性心理特征。

性格与个性是有区别的，个性（Personality）反映一个人在社会中所扮演的角色，而性格则标志了这个角色的特征。性格（Character）的意思是指“特征”、“标志”、“属性”或“特性”，它可以标志事物的特性，也可以标志人的特性。

性格是一个古老的概念。早在春秋时期我国古代思想家和教育家孔子就把人分为庸人、士人、君子、贤人、圣人，每种人有不同的性格。西方最早一本有关性格的著作是公元前三世纪古希腊的科学家和哲学家提奥夫拉斯塔（Thcophrastus）的《各种各样的人》。在书中，他把在不同人身上表现出来的“阿谀奉承”、“吝啬”、“贪婪”、“粗俗”、“虚荣”、“自私”等30种特征，都用“性格”一词来概括。同时他也认为人的性格是由一个支配性的性格特性所决定的。

（二）性格与气质的关系

性格与气质的区别在于气质更多地体现神经类型基本特征的自然影响，是神经类型在行为活动中的直接表现；而性格更多地体现了社会生活条件和环境的外来影响，是在神经类型的基础上形成的暂时联系系统。气质是性格的基础；影响性格的动态方面，比较明显地表现在性格的情绪性和表现速度方面；性格是在一定气质基础上，在生活实践中形成和发展的，同时性格能够在某种程度上掩盖甚至改造气质。

二、性格的类型及其在管理中的应用

所谓性格的类型是指在一类人身上所共有的性格特征的独特结合。

1. 性格的心理机能

英国心理学家A·培因和法国心理学家T·李波提出了“按理智、情绪、意志三种心理机能中哪一种占优势来确定性格类型”的分类方法。理智型者通常以理智来衡量一切，并以理智来支配自己的行动，与人交往时明事理，讲道理；情绪型者情绪体验深刻，言行举止易受情绪左右；意志型者具有较明确的活动目标，行为活动具有目的性、主动性、持久性、坚定性；中间型是混合型或非优势型。

2. 性格的心理活动倾向性

瑞士精神病学家和心理学家荣格（C. G. Jung）特别重视类型学说，他根据力比多（Libido）倾向于外部或内部，把人分为外向型和内向型。外向型者心理活动倾向于外部：活泼、开朗、感情易外露；待人接物决断快，独立性强，但比较轻率；缺乏自我分析与自我批评精神；不拘泥于小事，善社交，反应快等。内向型者心理活动倾向于内部：感情较深沉，待人接物较谨慎小心；处理事务缺乏决断力，但一旦下定决心办某件事总能锲而不舍；能够进行自我分析和自我批评；不善社交，反应慢等。

荣格称内外向为态度类型，称思维、情感、感觉、直觉等为机能类型。他又将两者结合起来，组合成八种性格类型（见表3－6）。

表 3－6　八种性格类型表

性格类型	性格特征
思维外倾型	按固定规则行事，客观而冷静，积极思考、武断、感情压抑
情感外倾型	易动感情、尊重权威与传统，寻求与外界和谐、善交际、思想压抑
感觉外倾型	寻求享乐、无忧无虑、适应性强，不断追求新异感觉经验，对艺术品感兴趣，直觉压抑
直觉外倾型	作决定凭预感，好改变主意，富于创造性、感觉压抑
思维内向型	缺乏判断力、社会适应性差、智商高、忽视日常实际生活、情感压抑
情感内向型	安静、有思想、感觉敏锐、对别人的意见和感情不关心，无情绪流露，思想压抑
感觉内向型	被动、安静、艺术性强，不关心人类事业，只顾身边刚发生的事情，直觉压抑
直觉内向型	偏执、喜欢做白日梦，观点新颖，但稀奇古怪，好冥思苦想，靠内部经验指导生活

3. 优越型与自卑型

奥地利心理学家阿德勒（A. Adler）创立了“个人心理学”，用精神分析的观点来划分性格类型。他认为，“个人的生命，个人的精神活动都是具有一定的目标性的。”“所有一切精神的动力都是处于一种指导性观念的控制之下的”，“人人都有一种根本的求权意志，一种求统治和优越的冲动力”，“人对优越性的渴望起源于人的自卑感，而人的自卑感则是肇端于人在幼年时的无能”。“儿童对自卑感的对抗叫补偿作用”，“补偿作用就是推动一个人去追求优越目标的基本动力”。他根据个人竞争性的不同把性格划分为优越型与自卑型两种。前者恃强好胜，不甘落后，总想胜过别人；后者甘愿退让，不与人争，缺乏进取心。

4. 性格的独立性

美国心理学家威特金（H. A. Witkin）透过知觉来研究人的性格，把人分为场独立型和场依存型。前者能主动地适应环境，善于采用相当克制的方式表达冲动，有组织活动和控制外来阻力的能力；后者被动接受环境，自我领悟力缺乏，自我控制力差，易产生自卑感与依赖行为。

5. 性格的社会文化类型

斯普兰格（E. Spranger）认为不同的生活方式对生活的价值有不同的看法，斯普兰格从人类社会文化生活的角度，把性格分为六种类型。

（1）理论型。这类人追求真理，善于思考与决断，如理论家、思想家等。

（2）经济型。这类人追逐利润，重视经济观和价值观，如商人。

（3）审美型。这类人不大关心实际生活，追求艺术美的体验，如艺术家等。

（4）宗教型。这类人相信上帝，相信绝对永恒的生命，如宗教徒等。

（5）权力型。这类人总想指挥别人，如权力欲者。

（6）社会型。这类人愿为社会、为他人谋利益，如社会活动家等。

6. "大五"个性因素（"Big Five" Personality Factors）

20世纪80年代以来，人格研究者们在人格描述模式上达成了比较一致的共识，提出了人格五因素模式，被称为"大五人格"。强调该人格模型中每一维度的广泛性。这五个维度因素是：外倾性（E）、随和性（A）、责任心（C）、情绪稳定性/神经质（E/N）和经验开放性（O）。"大五"个性因素是有关个性结构基础维度的五个主要因素，近些年颇具影响。

（1）外倾性（Extraversion）：描述一个人善于交往，善于言谈，武断自信方面的个性维度。表现为好交际对不好交际，爱娱乐对严肃，感情丰富对含蓄。表现出热情、社交、果断、活跃、冒险、乐观等特点。

（2）随和性（Agreeableness）：描述一个人随和，合作和信任方面的个性维度。表现为热心对无情，信赖对怀疑，乐于助人对不合作。包括信任、利他、直率、谦虚、移情等品质。

（3）责任心（Conscientiousness）：描述一个人责任感，可靠性，持久性，成就倾向方面的个性维度。表现为有序对无序，谨慎细心对粗心大意，自律对意志薄弱。包括胜任、公正、条理、尽职、成就、自律、谨慎、克制等特点。

（4）情绪稳定性/神经质（Emotional Stability/ Neuroticism）：描述一个人平和，热情或紧张，焦虑，失望等方面的个性维度。表现为烦恼对平静，不安全感对安全感，自怜对自我满意。包括焦虑、敌对、压抑、自我意识、冲动、脆弱等特质。

（5）经验的开放性（Openness to Experience）：描述一个人幻想，聪慧及艺术敏感性方面的个性维度。表现为富于想象对务实，寻求变化对遵守惯例，自主对顺从。具有想象、审美、情感丰富、求异、创造、智慧等特征。

这五个维度实际上是从一个极端经过各过渡阶段到另一个极端的连续体，用以评定个人的总体个性特征和各方面的个性特征，每一维度都包含许多具体的个性特点。

得出五因素模型的一个很重要的方法就是基于问卷研究。科斯塔（Costa）等人根据对16PF的因素分析和自己的理论构想编制了测验五因素的NEO—P1人格量表（NEO—PI Five-Factor Inventory）。该量表包括300个项目，被试在五点量表（从完全同意到完全不同意）上指出每个句子表示他们自身特点的程度。除了五个因素上的得分，被试还有为每个维度量表设置的六个测量特质水平的层面量表得分，这些层面量表提供了有关大五因素的每个因素内的行为的更大区分性。有关人格大五特质因素和相关特征见表3－7。

表 3－7　人格五因素及其相关特征

高分者特征	特质量表	低分者特征
烦恼、紧张、情绪化、不安全、不准确、忧郁	情绪稳定性/神经质（E/N） 评鉴顺应与情绪不稳定，识别那些容易有心理烦恼、不现实的想法、过分的奢望式要求以及不良反应的个体	平静、放松、不情绪化、果敢，安全、自我陶醉
好社交、活跃、健谈、乐群、乐观、好玩乐、重感情	外倾性（E） 评鉴人际间互动的数量和强度、活动水平、刺激需求程度和快乐的容量	谨慎、冷静、无精打采、冷淡、厌于做事、退让、话少
好奇、兴趣广泛、有创造力、有创新性、富于想象、非传统的	经验开放性（O） 评鉴对经验本身的积极寻求和欣赏；喜欢接受并探索不熟悉的经验	习俗化、讲实际、兴趣少、无艺术性、非分析性
心肠软、脾气好、信任人、助人，宽宏大量、易轻信、直率	随和性（A） 评鉴某人思想、感情和行为方面在同情至敌对这一连续体上的人际取向的性质	愤世嫉俗、粗鲁、多疑、不合作、报复心重、残忍、易怒、好操纵别人
有条理、可靠、勤奋、自律、准时、细心、整洁、有抱负、有毅力	责任心（C） 评鉴个体在目标取向行为上的组织性、持久性和动力性的程度，把可靠的、严谨的人与那些懒散的、邋遢的人作对照	无目标、不可靠、懒惰、粗心、松懈、不检点、意志弱、享乐

三、个性与行为

有研究表明，某些性格特征对于解释组织中的行为更为直接并相当有价值。一般情况下，人们试图通过度量个性的不同方面如控制点、自我效能感、马基雅维里主义、冒险倾向、A 型人格来获得对个性的认识。

（一）控制点（Locus of Control）

性格的一种特征反应为控制取向。内控型的人的相信可以主宰自己的命运，对自己所发生的一切事情负责。在决策之前积极地搜寻信息，成就驱动、想要控制周遭环境；对需要复杂信息处理、创新、独立的工作，表现较佳。外控型的人相信命运受制于外在力量。较顺从、较愿意遵从指示；对结构性、例行性的工作，表现较佳。

（二）自尊（Self-esteem）

性格的另一种特征表现为自尊。自尊是指个人喜欢或讨厌自己的程度。人们在对自己的喜欢程度上也有很大差别。研究发现自尊与对成功的渴望和工作满意有直接关系。高自尊的人有较多能力使工作成功，愿冒较高的风险选择工作。低自尊的人，对外在的影响较敏锐，更希望得到他人的赞同，依循其尊敬的人的信念和行为。

（三）自我监控（Self-monitoring）

自我监控是指个人为适应外界环境而调整行为的能力。自我监控能力高者，其公众角色和私下角色，有明显区别。自我监控能力低者，行为一致性较高。自我监控能力高者，是可以扮演多重角色的成功管理者，甚至是冲突角色。

（四）自我效能感（Self-efficacy）

自我效能感是指个体对自己是否有能力为完成某一行为所进行的推测与判断。这一概念是班杜拉（Bandura）最早提出的。这种理论认为，即便人的行为没有对自己产生强化，但由于人对行为结果所能带来的功效产生期望，可能会主动地进行那一活动。自我效能感有三个维度：程度、强度和一般性。当个体取得内部控制倾向并因此设定目标和制定完成该目标的行动计划后，会产生一种自我效能的感觉。

影响自我效能感形成的因素主要有以下四方面：

（1）个人自身行为的成败经验（Direct Experiences）。一般来说，成功经验会提高效能期望，反复的失败会降低效能期望。但事情并不这么简单，成功经验对效能期望的影响还要受个体归因方式的左右，如果归因于外部的不可控的因素就不会增强效能感，把失败归因于内部的可控的因素也不一定会降低效能感。因此，归因方式直接影响自我效能感的形成。

（2）替代经验（Vicarious Experiences）。人的许多效能期望是来源于观察他人的替代经验。这里的一个关键是观察者与榜样的一致性。

（3）言语劝说（Verbal Persuasion）。因其简便、有效而得到广泛应用，但缺乏经验基础的言语劝说其效果则是不巩固的。

（4）情绪唤醒（Emotion Arise）。个体在面临某项活动任务时的心身反应、强烈的激动情绪通常会妨碍行为的表现而降低自我效能感。班杜拉在“去敏感性”的研究中发现，高水平的唤醒使成绩降低而影响自我效能，当人们不为厌恶刺激所困扰时更能期望成功。

（五）马基雅维里主义（Machiavellianism）

马基雅维里主义是一个源自于意大利哲学家和政治学家马基雅维里（Machiavelli，1469—1527）《帝王论》的概念，以主张为达目的可以不择手段而著称于世，马基雅维里主义（Machiavellianism）也因之成为权术和谋略的代名词。它通常分为高马基雅维里主义和低马基雅维里主义。高马基雅维里主义的个体重视实效，保持着情感的距离，相信结果能替手段辩护。大量的研究探讨了有关马基雅维里主义与行为结果的关系。高马基雅维里主义者比低马基雅维里主义者更愿意操纵别人，赢得利益更多，更难被别人说服，他们更多的是说服别人。实用本位、不受情绪影响、相信为达目的可以不择手段。

适任的工作条件有：需要与他人直接互动；法令规意较宽松自由，需要即席应变；情绪卷入与胜利无关。对于需要谈判技能的工作和成功能带来实质效益的工作（如代理销售商），高马基雅维里主义者会十分出色；而对于以下这些情况，如结果不能为手段辩护的工作，行为有绝对的规范标准以及上面所列出的三个条件不存在时，很难预期高马基雅维里主义者会取得良好绩效。

尽管“马基雅维里主义”通常含有贬义，但没有证据表明高马基雅维里主义者比低马基雅维里主义者更邪恶或更有报复心。事实上，高马基雅维里主义者“超乎寻常的冷静”使他们对其他人、对敏感的问题只投入较少的情感，在令人尴尬的场合能够顾全脸面。在医学院所作的一项现场测试发现精神科医生在马基雅维里主义量表中得分最高，而外科医生得分最低。原因可能是精神科医生其角色要求较多的谋略，而外科医生总是尽少地与病人接触。

（六）冒险倾向（Risk Taking）

与低冒险倾向者比较，具有高度冒险倾向的人会更快地做出决定。并且在做选择时使用的信息更少。管理者通常是风险规避者。个人的风险承受习性，会影响管理者作决策所需的信息量和时间；确认风险承受的差异，以配合工作的需求。管理者也可以根据具体情况给具有冒险精神的员工分配特殊的工作任务。

（七）A型人格（A Type Personality）

A 型人格者属于较具进取心、侵略性、自信心、成就感，并且容易紧张。A 型人格者总愿意从事高强度的竞争活动，不断驱动自己要在最短的时间里干最多的事，并对阻碍自己努力的其他人或其他事进行攻击。B 型人格者则属较松散、与世无争，对任何事皆处之泰然。心理学研究认为，“经常想到有许多事情要做，却没有时间去做”，这种左右为难的复杂心态，会使我们紧张、忧虑得心力交瘁，高血压、心脏病、溃疡病便会随之发生。

怎样才能解除 A 型人在心理上和生理上的过度紧张和压力呢？首先，制定一个符合自己实际能力的目标；第二，在时间安排上要预留回旋的余地；第三，严格划清工作与休息的界线；第四，培养业余爱好，增加生活情趣；最后，经常参加体育活动，提高机体承受能力。

四、个性与职业匹配

在人格和职业的关系方面，美国职业心理学家霍兰德（Holland）创立的人格类型理论提出了一系列假设：(1) 在现实的文化中，可以将人的人格分为六种类型：实际型、研究型、艺术型、社会型、企业型与传统型。每一特定类型人格的人，便会对相应职业类型中的工作或学习感兴趣；(2)环境也可区分为上述六种类型；(3) 人们寻求能充分施展其能力与价值观的职业环境；(4) 个人的行为取决于个体的人格和所处的环境特征之间的相互作用。在上述理论假设的基础上，霍兰德提出了人格类型与职业类型模式。不同类型人格的人需要不同的生活或工作环境，例如“实际型”的人需要实际型的环境或职业，因为这种环境或职业才能给予其所需要的机会与奖励，这种情况即称为“和谐”(Congruence)。类型与环境不和谐，则该环境或职业无法提供个人的能力与兴趣所需的机会与奖励。

实际型（Realistic)：喜欢有规则的具体劳动和需要基本操作技能的工作，缺乏社交能力，不适应社会性质的职业。具有这种类型人格的人其典型的职业包括技能性职业（如一般劳工、技工、修理工、农民等）和技术性职业（如制图员、机械装配工等)。

研究型（Investigative)：具有聪明、理性、好奇、精确、批评等人格特征，喜欢智力的、抽象的、分析的、独立的定向任务这类研究性质的职业，但缺乏领导才能。其典型的职业包括科学研究人员、教师、工程师等。

艺术型（Artistic)：具有想象、冲动、直觉、无秩序、情绪化、理想化、有创意、不重实际等人格特征。喜欢艺术性质的职业和环境，不善于事务工作。其典型的职业包括艺术方面的职业（如演员、导演、艺术设计师、雕刻家等)、音乐方面的职业（如歌唱家、作曲家、乐队指挥等）与文学方面的职业（如诗人、小说家、剧作家等)。

社会型（Social)：具有合作、友善、助人、负责、圆滑、善社交、善言谈、洞察力强等人格特征。喜欢社会交往、关心社会问题、有教导别人的能力。其典型的职业包括教育工作者（如教师、教育行政工作人员）与社会工作者（如咨询人员、公关人员等)。

企业型（Enterprising)：具有冒险、野心人格特征。喜欢从事领导及企业性质的职业、独断、自信、精力充沛、善社交等，其典型的职业包括政府官员、企业领导、销售人员等。

传统型（Conventional)：具有顺从、谨慎、保守、实际、稳重、有效率等人格特征。喜欢有系统有条理的工作任务，其典型的职业包括秘书、办公室人员、计事员、会计、行政助理、图书馆员、出纳员、打字员、税务员、统计员、交通管理员等。

第五节 心理测验

心理测验是一种测量的技术。心理学家常用心理测验来测量评估人们的某种行为，它是判断个体心理差异的工具。心理测验作为一种技术和方法，可以将心理现象加以量化。在企业招聘、人事安排、职业发展和咨询等人力资源管理方面，适当地运用一些心理测验的方法，有助于提高人事工作的质量。

一、心理测验的含义

心理测验简称测验（Test）是心理学家编制的，用来测量个体的某种行为，借以判定个性差异的工具。

心理测验包含了两种涵义，一是指对人的智力、记忆、个性等心理特征的测验或检查；二是指测量这些心理特征的工具，如测量智力的测验、测量兴趣的测验。这两者有时并不严加区分。心理测验可以在较短的时间内迅速了解一个人的心理素质、潜在能力和其他各种心理特点，能够比较科学和客观地对人进行评定而不受评定者主观因素的影响，这种优势已经被国内外许多企业和组织的人力资源工作所证实。

虽然心理测验是一种科学的测验手段，但如果使用不当，不仅会降低其科学性，还可能会造成不良的社会影响，这违背了心理测验的初衷。因此，在使用时必须慎重选择、规范使用，遵循自愿和保密的原则，使测验这一方法发挥其应有的作用。

二、心理测验应具备的条件

心理测验是一种标准化的测验工具，测验的编制须经过标准化的程序，必须符合一系列的技术指标；同时，测验的使用、记分、解释也须按标准化的程序进行。

（一）信度（Reliability）

信度是指心理测验的成绩的可信度要达到一定的标准，即信度系数要大于+0.80，测验的信度要以测验分数的一致性为标准来确定。一个人在同一心理测验中几次测量结果要保持一致性。这样信度愈高，测验愈可靠。

测验的信度是以测验分数的一致性为标准来确定的。一般用相关系数的大小来表示信度的高低。测定方法主要有下列三种：

重测法——用同一测验对同一组受测者前后施测两次，根据两次的得分统计求得的相关系数，即为该测验的信度系数。

折半法——把在同一测验中的每个人的得分都分为两半（如按单双号题目划分），构成两组数量，而后再求两者间的相关系数，即为信度系数。

复本法——同时编制性质相同的两套测验，施测同一组受测者得到的两组数量再求得的两者间的相关系数即是信度系数。

（二）效度（Validity）

效度是指一个测验希望测量某种行为特征的有效与准确程度，即确定有效地反映期望预测的程度。一个测验的高效度，即表示它所测量的结果能代表所想测量行为的真正特征。高信度的测验，不一定有高效度，相比来说，效度更为重要。效度愈高，测验愈好、愈有用处。企业管理中常用个人心理测验的得分与实际生产成绩之间的相关分数为指标来衡量测验的效度。

测验效度的确定方法有以下四种：

内容效度——在编制各种学科成就测验时，测验题目的选择必须根据教材内容，而且题目的数量必须概括教材中的主要观点与技能。被试在该测验中的得分与实际成就（能力）之间的相关系数即为内容效度。

预测效度——有时编制测验者关心测验成绩是否具有预测受测者未来的成就或表现的功能，就要测定其预测效度。受测者在该测验的得分与后来受训练的技能得分之间的相关系数为预测效度系数。受训的技能得分为效度标准简称效标。

同时效度——建立预测效度所需时间较长，于是有的测验编制者选用另一种被公认有相当效度的测验作为效标，受测者在新编测验得分与已被公认有效测验得分之间的相关系数为同时效度系数。

构想（建构）效度——指测验结果能否证实或解释某一种理论假设及解释的程度如何，是通过分析理论构想与测验结果而得到的。

能力和成就测验的效度应在0.70或0.80左右，创造能力测验为0.50左右，个性测验在0.30或0.40左右。

（三）常模（Norm）

常模是解释测验结果（分数）的依据。每个被试心理测验的得分必须与常模比较，才能显示出它的意义。

一个测验的常模是在编制心理测验时建立的，如果没有常模，测验的结果就毫无意义。通常将“标准化样本的平均数”视为某测验的常模。因编制标准化测验时选取的样本不同，常模也不一样，有年龄常模、年级常模、全国与地区性常模等。

常模化是指在分析心理测验的结果时，用同一个参照系列——标准常模作为样本，来确定被测者的相对水平。例如某人在测验中得分是85分，团体平均分数为80分，标准差为10分，则这个人为一般水平。

测验常模是一大批与求职者条件相似的被试在该项测验中所得分数的分配。人们用这个分配作为衡量求职者心理品质的尺度。例如一个中学毕业生在机械能力测验中得82分，因为光凭这个分数是看不出他在机械能力方面的水平的，所以需要把他的分数与一大批中学毕业生的机械能力测验成绩的分数相比较，才能知道82分意味着什么。如果常模的平均数为80分，标准差为10分，则可知这个中学生的机械能力属于一般水平。

（四）标准化

标准化是指进行心理测验时，测验的条件和测验的程序要始终保持一致，保证所有人在完全相同的条件下接受测验。

每个测验必须有标准程序，每次测验必须严格按标准程序进行。例如，给予所有被测者相同的指导语，控制相同的测验时间，在相似情况下进行测验等。

三、心理测验的分类

心理测验使用的各种工具称为量表。编制心理测验量表的材料，一般都是经过科学方法慎重选择的、能够反映人们某些心理行为特点的问题或任务。现代流行的各种心理测验量表很多，可以归纳为以下几种类型。

（一）按测验功能归类

（1）智力测验：这类测验的主要功能是测量人的一般智力水平。如 Binet-Simon 智力量表、Stanford-Binet 智力量表、Wechsler 成人智力量表及 Raven 测验等，都是现代常用的著名智力测量工具，用于测量人的智力，评估人的智力水平。

（2）特殊能力测验：智力测验可检查人的一般智力，而特殊能力测验则是测量人的某一特殊的能力倾向。如测量人的音乐能力、技巧运动能力等。

（3）成就测验：这类测验的主要功能是测量人的学习效果及教育、培训目标实现的程度，如有关知识、理解、应用、分析、综合和评价等方面的测验量表，都是属于这一类的。

（4）人格测验（Personality Tests）：用于测量情感、动机、人际关系和态度特征等构成一个人个性特征的因素测试。其中一种被人们广泛使用的个性评估调查问卷是明尼苏达多项人格调查表（Minnesota Multiphasic Personality Inventory，MMPI），需要由被试回答是、否或不知道的条目组成。MMPI 的条目覆盖了许多领域，如健康、身心症状、精神障碍和社会态度，还有许多著名的精神或心理现象，如恐惧症、妄想症和虐待狂倾向。

根据心理学对人格的理解和看法，对一个人的人格可以进行测量和评估，这类测验的功能就是按这种要求对个体的人格特征进行测验。因为心理学界对人格的看法不尽一致，有关人格的测验方法也就不能统一。一般有两类，一类是问卷法，一类是投射法。这两种测验可以在使用中相互印证。

中国的组织管理者不太热衷于使用 MMPI，因为它过度的人格测查倾向，总是与心理学家和精神病学家相随，通常被认为是用于帮助那些有问题的人的。管理者们找到了一种更为适合的工具——迈尔斯—布里格斯类型指标（Myers-Briggs Type Indicator，MBTI）。在美国一年有超过 200 万的人完成 MBTI 测验。其中不乏世界 500 强之内的大型企业。

迈尔斯—布里格斯类型指标（Myers-Briggs Type Indicator，MBTI）是一种评估个性和感知类型的量表。受测者的回答被计分和解释，从而将这些受测者划分成外向型或内向型、感知型或直觉型、理性型或感性型以及知觉型或判断型。共有 16 种可能的个性类型。

MBTI 是一种迫选型、自我报告式的性格评估测试，用以衡量和描述人们在获取信息、作出决策、对待生活等方面的心理活动规律和性格类型。这项测试由美国的心理学家 Katherine Cook Briggs（1875—1968）和她的心理学家女儿 Isabel Briggs Myers 根据瑞士著名的心理分析学家 Carl G. Jung（荣格）的心理类型理论和她们对于人类性格差异的长期观察与研究而著成。

经过了长达 50 年的研究和发展，MBTI 已经成为了当今全球最为著名和权威的性格测试。全球每年约有 250 万人使用这套测验，其中超过 80 万人为管理阶层，MBTI 已成为近年心理辅导界及商界广泛使用的性格测验。主要应用于职业发展、职业咨询、团队建设、婚姻教育等方面，是目前国际上应用较广的人才甄别工具。MBTI 倾向显示了人与人之间的差异，而这些差异产生于以下四个方面：

第一，他们把注意力集中在何处，从哪里获得动力（外向、内向）。

第二，他们获取信息的方式（实感、直觉）。

第三，他们作决定的方法（思维、情感）。

第四，他们对外在世界如何取向，以及通过认知的过程或判断的过程（判断、知觉）。

用字母代表如下：

精力支配：外向 E—内向 I；认识世界：实感 S—直觉 N；判断事物：思维 T—情感 F；生活态度：判断 J—知觉 P。其中两两组合，可以组合成 16 种人格类型。见表 3－8。

表 3－8　　MBTI 的性格倾向

	你的倾向是	或是
心理能力的走向 E 或 I	外向型（Extraverted）：着重外在世界，因注意外在事情而获得动力	内向型（Introverted）：着重内心世界，因反省、感觉和意念而获得动力
认识外在世界的方法 S 或 N	辨识型（Sensing）：使用五官收集资料，强调事实，注重实际和具体观点	直觉型（Intuition）：注重事情的可能性与关联性，看见潜在愿景
依赖什么方式作决定 T 或 F	理智型（Thinking）：根据客观事实，倚重分析来作决定，注重公平原则	感性型（Feeling）：作决定时，以个人观点出发，重视个人价值、喜好和原则
生活方式和处事态度 J 或 P	决断型（Judging）：喜欢有条理的生活，实践计划时以目标为本	熟思型（Perceiving）：不介意突发事情，喜欢弹性生活，注重过程而非目标

（二）按测验目的归类

（1）描述性测验：这类测验的目的在于对人的能力、性格、兴趣、知识水平等进行描述、分析，进行某种评价。

（2）诊断性测验：这类测验的目的在于对人的某种心理功能或行为特征及障碍进行评估和判断，以确定其性质或程度。

（3）提示性测验：这类测验的目的在于从测验的结果预示被测验者未来可能出现的心理倾向或能力水平。

（三）按测验材料归类

（1）文字测验：这类测验通常由文字项目组成，包括文字说明和作出回答。Minnesota 多项人格调查表、Eysenck 人格问卷及 Wechsler 成人智力量表中的言语量表部分等均属于文字测验。

（2）非文字测验：这类测验的项目多由实物、图片、模型之类的直观材料制作组成，测验也多以操作方式进行。如 Rorschach 墨迹图、Raven 测验及 Wechsler 成人智力量表中的操作量表部分均属于非文字测验。

（四）按测验方法归类

（1）问卷测验：这类测验是将文字组成的各种问题（项目）作为刺激呈现给被测验者，并了解、分析其应答反应的结果。

（2）投射测验：这类测验是用没有明确意义和比较模糊不清的图片、照片、云图或填充题等构成的测验项目，观察被测验者的反应特点。

（3）操作测验：这类测验是用实物的或模型的工具所构成的测验项目，让被测验者操作，观察其完成动作的速度、特点及准确性。

（五）按测验形式归类

（1）个别测验：指每次测验过程是以一对一的形式来进行的。通常只选取一个被测验者作为测验的对象。这是临床心理诊断测验中最常用的测验形式。

（2）团体测验：指每次测验过程中由一个或几个测验者对数量较多的被测验者（一个群体）同时实施测验。这种测验形式一般用于广泛的心理健康调查，而在临床诊断测验中不太适用。

在各种心理测验量表中，有些适用于个别测验，有些适用于团体测验，有些则可适用于两种测验形式，这需按测验的目的和要求而定。

四、进行心理测验需注意的问题

人的心理行为是很复杂的，难以直接测量而取得结果，因而心理测量就不像物理测量那样用直接测量的方式，而是采用间接的方式来进行。这样的测量就必然会受到评估的主客观因素的影响。外界的某些无关因素，如外来的声音、房间的设施等，都会给测验结果带来影响。因此，在测验中必须消除内外的无关因素，同时为了使测验客观、准确，测验者必须经过专门的训练，全面熟悉测验的内容和方法，能严格按照测验程序实施测验。即使一个非常熟练的测验者，在测验时也必须注意以下几个问题：

（1）慎重选择测验量表。任何测验量表，都有其应用的目的、适用的范围，都有一定的信度和效度。我们在选用时，应当慎重考虑，认真取舍，不能“拉来黄牛当马骑”。目前，我国有些测验者常忽视对量表选择的重要性，随便乱加使用，这是不对的。

（2）与被测验者建立协调关系。测验者与被测验者存在着一种特殊的关系。如果这种关系不太协调，就有可能出现两种影响测验的情况：一种是使被测验者对测验产生“阻抗”，不予合作；一种是被测验者出现“测验性焦虑”，使其测验分数达不到他应有的水平。只有在一个良好协调的关系中，被测验者才能最好地发挥他对测验的反应。

（3）控制实施测验的误差。在实施测验过程中，由于主观及客观因素的影响，可能会出现某种误差。为了使测验的结果准确，就必须尽量控制误差。所以，测验者在测验过程中的操作应严格根据测验的规定和要求实施，并善于安定被测验者的情绪，掌握其他有关的注意点，让被测验者乐于把全部能力发挥出来，或把其他的特征表现出来。

（4）正确解释测验结果。每一个标准化的测验，常常用分数来表示其结果，而测验的分数只是一个相对的数值。因此，一般地说，不应当把这种结果告诉被测验者或他们的家属和单位领导，而只是告诉他们对测验结果的解释。如测得 IQ 为 100 左右，并不把 IQ 的数值告诉他们，而只是向他们说明智力是一般的，和大多数人差不多。

（5）遵守测验的道德。任何工作都有必须遵守相应的道德规范，心理测验也是如此。一个测验者绝不能把测验作为压制人的工具，也不能作为搞不正之风的手段。测验者应当保持公正的态度，特别要防止“晕轮效应”，避免成见的影响。

（6）注意测验的保密。对测验的保密主要有两个方面：一个方面是对测验内容的保密。心理测验的内容，包括测验器材，是不可以向社会泄漏的，也不可以随意让不够资格的人员使用，以免使测验失去控制，造成滥用。另一方面是对测验结果的保密。这是具有个人档案机密性的资料，是不应该随便让无关人员，甚至当事人知道的。

任何测验人员都必须遵守上述几个方面，其目的是为了防止滥用测验，避免造成不良的社会影响和危害。

评定量表的发展是心理卫生研究方法中最重大的进展之一。在医学心理咨询工作中，应用评定量表可使研究结论具有客观性、可比性和可重复性。评定量表的分类，就其内容来说，有诊断量表和症状量表；就其评定方法而言，可以分为大体评定量表和症状评定量表，或自评量表和他评量表等；根据对象年龄可分为成人用量表和儿童或老人用量表；根据病种分为抑郁量表、焦虑量表和躁狂量表。现在世界上常用症状量表有几十种。还有许多研究者根据自己的研究需要，不断编出新的量表。

本章小结

现代管理是以人为中心的管理，管理心理学首先涉及的课题是个体行为的管理。人的个性是个体行为的一个重要内容。管理工作只有了解了人的个性，才能做到人尽其才，才能收到好的效果。本章从个性的一般概念入手，介绍了个性的概念、个性的特征、个性的结构，在此基础上介绍个性心理特征、气质、性格和能力的基本知识及在管理中的应用。探讨个性方面的差异包括能力的差异、气质的差异和性格的差异等，并介绍有关心理测验的含义、标准化及分类等问题。

重要概念

个性　能力　气质　性格　心理测验　信度　效度　常模

同步测练与参考答案

一、判断题

1. 测验量表的可靠程度是信度。
2. 气质没有好坏之分。
3. 智力是一种特殊能力。
4. 了解人应用文字或数学符号的能力是社会的智慧。
5. 人对事物的了解以及对技术和科学的应用能力是社会的智慧。
6. 具有安静、稳重、反应缓慢行为特征的人，其气质属于胆汁质。
7. 个性倾向性包括需要、动机、兴趣等。
8. 高级神经活动类型中强、平衡、灵活的神经类型属于多血质。
9. 高级神经活动类型中强、不平衡的神经类型属于粘液质。
10. 具有直率热情、精力旺盛行为特征的人的气质类型属于多血质。

二、选择题

1. 人的个性具有四项基本特征，它们是（　　）、整体性、稳定性和倾向性。
   A. 独特性　B. 可变性　C. 多维性　D. 发展性
2. 不同的气质类型具有不同的行为特征。具有安静稳重、反应缓慢行为特征的人的气质属于（　　）。
   A. 多血质　B. 抑郁质　C. 胆汁质　D. 粘液质
3. 按人的心理机能分类，性格可分为（　　）。
   A. 理智型、情绪型　B. 内倾型、外倾型
   C. 理智型、情绪型、意志型　D. 顺从型、独立型
4. 性格是一个人比较稳定的对现实的态度与习惯化了的（　　）。
   A. 行为方式　B. 生活方式　C. 学习方式　D. 交往方式
5. 行为特征表现为直率热情，精力旺盛，情绪易冲动等的气质类型是（　　）。
   A. 多血质　B. 粘液质　C. 胆汁质　D. 抑郁质
6. 个性倾向性包括（　　）。
   A. 需要　B. 动机　C. 兴趣　D. 理想
   E. 信念
7. 测验量表的可靠程度是（　　）。
   A. 常模　B. 效度　C. 内容效度　D. 信度

8. 了解人与人相处的能力是（ ）。

A. 社会的智慧 B. 具体的智慧 C. 抽象的智慧 D. 再造能力

9. 人对事物的了解以及对技术和科学的应用能力是（ ）。

A. 社会的智慧 B. 具体的智慧 C. 抽象的智慧 D. 再造能力

10. 了解人应用文字或数学符号的能力是（ ）。

A. 社会的智慧 B. 具体的智慧 C. 抽象的智慧 D. 再造能力

三、讨论题

1. 了解能力差异在管理工作中有何作用？
2. 怎样根据员工的气质差异进行有效的管理？
3. 怎样根据员工的性格差异进行有效的管理？
4. 简述心理测验的含义及标准化。
5. 讨论心理测验的标准化问题。

参考答案

一、1. T 2. T 3. F 4. F 5. F 6. F 7. F 8. T 9. F 10. F

二、1. A 2. D 3. C 4. A 5. C 6. ACDE 7. D 8. A 9. B 10. C

三、略

第四章

CHAPTER FOUR

知觉差异与管理

学习目标

本章从有关知觉的一般概念和特性入手，介绍影响知觉选择性的因素，社会知觉及其分类，影响社会知觉的主客观因素，社会知觉偏差以及归因理论等。

重点难点提示

- 知觉的概念
- 知觉的特性
- 影响知觉选择性的因素
- 影响社会知觉的主客观因素
- 几种社会知觉偏差
- 归因理论

知觉是客观事物直接作用于感官而在人脑中产生的对这些事物整体的反映，简单地说，知觉是对客观事物整体的反映。这是我们必须处理的最为复杂的一个问题。我们的所见所闻能反映出我们的经历、期望和兴趣，没有任何两个人会用完全一致的方式看待同一事物，我们都是根据自己的观点来感知或者理解事物的。我们可以假设一种情境：一个人安静地站在窗前。我们会如何作出知觉判断？他（她）是在冥思苦想，还是工作中在开小差，抑或是望风景？人们更多的时候易倾向于对这个意义不很明确的情境赋予某种意义。

作为感性认识的知觉，对客观事物的反映不是消极的、被动的，而是一种积极的、能动的认识过程。人的知觉能动性的主要表现是它的选择性。在同一时刻内，有许多客观事物同时作用于人的感官，人不能同时反映这些事物，而只是对其中的某些事物有清晰的知觉。知觉的选择性取决于一系列的因素。因此，本章将从影响知觉的各种因素的讨论开始，然后着重讨论社会知觉问题及社会知觉对于管理的意义。

第一节　知觉概述

一、知觉的概念

感觉是人脑对直接作用于感官的客观对象的个别属性的反映。知觉是人脑对直接作用于感官的客观事物的整体反映。知觉通常是在感觉信息的基础上，由于知识经验的作用，经过人脑的加工，对客观对象作出直接解释的认识过程。也就是说正是通过知觉，我们才对感觉信息赋予了一定的意义。我们对环境信息的解释，既以信息内容本身特点为基础，由此决定了我们知觉的共性；同时又受知觉者本身特点的影响，由此决定了我们知觉的个性。每个人都有自己的经验、偏好、兴趣，使人的感知打上了主观的烙印。这也就是为什么不同的人对同样的事物会有不同的认识。正如有学者研究指出：经济背景不同的人对硬币大小的知觉是不一样的。又比如，同班学生对同一教师的评价可能完全不同，有的说教得好，有的说教得差。最突出的事例莫过于“情人眼里出西施”，即指不同的人对容貌的审美观不同，并受情感的影响。概括来说，知觉就是人从自己的立场，以个人的经验对信息作出的注释。

因此，知觉不等于外部现实，不是对客体的绝对镜像反映。第一，世界中的许多事物我们知觉不到；第二，我们知觉中的某些内容有时并非外在世界本身所具有的；第三，我们的需要、期望、价值等都影响着我们的知觉。

有一项关于个人经济背景对硬币大小知觉判断的实验说明了知觉的差异性。以家庭经济状况作为参考依据将被试分为家庭经济富裕与家庭较为贫困两组，让他们通过装置调节屏幕上光环的大小，使光环看上去其大小和一枚五分硬币一样。结果，富家子弟调出的光环比实际的硬币小，而贫困组调出的光环比实际的硬币大。显然，他们的大小知觉受到了经济价值观的影响。尽管大量类似的研究均来自西方学者的研究成果，他们可能会将自己的价值观带入实验研究，实验结果或多或少会带有歧视色彩，但实验结果使我们更加清楚地认识到由于个人看待世界的独特方式不同会对同一事实作出截然不同的判断。

大量事实表明，人的知觉世界千差万别，各有千秋，都不绝对等同于客观现实。虽然知觉反映了客体的本质属性，但在具体反映形式上，却体现了个人特有的风格。当然，人的知觉也有共性，比如对几何形态的知觉，除必要的数学知识外，并不需要很多经验，但对于其他需要大量经验或个人背景参与其中的知觉对象，由于个人的经验不同，人的知觉表现出很大的个体差异。也就是说，知觉的共性和个性是相对的，取决于知觉对象的特点或知觉任务的要求。对这种知觉的共性和个性的说明，对于了解和控制相应的行为是很有帮助的。

人的知觉活动是一个较复杂的过程。该过程一般有以下几个环节：(1) 从感觉资料(即背景和线索) 中选择知觉对象；(2) 对局部资料或不完整的线索、信息进行回忆补充；(3) 对信息与线索进行加工并组织构成完整的对象；(4) 对知觉对象作出适当解释并用名称标志它。

其中，从感觉资料中选择知觉对象，涉及选择性注意。选择性注意是指在外界诸多刺激中仅仅注意到某些刺激或刺激的某些方面，而忽略了其他刺激。[①] 图 4－1 表明保护美国总统的安全对于众多保镖来说是一件相当困难的工作，他们需确保其选择性注意尽可能识别那些可能的潜在危险。

图 4－1　选择性注意

① Steven L. McShane & Mary Ann Von Glinow. Organizational Behavior. New York: McGraw-Hill, 2000.

二、知觉的特性

（一）知觉的选择性

知觉的选择性是指对外来刺激物有选择地作为知觉对象进行组织加工。知觉的选择性在于把一些对象（或对象的一些特性、标志、性质）优先地区分出来。客观事物是多种多样的，人总是有选择地以少数事物作为知觉的对象，对它们的知觉格外清晰，被知觉的对象好像从其他事物中突出出来，出现在“前面”，而其他的事物就退到后面去了。知觉对象具有一定意义，并且轮廓清晰，似乎突出在背景之上，而作为背景的部分则轮廓模糊。双关图形是最好的示例，如图 4－2 所示，你可以把它看成两个人的面孔或一个花瓶，两者可以反复变动，但你不可能同时把两者都当做知觉对象，看到两者都同时存在。与此相关的生理基础是：大脑皮层中一个兴奋中心占优势，同时皮层的其余部分受抑制。知觉的选择性揭示了人对客观事物反映的主动性。

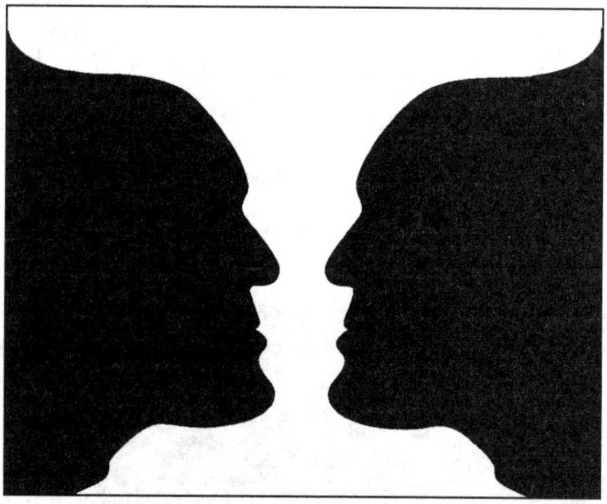

图 4－2　双关图

知觉的选择性依赖于个人的兴趣、态度、需要以及个体的知识经验和当时的心理状态；还依赖于刺激物本身的特点（强度、活动性、对比）和被感知对象的外界环境条件的特点（照明度、距离）。

（二）知觉的整体性

知觉的整体性是指人在过去经验的基础上把由多种属性构成的事物知觉为一个统一的整体的特性。人在知觉客观对象时，总是把它作为一个整体来反映。知觉对象是由许多部分组成的，各部分具有不同的特征，但是人们并不把对象感知为许多个别的、孤立的部分，而总是把它知觉为一个统一的整体。它是客观对象的许多部分形成的复合刺激物，大脑皮层对复合刺激物的各个组成部分及其相互关系进行分析、综合，从而反映客观对象各种属性的关系，形成关于对象的完整映象。知觉的整体性是多种感知器官相互作用的结果。知觉的整体性与感知的快慢，同过去经验和知识的参与有关，阅读速度就是随着人的阅读经验的积累及把较小的单元（词）组成较大的单元（句子）而逐渐加快的。

（三）知觉的恒常性

人们在刺激变化的情况下把事物知觉成稳定不变的整体的现象称为知觉的恒常性。当知觉的条件在一定范围内发生改变时，知觉的映象仍然保持相对不变。例如，对过去认识的人，决不会因为他的发型、服装的改变而变得不认识；一首熟悉的歌曲，不会因它高八度或低八度而感到生疏，或因其中个别曲子走调，就认为是别的歌曲；教师判断学生的错别字，如“尖瑞科学”，不会因“端”字写成了“瑞”字，而不去感知“尖端科学”。

知觉的恒常性对生活有很大的作用，正确地认识物体的性质比单纯地感知局部的物理刺激物有较大的实际意义，它可以使人们在不同情况下，按照事物的实际面貌反映事物，从而能够根据对象的实际意义去适应环境。如果知觉不具有恒常性，那么个体适应环境的活动就会更加复杂，在不同情况下，每一认识活动，每一反应动作，都要来一番新的学习和适应过程，实际上也就是使适应变为不可能的了。

大小恒常性（Size Constancy）是指对物体大小的知觉不因影像大小的变化而变化；颜色恒常性（Color Constancy）指对物体颜色的知觉不因外界环境的变化而变化；形状恒常性（Shape Constancy）是指对物体形状的知觉不因它在网膜上投影的变化而变化，如图 4－3 所示。

图 4－3　形状恒常性

（四）知觉的理解性

在对现实事物的知觉中，需有以过去的知识、经验为基础的理解，以便对知觉的对象作出判断、解释，知觉的这一特性称作知觉的理解性。不同的知识背景和理解力影响对同一对象的知觉，如图 4－4 所示。图 4－4 是一个斑点图，正是以知识、经验为基础的理解作用，使我们填补了画面信息的不足，把对象知觉作为一个有意义的整体。

图 4－4　知觉的理解性

从事不同职业和有不同经验的人，在知觉上是有差异的。如一般而言，工程师检查机器时能比一般人看到、听到更多的细节；成人的图画知觉与儿童相比，能更深刻地了解图画的内容和意义，知觉到儿童所看不到的细节。

三、影响知觉选择性的因素

（一）客观因素

知觉是对客观事物的反映，人们总是不断地接受各种各样的信息，并且只能有选择地从中选取那些对我们来说比较重要的信息来处理。哪些信息会引起我们的注意，或者知觉的选择性会受何种因素的影响，首先决定于知觉对象的特点。心理学实验和日常生活经验表明，知觉对象的下述特点对于知觉的选择性有重要影响。

1. 知觉对象的特征

从强度性上来说，声音响亮、色彩鲜艳的对象往往会引起人们的注意，刺激的强度、刺激的新异性以及运动的对象对人们知觉的选择会产生很大的影响，使人们清晰地感知到这些事物。那些较为突出而吸引我们的知觉对象，往往会被我们赋予特别的关注和重要性，以至忽视其他对象。

2. 知觉对象和背景的差别

在同一时刻内，被人们清晰感知到的东西就是知觉的对象，而仅被人们模糊感知到的东西就成为该对象的背景。对象与背景之间的差别越大，人们就越容易从背景中把对象区分出来；如我们常常提到的“鹤立鸡群”、“万绿丛中一点红”等均属此种现象。反之，对象与背景的差别越小，区分对象和背景也就越困难。如士兵穿的迷彩装、某些昆虫的保护色，因其颜色与周围环境色彩相接近，使对象与背景界限不明显，不易被对方察觉等即属此种现象。

3. 知觉对象的组合

知觉是对事物整体的反映，但整体不一定只是一个对象。通常，人们会把若干事物作为一个整体来反映。

心理学的研究表明，知觉对象的组合服从以下几个原则：

（1）接近原则：对象在空间上的接近，容易被感知为一个整体。

（2）相似原则：知觉的对象在形状和性质上相似，容易被感知为一个整体。

（3）连续原则：几个对象在空间和时间上有连续性，容易被感知为一个整体，如图 4－5 所示。

（4）封闭原则：几个对象共同包围着一个空间，容易被感知为一个整体，如图 4－6 所示。

图 4－5 连续原则的应用

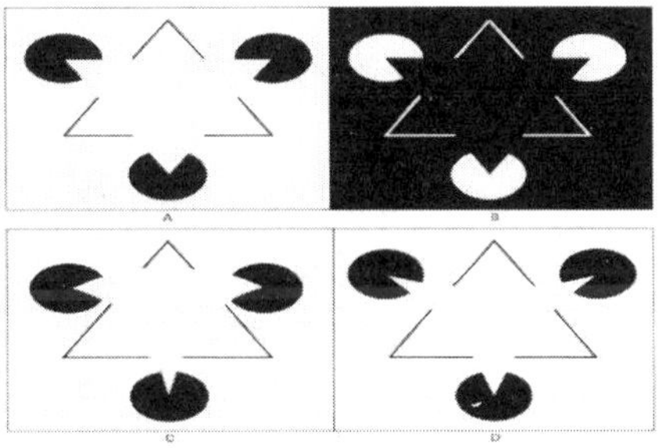

图 4－6 封闭原则的应用

这些原则的重要意义在于使我们的知觉更为简便有效，能够通过对事物的组织更迅速地把握它们。

（二）主观因素

人的知觉的选择性不仅受客观因素的影响，也受人本身主观因素的影响。对于同一事物、同一刺激，不同的人会产生不同的知觉。如一位教师在授课，尽管每个学生听到的是同样的声音、同样的语调，看到的是同样的表情、同样的姿势、同样的动作，但每个人的知觉内容并不是完全一样的。这种知觉的个别差异更多地决定于人们各自主观状态的不同。影响人的知觉的主观因素主要有兴趣、需要、动机、个性特征、过去的经验等。

1. 兴趣

个体的兴趣差异很大。兴趣的个别差异往往决定着知觉的选择性。这就是说，人们的兴趣往往会使他们把不感兴趣的事物排除到知觉的背景中去，而集中注意于感兴趣的事情。注意的中心往往会受到自己兴趣的影响，如对众多报刊、广告等，人们往往会注意到自己感兴趣的广告或报刊，使之成为知觉的对象，而对自己不感兴趣的广告等则可能根本没有注意到。对于自己有兴趣的内容会比较注意观察，能把握更多的细节，而不感兴趣的内容往往被忽略。如果某些内容与现在的活动任务的要求正相符合，它们就容易成为你的知觉对象。

2. 需要和动机

能够满足人的需要、符合于人的动机的事物，往往会引起注意，成为知觉的对象。反之，与人的需要和动机无关的事物往往不被人注意。一项有趣的实验研究证实了这一点，实验者将被试分成三组，分别剥夺其进食时间为 1 小时、4 小时和 16 小时，然后给被试呈现主题模糊的图片，结果发现饥饿程度影响着被试对模糊图片的解释。16 小时未进食者把图片知觉为食物的次数最多，其次是 4 小时未进食者。

3. 个性特征

人们的个性特征也影响知觉的选择性。例如，不同神经类型的人，知觉的广度和深度有个别差异。多血质的人知觉速度快、范围广，但不细致。粘液质的人知觉速度慢、范围较窄，但比较深入细致。

一个外向、好交际的人和一个内向、不善交际的人在介入一个团体活动时会有截然不同的感受：前者如鱼得水，很高兴有一个表现自我的环境；而后者可能很不情愿，对这种环境感到很别扭。这是因为不同的性格发生了作用。面对一幅英俊男子的肖像，女权主义者和依赖性较强的传统女性看法可能很不一致：前者可能认为这肖像上的人物太大男子主义，对其全无好感；而后者则把肖像上的人物看作是青春偶像。这是不同的态度、价值观在左右人的知觉。

4. 过去的经验

通常情形下，人们所感知到的事情是与之有关的事情。人们过去经验的不同也会影响着对知觉的选择性。例如，一个外行人和一个机械工程师观察同一部机床，外行人可能仅仅看到机床的表面或一些主要部件，但机械工程师的观察要细致得多，主要是因为机械工程师比外行人有更丰富的知识和经验。当面对一幅大自然的景象时，不同的人会有不同的感受，画家会捕捉光与影的变换，音乐家在聆听各种声音出没与律动，诗人从各种生命的交织中寻找灵感。显然，不同的经验、不同的职业习惯引导着人产生不同的注意和知觉活动，从而产生不同的知觉结果。但应注意的是一个人的经验也会减弱其对事物的兴趣。

5. 情绪

人对事物的知觉也受个体情绪的影响，一个人当前的情绪状态，会影响他对人的判断。人们在愉快的状态下，会感到眼前一片阳光明媚；当人忧郁烦闷时，会感到一切都没有希望。当情绪低落或情绪不安时，整个世界都会截然改变，与信心十足时完全不一样。幸福和悲伤，愤怒和喜悦以及其他一些对立的情绪也会造成同样的效果。

总之，一个人的知觉是主观和客观因素相互影响、相互作用的结果。由于客观世界是错综复杂、千变万化的，人与人之间在个性、兴趣、需要等方面也各不相同，所以人们对同一事物会产生不同的知觉选择性。

（三）知觉情境

个人知觉过程中所处的环境也是影响知觉的一个重要因素。人们出席一些正式场合时，身着礼服被认为是正当的，但若将此装束穿进办公室则被认为是不合时宜的。同时，人们所处的客观环境会影响到知觉者和被知觉者之间的人际知觉的正确性。一方面人际关系的环境会影响到人们相互知觉的正确性，另一方面处于组织环境系统中不同层次的人，其不同的自我认识与角色知觉也会影响人际知觉的正确性。

第二节 社会知觉

一、社会知觉的概念

“社会知觉”的概念，最初是由美国心理学家布鲁纳（J. S. Bruner）在1947年提出的，用以表示他对知觉的一种新观点，认为知觉过程受社会因素所制约。但以后，这个概念在社会心理学中有了新的涵义，认为社会知觉是对社会对象的知觉。社会对象应包括个人、社会群体和大型的社会组织。社会心理学文献中正是在这种意义上使用“社会知觉”概念的，使得社会知觉不仅包括一个人对另一个人的知觉，而且还包括个人对群体的知觉、群体对个人的知觉、群体对群体的知觉以及对个人间和群体间关系的知觉。

二、社会知觉的分类

（一）对人认知（Person Perception）

人生活在社会环境之中，要和他人打交道，认识了解他人是非常重要的。对他人的认知是指通过对生活在一定社会环境中其他人的言谈举止、仪表风度等外部特征的知觉，进而了解他人的感情、动机、意向、性格等心理活动和个性心理特征的知觉。其中他人的外显行为、言谈举止、表情神态、仪表风度以及知觉者自身的观点是影响对他人知觉的两个重要因素。

在现代社会里，作为企业的领导者和管理者能不能正确地了解他人是关系到能否管理好企业的大问题。古人曰：“知人者智。”更何况“知人”乃“善任”之前提。这就意味着“知人”才能用人之长，进而人尽其才。

对他人认知的线索主要有表情和行为。其中人的表情是一种重要的社会刺激，是表现人的身心状态的一个非常重要的客观指标，也是对他人知觉的一个重要途径。1872年，达尔文（C. R. Darwin）著《人和动物的表情》一书。1942年，奥尔波特（F. H. Allport）在其所著的《社会心理学》中，对表情也有专章介绍。在社会生活中，人们往往根据他人的表情来认知与判断其内心活动和特征。对他人的表情认知与判断主要有以下几种：

1. 面部表情的认知和判断

我国心理学家林传鼎曾指出："有些表情如喜悦、怨恨等，口部肌肉比眼部肌肉更重要，而较多的表情如忧愁、愤怒、惊骇等则眼部肌肉比口部肌肉更重要。"

在社会生活中，人们能较准确地识别面部表情：口角下垂为悲哀，嘴角向上为欢乐，面红耳赤是羞愧，咬牙切齿表示愤怒仇恨，嘴唇撅起表示生气等等。

2. 目光接触是非言语交流的情绪形式，也是表情之一

眼睛是心灵的窗口，通过眼神可以洞察他人的内心活动。目光接触还可以传递感情，如怒目而视表示愤怒；双眼张大表示惊讶；温情脉脉表示爱慕等。

3. 身段动作的表情识别

对双手所传达的表情的观察，其正确率可达到与面部表情一样的水平。有研究表明，向人们呈现一个人的整幅照片，会更有利于其情绪状态的判断。

4. 言语表情的识别

言语表情同面部表情、身段表情一样，也可用以判断、识别人们的情绪状态。如人们说话的语音、语调、节奏、速度等都是表达和识别感情的标志。语调高昂，节奏轻快表示高兴；语调低沉、节奏缓慢表示悲哀；言语生硬表示愤怒等。事实上通过上述表情对人们的情绪状态加以判断显得过于粗糙，其可作为判断情绪状态的线索之一，而不能作为惟一的证据。

人的真实表情是可以掩饰的。由于成年人的文饰作用使得他们可以把眼泪吞在肚子里而强装笑脸，或心里高兴却装出很伤心的样子。所以要作出正确的判断，不仅看其一时一事的表现，还需多方面地长期考验，即俗话说的"路遥知马力，日久见人心"。

除此之外，对于他人的认知还可以采用观察法、作品分析法、自由写作法、个案调查法等多种形式，尤其是与被认知者直接接触，有助于更真实、全面地了解他人。

（二）人际知觉（Interpersonal Perception）

人际知觉是指对人与人之间相互关系的认知。包括自己和他人的关系，他人和他人的关系。在组织管理中，正确认识人际知觉是非常重要的，因为人与人之间的关系融洽与否，对于增强群体凝聚力、建立有效团队具有十分重要的意义。人与人之间关系亲密，就会产生一种和谐的气氛，否则就会出现紧张的心理气氛。作为管理者应尽可能地了解人与人之间的关系，据此作出必要的调整，以充分调动每个员工的工作热情，实现组织的总体目标。

在分工越来越精细的现代社会里，一个员工想获得成功，应该学会如何理顺人际关系。在现实生活中，那些过于自私，不能出以公心；过于自卑，看不起自己；过于自负，盲目骄傲；过于苛求，并贬损他人；过于迁就，息事宁人；对自己或他人扮演的社会角色作错误估计者，其人际知觉必有偏差。人们只有正确地认识自己，才能够正确地认识别

人。对人际关系的知觉和判断是受多种因素影响的。其一是人际关系本身的特点如何，是简单还是复杂，是真实还是虚伪，是长久还是短暂？这些都会影响人们对人际关系的认知和判断。其二是主体本身的特点，即知识经验、情绪状态、态度倾向、个性特征等会影响人际知觉的效果。

（三）角色知觉（Role Perception）

所谓角色是指当一个人在社会性单位中占有某一具体位置时，被期望的一系列行为模式。角色知觉是对某个人在社会活动中所扮演的角色的认知与判断，以及对有关角色行为的社会标准（Social Norms）的认知。只有具有正确、清晰的角色知觉，才会以合乎身份的态度与行为行事。

角色知觉以及角色行为的获得要受以下若干因素的影响：

1. 社会角色期待的影响

人们对角色行为的辨认往往以一定的角色标准为依据，必须知道该角色的行为模式标准。而对该角色的认知往往是根据自己特别是他人对角色的期待而来。这种角色期待通常被称为“皮格马利翁效应”（Pygmalion Effect，又称罗森塔尔效应）。即产生一种信任和激励的作用，从而促使人们达到角色期待的效果。

2. 社会角色冲突的影响

角色冲突包括一种角色或几种角色引起的内心冲突，新旧角色之间的冲突以及角色标准与个性的冲突等。

3. 社会刻板印象的影响

社会刻板印象是指我们将世人依照其国籍、民族或职业不同而分成若干类，对每一类人持有一套固定的看法，并以此作为其判断人的社会角色或人格的依据。如吉尔巴特（E. Gilbert）调查美国普林斯顿大学学生对英国、日本国民的刻板印象是：英国人有绅士风度、聪明，但因循守旧、保守；日本人聪明、勤劳、进取心强、机灵、有心计。这是一种先入为主的观念，可能有利，也可能妨碍人的角色知觉。

角色知觉在现实生活中起着非常重要的作用。每个人在社会上都扮演着各种不同的角色。每一种角色都有一套固定的行为标准。对角色行为标准的不同认知会影响一个人在社会上采取不同的角色行为和管理方式。为使员工的角色意识不断得以强化，经由工作分析而形成的工作规范和工作说明书，使得员工更加明确自己的工作职责，更好地发挥角色的作用，对确保组织目标的实现、员工满意度的提高大有裨益。

三、常见的知觉偏差

（一）首因效应和近因效应

首因效应（Primacy Effect），又称第一印象（The First Impression），是指第一次交往过程中形成的印象对双方以后交往关系的影响。或者说在对他人总体印象的形成过程中，最初获得的信息比后来获得的信息影响更大的现象。首因效应也称“先入为主”效应，有着特别强的固着作用，一旦形成，很难消退，并影响着以后对相应个体的看法。近因效应（Recency Effect）是指在总体印象形成过程中，新近获得的信息比原来获得的信息影响更大的现象。

心理学的研究证明，首因效应和近因效应都在人的社会知觉中起重要作用，但它们在不同条件下有不同的作用。一般来说，在感知陌生人时首因效应有更大的作用，而在感知熟悉的人时，如果在熟悉的人的行为上出现某种新异的表现，则近因效应起更大的作用。

普通心理学记忆研究中提出的原理在印象形成上同样起作用。它说明，输入信息的顺序对印象形成有重要影响。最先接受的信息作用最大，最后接受的信息也起较大作用。

两种效应看来似乎是矛盾的，但实际上并不矛盾。一则两种效应都对中间信息有损害；二则首因效应似乎欠持久，除非最后接受的信息被彻底整合，否则首因效应是暂时的。

美国心理学家卢钦斯（1957）用编撰的两段文字作为实验材料研究了首因效应和近因效应现象。第一段中说吉姆与朋友一起去上学，走在撒满阳光的马路上，与店铺里的熟人说话，与新结识的女孩子打招呼等；第二段中说吉姆放学后一个人步行回家，他走在马路的背阴一侧，他没有与新近结识的女孩子打招呼等。

在实验中，卢钦斯把两段文字加以组合：第一组，描写吉姆热情外向的文字先出现，冷淡内向的文字后出现。第二组，描写吉姆冷淡内向的文字先出现，热情外向的文字后出现。第三组，只显示描写吉姆热情外向的文字。第四组，只显示描写吉姆冷淡内向的文字。卢钦斯让四组被试分别阅读一组文字材料，然后回答一个问题“吉姆是一个什么样的人?”结果发现，第一组被试中有78%的人认为吉姆是友好的，第二组中只有18%的被试认为吉姆是友好的，第三组被试中有95%认为吉姆是友好的，第四组只有3%的被试认为吉姆是友好的。

卢钦斯进一步的研究发现，如果在两段文字之间插入某些其他活动，如做数学题、听故事等，则大部分被试会根据活动以后得到的信息对吉姆进行判断，也就是说，最近获得的信息对他们的社会知觉起到了更大的影响作用，这个现象叫做近因效应。研究发现，近因效应一般不如首因效应明显和普遍。在印象形成过程中，当不断出现足够引人注意的新信息，或者原来的印象已经淡忘时，新近获得的信息的作用就会较大，就会发生近因效应。个性特点也影响近因效应或首因效应的发生。一般心理上开放、灵活的人容易受近因效应的影响；而心理上保持高度一致，具有稳定倾向的人，容易受首因效应的影响。

对两种效应的研究具有重要的实际意义。它说明，信息出现的顺序不同对印象的产生有重要的影响。我们也可以利用这两种效应加强对人们的影响。

（二）晕轮效应

晕轮效应（Halo Effect）指人们对他人的认知判断首先主要是根据个人的好恶得出

的，然后再从这个判断推论出认知对象的其他品质的现象。如果认知对象被标明是“好”的，他就会被“好”的光圈笼罩着，并被赋予一切好的品质；如果认知对象被标明是“坏”的，他就会被“坏”的光圈笼罩着，他所有的品质都会被认为是坏的。晕轮效应往往在判断一个人的道德品质或性格特征时表现得最明显。

有研究发现，当某种特质在行为上涵义模糊不清、模棱两可、具有道德寓意，或知觉者对他不熟悉时，最容易出现晕轮效应。

晕轮效应的实质在于个别特质掩盖了其他特质，往往是由于在缺乏知觉对象、信息很少的情况下作出总体判断的结果，这也是在日常生活和工作中常见的社会心理现象，如人事部门在选拔员工时，很容易让相貌、仪表支配整个判断，而其他特质往往易被忽视。所以了解和研究晕轮效应，有助于克服以偏概全的思想，也有助于了解其他人产生这种偏向的原因。另外，有意识地培养并发扬自己的优良品质，如“热情”、“正直”、“勤奋”等，可以给人以好感，从而弥补自己个性品质中的不足，这对于建立良好的人际关系是有利的。

心理学家戴恩（K. Dion，1972）等人曾用实验证实了晕轮效应的存在。他们让被试看一些人的照片，这些照片看上去分别是无魅力的、中等魅力的和有魅力的，然后，研究者让被试评定这些人的特点，而这些特点原本可能与有无魅力是无关的，但评定的结果却显示，有魅力的人得到了最高的评价，无魅力的人得到了最低的评价。具体的评价结果见表4－1。

表4－1　　戴恩的晕轮效应实验

评价项目	无魅力者	中等者	有魅力者
受欢迎性	56.31	62.42	65.39
婚姻的美满	0.37	0.41	1.70
职业地位	1.70	2.02	2.25
做父母的能力	3.91	4.55	3.54
社会和职业幸福	5.28	6.34	6.37
一般幸福	8.83	11.60	11.60
结婚的可能性	1.52	1.83	2.17

戴恩的研究说明，当人们由于认知对象的外表魅力而对其产生了好感或恶感以后，就会据此对认知对象的其他品质或特点进行信息整合，这些其他的信息也就被笼罩上了“好的”或“坏的”晕轮。一个人被认为是好的，他就被一种积极的光环所笼罩，从而也就被赋予其他好的特质。如果他被认为是坏的，他就被一种消极的光环所笼罩，从而也就被赋予其他不好的特质。这后一种效应又称为魔鬼效应。一个人对他人的评价，往往受他

对被评价者的总印象的影响。被评价者的特质越是模糊，越是难于测量，这种效应就表现得越明显。因光环效应不利于评价，所以使用评价量表的心理学家想出一些办法加以克服，如评价人时采用一个特质一个特质地进行评定的方法，使评价者知识均等，对评价者加以训练等。

（三）投射作用

投射作用（Projection）是指在知觉他人时，知觉者以为他人也具备与自己相似的特征，这种把自己的特点归因到他人身上的倾向称为投射。

投射作用是一种自我防卫的方法，其对社会知觉也有影响。它的特点是个体把自己不喜欢或不能接受的原来属于自己的东西转移、投射到别人身上。如自己好忌妒人就认为别人也如此，自己好“吃醋”，就以为别人都是“醋坛子”。这样做虽使个体可能获得暂时的内心平衡，但往往会使他丧失对他人的正确观察与判断。这实际是一种以己度人的主观主义的偏见。

（四）对比效应

对比效应（Contrast Effect）是指在对两个或两个以上的人进行知觉时，人们会不自觉地在他们之间进行对比。对比的结果可能不是公平和客观的，并且他人已形成的印象或评价会影响对某人的评判。

（五）刻板印象

社会刻板印象（Stereotyping）指人们对社会上某一类事物产生的比较固定的看法，也是一种概括而笼统的看法。人们对某个群体形成一种概括而固定的看法后，会据此去推断这个群体的每个成员的特征。人们由于地理、经济、政治、文化等条件而集合在一起，因此对不同的人群的认知总有一种共同的较为固定的看法，这些看法未必准确。但却对我们认识他人有重要影响。我们把这种较为固定的看法称为社会刻板印象。

社会刻板印象是对社会群体最简单、最经济的认识，它有利于对某一群人做概括的了解，但也容易使人形成“先入为主”的偏见，造成社会认知的偏差，阻碍人与人之间的正常交往。社会刻板印象之所以会形成，主要的原因有：(1) 认知者总是希望根据较少的信息作出全面的推论；(2) 每一个群体都会有自己独特的目标，因而同一群体中的个体就会有许多相似之处；(3) 接触机会的限制，人们通过间接方式得到的信息形成了刻板印象，又由于缺乏直接接触的机会，因而印象难以改变；(4) 社会刻板印象可以满足人们的需要，刻板印象常常与人们的利益或价值发生关系，而且还可以快速补充社会认知过程中的缺失信息；(5) 自然环境和文化背景的影响等。社会刻板印象在社会认知过程中既有积极的作用，又有消极的作用。它能够帮助人们提取信息，加快信息加工的速度，提高解决问题的效率，填补社会认知者所需要的信息，但它又往往造成社会知觉中的以偏概全和固定反应模式，使社会知觉出现偏差。当然，社会刻板印象也并不是一成不变的。人的文化水平越高，他所持的社会刻板印象就越容易改变。另外，一个人对社会刻板印象的性质越了解，也就越容易改变自己所持的社会刻板印象。

四、自我实现预言

自我实现预言（Self-fulfilling Prophecy）是指在现实生活中，如果一个人对另外一个人怀有某种期望值，这种期望值将会（不自觉地）引导着这个人对另外一个人的行为，这一系列的行为将最终导致另外一个人也朝着这个原先的期望值前进，最后这个预言得以实现。

在人际交往中，一个对别人的好的期望值和一系列朝这个期望值引导出的行为将是非常最重要的。慢慢的你会发现那个人正接近你理想中的那个人。这样一个良性的人际关系的自我实现的圈就形成了。简单说也就是你希望别人对你好，首先你要正确地对待他们——对他们好。

自我实现预言得到了西方学术界的普遍认同，并广泛为公众所知悉和应用。但也有学者认为这一理论流行的原因在于其“实用性”而非其科学性。

第三节 自我知觉

一、自我和自我知觉

（一）自我和自我知觉的概念

“自我”（Ego）是在社会关系和社会实践活动中所形成的每个人的活动、心理、意识及其机体自身的统一体。弗洛伊德（S. Freud）认为，“自我”是从“本我”发展而来，“自我”的主要任务是协调和调节“本我”与现实的关系，受现实原则支配。“自我”不能脱离“本我”单独存在，它的力量从“本我”那里来，并为“本我”服务。

“自我”从广义上说，是指一切个体能够称之为“我的”之总和。它既包括个体的躯体、生理活动、心理活动，也包括所有与个体有关的存在物，如个人的事业、成就、名誉、地位、财产、权力等。狭义的“自我”，仅指个体对自己心理活动的认识与控制。

自我知觉（Self-perception）是指一个人通过对自己行为的观察而对自己心理状态的认识。自我知觉即自我认识是一种重要的社会知觉。一个人能正确地认识自己是有效地从事社会活动的前提，也是社会化成熟的标志。把知觉对象直接指向自己的心理活动，即“内省”，但仅仅通过内省来观察自己的内心世界是不够的，还必须通过其外部特征来认识自己内部的心理状态。贝姆（Bem）在1972年提出的“自我知觉理论”（Self Perception Theory）作了进一步的研究。该理论主要阐释“行为是否影响态度”的问题。

当问一个人关于某事物的态度时，个体首先回忆他们与这种事物有关的行为，然后根据过去的行为推断出对该事物的态度。自我知觉理论认为态度是在事实发生之后，用来使已经发生的东西产生意义的工具，而不是在活动之前指导行动的工具。人们在许多情况之下并不能直接知道自己的态度和情感。贝姆认为人们往往不清楚自己的情绪、态度、特质和能力等，因此对自己的推论也是依赖于自己外显的行为。也就是说，我们试图使用本质上相同的资料以及相同的归因过程对我们自己的行为进行因果关系的推论。

自我知觉与对他人的知觉虽然都属于社会知觉的范畴，但二者有较大的区别：(1) 自我知觉的主体和客体是同一的，即在自我知觉时，自己既是观察者又是被观察者。(2) 一般讲自我知觉的信息要比知觉别人更多，因而能做到心中有数。但有时因各种因素的干扰，人们往往缺乏自知之明。(3) 人们对自己的知觉往往采取“以人度己”（即以人为镜）的方式；而对他人的知觉往往采取“以己度人”的方式。

（二）自我知觉与社会知觉的关系

如前所述，自我知觉与对他人的知觉均属社会知觉的范畴，广义的社会知觉包含了自我知觉的内容，换句话说自我知觉存在于社会知觉之中。一方面，自我知觉是在社会知觉中进行的，自我知觉不能脱离社会知觉而孤立存在。我们在对他人的知觉中认识别人，同时也认识到别人如何对待自己，自我是通过他人对本人的反应而发展的。另一方面，在社会知觉中必然发生自我知觉，人们在认识他人时，总是带着自己业已形成的知识经验去进行判断和解释。当一个人能够认识到自身的某些个性特征时，在对他人进行观察时便极少发生差错。因此，要提高自己的自我知觉能力就必须重视社会知觉的作用。

二、自我意识

（一）自我意识的概念及构成

自我意识也称“自我”，是指个体对自己存在的一切认识，包括自己的生理状况、心理特征以及自己与他人的关系等等。自我意识是一个人在社会化过程中形成和发展起来的对自我以及他人多方面、多层次的认识、体验与评价。

苏联心理学家麦尔林认为自我意识的结构要素有四部分：(1) 同一意识，即区别于对自己和对其他事物单方面认知的特殊意识；(2) 对活动主体的自我意识，即作为对积极从事活动的物质主体——自身的自我意识；(3) 对心理特性的自我意识，即人对自己的心理活动及其个性的认知；(4) 社会与道德的自我评价，即对自己的社会地位、社会作用、社会价值以及道德上的义务、责任的自我认知。

美国心理学家威廉·詹姆斯（W. James）认为自我概念包括物质自我、社会自我和精神自我。这三种要素都伴有自我认知评价的感情（满意与否）和自我追求的行为。见表4-2。

表 4-2 自我意识结构表

自我要素	自我认识与评价	自我追求行为
物质自我	对自己身体、衣着、仪表、家庭等的认知与评价	追求身体外表、欲望的满足，如装饰、打扮、爱护家庭
社会自我	对自己的社会地位、名誉、财产及与他人关系的认知和评价	引人注目、讨好别人、追求名誉、爱与隶属等
精神自我	对自己的智慧、能力、道德水准及自卑与优越的认知与评价	追求智慧、宗教、道德与良心

（二）自我意识与自我知觉的关系

自我意识是在自我知觉的基础上形成的，人只有通过自我知觉才能发现和了解自己，随着自我知觉的发展，逐步形成了自我意识。自我知觉主要涉及“我是一个什么样的人”以及“我为什么是这样的人”等，包括了自我感觉、自我概念、自我分析和自我评价在内。在此基础上以自我情绪体验的形式表现出人对自己的态度，主要是一种自我的感受，以自尊、自爱、自信或自卑、自弃、自傲以及优越感、责任感、义务感等感情形式表现出来。同时，自我意识对自我知觉又具有一定的影响作用，自我意识的形成不是被动的，而是能够根据客观的评价和自己对实践的反馈信息形成对自我的意识，并能根据自我意识来选择、调控自我知觉，使自我在作为被意识的客体的同时成为意识的主体，调节、控制自己对自己的态度和对他人的态度。

三、自我知觉的形成

自我知觉并非与生俱来，它是在社会化进程和社会交往、社会实践活动中逐渐形成的。在社会生活与实践中，人们往往通过以下途径来认识自己。

（一）以人为镜

社会心理学家古里（C. H. Cooley）认为，人与人之间可以相互作为镜子，照出彼此。每个人借外显行为将自己介绍给别人，被别人认知评价；反过来，别人对你的看法，又会像镜子一样反馈于本人。同时，众多事实说明他人评价这面镜子，并非在任何情况下都起积极的、有效的作用。有时，与己关系不大的人偶然作的一次评价，不易引起自己的关注。当他人评价不一致时，还可能引起消极反应或自我认识的冲突。通常父母、教师、好友、恋人、领导等人对自己的评价，较易对其个人自我知觉、自我形象的形成产生较大影响。

（二）角色扮演

角色理论是自我知觉发展过程中的一个重要的社会知觉理论。著名文化人类学者米德

（G. Mead）认为个体在各种角色的扮演中，与他人发生交互作用，并由此而参与社会生活，了解社会上各种行为规范及习俗，逐渐使自我概念得以发展。

（三）社会比较

马克思指出："人起初是以别人来反映自己的。名叫彼得的人把自己当作人，只是由于他把名叫保罗的人看作是和自己同种的。"① 这表明一个人的自我认知和评价不是孤立的，而是通过把自己与和自己相类似的人加以比较来认识、评价的。

（四）自我分析（内省）

人们对自己的认知是主客观的统一，即不仅可以通过以人为镜、扮演角色、社会比较等方法来认识自我，还可以用直接观察（即自我观察）自己心理活动的方式来认识和评价自我。这种自我观察也叫"内省法"。通常有两种形式：（1）对自己正在进行的心理活动、心理状态的观察与分析；（2）对已有的心理经验的回忆与反思。内省法虽然较主观，但与其他方法配合，也会收到正确认识自我的良好效果。

国内外许多学者对自我评价作过研究。美国哥伦比亚大学霍林沃斯教授让被试用九种品质（文雅、幽默、聪明、交际、清洁、美丽、自大、势利、粗鲁）采用排队法对自我与他人进行评价比较，结果对优良品质的评价有自我夸大倾向，不良品质则自我忽略。美国另一位心理学家凯吉塔的研究结果是：自我评价高的人，容易接受他人对自己的高评价；自我评价低的人则相反。我国学者时蓉华与王伟曾对300多名大、中、小学生作了道德品质自我评价研究，结果多数学生的自我评价符合他人评价，少数学生有差距，极少数差距更大。这些研究表明，自我评价不完全以他人评价为根据，主要还是靠自我评价来完成的。自我评价与他人评价之间出现差距，可能是因为自我认识不准（高估或低估）造成的，也可能是由于怕别人取笑而有意高估或低估造成的。

运用自我分析的方法来认识自我应注意以下几点：（1）要严于律己，善于运用回忆与反省的方法正确分析、剖析自己；（2）要实事求是，一分为二地认识自己的长处与短处；（3）应在良好的情绪状态下分析、评价自我。如果处于激动（极度悲观或盲目乐观的情绪）状态下，往往会感情用事，使自我认识出现偏差。

现代人积累了很多文化经验、科学知识，可以说无所不知，但却少自知。而自知乃是一个人自我意识发展的基础。美国心理学家约翰（Jone）和哈里（Hary）提出了关于人自我认知的窗口理论，被称为"乔韩窗口理论"。他们认为人对自己的认识是一个不断探索的过程。因为每个人的自我都有四部分：公开的我、盲目的我、秘密的我和未知的我。通过与他人分享秘密的自我，以及通过他人的反馈减少盲目的自我，人对自己的了解就会更多、更客观。见表4－3。

① 马克思恩格斯全集．第23卷．北京：人民出版社．1972：67.

表 4-3 乔韩窗口理论

他知	A 公开的我	B 盲目的我
他不知	C 秘密的我	D 未知的我

四、自我管理

自我管理是理想的管理方式。彼得·德鲁克提出了个人的自我管理步骤，提出组织管理活动中通常采用的目标管理方法反映了组织中的自我管理；全面质量管理的基础也是自我管理。所谓自我管理是指个体通过对自己思想、心理和行为的调节、控制或约束，或者说是指个体通过自我计划、自我组织和自我监督等环节来协调个体内部和外部环境，从而实现自我目标的过程。每个人都应该学会自我管理，人的自我管理能力是由人们自身具有的自觉能动性决定的。自我管理的内容主要包括自我思想管理、自我心理管理以及自我行为管理三个部分。

（一）自我思想管理

有学者认为自我管理是衡量思想政治教育管理工作水平高低的有效尺度，因此提高人们的自我管理意识是思想政治教育管理工作的一项重要任务。自我思想管理首要的是认识自己。认识自己是管理自己的前提和基础。思想管理是自我管理的重要内容，它支配着人的心理活动和行为，直接关系到人的行为结果。

（二）自我心理管理

自我心理管理是指人通过对自己心理的调节，力图保持某种乐观的情绪和积极向上的心态的一种管理方式。自我心理管理自始至终起着一种内部调控的作用。自我管理是人类对自身的管理，是一个人认识自我和完善自我的过程。作为管理者，进行管理活动是工作的重点，这其中除了对员工的管理之外，还有很重要的一点，就是管理者还要进行自我心理管理。管理者应该从自己的心理上进行准备和提高，通过自我心理保健，保持健康的心理素质，由此才能不断提高自己的管理水平。

（三）自我行为管理

自我行为管理是人通过自我认知，调整和修养自己的心理，并使自己的外部行为与社会环境相适应的一种管理方式。根据社会伦理和组织所要求的行为规范，每个人的行为都可以分为正确的行为——“善”和错误的行为——“恶”。人类社会的进步，除了有社会伦理道德及组织行为规范等社会控制之外，还有赖于人们通过自我管理来控制、约束自己的行为，使得自己的行为朝着有利于自己和社会的方向发展。

人本主义心理学家马斯洛对渴望自我实现者提出了以下调控自我的建议：

1. 把自己的感情出口放宽

较广的视野，较少地去考虑个人的得失，对于自我实现者是非常重要的。做任何事注重于过程而不要太在乎结果，学习是一种追求。成功者往往都很注重把握过程，把结果看成是追求过程中的标记。

2. 任何情况下都要积极乐观地、以长远的眼光看问题

俗话说："不要与自己过不去。"要抱着积极乐观的心态去看问题，把眼光放长远。否则会有沉重的心理压力，阻碍一个人的成功。

3. 以热诚的态度看待生活

对生活中的一切，多欣赏，少抱怨；有不如意之处，设法改善，坐而空谈，不如起而施行。一个人能否成功，取决于他的态度，成功人士始终有最热诚的态度。

4. 设定积极可行的目标，然后全力以赴

制定一个明确、可行的目标是走向成功的前提，要完成目标，贵在坚持，尽力去做好，世事也许不是想象中那样付出了就一定会有回报，但是只要一直坚持下去，总会有成功的一天。

5. 坚持正义，坚持真理

对待任何事情都不要抱有歪曲事实的念头，脑海里始终要保持清醒，要永远坚持正义和真理。

6. 文武之道，一张一弛

给自己的思想和生活留一点轻松的空间。自我提高的同时，不要忘了给自己的思想和生活多加点调味品，让人生变得更加绚丽多彩。

7. 与人坦诚相处，展现自己的优缺点，乐于与他人分享快乐和痛苦

做人最基本的要求是坦诚相待，这样才可能结交到更多的朋友；要积极地在适合的场合展示自己的优点，发挥自己的优势；面对自己的缺点要勇于承认并尽力去改善。

第四节　归因理论

一、归因的概念

我们总是通过人的外部表现来推测其内在的意图和动机。这是社会知觉与对物的知觉的不同之处。归因（Attribution）就是根据人的外部行为特征对他的内心状态所作的解释和推论。

概括地说，归因的研究主要包括三个方面：（1）心理活动的归因，即人们心理活动的

产生应归结为什么原因；（2）行为的归因，即根据人的行为和外部表现对其心理活动的推论，这是社会知觉归因的主要内容；（3）对人们未来行为的预测，即根据人们过去的行为表现预测他们以后在有关情境中会采取什么样的行为。

二、归因研究的几个主要问题

归因问题的研究首先要解决的是把行为归结为外部原因还是内部原因的问题。

（一）海德的归因模型

归因理论最早是由美国社会心理学家海德（F. Heide）于1958年提出来的。海德是基于人类总是试图从周围世界得出某种意义这一考虑而提出归因模型的。该理论主要解决的是日常生活中人们如何找出事件原因的问题。海德认为人有两种强烈的动机：一是形成对周围环境一贯性理解的需要；二是控制环境的需要。而要满足这两个需求，人们必须有能力预测他人将如何行动。因此，海德指出，每个人（不只是心理学家）都试图揭示别人的行为，并都具有针对他人行为的理论。海德认为事件的原因无外乎有两种：一是内因，如情绪、态度、人格、能力等；二是外因，如外界压力、天气、情境等。如一个学生考试不及格，可能由于个人原因：他不聪明、不努力等；也可能由于环境原因：课程太难、考试不合理等。海德关于环境与个人、外因与内因的归因理论成为后来归因研究的基础。他认为，人的知觉在人际交往上的作用就在于使观察者能预测和控制他人的行为。海德还指出，在归因的时候，人们经常使用两个原则：共变原则（Principle of Covariation）和排除原则。其中共变原则是指某个特定的原因在许多不同的情境下和某个特定结果相联系，该原因不存在时，结果也不出现，我们就可以把结果归于该原因。

（二）凯利（Kelley）的归因模型

美国社会心理学家凯利（Kelley）提出了他的归因模型。在对人的知觉过程中，可以把这个人的行为归结为三方面的因素：或者归结为知觉者本人的特点；或者归结为知觉对象的特点；或者归结为知觉者与知觉对象进行交往时所处的情境。究竟归结为何种因素，要按下述三个标准来决定：

（1）一贯性（Consistency）也称一致性，即人们的行为在不同的时间内是否前后一致。一贯性是指个体的行事是否一贯如此。如一个人上班一向很准时，有一天却迟到了，恐确有环境原因。但若其迟到是家常便饭，就应归咎于个人原因。行为越有一贯性，管理者越倾向于内部归因。

（2）普遍性（Consensus）也称共同性，即面对相同情形的每个人都做出同样的反应。如果与一个人走相同路线来上班的其他人那天都迟到，就符合这种普遍情形。从归因的角度来说，如果出现普遍情况，则往往会作环境归因。如果惟独某人行为与众不同，则恐怕就属个人归因。

（3）差异性（Distinctives）指个体是否在不同的情形下有不同的行为。差异性或称特殊性、独特性，是指行为是否属反常。若一个人的行为一反常态，不同于以往的风格，那么可能是外在原因在起作用，我们可作情境归因。但若与惯常的行为相吻合，就应作个人归因。

（三）韦纳的成败归因模型

该理论是研究人们获得成功和遭受失败的归因倾向。美国心理学家韦纳（Weiner）提出了成功和失败的归因模型（见表4－4）。

表4－4　韦纳的归因模型

内　外　因	稳　定　性	可　控　性
内因	不稳定	可控
内因	稳定	可控
外因	稳定	不可控
外因	不稳定	不可控

该理论要说明的是归因的维度及归因对成功与失败行为的影响。韦纳认为，内因与外因的区分只是归因的维度之一，在归因时人们还应从另外一个维度，即稳定与不稳定的角度看待问题。这两个维度互相独立，就像平面坐标系中的 X 轴一样。比如，如果我们认为某员工工作做得出色是由于他的能力强或任务容易等稳定因素造成的，那么就可以期望将来给予其同样的任务他还会做得出色；如果我们认为其成功的原因是由于他心情好或机遇好等暂时因素造成的，那么就不会期望他将来还会做得出色。

他认为，人们的行为获得成功或遭受失败主要归因于四个方面的因素：努力、能力、任务难度和机遇。这四种因素可以按内外因、稳定性和可控制性三个维度来划分。从内外原因方面来看，努力和能力属于内部原因，任务难度和机遇属于外部原因。从稳定性来看，能力和任务难度属于稳定因素，努力和机遇属于不稳定因素。因为一个人的能力和他面临任务的难度是很难改变的，而一个人的努力程度和是否遇到适当的时机是不断变化的。从可控制性来看，努力是可控制的因素，而任务难度和机遇都是不以人的意志为转移的。

人们把成功和失败归因于何种因素，对于以后的工作积极性有很大影响。韦纳的研究指出，把成功归结为内因（努力、能力），会使人感到满意和自豪；把成功归结为外因（任务容易或机遇），会使人产生惊奇和感激之情。把失败归于内因，会使人产生内疚和无助感；把失败归结为外因，会使人气愤和产生敌意。把成功归因于稳定因素（任务容易或能力强），会提高以后的工作积极性；把成功归因于不稳定因素（机遇或努力），以后工作的积极性可能提高也可能降低。把失败归因于稳定因素（任务难和能力弱），会降低以后的工作积极性；而归因于不稳定因素（运气不好或努力不够），则可能提高以后的工作积极性。

三、常见的归因偏差

在社会知觉中，由于受到多种因素的影响，归因常常出现偏差，常见的偏差主要有：

1. 基本归因错误（The Fundamental Attribution Error）

人们经常把他人的行为归因于人格或态度等内在特质上，而忽视他们所处情境的重要性，罗斯（Ross）称之为"基本归因错误"。由于人们对行为的解释受到对行为者习惯风格的认识的影响，对行为者的成见、偏见及与行为者之间的关系，势必会影响对行为者的行为判断。

2. 自我服务偏差（Self-serving Bias）

自我服务偏差是一种动机性的偏差，它是指人们倾向于把自己的成就归因于内部因素，如能力、努力等；倾向于把自己的失败归因于外部因素。对自己的行为和对他人的行为的判断不同，具体表现为对成功和失败的归因倾向的不同。对自己的成功往往作个人归因，对失败作情境归因；而对他人的成功倾向于作情境归因，对失败作个人归因。

3. 行为者与观察者的归因偏差

行为者对自己失败的行为易作外在（情境）归因——自我防御归因，观察者则容易将之作内在归因。相反，行为者往往会把自己成功的行为归因于个人倾向，而观察者则倾向归因于情境。出现这种分歧的原因是：(1) 两者着眼点不同。观察者通常把注意力放在行为者身上，而行为者则可能更注意外在因素对自己行为造成的影响。(2) 两者可用信息不同。观察者只看到行为者当前的行为，对行为者的历史知之甚少，而行为者对自己的过去与现在都很清楚。(3) 忽视一致性信息。人们只注意行为者的表现，不大在意行为者周围的其他人的行为。其原因在于：① 人们习惯于注意具体、生动、看得见、看得到的事情，往往忽视抽象、空洞的统计信息；② 人们可能更相信自己所看得到和听得到的直接信息，而一致性信息所涉及的是行为者周围的其他人，非直接信息的材料，观察者无法看到；③ 行为者周围的其他人与行为者本人相比，处于不突出的位置，只构成背景，往往被忽视。(4) 自我防御性归因。归因很容易因自尊心的需要而带上偏见，一方面往往会把成功作内在归因，对失败作外在归因；另一方面为了释放自己的失败，行为者还可能采取另一种防御偏差，即自我贬损，就是行为者用各种消极的办法来逃避个人的责任。

4. 涉及个人利益的归因偏差

他人的行为是否涉及自己的利益，也会导致不同的归因。琼斯（1957）的实验证明了这一现象。实验安排一组被试做同一工作，并把一位假被试与被试编排在一起，工作中所有的被试都是成功的，而这位假被试是惟一的失败者。实验者设定了两种情境，一种是假被试的失败会使全体被试都得不到奖赏；另一种情境是假被试的失败只使他一人得不到奖赏，不会影响到其他被试获奖。虽然假被试在两种情境下的工作效果是一样的，但在前一种情境下，全体被试都归因于假被试的能力差，对其作个人倾向归因，而在后一种情境下，只有部分被试作如此归因。

5. 对自然现象作拟人化的归因偏差

将自然现象赋予社会意义。人们常常对社会生活中一些自然现象赋予一定的社会意义，如将乌鸦与不幸相连，把喜鹊的出现看成是好兆头的象征等。

这些现象对于组织中评价工作绩效和工作表现有重要的启示。归因研究虽然是心理学研究中的新课题，但对管理心理学的理论研究和管理的实践都有重要意义。了解人们的归因倾向，掌握人们归因的规律，就可以进一步按一定的规律指导和训练人们的正确归因倾向，有助于人们正确地总结成功的经验和失败的教训，调动人们的工作积极性，提高工作效率。

本章小结

知觉是客观事物直接作用于感官而在人脑中产生的对这些事物整体的反映，即对客观事物的整体反映。但是，即便作为感性认识的知觉，对客观事物的反映也不是消极的、被动的，而是一种积极的、能动的认识过程。本章从知觉的最一般概念——知觉、知觉的特性等入手，介绍了社会知觉及其分类，常见社会知觉偏差，归因及归因理论等重点内容，以期读者对社会认知有更为全面的了解。

重要概念

知觉　角色　角色知觉　社会知觉　自我知觉　第一印象　刻板印象　晕轮效应　投射效应　对比效应　定势　归因　基本归因错误　自利性偏差

同步测练与参考答案

一、判断题

1. 在面部表情中，微笑是很重要的，俗话所说的“眼睛是心灵的窗户”就说明了这一点。
2. 个人的面部表情是先天的，与后天环境无关。
3. 社会判断是在社会知觉和社会印象基础上对认知客体的评价和推论。
4. 自我，在心理学中就是指个体对自己存在的觉察。

5. 心理的自我阶段是自我意识发展的最高阶段。

6. 自我评价是一个人自我意识的重要组成部分。

7. 第一印象并非总是正确的。

8. 主张使用普遍性、一贯性和差异性三种信息进行归因判断的心理学家是韦纳。

9. 定势是指以前的心理活动会对以后的心理活动形成一种准备状态或心理倾向。

10. 海德是归因问题研究的创始人。

二、选择题

1. 如果我们把社会知觉主要理解为对人的知觉，那么以人为对象的社会知觉基本上划分为对个人的知觉、角色知觉和（　　）三种类型。

A. 人格知觉　　B. 情境知觉

C. 比较知觉　　D. 人际知觉（或人际关系知觉）

2. 有人把乌鸦的出现看成是不祥的征兆，把喜鹊的出现看成是好兆头，这是常见的归因偏差中的（　　）。

A. 观察者与行为者的归因偏差　　B. 涉及个人利益的归因偏差

C. 涉及群体利益的归因偏差　　D. 对自然现象作拟人化归因的偏差

3. 影响知觉选择性的主观因素主要有五个方面：(1) 观察者的（　　）；(2) 观察者的兴趣和爱好；(3) 观察者的个性特征；(4) 观察者的过去经验；(5) 观察者的知识结构。

A. 需要与动机　　B. 能力结构

C. 态度体系　　D. 人格特征

4. 自我意识包括（　　）。

A. 物质自我　　B. 社会自我　　C. 知觉自我

D. 精神自我　　E. 管理自我

5. 客观事物直接作用于感觉器官，而在大脑中产生的对这个事物的个别属性的反映称为（　　）。

A. 感觉　　B. 知觉　　C. 记忆　　D. 思维

6. 以人为对象的社会知觉可以划分为（　　）。

A. 对个人的知觉、人际知觉、角色知觉　　B. 对个人的知觉、群体知觉、角色知觉

C. 人际知觉、群体知觉、角色知觉　　D. 对个人知觉、群体知觉、人际知觉

7. 心理学的研究发现，人在知觉过程中会把若干事物作为一个整体来反映，他们在对知觉对象的组合中，服从于（　　）、相似原则、闭锁原则和连续原则。

A. 接近原则　　B. 情境原则　　C. 交替原则　　D. 对比原则

8. 他人行为涉及归因者而导致归因的偏差是（　　）。

A. 观察者与行为者的归因偏差　　B. 涉及个人利益的归因偏差

C. 涉及社会地位的归因偏差　　D. 对自然现象拟人化的归因偏差

9.“新官上任三把火”说明了领导都十分重视社会知觉的（　　）效应。

A. 刻板　　B. 第一印象　　C. 知觉防御　　D. 近因

三、讨论题

1. 简述知觉及其特性。
2. 影响知觉选择性的因素有哪些？
3. 什么是社会知觉？
4. 举例说明影响社会知觉的因素。
5. 试分析自我知觉形成的途径和阶段。
6. 试分析社会知觉中的各种偏见。

参考答案

一、1. T　2. T　3. T　4. T　5. F　6. T　7. T　8. F　9. T　10. T

二、1. D　2. D　3. A　4. ABD　5. A　6. A　7. A　8. ABD　9. B

三、略。

第五章

CHAPTER FIVE

态度与管理

学习目标

在现实生活中由于人们生活环境以及知识经验的不同，其待人处事也往往有不同的态度。态度差异是个体差异的一个重要方面，其对人的行为也有很大的影响。因此，在管理工作中，研究人的态度的形成和转变是管理心理学中的一个重要课题。本章探讨态度的结构、特性及功能，并介绍态度的形成及转变理论等。对于目前管理心理学中的热门话题：有关工作满意感、工作投入及组织承诺作了特别的研究。

重点难点提示

- 价值观的概念及源起
- 价值观的分类
- 价值观的作用
- 态度的结构及特性
- 态度转变的影响因素
- 工作满意感
- 工作投入与组织承诺

第一节 价 值 观

态度是对人、客体、事物所持的肯定或否定的评价，如对同一事物，有人赞成，有人反对，反映了对人、客体、事物的感受。态度和价值观有密切的联系，人的态度实际上是价值观的具体反映。

一、价值观的概念

价值观是个人关于事物、行为的意义、重要性的评价和总看法。像这种对诸事物的看法和评价在心目中的主次、轻重的排列次序，就是价值观体系。价值观和价值观体系是决定人的行为的心理基础。价值观的含义可以从以下两个方面来理解：第一，价值观决定了事物或行为对于个人是否具有可接受性及重要程度如何。第二，价值观具有个体性，不同的人对同一事物或同一行为，其意义和重要程度均有很大不同，每个人都有自己的价值观。

价值观具有下列特性：第一，价值观是因人而异的。由于每个人的先天条件和后天环境不同，人生经历也不尽相同，每个人的价值观的形成会受到不同的影响，因此，每个人都有自己的价值观。在同样的客观条件下，具有不同价值观的人，其动机模式不同，产生的行为也不同。第二，价值观是相对稳定的。价值观是人们思想认识的深层基础，它形成了人们的世界观和人生观。价值观是随着人们认知能力的发展，在环境、教育的影响下，逐步培养而成的。人们的价值观一旦形成，便是相对稳定的，具有持久性。第三，价值观在特定的环境下又是可以改变的。由于环境的改变、经验的积累、知识的增长，人们的价值观有可能发生变化。

二、价值观的形成

价值观是后天形成的，是通过社会化培养起来的。家庭、学校等群体对个人价值观的形成起着关键的作用，其他社会环境对其也有重要的影响。一个人的价值观是从出生开始，在家庭和社会的影响下，逐步形成的。一个人所处的社会生产方式及其所处的经济地位，对其价值观的形成有决定性的影响。当然，报刊、电视和广播等宣传的观点以及父母、老师、朋友和公众名人的观点与行为，对一个人的价值观的形成也有不可忽视的作用。

个人的价值观是随着知识的增长和生活经验的积累而逐步确立起来的，它有一个形成过程。个人的价值观一旦确立，便具有相对的稳定性，形成一定的价值取向和行为定势，是不易改变的。在特定的时间、地点、条件下，人们的价值观总是相对稳定和持久的。比如，对某种事物的好坏总有一个看法和评价，在条件不变的情况下这种看法不会改变。但是，随着人们的经济地位的改变，以及人生观和世界观的改变，这种价值观也会随之改变。这就是说价值观也处于发展变化之中。

就社会和群体而言，由于人员的更替和环境的变化，社会或群体的价值观念也是不断变化着的。传统的价值观会不断地受到新价值观的挑战，这种价值冲突的结果，总的趋势是前者逐步让位于后者。价值观的变化是社会改革的前提，又是社会改革的必然结果。

三、价值观的分类

1. 阿尔波特（G. W. Allport）及其同事们最早对价值观进行了分类

阿尔波特认为价值观可以分为六类：

（1）理性的价值观。它是以知识和真理为中心的价值观。具有理性价值观的人把追求真理看得高于一切。

（2）艺术的价值观。它是以外形协调和匀称为中心的价值观。他们把美和协调看得尤其重要。

（3）政治性价值观。它是以权力地位为中心的价值观。这一类型的人把权力和地位看得最有价值。

（4）社会性价值观。它是以群体和他人为中心的价值观。把为群体、他人服务认为是最有价值的。

（5）经济性价值观。它以有效和实惠为中心的价值观。认为世界上的一切，实惠的就是最有价值的。

（6）宗教性价值观。它以信仰为中心的价值观。认为人生最有价值的是信仰。

阿尔波特认为上述六种价值观可能同时存在于一个人身上，但它们是作为可变的价值取向，以不同的程度在一个人的观念体系中组合起来，贯穿在生活的所有方面，哪种类型占主导地位的人就属于哪种价值观的人，不同类型的人表现出不同的行为特征。

总的来说，没有哪个人是绝对属于某一种类型，一个人并不只具有一种价值观，事实上，人们的价值观是六种类型的混合，六种类型的价值观在不同的人身上有着不同的配置。研究发现，不同职业的人对六种价值观的重视程度不同，形成了不同的次序，反映出不同的价值体系。见表 5－1。

表 5－1　　三种职业的人对价值观重要性的排序

排　序	牧　师	采购代理商	工业工程师
1	宗教	经济	理性
2	社会	理性	政治
3	艺术	政治	经济

续表

排　序	牧　师	采购代理商	工业工程师
4	政治	宗教	艺术
5	理性	艺术	宗教
6	经济	社会	社会

2. 行为科学家格雷夫斯为了对价值观进行分类

格雷夫斯曾对企业组织内各式人物作了大量调查，就他们的价值观和生活作风进行分析，最后概括出以下七个等级：

（1）反应型。这种人非常少见，实际上等于婴儿。他并不意识自己和周围的人类是作为人类而存在的。他照着自己基本的生理需要作出反应，而不顾其他任何条件。

（2）部落型。依赖成性，服从于传统习惯和权势。

（3）自我中心型。信仰冷酷的个人主义，自私和爱挑衅，主要服从于权力。

（4）坚持己见型。对模棱两可的意见不能容忍，难于接受不同的价值观，希望别人接受他的价值观。

（5）玩弄权术型。通过摆弄别人，篡改事实，以达到个人目的，非常现实，积极争取地位和社会影响。

（6）社交中心型。把被人喜爱和与人善处看得重于自己的发展，受现实主义、权力主义和坚持己见者的排斥。

（7）存在主义型。能高度容忍模糊不清的意见和不同的观点，对制度和方针的僵化、空挂的职位和强权，敢于直言。

管理学家麦尔斯等在 1974 年对美国企业的一项研究中发现，一般企业成员的价值观分布于第二层和第七层之间，而管理人员过去大多数分布于第四层、第五层，现在情况有所变化，这两个层次的人员被第六层和第七层的人所取代。

由 Milton Rokeach 所创设的价值观调查表（Rokeach Value Survey，简称 RVS）包含两类价值观，每类各有 18 个价值项目。第一类是目的价值观：个人想达到的最终状态，即一生中幻想达到的目标。第二类是工具价值观：个人偏爱的行为表现方式，即为达到目的价值观的手段。

许多研究证实，不同团体的 RVS 互有差异。相同职业或团体持有的价值观较相似。有项研究在比较公司主管、钢铁业工会成员、社会激进分子三个团体的价值观后，发现有很多相同的价值观，但也有部分差异很大（见表 5 - 2）。社会激进派的价值偏好与其他两组的差异最大。这些差异很重要，因为公司主管、工会组织及社会激进分子都是公司的利益相关团体。当公司与难缠的利益团体协商经济及社会政策时，彼此都会根据自己原有的价值偏好来行动，至于是否能达成共识，要看价值观能否互相协调了。

表 5－2　　主管阶层、工会团体及社会激进分子之价值观差异

主管阶层		工会团体	
目的价值观	工具价值观	目的价值观	工具价值观
1. 自我尊重	1. 诚实正直	1. 家庭安全	1. 负责可靠
2. 家庭安全	2. 负责可靠	2. 自由	2. 诚实正直
3. 自由	3. 才干过人	3. 快乐	3. 勇敢有担当
4. 成就感	4. 雄心勃勃	4. 自我尊重	4. 独立自主
5. 快乐	5. 独立自主	5. 成熟的爱	5. 才干过人

社会激进分子	
目的价值观	工具价值观
1. 公正平等	1. 诚实可靠
2. 世界和平	2. 乐于助人
3. 家庭安全	3. 勇敢有担当
4. 自我尊重	4. 负责可靠
5. 自由	5. 才干过人

四、价值观的作用

价值观不仅影响个人的行为，还影响着群体行为和整个组织行为。在同一客观条件下，对于同一个事物，由于人们的价值观不同，就会产生不同的行为。在同一个单位中，有人注重工作成就，有人看重金钱报酬，也有人重视地位权力，这就是因为他们的价值观不同。同一个规章制度，如果两个人的价值观相反，那么就会采取完全相反的行为，将对组织目标的实现起着完全不同的作用。

价值观在管理中的应用，包括对个体群体、组织和管理者的实际意义。

具有不同价值观的人会产生不同的评价和反应。具有不同价值观基础的群体或组织会确定不同的组织目标，从而采取不同的组织行为，进而影响其经济效益、社会效益以及社会形象等各方面。

一个成功的管理者，必须重视人的价值观的稳定性和可变性及其对经营管理方式和管理目标实现的影响。

第二节　态　　度

一、态度的结构

态度（Attitudes）是社会心理学研究的重要内容之一，也是管理心理学研究的重点课题。一个人的态度对其行为有很大的影响。有关态度的研究由来已久，对态度的界定众说纷纭，概括起来，态度是个体对待某一特定对象进行认知、评价并作出判断的心理倾向。态度包括三种因素：(1) 认知（Cognition）：对一类社会事物或对象的看法及肯定与否定的理解和评价。(2) 情感（Affect）：对一类社会事物好、恶等情绪、情感体验。(3) 行为（Behavior）：对一类社会事物的行为意向，是行为前的准备状态，而非具体行为本身。

其中认知成分即指人对某种事物与对象的看法、评价及带评价意义的叙述。叙述的内容包括个人对某个对象的认识、理解，以及肯定与否定的评价。这些评价往往是由许多观点构成的认知体系，其中有些观点直接表达态度，有些观点是间接表达态度。

情绪、情感成分是指人对于态度对象的一种情绪、情感体验。如尊敬或蔑视、喜爱或厌恶、热情或冷漠等都是在人际交往中经常感受到的态度体验。

意向成分是个人对态度对象的反应倾向，是行为的准备状态即个体对态度对象准备作出的某种反应。

其中认知因素是态度的基础，情感是态度的核心成分，而行为意向则是态度的最终表现形式。认知评价、情感体验和意向之间一般是相互协调的，但也可能不一致。

二、态度的特性

许多心理学家认为态度具有下列五方面的特性。

(一) 态度的后天习得性

态度并非生而具有，它是个体在长期的社会生活中，通过与他人的交往、相互作用，以及社会环境的不断影响而逐渐形成的自己的认知和评价，形成的对周围事物的看法，从而形成的人的心理倾向。个体反过来对外界事物、对他人发生反应，不断修正自身的态度，使个体的态度体系日趋完善。

(二) 态度必须指向特定的对象

对象可能是具体的，如具体的人、事件、事物、团体、组织等；也可能是一种现象、状态或者一种观念。态度总是针对一定对象而言的。虽然态度是由主体发出的，但态度不属于纯粹个人的主观范畴，也不属于纯粹客观范畴，而是属于主体与客体之间的关系范畴。

（三）态度是一种内在的心理结构

它虽然包含着行为反应倾向成分，但毕竟不是行为本身，它是由某一对象引起的一种内部的心理体验。个人的这种主观体验，虽不能被他人直接观察，但是，某个人持有什么样的态度体验，是可以借助于对其行为（包括言语、表情、动作等）的观察与分析，加以推测了解的。

（四）态度的协调性或不一致性

态度包括的认知、情绪情感、行为意向三种成分既相互区别又互相联系。一般来说，认知成分是基础；情绪情感是态度的核心成分；行为意向则是态度的外部表现，三者是协调一致的。

（五）态度的持续性、稳定性和可变性

人的态度是在社会生活实践中逐渐形成的，并与人的理想、信念、世界观紧密相连。这种同人的个性倾向相联系的态度形成后比较稳定而又持久，在行为反应上表现出一定的规律性，使个体易于适应社会生活。一般来说，态度形成初期，不够稳定，这时如果加强正面宣传教育容易收到较好的效果。一旦态度形成并巩固之后，将持续一段时间而不轻易改变，成为个性的一部分。在行为反应模式上表现出规律性，有利于个体适应社会。所以对职工进行教育，最好在他态度还不稳定的阶段进行，因为那时态度成分的组织未固定化，容易促使其态度的改变。而态度形成后，想通过宣传教育改变态度就不那么容易了，往往需要花更大的气力和做更多的工作，方能转变其态度。

三、态度的作用

态度对人的思想观念、心理活动以及人的外显行为有着十分重要的影响与作用。它不仅影响个体对外界的认知、情感和意向活动，也能影响人的学习与工作效率，同时它对人的性格特点、生活方式与人际关系的协调也会产生较大的影响。下面介绍心理学家论述态度的几种机能，并附带说明与此有关的实验研究。

（一）态度与学习效率

对学习抱有主动、积极的态度人们容易激发强烈的求知欲、浓厚的学习兴趣和高涨的学习热情；消极的态度则刚好相反。那些与个人信念、兴趣相符合的学习材料能使人感知敏锐，观察细致，思想活跃，记忆和学习效果会大大提高；而那些与个人信念、兴趣相违背的学习材料，往往令人对学习产生厌烦的情绪与厌恶的态度，结果记忆力下降，思维呆滞，学习效率下降。有实验表明学习态度与学习效率是正相关的。这是由于与个体的信念、价值观、态度相吻合的资料，容易被吸收、同化、记忆；相违背的材料，易被阻断或歪曲。可见态度具有过滤器的作用。

（二）态度与工作效率

人们曾经认为，员工对工作的态度积极，必然会产生高的生产效率或工作成绩。在管理心理学的研究中，人际关系学派曾经根据20世纪30年代前后的“霍桑实验”等研究，提出“高度的工作满意感导致高生产率”的假设。心理学家赫兹伯格也以职工的“满意—不满意”作为生产效率的指标，提出双因素论。但是以后较全面和深入的研究发现，工作态度与生产率的关系并不是这样简单的。由于许多中介变量的影响，它们的关系十分复杂。一般来说，员工如果喜欢自己所从事的工作，其生产积极性就容易被调动，生产效率也较高。但有实验证明，态度与生产效率之间并不存在必然联系。

西方学者布雷菲与克罗克特（A. H. Broyfied & W. H. Crockett）积累40年的研究经验，以问卷法、量表法、谈话法等调查了许多职工的态度及其相应的生产效率，发现二者之间并无一定的关联。对工作感到满意的职工，工作效率很高，但对工作不满意的职工，其工作效率也可能高。原因何在？因为在雇用劳动的条件下，生产性需要并非是一般工人的主要目标，这只是他们达到目标（如工资、奖金、自我实现等）的手段。当个体在生活上的基本需要获得满足之后，其目标便转移到社会性需要上来，即希望获得朋友和同事的好感，希望自己能被群体接纳而不被孤立。如果某工人的生产效率大大超过同伴，他就可能被大家指责为破坏进度者而遭受排斥。因而，对自己工作特别满意的员工，也有降低生产效率以谋求与众人一致的可能性。相反，对目前工作不满意的员工，为了生活上的需要（如多挣工资）也有努力工作提高生产效率的可能。可见，态度与生产效率之间的关系，远比一般管理人员设想的复杂。

（三）态度与社会性认知及判断

态度一旦形成，容易使人产生一种较稳定的认识、情感体验和意向倾向的反应。态度对人的社会性认知、判断和行为的影响可以是积极的，也可以是消极的。若态度形成使人产生心理反应的惰性如对人、对事产生僵化、刻板的看法就会干扰或妨碍社会性认知、判断的准确性，甚至造成失误。

心理学家兰波特（W. E. Lambert）等人曾在加拿大蒙特利尔做过实验，对象是英裔的大学生和法裔的大学生。实验开始时告诉学生：“这次实验的目的是想了解大家只凭声音（不曾见面的人）判断说话者的个性特征的准确性，因此，请大家务必特别注意倾听说话人的声音、语调。”然后让这些学生听一段录音带，这段录音带中录有10个人朗诵同一篇文章的声音，5个人用英文念，5个人用法文念（然而事实上朗诵的只有5个人，每人以两种语言念，但不让学生知道真相）。实验的结果显示出两种有趣的现象：(1) 同一个朗诵者，当他以英语朗诵时，比用法语朗诵时获得学生们更好的评价。例如，一个人在他说英语时，比说法语时更易被判断为个子高，风度好，比较聪明、可靠、亲切，有抱负。而幽默感则在说法语时获得较高的评价。(2) 法裔学生比英裔学生更高估朗诵英语的对象。

该实验说明，一般人容易根据现成的态度去判断他人。因为英裔加拿大人的社会背景优于法裔加拿大人，所以大学生们对英裔加拿大人的态度也优于对法裔加拿大人的态度。

正是因为这种态度的差别，影响大学生作出正确的社会性判断。

（四）态度与人的忍耐力

忍耐力是指人们对于挫折的耐受力，适应能力。挫折是一种情绪状态，即个体在从事有目的的活动中，常常会遇到障碍或干扰，致使活动失败，个人动机不能实现。人们对于挫折的适应能力和忍耐力与他对该事物（或活动）的态度有密切联系。例如，一个追求真理、热爱科学的人，对科学实验中的失败和挫折有很强的忍耐能力。又如，一个对团体有认同感、归属感，抱有非常忠诚态度的成员，对团体所遭遇的挫折耐受力较强，能吃苦耐劳，同舟共济，不会动辄发牢骚，抱怨不休。可见，一个人在困难，挫折面前的忍耐力是同他对事物的认识与态度分不开的。

个体从事有目的的活动，在环境中遇到了障碍或干扰，使其无法达到目标时，便产生了挫折。人随时都有可能遭遇到挫折，只是这些挫折有的是短暂的，有的是长时间的；有的很轻微，有的则比较严重。人们遭到挫折时所表现的反应也是各不相同的，有的人敢于向挫折挑战，百折不挠，勇往直前；有的人却一蹶不振，精神崩溃。这种对挫折的适应能力，即对挫折的容忍力，与个体对引起挫折的事物的态度密切相关。如果一个职工非常热爱自己的工厂，非常热爱自己的工作，则他对挫折的容忍力就比较高，他能吃苦耐劳，任劳任怨，不会因为一点儿不如意的事情而丧失信心。

兰波特等人以大学生为对象作了耐痛忍耐力（Pain Tolerance Level）的测定。测定的仪器是改装的血压计，即在血压计的气袋上端安置一个尖硬的橡皮尖头，将空气带绑在被试的上腕，逐渐增加气压，橡皮尖头便刺入被试手腕而产生痛觉，气压越大刺入越深，则疼痛感越强。

实验的目的是要验证在客观条件相同的情境中，由于被试态度的改变而引起疼痛忍耐力变化的现象。实验的被试分为两个组（实验组、控制组），每组被试均半数为基督教徒，另半数为犹太教徒（不让被试知道分组及人员安排的情况）。

实验中，先用血压计测定每个人的耐痛阈，之后告诉所有被试：“为了验证每个人耐痛阈的准确性，休息片刻后将做第二次测定。”在休息期间，主试逐个与实验组的被试交谈，告诉基督教徒说，“根据某一报告，基督教徒的耐痛力不如犹太教徒强”；而对犹太教徒说，“根据某一报告，犹太教徒的耐痛力不如基督教徒强”。但对控制组的被试则什么也不告诉。

如此安排再做第二次测定，结果发现实验组被试的耐痛阈显著地增高。而控制组被试的耐痛阈则没有变化。这说明，在相同的实验条件下，因为个体态度的改变，可以引起疼痛忍耐力的变化。

（五）态度与团体的相容和凝聚力

在社会交往和社会活动中，一个人对自己、对集体、对他人的态度，往往影响他与群体的相容程度；团体成员之间的相互态度，也会影响团体内部的相容性和凝聚力。一般来说，对人持诚实、热情、友好、谦逊、宽容、互助的态度，则团体相容程度就高，人们能和睦相处，亲密无间，有较高的凝聚力。相反，对人持虚伪、冷漠、敌视、傲慢、尖刻、苛求的态度，则团体的相容程度就低，可能导致人际关系紧张，团体的凝聚力低。

（六）态度的激励作用

激励是指激发工人的动机的心理过程，就是通常所说的调动人的积极性的问题。激发工人的劳动热情既可以从物质方面也可以从精神方面入手，那么哪种效果更显著？对此，西方心理学家有过实验研究。以哈佛大学心理学家梅约为首的一批学者，在美国西方电气公司所属的霍桑工厂进行霍桑实验为例，该实验结果表明：影响生产效率最主要的因素是人的社会心理方面的满足和工作中发展起来的人际关系，而不仅仅是工作的物理环境和工资、待遇及福利。梅约认为，企业的领导者和管理者关心职工的要求，重视下级的意见；促进上下级或工人与管理者之间的感情交流；改善对工人的态度，让职工参与管理，激发他们发自内心对本职工作的热爱，能大大调动职工的积极性，明显提高劳动效率。重视人的因素所产生的效率，远远超出了工作条件或物质因素所产生的效率。

态度的激励作用不仅可以通过管理者改善对工人的态度而增强，还可以通过工人自我态度的改善而获得。职工自我态度的改善，如自尊、自重、自爱、自强、自律、自慰等既可以起到自我保护的效应，也可以起到调动职工的自觉性、积极性和创造性的作用。

上述态度的各种功能表明：态度对人的行为活动有明显的动力或阻碍作用。

第三节　态度的形成与转变

一、态度形成与转变的概述

人的态度不是生来就有的。同其他心理现象一样，态度是人们在社会生活环境中逐渐习得形成的，是社会化进程的结果。新生儿降世时只是一个生物实体，一个自然人。后来，在社会环境和教育的影响下，才逐渐成长发育为社会人，才具有了一定的思想观念和对周围世界的态度。应该说态度形成的过程与个人社会化的进程是同步的。在儿童生活的早期阶段，父母的教养方式影响着儿童早期态度的形成，随着个人社会化进程的进一步展开，特别是教育的影响，人们的态度对象和态度模式也逐渐变得复杂多样。随后，在社会实践活动中，人们的态度逐渐和世界观相联系，变得更加巩固稳定。

态度的形成与态度的转变也是有关联的。人的态度形成过程也含有某些错误态度的转变和纠正。即使态度形成之后，也不是一成不变的。随着外界的环境、条件及刺激对象的变化，人们的态度也会发生改变。如过去由于极“左”思潮的干扰，人们对奖金往往持否定态度，认为是搞“物质刺激”。如今，人们的思想发生了根本的变化，将奖金看作是一种较重要的激励方式。

态度转变即指人的态度由旧变新的过程，最基本的是方向和强度，这是态度转变的最主要的指标。(1) 态度的方向性转变（"非一致性转变"）体现出态度在质上的变化。如对人的态度由否定变肯定；对工作的态度由消极变积极。(2) 态度强度（或程度）上的变化（"一致性转变"）表现出态度在量上的转变。有人对抽烟的态度原来持否定态度即不赞成，现在变得更不赞成了，此为态度强度上的变化。事实上，方向和强度有一定的关系，从一个极端走到另一个极端，即由原来的不喜欢转到喜欢，既是方向上的转变，又是强度上的变化，而且强度上的变化很大。

二、影响人的态度形成和转变的因素与方法

（一）影响人的态度转变的因素

态度形成过程就是个体社会化的过程，下列因素是影响人的态度形成及个体社会化的重要条件。

1. 社会环境与文化因素的影响

首先，社会环境对人的态度的转变具有很大影响。其中涉及社会制度、国家法律、社会舆论、风俗习惯等等。个体的态度会随着社会环境的变化而发生改变；同时，个体的态度形成也是社会化进程的结果。不同的家庭、学校及社会教育，不同的社会风气和习俗，不同的社会文化背景等，对人的态度形成会产生不同的影响，每个人的中心性态度往往会打上文化的烙印。

2. 个人所属团体对态度形成的影响

个人态度受到个人与团体之间的关系的影响。一般来说，依从团体使个人被迫遵循其行为规范；认同团体使个人愿遵循团体的规范；内化团体使个人高度自觉、自愿地遵循团体的行为规范。团体的意志、团体的目标、团体的行为规范以及组织形式等控制并调节着每个成员的态度与行为，使团体价值观内化为每个成员的自我价值体系的中心成分。假如一个人违背了团体的意志，他就会感到有一种无形的压力。可见，团体的风气、意志、规范等对团体成员的态度形成有重要影响。

3. 态度体系特征因素的影响

研究表明，当态度具有某些特征时难以发生改变。如态度形成于年幼时期；态度反映出个人的价值观；态度能满足人的多种需要；态度中的认知、情感、意向相互协调一致；某一态度已成为其信念的一部分，已纳入其认知体系，等等。人在成长过程中依社会化而形成的态度倾向，组成了一个相对复杂且稳固的态度体系，对人们态度的转变起着制约作用。

4. 个性特点对态度的影响

不同的人有着不同的人格特征，人们的态度与个性特点都是在社会实践中逐渐形成的，每个人的态度都会反映出他的个性特征。人们对社会、对团体、对他人、对自己、对

劳动、对事业的态度不同，反映出人们之间在个性方面的差异。一个人的个性特点不同，其在兴趣、爱好、理想、信念、世界观、气质、性格等方面的差异，也能影响其态度差异。如顺从型的人往往顺从别人的意见，轻信权威，较易改变自己的态度；而独立性较强的人，善于对别人的观点进行辨析形成自己的判断和想法，不易相信权威，态度不易改变。

（二）态度转变的几种方法

1. 参与活动

“理论联系实际”是马克思主义的基本原理。只有把学习理论同参加社会实践紧密结合起来，才能起到转变人的立场、态度的作用。经常组织大学生参加军训、劳动、社会调查等活动有助于学生了解社会、认识工农，这对改变他们轻视劳动、缺乏工农感情的态度起着积极作用。

2. 增加接触

人与人或团体与团体之间有时对问题持不同的态度，这主要在于双方互相不了解，只要创造条件让双方多接触，在共同的活动中增进了解，消除成见，对问题的看法就容易趋于一致。史密斯（F. T. Smith）曾做过下面的实验：安排白人学生到黑人居住区，连续两周与著名的黑人见面，听演说，参加茶会、午餐会等，结果46人中有40人对黑人的态度变得友善。这种友善态度相当稳定，一年后仍不改变。

3. 扮演某个角色

一个人所扮演的社会角色对其态度转变有很大的影响。如某护士开始对病人的态度不好，让其扮演病人的角色，设身处地体验病人的痛苦，较快地转变了态度，从而能够真心实意地关心体贴病人。又如商店售货员、旅店服务员、交通部门的司售人员，扮演顾客、旅客、乘客的角色，了解服务对象的处境，体验他们的生活，有助于改善其服务态度，提高服务质量。

4. 利用团体规范

团体规范和行政手段具有一定的强制力、约束力，可以有效地改变人们的态度。第二次世界大战期间，美国家庭主妇一般不喜欢用动物内脏做菜。由于当时食品短缺，政府当局希望能说服主妇改变态度。勒温做过如下实验：他把家庭主妇编成6个组，前三组听讲解人劝说，得知这种菜味美、营养价值高，还能得到一份食谱；后三个组被告知团体规定今后要改用动物内脏做菜。一周后检查，讲解组中仅3%的人改变了态度，而团体规定组有32%的人改变了态度。现实生活中也有这种情形，有时仅靠说服教育不一定起作用，而用纪律、公约和规范等强制方式，能迫使人改变态度，不过往往不是心甘情愿的。只有把团体规范与说服教育结合起来，才可能既自觉又持久地转变原有的态度。

三、态度形成和转变的过程

态度是在长期的生活环境、教育和社会实践中逐渐形成的，是一个从无到有、从简单到复杂、从不稳定到稳定的过程。凯尔曼（H. Kelman，1961）提出，态度形成和转变过程包括服从（顺从）、同化、内化三个阶段。

（一）服从（顺从）

服从指个人为了获得物质或精神上的奖酬或避免惩罚，而屈从于他人的行为。此为态度改变的第一阶段，从态度的结构来看，服从只是行为成分在起作用；这里按照社会的要求，以群体的规范或别人的意志而采取的表面服从行为，但内心并不信服。态度的形成和转变除肇始于强制服从（顺从）之外，也可能从不知不觉中模仿他人的态度开始。研究表明：许多人的行为并不一定受外界强制力量的影响，常常是从无意识地模仿父母、教师、成人及自己崇拜的对象的态度和行为开始的。这是形成和改变自己态度的一种最常见的形式。

（二）同化

此阶段人们不是个体对社会压力的被迫屈服，而是自觉自愿地接受他人的观点、信念、态度与行为的影响，使自己的态度和行为逐渐与他人或某个团体的态度与行为相接近的过程。此阶段有较多的情绪、情感成分的投入。同化阶段有别于服从阶段，它不是在外界压力下形成和转变的态度，而是出于自觉自愿。

（三）内化

内化即真正从内心深处相信并接受他人的观点，彻底转变自己的态度。这意味着个人把外部的新思想、新观点归于自己的价值体系之中，成为自己态度体系的一个有机的组成部分，已成为其人格的一部分。内化阶段是人们的态度真正形成或彻底转化的阶段，也是人的态度和行为最稳定、最持久、较为系统的阶段。

四、态度转变的几种理论

（一）平衡理论

心理学家海德（F. Heider）于1958年提出了平衡理论（Balance Theory），他认为在人们的认知系统中存在着使某些情感或评价之间趋于一致的压力。我们的认知对象（包括世界上各种人、事物和概念）有的各自分离，有的则互相联结起来，组合为一个整体从而被我们所认知。海德把这种构成一体的两个对象的关系，称为“单元关系”，可形成类似、接近、相属等不同的单元关系。人们对每种认知对象都有喜恶、赞成与否的情感与评价，海德把此情感或评价称为“感情关系”。

海德认为个体对单元中两个对象的态度一般是属于同一方向的。例如，一个人喜欢某

A，则对某 A 的穿着也会很欣赏；一个人讨厌某 B，则觉得某 B 的朋友也不好。因此，当个体对单元的知觉与对单元内两个对象的感情关系相调和时，其认知体系便呈现平衡状态。反之，当个体对单元的知觉与对单元内两个人的感情关系相矛盾时，其认知体系便呈现不平衡状态。这种不平衡状态将引起个体心理紧张，产生不满意的情绪。

海德从日常心理学出发（日常心理学来源于民间格言、日常经验），通过一系列的推论提出 P－O－X 图式，试图用科学术语来解释日常心理学的判断。图式中 P 和 O 为两个人（其中 P 为认知的主体），X 为 P 和 O 所认知的一个客体，它可以是一种现象、一件东西、一种观点等等。

海德认为，根据 P、O、X 三者之间的感情关系（喜欢—不喜欢，爱—不爱等），可以推论出八种模式（见图 5－1），其中四种是平衡的，四种是不平衡的。

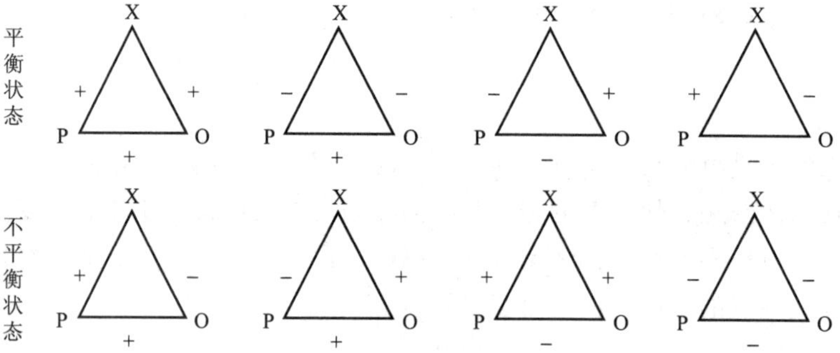

图 5－1　P－O－X 图式

从中可以总结出两条规律：(1) 平衡结构必须三角形三边符号相乘为正。(2) 不平衡结构必须三角形三边符号相乘为负。

例如，P 为学生，X 为爵士音乐，O 为 P 所尊敬的师长。如果 P 喜欢爵士音乐，听到 O 赞美爵士音乐，P－O－X 图式中，三者关系皆为正（平衡结构的第一图），P 的认知体系呈现平衡状态。如果 P 喜欢爵士音乐，又听到 O 批判爵士音乐，P－O－X 图式中，三者关系中两正一负（“＋＋－”，如图中不平衡结构的第一图），则 P 的认知体系就会呈现不平衡状态。

不平衡状态会导致认知体系的各种变化，平衡理论运用了“最小努力原则”来预计不平衡所产生的效应。这就是说，个体将尽可能少地改变情感关系以恢复平衡结构。因此，平衡理论说明，在一定情景中，有许多解决不一致的途径，它以简单的语言描述了认知一致性的概念，成为解释态度改变的重要理论之一。

（二）认知失调论

1957 年，心理学家费斯廷格（Festinger）从另一角度研究了态度问题，提出了认知失调理论（Cognitive Dissonance Theory）以说明态度和行为之间的关系。其中他提出了一个更为广泛的认知结构，这个认知结构包括社会知觉和个人对自己行动的知觉，形成认知。这里的“认知”包括人们的思维、态度和信念等。费斯廷格认为，一个人的两种认知元素之间的不一致，就是失调。认知失调主要有两个来源：首先是来自决策行为，即当需要在多个有相似价值的方案中作出选择时；其次是来自与自己的态度相矛盾的行动。这种认知的不一致或者失调，对于态度的意义，在于产生某种力量，使人们逐渐改变自己的态度。他研究了认知比较过程，指出认知本身和认知的背景因素有密切的关系。他把个人、个人的意见、信念，以及与认知有关的环境称为认知元素（Cognitive Element）。以这些认知元素为基本单位，他将两个单位之间的关系分为协调、不协调、不相关三种。

例如：认知元素A——我在大雨中不带伞走路，认知元素 B1——我的衣服湿了，认知元素 B 2——我的衣服没有湿。很明显，认知元素 A 与 B1，成为协调的状态，而认知元素 B2 与 A 则成为不协调（或失调）状态。费斯廷格指出：任何形式的不一致，都会导致心理上的不适感。当个体发觉自己所持有的两种或两种以上认知元素相互矛盾时，便会出现认知不协调，内心就有不愉快或紧张的感觉，因而产生一种驱使个体解除这种不协调状态的动机，而寻求解除或减轻失调状态的办法。换言之，个体被假设会自动地设法使认知失调的状态降到最低的程度。费斯廷格还认为，认知因素之间的不协调强度愈大，则人们想要减轻或消除不协调关系的动机也愈强烈。例如，一个人如果抽烟成了瘾，又有“抽烟致癌，危及生命”的认知，可能导致他立即决策转变态度（即戒烟）。如果不协调因素的强度弱（例如偶尔抽支香烟）则戒烟的态度也不会那么强烈。

人们想消除认知失调的愿望是否强烈，取决于以下三个因素：

1. 造成的失调的重要性

如果失调的现状无足轻重，人们往往会不在乎；但若造成失调的因素非常重要，这一压力就迫使他必须解决这一失调。比如“汉斯是否该为救妻子的性命而去偷药”，要么不救人，要么不顾法律，要么找一个合理的解释，认为为救人而触犯法律不算什么，以便为自己开脱。

2. 当事人认为自己影响、应付失调的能力有多大

如果人们自认为无能为力，造成失调的原因在于外部条件或上级命令或规定，正好可以把行为作外部归因，从而减轻自己对失调所负的责任；反之，则会有强烈的愿望来解决失调。

3. 因失调而可能得到的报酬有多大

如果陷入失调，但由此获得的报酬或收益很大，那么可以产生一种平衡，认知失调造成的压力也就不会过于强烈。实际上，高报酬本身就是一种合理化理由，是一种强有力的平衡剂，足以矫正认知失调的不一致性。

由于上述三个因素，认知失调下的行为变得相当复杂。有认知失调并不意味着一定采

取行为恢复平衡。而认知失调理论的价值就在于帮助我们预测人们改变态度和行为的倾向性究竟有多大，尽管具体情形会很复杂，但至少可以肯定，认知失调越大，压力就越大，想消除不平衡的欲念就越强。

费斯廷格认为解决不协调关系的方式有下列几种：

1. 改变某种认知因素，使双方趋于协调

以“抽烟”与“致癌”的不协调关系来说，可以用“戒烟”，也可以用“怀疑抽烟致癌”的理由来协调。

2. 增添新的认知因素，以缓和双方的矛盾

如“抽过滤嘴香烟或尼古丁少的香烟”或“我有抵抗力”。这些都是通过自我调节，达到认知平衡而改变原有态度的方式，使不协调的强度自然降低。

3. 强调某一认知元素的重要性

上例中，如果个体强调“抽烟”，他会说：“我喜欢抽烟，抽烟使我快乐才是最重要的，不要为将来可能患病而牺牲我目前的乐趣。”如果强调“致癌”，则个体会说服自己：“肺癌是可怕的疾病，为了自己的健康和家庭的幸福，我虽然喜欢抽烟，但应该尽量地克制。”

费斯廷格的认知失调论和海德的平衡理论的基本假设是一致的。但是，费斯廷格强调了个体通过自我调节达到认知平衡，而海德更着重于人际关系对认知平衡的影响。

（三）自我觉知理论

传统的理论是“态度—行为”模式，试图说明态度对行为的影响。但正如我们已讨论的，除非考虑其他中介因素，否则态度对行为的决定关系并不明显。这激发了一些学者探究是否存在相反的关系，即行为决定了态度的问题。这种理论是“行为—态度”模式。

自我觉知理论（Self-perception Theory）考察了这样一个事实：当人们被问及对某一事物的态度时，人们实际上是先回忆针对此一事物的行为，然后根据这一行为推导出自己的有关态度。与传统的模式相比，这种“行为—态度”模式揭示了另一个方向上的作用关系，行为反而是先在的决定者。这听起来和习惯认识相悖，但它反映了这样的心理事实：人们擅长于为过去的行为寻找合理化的说明，却不擅长去从事已有良好理由的行为。

（四）参与改变理论

心理学家勒温主张，改变态度的方法不能离开群体的规范和价值。个人在群体中的活动性质，能决定他的态度，也会改变他的态度。

勒温在群体动力的研究中，发现个人在群体中的活动可以分为主动型和被动型两大类。所谓主动型的人是主动地介入群体活动，他们参与政策的制定，参与权力的推行，自觉遵守群体的规范等。而所谓被动型的人是被动地介入群体的活动，他们服从权威、服从别人制定的政策、遵守群体的规范等。为了研究个人在群体中的活动对改变态度的影响，勒温作了如下的实验：

第二次世界大战期间，美国由于食品短缺，政府号召家庭主妇用动物的内脏做菜。而当时美国人一般不喜欢以动物的内脏做菜。勒温以此为题，用不同的活动方式对美国的家庭主妇进行态度改变实验，其方法是把被试分成两组，一组为控制组，一组为实验组。对控制组采取演讲的方式，亲自讲解猪、牛等内脏的营养价值、烹调方法、口味等，要求大家改变对杂碎的态度，把杂碎作为日常食品，并且赠送每人一份烹调内脏的食谱。对实验组勒温则要求她们开展讨论，共同议论杂碎做菜的营养价值、烹调方法和口味等，并且分析使用杂碎做菜可能遇到的困难，如丈夫不喜欢吃的问题、清洁的问题等，最后由营养学家指导每个人亲自实验烹调。结果控制组有3%的人采用杂碎做菜，实验组有32%的人采用杂碎做菜。

由此可见，由于实验组的被试是主动参与群体活动的，他们在讨论中自己提出某些难题，又亲自解决这些难题，因而态度的改变非常明显，速度也比较快。而控制组的被试由于是被动地参与群体活动，很少把演讲的内容与自己相联系，因而，其态度也就难以改变。基于这一实验，勒温提出了他的“参与改变理论”，认为个体态度的改变依赖于在群体中参与活动的方式。后来，这个理论在管理中得到广泛的应用，也取得了一定的成效。

（五）沟通改变态度的理论

现代社会中，沟通的工具如报纸、杂志、电台、电视等，都直接或间接地影响着人们的态度。这是人所共知的事实。心理学家墨菲（Murphy）用实验室实验研究证明了沟通对态度形成与改变的影响。在实验前，他首先随机地把被试分为两组（实验组和控制组），并用瑟斯顿量表或用利克特（Likert）量表对每个成员进行态度测量，证实两组被试对种族歧视的态度是基本相同的。然后让实验组的被试看宣传黑人成就的电影、电视或画报，如放映黑人在世界运动会上取得成绩及在科学技术上取得成就的电影等，而不让控制组的人参加。结果发现，实验组的被试对黑人的态度有显著的改变，而控制组的被试对黑人的态度则没有变化。

许多心理学家认为，沟通对态度改变的影响依赖于以下三个因素：

1. 沟通者

沟通者是信息的来源。早期哲学家亚里士多德认为，有效的沟通者一定具备优良的情感、意志和品德，它包括沟通者的能力、社交的风度、可信任性和个人的吸引力。

2. 沟通过程

（1）沟通者以及沟通信息要引人注意。如沟通者的声音、仪表等要具有吸引力。

（2）信息的内容要以对象惯用的言语来传达。

（3）沟通者要了解对象的需要和动机，特别要掌握对象不合理的信念，使传递出的信息能被对象所接受。

3. 沟通对象

沟通对象即接受者。接受者是否了解信息，其个性特性（如自尊心、灵活性和刻板性等）是否适合于接受这些信息，都会影响沟通双方的态度。

除了上述几种主要理论以外，还有一些有关的理论。例如，纽科姆（Newcomb）研究了态度与参照群体的关系，提出“参照群体改变态度的理论”，认为每个人对自己在群体中所处地位和角色的认知是个人态度形成的重要基础，态度受到参照群体的很大影响。凯尔曼（Kelman）提出“改变态度的三程序论”，认为在三种社会条件的影响下人们会改变态度，这就是：(1) 礼让：顺从他人而赢得好感，从而愿意改变原有态度；(2) 模拟：模仿亲密的同事和朋友的行为特征而逐渐改变态度；(3) 改变：学习新的知识经验，使自己的行为符合新的价值体系。由于这三种条件能满足人们的需要和期待，因而有利于态度的改变。

第四节　与组织有关的态度

一、工作满意感

（一）工作满意感的概念及影响因素

1. 工作满意感的概念

工作满意感（Job Satisfaction）是组织成员态度的一个特殊部分，是指员工对自己的工作所抱有的一般性的满足与否的态度，即是他们对自己工作的情感反应。一个人对工作的满意度水平高，对工作就可能持积极的态度；相反，对工作的满意度水平低，就可能对工作持消极态度。但管理者所关注的是员工对工作中各种因素的态度，亦即他们的工作满意感。在西方，这首先表现在对职工出勤率与离职倾向上，越来越高的缺勤率和离职率是令经理们头疼的问题。

工作满意感不仅对于组织和管理者是重要的，就是对于职工自身也很重要。能有一个称心如意的工作，对谁来说都是件头等大事。人们很大一部分精力是花在工作上的，工作能满足他个人多方面的需要。工作满意度受到心理学的重视，不仅把它视为一种个体现象，而且把它作为群体或组织的特征，作为衡量和预测工作行为和组织绩效的有效指标之一。

近些年来，有大量关于工作满意感的研究，其中相当一部分研究都涉及工作满意感的维度问题。多数研究得出结论，尽管工作本身千差万别，但大多数工作都有一些共同的维度，可以用来描述工作满意感的变化。据粗略统计，这种维度在 5～20 个之间，但研究者在评价工作满意感时，所利用的维度最多不会超过 10 个。当然，究竟采用多少维度、是什么维度，要根据工作的性质和调查的目的而定。美国学者洛克（E. A. Locke）对工作满意感的维度作了归纳和分类，多数研究者认为这种分类是较全面的。见表5－3。

表5－3　员工工作满意感评定的主要维度

类　别	维　度	维 度 说 明
一、事件或条件		
1. 工作	工作本身	内在兴趣、活动多样、挑战性、学习机会、成功机会、对流程控制
2. 奖励	报　酬	数量、公平性、依据合理性等
	晋　升	机会、公平性、依据合理性等
	认　可	表扬、赞誉、批评等
3. 工作背景	工作条件	时间长短、休息多少、设备、空间宽敞、气温、通风、厂址等
二、人物		
1. 自己	自　己	价值观、技巧、能力等
2. 单位内其他人	领　导	管理风格、管理技能、行政技能等
	同　事	权力、友好态度、合作互助、技术能力等
3. 单位外其他人	顾　客	技术能力、友好态度等
	家　人	支持、对职务的理解、对时间的要求等
	其　他	按职位划定，如学生、家长、选民等

2. 工作满意度的影响因素

（1）富有挑战性的工作。挑战性的工作为员工提供施展才能和技术的机会，有一定难度、有一定的自主权和承担责任的工作易使员工获得心理满足。缺乏挑战性的工作易使人厌倦，但是挑战性过强，则易使员工产生挫折感。因此，中度挑战性的工作，多数员工都将感到满意。

（2）公平的报酬。报酬政策及其实践是不是公正、明确，是否与员工的愿望一致，是使工作满意的另一个重要因素。组织的报酬、晋升制度、政策是对员工工作的最直接、最明确的物质肯定方式，它既有针对个体历来的努力程度和绩效，也反映着组织内外横向的比较。薪水如能根据工作要求、个人才能、组织内部的相互比较、社会行情来拟订，则会使员工感到合理而满意。员工所期望的报酬不仅仅指工资一项，工作地点、工作时间以及晋升的政策，都是员工体验公平的因素。比如，有的人宁愿薪水低一些，欲求工作地点近，工作要求低，工作强度小，工作时数短，自由度大，人际关系融洽。对工作是否满意、关键不在于金钱的多少，而在于是否公平。对于晋升政策也是如此。晋升使人有长远发展的机会，获得较大的权力和地位，对人的生活至关重要。当员工认为这些方面都是以公平、公正为基础的，他们更容易从工作中获得满足感。

（3）支持性的工作环境。员工对工作环境的关心，既是为了个人舒适，也是为了更好地完成工作。良好的工作环境能提高员工的工作满意度。研究证明，员工希望安全的、舒适的工作环境。太热、太暗、噪音、污染等直接威胁着员工的生理、心理健康。员工也希望获得职业、疾病、养老等基本生活保障；另外，大多数员工希望工作场所离家较近、设备现代化。

（4）融洽的人际关系。对于许多员工来说，在工作中得到的报酬不只是金钱或晋升，他们还希望融入于组织之中，获得对社会交往的满足。因而，友好和谐的同事关系，也会提高人们对工作的满意度。管理者的行为也很重要。研究发现，与上级的人事关系更是一个决定因素。如果管理者能够了解、关心员工，倾听意见，奖励成就，员工的满意度就会增加。

（5）个人特征与工作的匹配。前面我们已经说明个性与职业的匹配理论：当个性及个人的知识技能与工作相适应时，人们的工作更容易获得成功、取得成绩，而事业的成功会大大增加员工对工作的满意感。

（二）工作满意感与工作绩效

工作满意感与工作绩效之间的关系主要表现在以下几种较常见的关系组合中：

1. 满意感高而工作绩效低

此种组织往往气象升平，人人心宽体胖，工作不起劲，多数人过去曾有过不错的成绩，如今却心满意足，不思进取了。

2. 满意感虽低，绩效却较高

员工们虽有怨言，牢骚满腹，甚至扬言甩手不干，但工作仍很卖力气，因为不满归不满，不干就拿不到工资。更有甚者，正是为了想干得更好而不满。人们为消除自己工作中的不满，寻求需要的满足，是有积极性的。人们若预计到需要可能获得满足，是会受到激励并为之奋斗的。但是需要满足前的这种不满意状态时间不能过长，不能过分超出人的忍耐限度。

3. 满意感低，绩效也低

这当然会令组织和员工都感失望，但却不罕见。员工不满领导所付奖酬，领导则不满员工的工作表现。原因可能是员工方面的确需要整顿和教育，规范他们的行为；但也可能是由于领导者管理不当所致，如赏罚不公、奖励不当等，需要改变做法。

4. 工作满意感和工作绩效都高

此为最理想的状况。关键是要在完成生产任务的同时，不断满足员工个人的多样而不断变化着的需要。

既然这四种关系组合都可能存在，满意感（S）与绩效（P）之间就决非简单的因果关系。有关S与P孰先孰后，哪是因哪是果的问题，争论已有几十年，和鸡与蛋谁先谁后之争颇为相似。

早在1955年，布雷菲尔德（A. H. Brayfield）和克洛克特（W. H. Crockett）经过一番调研后，就曾断言："没有什么证据表明通常士气调查所测得的员工态度与工作绩效间，存在着任何简单的、可以觉察的关系。"两年后，赫兹伯格和毛斯纳（B. Mausner）指出："有经常的证据表明，人们常提到的积极工作态度有利于提高生产率。"前者认为S与P没有明确关系，后者认为S会带来P，两者矛盾，各执一词。

直到1972年，格林（C. N. Greene）对有关争论作一综合述评时总结出存在着以下三种主要观点：

（1）满意感导致绩效说。此种推断出现在20世纪30年代的"人际关系学派"，认为只要提供良好条件，使员工皆大欢喜，自然干劲倍增。其实这只是一种凭直觉得来的看法。实验确实证明了工作满意感强，职务吸引力大，缺勤与离职便少。遗憾的是这一现象的因果关系并未得到证实。

（2）绩效导致满意感说。劳勒和波特认为绩效不同会带来不同奖酬，这才产生不同程度的满意感。这里引进了奖酬这一中介变量，满意感反成了绩效的间接副产物。

有些实验支持此说。如鲍文（D. Bowen）与西格尔（J. P. Siegel）测试所获数据表明，一批工人的工作绩效与他们当时所表达的满意感程度间的相关关系，要大于此时的满意感与随后一段时期中所作出的绩效间的相关关系。这不是表明前一因果关系较后一种明显些吗？然而遗憾的是，即使前者的相关性也并不强到足以有力地证实此关系确凿无疑地存在的地步。

（3）第三变量才是真正的原因性因素说。此说对前两说各打五十大板，并亮出自己的新论点：满意感与绩效两者同为另一第三变量的函数。切尔林顿（D. L. Cherrington）等人指出满意感与绩效间并无固有的关系，按现有绩效付给奖酬之后，产生了随后一阶段中的高绩效，随之诱发了高满意感。他们所做的实验发现，获得奖金的被试的满意感远高于未获奖金者。他们还发现，获得与其绩效相当的奖金的被试随后作出的绩效，要远高于未按绩效高低而付酬的被试。例如，不给一位绩效差的被试以任何奖金，他虽怨言不绝、大为不满，但后来的绩效却提高了；但对另一绩效也差的被试却付给一定奖金，他甚表满意，随后的绩效反而未见改善。而在对一批绩效甚佳的被试未发奖金时，他们不但怒形于色，而且绩效马上明显垮下来了。实验发现，排除奖酬影响后，满意感与随后的工作绩效毫无相关，这就证明满意感不能改善随后的工作绩效。

以后还有更多人做了一系列的有关实验。华纳斯（J. D. Wanous）对这些实验作总结性述评时指出："满意感与绩效间也许根本不存在一种单一的'正'关系，有时甚至显得没有任何关系。"他还指出，除了奖酬之外，领导行为、个人的工作经历、工作环境等因素也会影响这两个变量及其相互关系。

现在可以肯定的是员工的工作满意感及其工作绩效，都是某些至今还未搞清的复杂过程的产物。尽管有些关系和规律还有待进一步探索，但有几点结论如今已可证明，那就是：满意感虽不能直接带动绩效的改善，但却可以降低缺勤与离职率，而满意感肯定能随发给的奖酬而提高。同时，按现有绩效的高低发给相应的奖酬，也肯定能改善随后的绩效。这样，借助这些已搞清的规律，管理者在面对绩效与满意感这两个棘手问题时就不会束手无策，相反可以给这两种因素及其相互关系以巨大影响，使之为我所用，实现既改进绩效也提高职工满意感的目标。

目前人们倾向于认为：员工对工作的满意感能导致他们工作绩效的提高。但这一古典假设被近年来的一些研究所否定。一些学者认为，要了解工作满意感与工作绩效的相关性十分困难，必须排除所有其他干扰因素之后，才有可能确认。

第一，关于工作满意与生产率。对工作满意与生产率关系的研究集中在两个层面上，一是个体水平的工作满意对于生产率的关系；二是组织水平的工作满意对于生产率的关系。

这一方面的研究在20世纪50年代就大量进行，但到80年代才初见成果。初期的研究认为，“快乐的员工，就是有生产力的员工。”这是一种基于享乐的观念的认识，并无实证的支持，但在20世纪四五十年代却颇有影响。当时的管理者热衷于组织公司的球队、郊游、各种社会活动和咨询，并训练各级主管如何主动关心员工，目的都是为了使员工快乐，以提高生产率。

研究表明，满足感和生产力的关系受一些中介变量的影响。一个因素是员工的行为是否受外界控制。当不受外界因素控制时，两者的关系才较强。另一个因素是工种。对于机械操作来说，生产力更多地依赖于机器的运转速度；对于股票经营来说，主要决定于股市行情。对于职位阶层较高或主要从事脑力工作的员工而言，工作满足感与生产力的关系才比较密切。

20世纪四五十年代后的研究都没有发现工作满意感与生产率的明显的正相关。即使二者之间存在相关性，也是很低的：相关系数为0.14左右。这说明员工的生产率主要不是受他对工作的满意感的影响，更多的是受外在因素的控制。研究认为，当员工的行为不受外在因素限制时，工作满意感才可能导致生产效率的提高。在一些对个人工作水平要求较高的职业，如专业技术、监督、管理等，从业者需要有如较高的工作满意度才可以提高生产率。

关于工作满意与工作效率存在相关性的研究很多，但是究竟是工作满意导致高效率，还是由于高效率引起人的满足感呢？二者何为因，何为果？根据后来的实验研究，证明了工作满意与工作效率的反向关系，即高生产率使员工的满意度上升。一个人工作效率高、成绩好，自然内心满足、感觉良好；如果组织奖励高生产率的员工，这些奖励又会提高一个人的满意度。

在群体或组织的整体水平上考察工作满意度与生产率的关系时，研究者发现，拥有高满意度员工的组织比那些有低满意度员工的组织更有效。也就是说，在组织水平上证明了“满意导致生产率提高”的假设。为什么个体水平没能证明这一点呢？答案应该是，必须全面考虑到生产过程的复杂因素和相互作用，才能对一个组织的生产率作出评价；而在对生产率的个体水平上的测量往往不能做到这一点，因而没有足够的证据证明员工个人的满意度与生产率存在正相关。

第二，关于工作满意与缺勤。缺勤是工作不满意的突出表现，亦即满意度与缺勤率呈稳定的负相关。但是，两者只有中等程度的负相关（相关系数为0.40左右），这说明仍有其他因素（如工资、休假等福利制度）影响缺勤率。

关于满意度与出勤率的一个经典研究是西尔斯和罗巴克（Sears&Roebuck）在自然条件下所进行的一项实验研究。4月2日这一天，纽约天气良好，是正常上班的天气条件，而芝加哥则是反常的暴风雪，芝加哥的员工完全可以因这种恶劣的天气而不去上班，并且不会受到任何惩罚。结果对比两个城市员工的出勤率发现，4月2日这一天，纽约的员工中，满意群体和不满意群体缺勤率一样高；而在芝加哥，高满意的员工比低满意的员工出勤率高得多，满意与出勤的相关系数在0.8到0.9之间。这个研究有力说明了工作满意度与出勤率的积极关系。

第三，关于工作满意与辞职。所谓“工作满意度高，出勤率应高，辞职的可能性应低”，乍听起来很有道理，其实这之间的关系并不简单，而是有其他中介因素起作用。若有法定的病假日数免扣薪水，即使工作满意度高的员工也不免利用病假，因为这样的制度似乎在鼓励人们请病假，反正多干或少干几天不影响收入。与缺勤相比，工作满意与员工辞职行为的负相关更强些。不过，其中也受中介变量的影响。如劳动力市场供求状况、工作机遇的诱惑、工龄等因素，都对是否离职起着重要作用。

在工作满意与辞职的关系中，一个重要的中介变量是员工的绩效水平。一般来讲，组织会尽力挽留那些高绩效的员工，给予他们较高的工资、较多的晋升机会，以及更多的表扬和认同，这些都会使他们留在组织中。因此，在对高绩效者的流动性进行预测时，满意度不是一个重要的指标。即使对工作仍有不满的员工，也不一定会辞职，故很难预测。而对绩效低的员工，组织很少采取措施挽留员工，甚至可能制造一些微妙的压力促使他们辞职。在这种情况下，工作满意度越低的人越可能离开组织。

第四，关于工作满意与其他行为。虽然工作满意只是影响工作绩效和行为的原因之一，但当员工不满意时，除了离开组织以外，还可能使组织士气低落，出现抱怨和反抗情绪，甚至窃取组织财物，逃避工作中的责任，长期缺勤或迟到，增加失误率等行为反应。

也有员工由于不满意而采取一些建设性的行为反应，如试图改善环境和条件，提出改进的建议；或者虽然没有积极参与，但乐观和信任地期待组织改变环境，等等。

二、工作投入

工作投入（Job Involvement）是一个较新的概念，意指一个人在心理上对其工作的认同程度和迷恋程度，是一个人认为他的工作绩效对自我价值的重要程度。工作投入程度高的员工对他所从事的工作有强烈的认同感，出勤率高，离职率低。

初期研究中，管理心理学家认为工作投入是一种内在激励，把它看成是对工作的认同和价值观的表现。后来，人们将其视为一定的工作态度。萨里和赫斯克（Sale & Hosck）对各家之言作了总结，并用因素分析法得出工作投入的三个主要成分，即主动参与精神、工作是生活的核心、工作绩效是自我概念中的核心。他们认为，工作投入同一般态度一样，是以对工作的认知、情感和行为三者为基础的复杂概念。

三、组织承诺

组织承诺（Organizational Commitment）是指员工对于特定组织及组织目标的认同，并希望维持自己作为组织成员的身份。它是工作投入的深入和扩展。

与工作投入类似，组织承诺与缺勤率、流动率呈负相关。研究表明，组织承诺比工作满意度能更好地预测员工流动率，它可以解释流动率中 34% 的变异。原因在于组织承诺水平反映了员工对组织整体全面和长久的认同，与对组织的不满相比较，对工作的不满更容易改变。因而，当不满是针对组织时，员工更可能考虑离开组织。由此可见，培养员工对组织的承诺，对于增强员工的忠诚感和依赖感具有实际意义。

最早提出组织承诺的是贝克（H. S. Becker），他认为组织承诺是由于员工对组织的投入的增加，而使员工不得不继续留在该组织的一种心理现象。阿伦和梅耶（N. J. Allen & J. P. Meyer）所进行的综合研究提出以下三种形式的承诺：

感情承诺——员工之所以对组织忠诚和努力工作，主要是由于对组织有深厚的感情（而不是物质利益）。影响感情承诺的因素有：工作本身的特性、管理的特点、人际关系、组织的可靠性和公平性、个人在组织中的重要性、所感觉到的来自组织的关心与支持以及员工的个人特点（利他主义者和顺从者感情承诺也较高）。

继续承诺——为了不失去已有的位置和多年投入所换来的福利待遇，员工不得不继续留在该组织。影响继续承诺的因素有：受教育程度、所掌握的技术应用范围、改行的可能性、个人对组织的投入状况、福利因素、居住时间长短、个人特性等。

规范承诺——由于长期形成的社会责任感和社会规范的约束，员工为了尽自己的责任而留在组织中。影响规范承诺的因素包括对组织承诺的规范要求、员工的个性特征、所接受教育的类型等。

组织不能保证每个员工都对工作满意，但组织的管理者都希望降低流动率和缺勤率，尤其是那些高产出的员工。管理者必须关心员工对组织和工作的态度，促使员工产生积极的态度。

四、对工作不满的表现形式

员工对工作不满时，往往会有多种反应形式，并非简单地递交辞职书。有时不递交辞职书而采取其他方式表达不满，会使组织更难于处理。这些方式包括抱怨、情绪抵触、旷工、迟到、怠工、错误率增加，甚至出现破坏性行为。从积极的一面来说，对工作的不满也可能表现为提意见或建议，指出症结，主张建设性改革；即便对工作有所不满，仍尽力维护组织的利益和形象。作为组织管理者，应当努力诱导积极反应，并借此解决存在的问题，改善管理，消除不满情绪。

五、组织公民行为

组织公民行为（ Organizational Citizenship Behaviors ，OCB）指的是有益于组织，但在组织正式的薪酬体系中尚未得到明确或直接确认的行为。OCB 至少由七个维度构成：助人行为（Helping Behavior），运动家道德（Sportsmanship），组织忠诚（Organizational Loyalty），组织遵从（Organizational Compliance），个人首创性（Individual Initiative），公民道德（Civic Virtue）和自我发展（Self-development）。

组织公民行为的内涵主要有以下几个特色：（1）代表人们除了致力于实践组织的规定事项外，还会经常自动自发付出额外心力，去从事一些直接、间接有利于组织的事情。（2）一种自我裁量的自动自发行为。（3）组织公民行为的出现与正式报酬并无直接相关。（4）组织公民行为对于组织长期效能及成功运作扮演关键性角色。

从组织公民行为的负面作用，我们可以看到组织公民行为也可能是一把双刃剑。在充分发挥组织公民行为积极作用的同时，管理者也应该意识到组织中组织公民行为产生的不同机制以及其带来的不同效果。

其中，工作满意感必定是员工组织公民行为（OCB）最重要的决定性因素。满意的员工似乎更有可能以肯定的语气谈论自己的组织，更愿意帮助别人，工作绩效更可能超出期望值。而且满意的员工更愿意承担超出自己责任范围之外的工作，因为他们希望通过自己的行动来回报组织的恩惠。但也应看到满意度的确影响 OCB，但要以员工感到公平为前提。

六、心理契约

心理契约（Psychological Contract）是美国著名管理心理学家施恩（E. H. Schein）在 20 世纪 60 年代提出的，在施恩看来，心理契约是“组织中每一个成员和不同的管理者及其他人之间，在任何时刻，都存在的一种没有明文规定的期望”。它包括两部分内容，一是员工个人目标与组织目标和承诺的契合关系；二是员工在经过一系列投入、回报循环构成的组织经历之后，与所在企业形成的情感上的契合关系，体现在员工对组织的依赖感和忠诚度上。企业能清楚员工的发展期望，并尽量提供条件满足这种期望；而每一位员工相信企业能实现他们的期望，并为企业的发展全力奉献。由此可见，心理契约是存在于员工与企业之间的隐性契约，其核心在于员工的满意度。好的组织承诺能提高员工满意度，促进并维持员工与企业之间的心理契约。

一般而言，心理契约包含以下七个方面的期望：良好的工作环境，任务与职业取向的吻合，安全与归属感，报酬，价值认同，培训与发展的机会，晋升。

心理契约的主体是员工在企业中的心理状态，而用于衡量员工在企业中心理状态的三个基本概念是工作满意度、工作参与和组织承诺。在企业这样的以经济活动为主的组织中，员工的工作满意度是企业心理契约管理的重点和关键。心理契约管理的目的，就是通过人力资源管理实现员工的工作满意度，并进而实现员工对组织的强烈归属感和对工作的高度投入。因此，企业要想实现对人力资源的最有效配置，就必须全面介入心理契约的 EAR 循环，通过影响 EAR 循环来实现对员工的期望。所谓 EAR 循环，是指心理契约建立（Establishing，E 阶段）、调整（Adjusting，A 阶段）和实现（Realization，R 阶段）的过程。

本章小结

在现实生活中由于人们社会生活环境以及知识经验的不同，其待人处事也往往采取不同的态度。态度差异是个体差异的一个重要方面，它对人的行为也有很大的影响。因此，在管理工作中重视研究人的态度的形成和转变是管理心理学中的一个重要课题。本章探讨了态度的结构、特性及功能，并介绍了态度的形成及转变理论等。特别是对目前管理心理学中的热门话题：有关工作满意感、工作投入、组织承诺做了研究。

人们在不同的社会条件下生活，经历各不相同。除了形成多种不同的需求、兴趣、个性和思维方式等以外，还形成了不同的信念、意见与态度，例如，有的人对工作认真负责、一丝不苟，有的人却马马虎虎、得过且过。态度是对人、客体、事物所持有的肯定或否定的评价，反映了对人、客体、事物的感受，对待同一事物，有的人赞成，有的人反对。毫无疑问，态度在很大程度上决定了人们的工作行为和生活方式，因此，有必要研究态度的意义、性质和影响态度的各种因素。

重要概念

态度　价值观　工作投入　组织承诺　工作满意感　组织公民行为　心理契约

同步测练与参考答案

一、判断题

1. 态度反映个人对人物、事物、客体的心理感受。
2. 个体对某种事物或对象的看法、评价以及带有评价意义的叙述指的是态度的认知成分。
3. 态度决定着人们对外界事物的判断与选择。
4. 个体自觉、自愿地接受别人的观点、信念、态度与行为的影响，使自己的态度和行为逐渐和他人或团体的态度相接近的过程是态度形成的同化阶段。
5. 组织承诺是指员工接受组织目标，并且希望保持自己作为组织成员的身份。
6. “一致性的改变”是指态度的方向没有改变，而只是改变了态度的强度。
7. 价值观全部作用的实质和核心是动力作用。
8. 在态度的构成要素中，起基础性作用的是情感要素。
9. 态度变化三阶段理论的提出者是勒温。

10. 态度的认知失调理论强调，认知因素之间存在着两种关系，其一是协调，其二是不协调。

二、选择题

1. 影响工作满意度的因素是（　　）。
   A. 报酬　　B. 工作本身　　C. 工作条件　　D. 工作期望
2. 在态度的构成要素中，起基础性作用的是（　　）。
   A. 认知要素　　B. 评价要素　　C. 情感要素　　D. 意向要素
3. 态度变化三阶段理论的提出者是（　　）。
   A. 勒温　　B. 费斯廷格　　C. 凯尔曼　　D. 兰波特
4. 态度的认知失调理论强调，认知因素之间存在着两种关系，其一是协调，其二是（　　）。
   A. 协作　　B. 平均　　C. 失调　　D. 平等
5. （　　）、情感要素和行为意向要素是构成任何一种态度的三个基本要素。
   A. 文化要素　　B. 认知要素　　C. 社会要素　　D. 情境要素
6. 认知失调是指一个人持有两个互相矛盾的认知，而产生（　　）情绪体验的现象。
   A. 激动　　B. 不愉快　　C. 高兴　　D. 愉快
7. 在态度改变的各种类型中，不改变原有态度的方向，仅改变原有态度的强度被称为（　　）。

A. 一致性改变　　B. 不一致性改变　　C. 同化改变　　D. 异化改变

8. 影响态度改变的团体因素包括信仰、目标、规范和（　　）。

A. 组织形式　　B. 领导方式　　C. 领导作风　　D. 组织效能

9. 价值观的作用主要包括（　　）。

A. 动力作用　　B. 标准作用　　C. 调节作用

D. 定向作用　　E. 稳定作用

10. 影响态度转变的因素包括（　　）。

A. 人格因素　　B. 团体因素　　C. 社会环境　　D. 态度体系

三、讨论题

1. 什么是态度？态度在人们的生活中有何作用？
2. 试分析影响人们态度转变的因素。
3. 试分析工作满意感与工作绩效之间的关系。
4. 举例说明如何转变人的态度。
5. 什么是价值观？其作用是什么？
6. 描述态度转变的过程。

参考答案

一、1. T　2. T　3. T　4. T　5. T　6. T　7. F　8. F　9. F　10. T

二、1. ABC　2. A　3. C　4. C　5. B　6. B　7. A　8. A　9. ABCD　10. ABCD

三、略

第六章

CHAPTER SIX

需要、动机与激励

学习目标

行为学家们常常将人们行为的起因归纳为两句话：一个人的行为是由动机决定的。动机是由需要引起的。组织管理的重要问题之一是如何调动员工的生产积极性。另外，在管理中，研究需要和动机的规律，预测人的行为进而引导人的行为也是管理心理学研究的一个重要课题。本章将介绍需要与动机的概念和有关激励理论，并研究如何将这些概念和理论用于管理实践。

重点难点提示

- 需要的概念及其分类
- 动机、激励的概念
- 内容型激励理论
- 过程型激励理论
- 状态型激励理论
- 工作中的激励问题

第一节　需要和动机的一般概念

一、需要的实质

（一）需要

所谓需要（Need）是指当个体缺乏某种东西或期待某种结果时所产生的一种主观状态，它是客观需求的反映。这里所说的客观需求，既包括对空气、食物、水等的物质需要，也包括对归属、爱等的社会需要。人类的行为活动都是为了满足某种需要。需要是动机的基础，是推动人的行为活动的原动力。因此，为了更好地解释人类的行为，分析人的积极性的原因，必须对人的需要进行更为透彻的了解。

（二）需要的产生

人的需要的产生，是在人的积极活动中，在人与客观环境相互作用的互动过程中产生与表现出来。个人需要的产生有赖于个体当时的生理状态、认知水平、社会情境等因素。

1. 需要产生的生理状态

饥饿需要的产生，依赖于味觉、胃的收缩、血液含糖程度、荷尔蒙（激素）状态以及神经的活动等。脑及神经系统的活动与产生需要有关，特别是与某些欲望产生关系更为密切。均衡说认为，有机体生理状态的均衡，是维持个体生存的必要条件，机体内某种东西缺乏就会破坏均衡，从而使人产生饥饿感、紧张感，于是出现生理及安全的需要。这种学说可以解释某些低级需要的产生，但不能解释高级的自我实现需要的产生。

2. 需要产生的自然情境和社会因素

自然与社会环境因素容易诱发或增加已经产生需要的强度。在自然和社会情境中，目标对象是产生需要最强有力的因素。例如，嗅到或看见食物，最容易使人产生因饥饿引起对食物的需要；英雄、模范的形象，可以激起人产生崇高理想的需要与追求等。

3. 个人认知因素的影响

研究表明，人的思想特别是想象和幻想可能使一个人不断地产生欲望。如果一个人想象自己置身于某一社会情境之中，就可能加强其在这方面的欲望。而且，他就会将其中某些欲望付诸实现，以满足他的需要。

4. 成长性需要发生的理论

人不仅有缺乏性需要，还有成长性需要。这是在基本需要得到满足之后，产生的更高追求与理想，以便使自己成为完善的个人的需要。一个人成长需要的强烈程度也是影响其个性发展水平的一个因素。成长理论把需要看成是一种积极主动的过程，这一理论对了解需要的本质，揭示行为的规律有着重要的作用。这种理论补充了均衡说的不足。

（三）需要的种类

1. 自然性需要和社会性需要

人的需要是多种多样的。按照需要的起源，可以分为自然性需要和社会性需要。自然性需要是任何动物所共有的，是一个人生而具有的，反映了人对延续和发展自己生命所必需的客观条件的需求。“饮食男女，人之大欲存焉。”生物性和自然性的需要虽为人和动物所共有，但人的自然需要和动物的自然需要在需要的对象和满足的方式上有着本质的区别。主要表现在人的自然性需要不仅受着人的生物需求所制约，同时也受社会生产、社会生活条件所制约。这就在自然性需要的基础上形成了人类所特有的社会性需要，如对知识、文艺、道德、实现理想的需要等等。这些需要是在维持人们的社会生活、进行社会生产和社会交际过程中形成的。不同的历史时期，不同的文化条件、政治制度、阶级和民族，以及不同的风俗习惯，使得人们的社会性需要也有很大的不同。

2. 物质需要和精神需要

按照需要的对象的不同，可以把需要分为物质需要和精神需要。在物质需要中，既反映着人们对自然界产品的需要，也反映着人们对社会文化用品的需要，因此在物质需要中既包括天然需要，也包括社会性需要。随着社会生产的不断发展，人们对物质文化用品的需求日益扩展。精神需要是人对其智力、道德、审美等方面发展条件需求的反映，这是属于对观念对象的需要。人类最早形成精神需要是对于劳动和交际方面的需要。另外，学习和参加社会活动的需要，在精神需要中占重要地位。随着社会生产的日益发展，新的精神需要也不断地产生。为了更为有效地调动员工的生产积极性，在管理工作中，管理者应当了解员工的需要，并对这些需要进行具体的分析，然后有针对性地设置目标，尽力把组织的目标与个人合理的需要有机地结合起来，促使员工自觉地把社会的需要、组织的需要转化为个人的需要。这样才能有效地发掘人的内部潜力。

二、动机

动机（Motivation）是指推动个体活动已达到一定目的的内在动力和主观原因，是个体活动的引发和维持的心理状态。个人的一切活动都是由一定动机所引发的，并指向一定的目的。动机指引活动去满足一定需要的意图、愿望、信念等。这种意图、愿望、信念等取决于目标能否以及在多大程度上满足人的需要。动机的概念包含以下意义：

（1）动机是个人行为的动力、原因。

（2）动机为个人行为提出目标。

（3）动机为个人行为提供力量以达到体内平衡。

（4）人的动机是由需要、外在条件和对它们之间关系的认识所决定的，因而动机使人明确其行为的意义。

（5）动机对人的活动起着发动、调节、维持和终止的作用。

动机影响着活动的性质和水平。有时人们在进行着同样的工作并追求着同样的目的，但由于动机的差异，其行为的社会价值和完成活动的方法会产生很大差异。但是，需要和动机的概念是有区别的。需要是人的积极性的基础和根源，动机是推动人们活动的直接原因。当人的需要具有某种特定的目标时，需要才转化为动机。同时，还必须把动机和目的这两个概念区别开来。目的是人的活动所要达到的结果，动机则是推动人的活动去达到目的的心理活动。有时，人们的目的相同，但是推动他们达到目的的动机可能很不相同。

动机的表现形式也是多种多样的，它可以表现为感觉、兴趣、意图、信念、理想等各种形式。此外，人的行动往往不是由一种动机推动的。在多数情况下，推动人们活动的是几种动机的综合。这种动机的综合被称为“动机模式”或“动机系统”，但在这种动机模式或动机系统中必然有占主导地位的动机。研究人的主导动机，对于预测和引导人的活动有非常重要的意义。

需要、动机和行动的关系是怎样的呢？一般来说，当人产生某种需要而又未得到满足时，会产生一种不安和紧张的心理状态。在遇到能够满足需要的目标时，这种紧张的心理状态就转化为动机，推动人们去进行某种活动。当人达到目标时，紧张的心理状态就会消除，需要得到满足。这时，人又会产生新的需要，这是一个不断循环往复的过程，使人不断地向新的目标前进。

三、动机与工作效率

研究表明，动机是影响个体工作效率的一个重要因素。人们通常以“工作绩效 = 能力 × 动机”来表示。能力水平和动机强度是个体从事任何工作缺一不可的因素，两者比较而言，动机强度在某种意义上更为重要，对那些难度不大的活动尤其如此。

动机对工作效率的影响表现在动机的强度上，即人们通常关注的努力程度。一个人的努力程度可以从他的工作绩效中表现出来。动机强度在一定水平下，随着动机的增强，工作的效率也随之提高；当动机强度超过一定水平时，工作效率反而降低。动机激发事实上就是一个通过满足员工的需要而使其努力工作，从而更为有效地实现组织目标的过程。

四、激励

（一）激励的概念

所谓激励，就是激发人的动机，调动人的工作积极性的过程。需要、动机、激励等是管理中的重要概念。“激励”一词在心理学上通常是指能够指引个体产生明确的目标，指向行为的内在驱动力。将之用于管理，通常是指有关探讨如何调动员工的积极性的问题。激发人的动机的心理过程，通常可以描述为：需要引起动机，动机产生行为，行为又会指向一定目标的需要。人类的行为都是在某种动机的驱使下，为了达到某个目标的有目的的活动。在当今不断变革的时代，员工会带着各种各样的需求和期望去工作，员工的激励问题面临着前所未有的挑战，有学者研究显示：只有 37% 的员工认为他们的老板懂得如何激发员工的积极性。①

心理学研究表明，人类的意志行动往往发端于人的某种需要以及由此引发的内在驱动力，即动机。具体来说，人受到刺激时产生了需要，当需要未得到满足时，会使个体处于紧张状态，由此产生寻求目标以满足需要的驱动力，进而激发了动机。因此，有关激励问题的探究也往往从需要入手，这是符合心理规律的有效途径。

（二）激励理论的分类

1. 内容型激励理论

内容型激励理论是从人的需要出发对激励问题进行研究的理论。内容型激励理论将人的需要作为激励的基本内容和主要研究对象，揭示构成激励内容的需要和各自的作用，以及各种需要间的顺序等问题。内容型激励理论主要包括马斯洛的需要层次理论、赫兹伯格的双因素理论、麦克利兰的成就需要理论以及奥德费的 ERG 理论。

2. 过程型激励理论

过程型激励理论是从需要未满足这一过程出发对激励问题进行研究的理论。过程型激励理论主要包括弗罗姆的期望理论、洛克的目标理论以及斯金纳的强化理论。

3. 状态型激励理论

状态型激励理论是从行为后果的状态出发对激励问题进行研究的理论。状态型激励理论揭示了需要的满足状态（即公平与不公平）与满足状态的后果（挫折）对人的行为的影响，提出如何消除或减少不公平与挫折的消极影响的措施。状态型激励理论主要包括亚当斯的公平理论和多拉德的挫折理论。

第二节 内容型激励理论

在了解了需要和动机的基本概念以后，我们要进一步研究如何根据人的需要，激发人的动机的各种理论。这些理论被称为激励理论。

一、马斯洛的需要层次理论（Maslow’s Needs Hierarchy Theory）

（一）需要层次理论的基本内容

美国心理学家亚伯拉罕·马斯洛在 1943 年提出了“需要层次理论”。这一理论多年以来流行甚广，马斯洛与其他众多心理学家一样试图列举出一个适用于所有人的“普遍需要”的清单，来揭示需要规律的主要理论。在研究中，马斯洛发现：在不同时期不同

① Steven L. McShane & Mary Ann Von Glinow. Organizational Behavior. New York: McGraw-Hill, 2000.

需要在影响着人们，但有些需要对于所有人来说都是更为基本的。除非这些基本需要——又称“较低层次需要”——得到了满足（至少其他需要能接替它们的程度），否则“较高层次需要”就不能也不会激发起人的行动。

马斯洛需要层次论把人类多种多样的需要，归纳为五大类，并按照它们发生的先后次序分为五个等级。

1. 生理需要

按照马斯洛的需要层次理论，人类对于身体舒适的需要是最基本的一种需要。正如我们寒冬时戴上手套，运动结束时补充水分和食物，或走出室外呼吸一下新鲜空气，等等，我们就是在设法满足这些生存或生理需要。这是人类最原始的基本需要，包括饥、渴、性和其他生理机能的需要。这些需要如不能得到满足，人类的生存就成了问题。从这个意义上说，它是推动人们行动的最强大的动力。正如马斯洛本人所解释：“……如果这些基本需要未能得到满足，我们是很难对其他需要产生注意的。一个人所有的需要都不能得到满足，这个人就会被生理需要所支配，而其他需要都要退到隐蔽的地位。对于一个处于极端饥饿状态的人来说，除了食物，没有别的兴趣，在这种极端情况下，写诗的愿望，获得一辆汽车的愿望，对美国历史的兴趣，对一双新鞋的需要，则统统被忘记或退到第二位，这个人做梦也会梦见食物，看见的只是食物，渴望的只是食物，充饥成为独一无二的目标。”

2. 安全需要

当一个人的生理需要得到满足后，就想满足安全的需要。安全需要包括摆脱对实际危险的恐惧、对自我保存的需要和对未来的担忧等；要求摆脱失业的威胁；要求在将来年老或生病时有些保障；要求避免职业病的侵袭；希望解除严酷监督的威胁；等等。马斯洛认为整个有机体是一个追求安全的机制，人的感受器、效应器、智能和其他能量主要是寻求安全的工具，可以把科学和人生观总的看成是安全需要的动机的一部分。在美国工业社会早期，很多工人都害怕在工作中受伤乃至死亡，这些担心促成了工会组织和其他压力小组的诞生。当他们最紧急的生理需要得到处理后，人们就转向了自我保护的需要以及对未来的考虑。对于安全需要，人们有各种不同的反应。我们可能会离开一个在我们看来太危险的工作，还会特别注意遵守安全规则以减少事故和工伤的可能性，甚至会把工资留一部分存起来以应付将来没有收入的情况或做其他事情。这都反映出我们对自我保护和对未来的关心。当我们觉得足够安全时，更高层次的需要就成为首要的推动因素。

3. 社交需要

当上述两种需要都得到满足时，人会产生社会交往的需要。人是社会动物，我们有归属的需要即被别人接纳。马斯洛的社交需要包含有两方面内容。一是爱的需要，即人都希望伙伴之间、同事之间的关系融洽或保持友谊和忠诚，希望得到爱情，人人都希望爱别人，也渴望接受别人的爱。二是归属的需要，即人有一种归属感，都有一种要求归属于一个集团或群体的感情，希望成为其中的一员并得到相互关心和照顾。

社交需要和其他需要一样，也因人而异。有些人喜欢独处，但绝大多数人都希望与他人建立有意义的关系。

4. 尊重需要

人们“对于得到他人认可”和“拥有清晰的自我形象”有着不同程度的需要。我们都希望被别人拍拍肩膀，被告知“你的努力得到了大家的承认，你被公认为是一个有价值的人”。组织的奖励常常可以满足这类尊重需要。甚至是一些更含蓄的奖赏也能向员工传达这种认可和价值感，如给予某人一间私人办公室，在其办公室里铺设地毯或给他/她安排一个更好的位置等。尊重需要如果得不到满足，就会引起员工的不满。人希望自己有稳定的地位，有对名利的欲望，要求个人能力、成就得到社会的承认等。

5. 自我实现的需要

自我实现的需要作为人们的最高层次的需要，它是指实现个人的理想、抱负，充分发挥个人能力的需要。根据马斯洛的理论，前四种层次的需要已经得到了相当的满足的人会把精力集中在自我实现上，其结果通常是事业的极大发展和成功。换句话说，人必须干称职的工作，是什么样的角色就应该干什么样的事，音乐家必须演奏音乐，画家必须绘画，诗人必须写诗，这样才会使他们得到最大的满足。马斯洛还指出，为满足自我实现的需要采取的途径是因人而异的。有人希望成为一位理想的母亲，有人可以表现在体育上，还有人表现在绘画或发明创造上，虽然具有创造能力的人将采取发明创造的形式，但这不一定是一种创造性的冲动。寻求满足自我实现需要的员工会对自己的工作尽职尽责。对于这样的员工，管理者激励他们的最好方式就是提供一个独立自主的工作环境来表示支持。

马斯洛认为，人在很多情况下，存在多种需要，其中最为渴望得以满足的需要是优势需要，它对人的行为起决定性的作用。上述五种需要是按次序逐级上升的。当下一级需要获得基本满足以后，追求上一级的需要就成了行为的驱动力。

马斯洛把五种基本需要分为高、低两级，其中生理需要、安全需要、社交需要属于低级的需要，这些需要通过外部条件使人得到满足，如借助于工资收入满足生理需要，借助于法律制度满足安全需要等。尊重需要、自我实现的需要是高级的需要，它是从内部使人得到满足的，而且一个人对尊重和自我实现的需要，是永远不会感到完全满足的。因此，通过满足职工的高级需要来调动其生产积极性，具有更稳定、更持久的作用。

（二）对需要层次理论的评价

马斯洛把人的需要分为五个层次。对层次作这样的排列是否符合客观实际，是否反映了人类心理活动的规律，这个问题在国外存在争论，在我国也有着不同的看法。

第一，马斯洛提出人的需要有一个从低级向高级发展的过程。这一过程的一般趋势在某种程度上是符合于人类需要发展的一般规律的。

第二，马斯洛的需要层次论提出了在每一时期，都有一种占主导地位的优势需要，而其他需要则处于从属的地位。要使对人的管理工作收到成效，不仅要了解职工的一般需要，而且要特别了解和掌握职工在某一时期的主导需要。

第三，马斯洛的需要层次论对于人类需要的分类比较细致。心理学家曾对人的需要作过不同的分类。如美国心理学家奥德费提出 ERG 理论，把人的需要分为“存在需要”、“关系需要”和“成长需要”三大类；麦克利兰则提出把人的需要分为“成就需要”、“合群需要”和“权力需要”三大类；等等。与这些需要分类相比，马斯洛对需要的分类比较全面、细致。

马斯洛的需要层次论的核心是要使人人都成为自我实现的人，而这种自我实现完全是一个自然成熟的过程，社会的影响往往束缚了人的自我实现。这样就完全否定了人的社会存在对人的成长有决定性影响。同时这一理论又把这种需要层次看成是固定的程序，看成是一种机械的上升运动，忽视了人的主观能动性，忽视了通过思想教育在一定条件下改变人们需要主次关系的可能性。马斯洛的需要层次说只强调了一个人在各种需要之间存在的纵向联系，却忽视了一个人在同一时间内往往存在多种需要，而这些需要又会互相矛盾，导致各种动机的冲突。

二、赫兹伯格的双因素理论

（一）双因素理论的基本内容

美国心理学家弗雷德里克·赫兹伯格（F. Herzberg）提出了激励的双因素理论（Motivator-hygiene Theory）。他的主要著作有：《工作的激励因素》（1959，与伯纳德·莫斯纳、巴巴拉·斯奈德曼合著）、《工作与人性》（1966）、《管理的选择：是更有效还是更有人性》（1976）。

赫兹伯格从 1 844 个案例的调查中发现，职工感到不满意的因素大多与工作环境或工作关系有关。这些因素的改善可以预防或消除职工的不满，但不能直接起到激励的作用，故称为“保健因素”（Hygiene Factor），即指只能防止疾病，不能医治疾病。属于保健因素的有公司政策与管理、监督、工作条件、人际关系、薪金、地位、工作安定等。另外，他又从 1 753 个案例的调查中发现，使职工感到满意的因素主要与工作内容或工作成果有关，这些因素的改善可以使职工获得满足感，产生强大而持久的激励作用，所以称为“激励因素”（Motivation Factor）。“激励因素”即是那些能满足个人自我实现需要的因素，包括：成就、赏识、挑战性的工作、增加的工作责任，以及成长和发展的机会。他认为传统的满意—不满意的观点（即满意的对立面是不满意）是不正确的，满意的对立面应该是没有满意，不满意的对立面应该是没有不满意。因此，赫茨伯格认为只有靠激励因素来调动职工的生产积极性，才能提高生产效率。

赫兹伯格在调查中还发现，激励因素和保健因素都有若干重叠现象，如赏识属于激励因素，基本上起积极作用；但当没有受到赏识时，又可能起消极作用，这时又表现为保健因素。工资是保健因素，但有时也能产生使职工满意的结果。

赫兹伯格的双因素理论同马斯洛的需要层次论有相似之处。他提出的保健因素相当于马斯洛提出的生理需要、安全需要、感情需要等较低层次的需要；激励因素则相当于受人尊敬的需要、自我实现的需要等较高层次的需要。当然，他们的具体分析和解释是不同的。但是，这两种理论都没有把“个人需要的满足”同“组织目标的达到”这两点联系起来。

（二）对双因素理论的评价

双因素理论的主要成就是在工作丰富化方面进行了开创性的研究。双因素理论促使企业管理人员注意工作内容方面因素的重要性，特别是它们同工作丰富化和工作满足感的关系。

1. 工作丰富化

工作丰富化是根据双因素论提出的一种新的劳动组织形式。这种劳动组织要让工人有机会参加工作的计划和设计，得到信息反馈，估价和修正自己的工作，使工人对工作本身产生兴趣，获得责任感和成就感。

工作丰富化作为一种激励因素可以增强员工的工作动力。一方面可以提供员工多方面、多层次的挑战；另一方面组织管理者也可以减轻自己的工作负担，有更多的时间考虑其他事情，也可以减少雇用的人数，降低企业的人力成本。具体包括工作内容的新增，以及更多责任的赋予等。

2. 工作扩大化

工作扩大化是一种与专业分工背道而驰的生产方式，它要让工人增加工作的种类，同时承担几项工作或者做周期更长的工作，以增加对工作的兴趣。这种工作方式在美国商业机器公司的埃迪考特工厂首先试行，证明能激发职工的情绪，提高工作积极性，降低生产成本。

工作扩大化与工作丰富化的区别在于，工作扩大化是扩大工作的水平负荷，即增加同类工作的数量，对工作技能水平的要求则大致相同。而工作丰富化是从纵向扩大工作范围，即扩大工作的垂直负荷，要求任职者完成更复杂的任务、负更大的责任、有更多的自主性，因而对他的能力和技能也提出了更高的要求。

3. 弹性工作时间

弹性工作时间是近年来国外为了便利职工、提高职工的工作情绪而实行的一种组织制度的变革。这种制度规定员工除一部分时间须按规定时间上班外，其余时间在一定范围内可以让职工自行安排。

赫兹伯格提出双因素论后，受到了许多非议。如有人认为人是非常复杂的，当他对工作感到满意时并不等于生产率提高，而不满意时并不等于生产率低，因为种种原因可以在不满意的条件下达到高效的生产率。而赫兹伯格在社会调查时仅仅以满意—不满意作为指标，又没有进一步证实满意感与生产率的关系。因而对双因素论的可信度提出质疑。还有人认为赫兹伯格所调查的对象都是会计师、工程师等专业人员，这些人仅仅是职工中的一个组成部分，且是较小的部分，他们无法代表广大工人，因而对双因素论的普遍性表示怀疑。还有人认为按一般心理状态，被调查的对象对满意的事往往归于自己、不满意的事则归于外部条件，因而对理论的可靠性提出了质疑。亚伯拉罕·科曼（Abrahan K. Korman）对赫兹伯格的理论也提出异议，认为这一研究的错误之处在于它假设大多数人都处在较高的需要层次上。这种批评也许是正确的，因为人们的确处于不同的需要层次上。除此之外，马斯洛的理论和赫兹伯格的学说可以说是相互支持的。激励因素与较高层次的需要相关；与此类似，可以导致情绪不满的因素，即赫兹伯格的保健因素与马斯洛的较低层次的需要相关。赫兹伯格认为，只要投合较高层次的需要，就可以形成激励；而通过满足较低层次的需要来鼓励员工的做法最多只是减少员工的不满。尽管有这种或那种意见，但20世纪60年代中期以来，双因素论还是越来越受到人们的关注。根据1973—1974年美国全国民意研究中心的调查，50%以上男工认为工作的首要条件是能提供成就感，把有意义的工作列为首位比把缩短工作时间列为首位的人要多7倍。

三、麦克利兰的习得性需求理论

（一）习得性需求理论的基本内容

马斯洛和赫兹伯格把人的多种需要划分为低级和高级，并强调高级需要的满足对现代人的激励性，提出了激励习得性需求理论（McClelland's Theory of Learned Needs）。美国心理学家麦克利兰（David C. McClelland）则把自己的注意力集中于人的高级需要上，并特别研究了成就需要的测定、培养和对行为的动机作用。麦克利兰认为人的行为方式的差异来自不同的动机，而不同的动机又来自不同的需要。在管理中理解激励很重要的三种需要是成就需要、社会交往需要和权力需要。

成就需要 Need for Achievement（nAch）——超越别人，努力获取成功的需要。

社交需要 Need for Affiliation（nAff）——建立友好、亲密的人际关系的需要。

权力需要 Need for Power（nPow）——施加影响，让别人按照自己希望的方式行事的需要。

在不同的个体中，三种需要存在着差异，并成为一种个性特征，例如，有些人有很高的成就需要，另一些人则有强烈的权力需要，还有人更渴望与他人的情谊。有不同需要的人对工作有不同的要求。

高成就需要者——他们有获得成功的强烈动机，有决心做好每一件难度很大的工作。他们这么做并不是要争取地位或报酬，而仅仅是想做好这件事情，但当名利能表示事业成功时，他们也会去追求。高成就需要者喜欢接受困难的挑战，能够承担成功或失败的个人责任，而不会将工作结果归于运气或是他人行为。高成就需要者喜欢设置要他们经过一定努力才能实现的目标。当成功和失败的可能性几乎相等时，是高成就需要者获得成功感和满意感的最佳时机；不喜欢靠运气获得成功，偶然的成功不能使他们得到成就满足感，而成功概率过高的工作也引不起他们的兴趣，因为那种工作对他们的能力缺乏挑战性；高成就需要者在工作中需要及时获得对自己绩效的反馈，以便判断自己是否有成功或尚须改进的地方。

高成就需要者通常喜欢的是能体现他们特点的工作，如能为解决问题承担责任的工作；能及时反馈自己业绩的工作；有适度冒险性的工作等。

高权力需要者一般寻求领导者的地位，他们常常表现出健谈、坚强、直率、头脑冷静和好争辩的特点。高权力需要者喜欢承担责任，喜欢竞争性的工作和处于被重视的环境中。与喜欢工作绩效的高成就需要者相比，他们更关心个人在群体中的威望和对他人的影响力。

高社会交往需要者是有高度社会交往需要的人，通常有强烈的归属感和被他人喜欢的愿望，他们从友爱、情谊、合作中得到欢乐和满足。他们喜欢保持一种融洽的人际关系，随时会向危难中的伙伴伸出援助之手。具有高社会交往需要的人寻求友爱，愿以私人情谊选择交往对象，而不是以工作关系作为选择标准，喜欢合作性而非竞争性的工作环境，渴望在工作场所中有高度相互理解的关系。

在成就需要和工作绩效的关系上有研究认为，当其他条件基本相当的时候，高成就动机的人比低成就动机的人有更高的工作绩效。高成就需要者在创造性、独立性的活动中更容易获得成功。有调查资料表明，成功的经理是那些有高成就需要和高权力需要的人。在美国，最优秀的管理者有较高的权力需要和较低的社会交往需要。许多研究者声言，总的激励水平高、有想代表组织利益干事的倾向以及具有使自己变得“善于应付人际关系”和影响别人的需要，与能否在管理工作中取得成功有密切关系。

对成就需要的研究在麦克利兰的理论中占有突出的位置。他认为具有成就需要的人对国家和企业均有重要作用，一个公司拥有这样的人越多，它的发展就越快，获利就越多；一个国家拥有这样的人越多，就越会兴旺发达。为此，麦克利兰专门研究设计了培训管理人员高成就动机的方法，并在印度实践了自己的训练计划。

（二）对成就需要理论的评价

成就需要理论从同一层面揭示三类需要，更为有效地分析了相同条件下不同类型的需要对行为方式的影响。其激励意义在于把成就需要看作是成功的、有高度积极性的工作者的个性特征之一。成就需要激励着他们出色地完成自己所承担的每一项任务，雇用他们的组织似乎不必再施加激励因素，因为已经有了现成的激励因素。但是这些组织必须提供能使成就需要得以满足的工作条件。如果成就需要不能得到满足，这些人就会不愉快、不满意和没有工作效率。该理论对管理实践的意义是如果工作需要高成就需要者完成，管理者可以选拔这一类型的人，也可以通过培训来开发员工的成就动机。同时，成就需要理论重视教育对于需要的培养的作用。

但也有人对麦克利兰“坚信的人的需要和动机是后天形成的，是可以改变、可以培养的”这一观点提出质疑。认为人的动机、需求是很难定向塑造的。对于成就需要与工作绩效的正相关也提出质疑，认为由于传统角色期待的潜在影响，在某些组织中，只有男员工才会出现高成就需要与高工作绩效的关系，而女员工的高成就需要并不会导致工作绩效的提高。

四、奥德费的 ERG 理论

（一）ERG 理论的基本内容

ERG 理论是奥德费（C. P. Alderfer）于 1969 年提出的一种与马斯洛需求层次理论密切相关但又有些不同的理论。奥德费把马斯洛的五个需要层次进一步概括为三个层次，即由低到高的生存需要、相互关系需要和成长需要，该理论的名称也由此而来。

（1）生存需要（Existence）——通过食物、空气、水、工资报酬和工作条件获得满足的需要。实际上相当于马斯洛需求层次理论中的生理需求和安全需求。

（2）相互关系需要（Relatedness）——通过工作中的或工作以外与其他人的接触和交往得到满足。相当于马斯洛需求层次理论中的感情上的需求和一部分尊重需求。

（3）成长需要（Growth）——通过发展个人的潜力和才能而得到满足的需要。相当于马斯洛需求层次理论中的自我实现的需求和尊重的需求。

（二）对ERG 理论的评价

奥德费的 ERG 理论在需求的分类上并不比马斯洛的理论更完善，对需求的解释也并未超出马斯洛需求理论的范围。但是，如果认为马斯洛的需求层次理论是带有普遍意义的一般规律，那么，ERG 理论则偏重于带有特殊性的个体差异，这表现在 ERG 理论对不同需求之间联系的限制较少。与需要层次论相比，在 ERG 理论中，各需要层次间并无严格的界限。此外，ERG 理论还对各层次需要之间的内在联系进行了较有说服力的阐述。

ERG 理论认为，各种需求可以同时具有激励作用，三种需求之间没有明显的界限，它们是一个连续体而不是层次等级关系。ERG 理论并不强调需求层次的顺序，认为某种需求在一定时间内对行为起作用，而当这种需求得到满足后，可能去追求更高层次的需求，也可能没有这种上升趋势。人类需求可以越级上升。

奥德费经过大量调查证明，在同一时期内，人可以接受一种或多种需求，也可以接受一级或多级需求，这些需求可以是出自本能的，但多数是后天形成的，是经过学习而获得的。

ERG 理论认为，当较高层次需求不能得到满足的时候，对满足较低层次需求的欲望就会加强，这就是奥德费提出的“挫折—退化”理论。马斯洛认为，某一层次的需要未被满足时，一个人会停留在这一层次上，直到获得满足。奥德费却认为，当一个人较高层次需要的满足受到挫折时，个人的需要层次可能会后退到较低的层次中。例如，成长需要无法满足时，一个人可能会对工资、工作条件有更高的要求。

ERG 理论还认为，某种需求在得到基本满足后，其强烈程度不仅不会减弱，还可能会增强，这就与马斯洛的观点不一致了。

第三节　过程型激励理论

一、弗罗姆的期望理论

（一）期望理论的基本内容

美国心理学家弗罗姆（Victor H. Vroom）于 1964 年出版的《工作与激励》一书中提出了期望理论（Expectancy Theory of Motivation）。这一理论可以用下列公式来表示：

$$M = V \times E$$

其中：M——激励力量（Motivation），是直接推动或使人们采取某一行动的内驱力。这是指调动一个人的积极性，激发出人的潜力的强度。其数值变化范围在 0 至 1 之间。

V——目标效价（Valence），指达成目标后对于满足个人需要其价值的大小，它反映个人对某一成果或奖酬的重视与渴望程度。

E——期望值（Expectancy），这是指根据以往的经验进行的主观判断，达成目标并能导致某种结果的概率，是个人对某一行为导致特定成果的可能性或概率的估计与判断。

显然，只有当人们对某一行动成果的效价和期望值同时处于较高水平时，才有可能产生强大的激励力。

该公式说明，假如一个人把目标的价值看得越大，估计能实现的概率越高，那么激发的动机就越强烈，引发的内部力量也就越大。公式中的期望值是个人主观预期概率，并非实际概率或客观概率，也就是说期望值对行为导致结果（达到目标）可能性的大小的表示，是个人心目中感觉到的可能性，它取决于个人的主观判断。

为了使激发力量达到最佳值，弗罗姆提出了人的期望模式。弗罗姆认为，根据人的期望模式，为了有效地激发职工的生产动机，需要正确处理好以下三种关系。

1. 努力与成绩的关系

人总希望通过努力去达到预想的结果。如果他认为通过努力有能力去实现目标，即个体主观上认为实现目标的期望概率很高，就会有信心、有决心，从而激发出强大的力量。但如果他认为目标高不可攀或者是目标太低、唾手可得，就会缺乏干劲，失去内部的动力。努力与成绩的关系取决于个体对目标的期望概率。期望概率是个体对目标的一种主观估价，它既要受到认知、态度、信仰等个性倾向的影响，还要受到个人的社会地位、别人对他的期望等社会因素的影响，因此说，个体对某目标的期望概率是一个由主观条件和客观条件相互作用而决定的函数。

2. 成绩与奖励的关系

人总是期望在达到预期的成绩后能得到适当的合理的奖励。这个奖励是广义的概念，既包括奖金、提升、表扬，还包括看到自己工作的成效，得到同事信任，提高个人威望等。如果只要求职工作贡献，而没有行之有效的物质或精神奖励进行强化，时间一长，人们被激发起来的内部动力会逐渐消退。

3. 奖励与满足个人需要的关系

人总希望奖励能满足个人的需要，如生理需要、尊重需要、自我实现需要等。由于人与人之间在年龄、性别、资历、社会地位、经济条件等方面存在着差别，反映在需要上也有明显的个别差异。因此对同一种奖励，不同的人所体验到的效价不同，它所具有的吸引力也不同。

为了提高奖励的效价，使它对职工具有强大的吸引力，弗罗姆认为要根据人们的需要，采取多种形式的奖励，才能最大限度地挖掘人的潜力，提高生产效率。

（二）对期望理论的评价

对期望理论的应用主要体现在激励方面，这启示管理者不要泛泛地采用一般的激励措施，而应当采用多数组织成员认为效价最大的激励措施，而且在设置某一激励目标时应尽可能加大其效价的综合值，加大组织期望行为与非期望行为之间的效价差值。在激励过程中，还要适当控制期望概率和实际概率，加强期望心理的疏导。期望概率过大，容易产生挫折，期望概率过小，又会减少激励力量；而实际概率应使大多数人受益，最好实际概率大于平均的个人期望概率，并与效价相适应。

期望理论对组织管理具有一定的启迪作用，它明确地提出员工的激励水平与组织设置的目标效价和可实现的概率有关，这对组织采取措施调动职工的积极性具有现实的意义。首先，组织应重视生产目标的结果和奖酬对职工的激励作用，既充分考虑设置目标的合理性，增强大多数员工对实现目标的信心，又设立适当的奖金定额，使目标对员工有真正的吸引力。其次，组织要重视目标效价与个人需要的联系，将满足低层次需要（如发奖金、提高福利待遇等）与满足高层次需要（如加强工作的挑战性、给予某些称号等）结合运用；同时，要通过宣传教育引导员工认识生产与其切身利益的一致性，提高员工对生产目标及其奖酬效价的认识水平。最后，组织应通过各种方式为员工提高个人能力创造条件，以增加员工对目标的期望值。

许多评论家认为期望理论的局限主要在于它只是一种理想的模式，这种理论只有在个体清楚地意识到“个人努力—个人成绩—组织奖励—个人需要”这一系列关系的前提下，才能激发一个人内部的潜力，预测一个人可能发生的行为。但在实际工作中，人们做每一件事之前，往往无法清楚地意识到“个人努力—个人成绩—组织奖励—个人需要”之间的一系列关系，更何况组织给予个人的奖励，并非确切地按照个人的工作成绩以及努力的程度，而习惯地按照一个人的资历、学历、技能水准、工作难度等许多因素进行综合评价。因此，尽管期望理论在理论研究中很有价值，但实际应用却是有限的。

二、洛克的目标设置理论（Goal Setting）

目标（Goals）是指行为的目的或行为的指向物，是与一定的需要相联系的客观对象在主观上的超前反映。目标对于行为人来说，也可看作是外部刺激。与人的一定需要相联系的目标是引起行为的最直接动机，因而对人具有激励作用。如果目标的设置较为合适，会使人产生想实现该目标的成就需要，这样对人所产生的激励作用更强。洛克（E. A. Locke）的目标设置理论是依据“员工的自觉目标将影响他的工作行为”这一假设提出的。他认为目标本身就是一种强有力的激励，是完成工作的最直接的动机。那么，什么样的目标能成为员工的自觉目标？目标是不是在任何情况下都能激励员工提高工作绩效呢？

最初，洛克提出了如下三个基本观点，说明目标与工作绩效的关系：

（1）目标的具体性。即目标能够精确观察和测量的程度，明确而具体的目标比笼统的目标工作效果更好。

（2）目标的难易性。即目标实现的难易程度，有一定难度、需经过努力才能够达到的目标一旦被接受，会使员工的绩效水平更高。

（3）目标的可接受性。即目标被员工认可的程度，在目标行为中，如果能得到及时反馈，通常员工会做得更好。

目标设置理论的这三个观点，实际上是以目标已被员工所接受并已成为员工的自觉目标为前提的。那么，有哪些因素影响员工对目标的接受，影响实现目标行为的积极性呢？是否有了一个明确而具体的目标，并在目标行为中得到了反馈（来自组织的，或者来自员工内部的反馈），就一定会使员工受到激励并提高工作绩效呢？换言之，设置一个让员工接受并为之努力的目标还应考虑哪些因素呢？洛克和研究者们又进一步扩充了目标设置理论。

（1）员工参与设置自己的目标。参与的主要优势在于提高了目标的可接受性，因为人们对自己亲自参与做出的选择会有更大的积极性投入，参与会使一个很困难的目标更容易被接受，并提高采取行动的可能性。在这里应说明，并不是在任何情况下，参与设置的目标比指定的目标有更好的工作绩效，在有的情况下，上司指定目标时绩效更高（然而，对此观点还没有更多的论证）。

（2）员工的目标承诺。这是指个人接受目标后是否轻易降低目标或放弃目标。当目标是当众制定的、个人是自我控制型的、目标是自己参与设置而不是指定的时候，会有较高的目标承诺。

（3）员工的自我效能感。这是一个人在实现目标过程中对自己的信心和对工作的责任心。自我效能感不是目标难度或目标明确性所能替代的。在遇到困难的情况下，那些自我效能感低的人更容易降低努力或者干脆放弃目标，对消极反馈不满。

（4）员工的满足感。实现目标和取得工作绩效，不一定就使员工产生满足感。而是否有满足感，影响到员工能否更积极地实现下一个目标。目标设置理论认为，员工满足感的来源与实现目标后所获得的内酬与外酬直接相关，这就要求管理者在目标管理中必须充分重视奖惩兑现这个重要环节，否则将在很大程度上损害目标的效能。

实际上，自我效能感和满足感的概念把目标设置理论与期望理论联系起来了。

目标设置理论试图向管理者说明：

（1）在管理中，应把有一定难度的具体目标和员工的工作积极性结合起来，为员工设置一个适宜的工作目标。因为，在适当的情况下，目标可以带来更高的工作绩效。

（2）要使所设置的目标真正产生激励的作用，还应当考虑目标是否能为员工所接受。

（3）在员工为目标而努力工作的过程中，不仅反馈是重要的，而且需要提供相应的组织保证（创造有利于实现目标的条件，加强培训以提高员工自我效能感，建立奖惩制度等等）来支持员工实现目标。

总之，目标设置理论对目标与激励关系的新研究，有利于管理者重视目标所具有的动机作用，重视目标管理；目标设置理论关于设置合适目标的研究，为管理者提供了直接有效的激励方法和技术；目标设置理论为目标管理技术的应用提供了心理上的理论依据。但目标设置理论也有不足之处，如未考虑到公平性问题，在应用领域上受到了限制。

三、强化理论

（一）强化理论的基本内容

前面的激励理论多以认知心理学理论去研究人的需要、态度和对工作的认识，而强化理论则以新行为主义心理学的观点，不关心人的内部认知活动，着重研究个体外在的行为表现。它假设对行为结果的肯定或否定可以强化行为本身。

强化（Reinforcement）概念最早是俄国生理学家巴甫洛夫进行条件反射实验时提出的，几乎是同时，桑代克（E. L. Thorndike）发现了对人和动物的学习起决定作用的“效果率”，即在机体自动发出的许多行为中，凡是导致满意后果的行为便保存下来，而带来烦恼后果的行为则被淘汰。美国心理学家斯金纳（B. F. Skinner）在巴甫洛夫强化概念和桑代克的效果率的基础上，进一步发展了强化学说。认为控制行为的因素是外部强化物，行为结果之后如果能有一个强化物对此加以肯定，这种行为的重复频率就会增加。斯金纳认为，只要我们安排好一种被称为强化的特殊形式的后果，我们的技术就会容许我们几乎随意地塑造一个有机体的行为。斯金纳区分了两种强化类型：正强化（Positive Reinforcement，又称积极强化）和负强化（Negative Reinforcement，又称消极强化）。当在环境中增加某种刺激，有机体反应概率增加，这种刺激就是正强化。例如，当饥饿的白鼠按动开关时给予食物，食物便是正强化物。当某种刺激在有机体环境中消失时，反应概率增加，这种刺激便是负强化，是有机体力图避开的那种刺激。例如，当处于电击状态下的白鼠按动开关时停止电击，停止电击就是负强化。

由于强化理论并没有研究引发行为的因素是什么，严格来说它并不是动机理论。但是它却是对行为控制进行分析的有效工具，而在管理中完全可以通过控制强化物来控制工作行为。因此，它常常被应用于在激励过程中对工作行为的培养、矫正、改造等方面。

一般有四种强化的策略在管理中被运用：

（1）奖励。亦即正强化，用认可、赞赏、加薪、奖金、晋升，或者创造令员工满意的工作环境这些令人喜爱和满足的刺激，以增强员工的良好行为。

（2）回避。亦即预先告知某种不符合要求的行为或不良绩效可能引起的令人讨厌的后果，使员工按要求行事，或者为了回避令人不愉快的后果而避免不符合要求的行为发生。

（3）消退。亦即不予强化，对员工的某种行为不作反馈表示对此行为的轻视，而逐渐使这种行为消失。

（4）惩罚。亦即施加威胁性和令人生厌的刺激，以消除员工的某些行为。例如，批评、罚款、降薪降职、开除等手段的运用，就是对某些不符合要求的行为的否定并使这种行为不再发生。

（二）对强化理论的评价

强化理论有助于我们深刻理解人是如何学习和获得各种行为、习惯的。但同时不能忽略的是，强化理论过分依赖外在的强化物来控制人的行为，而无视人的情感、态度、愿望和已有的经验等心理变量对人的行为所产生的影响。强化的确是塑造行为的重要因素，但极少有学者认为它是惟一的因素。因此管理者在运用奖励或惩罚等强化方式时必须注意，强化本身并不是目的。

第四节　状态型激励理论

一、亚当斯的公平理论

（一）公平理论的基本内容

美国心理学家斯达西·亚当斯（J. Stacey Adams）于 1967 年提出公平理论（Equity Theory）。该理论侧重研究工资报酬分配的合理性、公平性对员工生产积极性的影响。公平理论指出，员工的工作动机，不仅受其所得的绝对报酬（自己实际收入的数量）的影响，而且受到相对报酬（自己实际收入与他人的实际收入的数量）的影响。即一个人不仅关心自己收入的绝对值（自己的实际收入），而且也关心自己收入的相对值（自己收入与他人收入的比例）。每个人都会不自觉地把自己付出的劳动和所得的报酬与他人付出的劳动和得到的报酬进行社会比较，也会把自己现在付出的劳动和所得报酬与自己过去的劳动和所得的报酬进行个人历史的比较。如果当他发现自己的收支比例与他人的收支比例相等，或者现在的收支比例与过去的收支比例相等时，便认为是应该的、正常的，因而心情舒畅、努力工作。但如果当他发现自己的收支比例与他人不相等，或现在的收支比例与过去不相等时，就会产生不公平感，就会有满腔怨气。

要消除或减轻这种不公平感，人们可能会采取下列五种措施中的一个或几个：

（1）曲解自己或他人的付出或所得；

（2）采取某种行为使得他人的付出或所得发生改变；

（3）采取某种行为改变自己的付出或所得；

（4）选择另外一个参照对象进行比较；

（5）辞去他们的工作。

心理学的研究表明，不公平感的产生绝大多数都是由于经过比较后认为自己的报酬过低而产生的；但在少数情况下也发现，如果一个人经过比较，认为自己的报酬过高，也会产生不公平感。

（二）公平理论对报酬分配的四点建议

（1）按时间付酬时，收入超过应得报酬的员工的生产率水平，将高于收入公平的员工。按时间付酬能够使员工生产出高质量与高产量的产品。

（2）按产量付酬，将使员工为实现公平感而加倍努力，这将促使产品的质量或数量得到提高。然而，数量上的提高只能导致更高的不公平，因为每增加一个单位的产品导致了未来的付酬更多，因此，理想的努力方向是指向提高质量而不是数量。

（3）按时间付酬对于收入低于应得报酬的员工来说，将降低他们生产的数量或质量。他们的工作努力程度也将降低，而且相比收入公平的员工来说，他们将减少产出数量或降低产出质量。

（4）按产量付酬时，收入低于应得报酬的员工与收入公平的员工相比，他们的产量高而质量低。在计件付酬时，应对那些只讲产品数量而不管质量好坏的员工，不实施任何奖励，这种方式能够产生公平性。

二、多拉德的挫折理论

人们在生活和工作中，会遇到各种障碍，受到各种挫折。与其他激励理论不同的是，挫折理论研究的重点是探讨阻碍人们发挥积极性的各种因素，了解挫折产生的原因、挫折的表现以及如何应对等问题。

（一）挫折的定义及其产生的原因

1. 挫折的定义

挫折（Frustration）是指人们在从事有目的的活动时遇到障碍和干扰，需要得不到满足时产生的紧张状态或情绪反应。

2. 挫折产生的原因

引起挫折的原因多种多样，人们受挫折的程度也各不相同，但是总的来说，挫折不外乎由客观因素和主观因素造成。

由客观因素引起的挫折叫做环境起因的挫折（Environmental Frustration）。这是由于外界事物或情况阻碍人们达到目标而产生的挫折。其中包括非人力所能及的一切自然因素，如自然灾害、台风、地震、酷热、洪水、疾病、事故等；也包括社会环境因素，如社会生活方式、价值观念、评价体系、行为模式等方面的社会环境及所在组织的管理方式、文化等组织环境等。人们之间的关系紧张、工作岗位不能使人充分发挥才能、教育方法不当、管理方式不妥以及不良的物理环境（如噪音很大、照明条件很差）等等，都可能成为挫折的原因。

由主观因素引起的挫折叫个人起因的挫折（Personal Frustration）。包括个体与生俱来的身体、容貌、健康状况、生理缺陷等先天素质所带来的限制、生活环境的不适应或难以承受理想与现实之间的反差以及自我认知偏差、动机冲突等等。

所谓挫折的耐受力是指当遇到挫折后，经受挫折、摆脱困境并采取积极行动的能力。挫折的耐受力不同，人们对挫折感受的程度也会不同。有的人遇到挫折，毫不灰心丧气；有的人遇到挫折，可能会意志消沉。有的人能忍受来自工作上的严重挫折，却不能容忍自尊心受到伤害；有的人能忍受别人的侮辱，但面对环境的障碍却会焦虑不安，灰心沮丧。心理学的研究证明，人对挫折的容忍力受到人的生理条件、过去挫折的经验以及个人对挫折的主观判断的影响。身体强壮的人比体弱多病的人更能容忍挫折。生活中历尽艰辛的人比一帆风顺的人更能忍受挫折。此外，人们对挫折的情境有不同的判断，对同样的情境，一个人可能认为是严重的挫折，另一个人可能认为是无所谓的事情。

（二）挫折的表现

挫折行为表现的主要特征是攻击、退化、固执和妥协。这些表现往往以综合的形式出现，把它们分开，只是为了更清楚地进行分析。下面分别谈谈这些表现。

1. 攻击（Aggression）

美国耶鲁大学心理学家多拉德（Dollard）及其同事于1939年提出了“挫折—攻击”假说。这种假说最初认为，任何挫折必然导致攻击行为。以后他们根据研究结果对这种假说作了修改。他们得出结论说，攻击行为的产生依赖于四种因素：(1) 受挫折驱力（Drive）的强弱；(2) 受挫折驱力的范围；(3) 以前遭受挫折的频率；(4) 随着攻击反应而可能受到惩罚的程度。应当指出，“挫折—攻击”假说有很大的片面性。多数心理学家都指出，挫折与攻击之间没有必然的因果关系。攻击只是人们遇到挫折时的表现形式之一，而不是惟一的表现形式。攻击行为通常包括两种类型：直接攻击和转向攻击。

直接攻击是职工及行为直接指向阻碍人们达到目标的人或物，如对人嘲笑谩骂，甚至动手打人等。有时供给行为也可能转向其他的代替物如寻找“替罪羊”（Scapegoating）。美国的一项研究证明，父母不和的家庭中打骂孩子的情况要比夫妻关系和谐的家庭中多2.5倍，而孩子在受到打骂后又把攻击的矛头指向学校和社会，这是产生少年犯罪现象的原因之一。

2. 倒退（Regression）

倒退是指人们在受到挫折时表现出的与自己年龄不相称的幼稚行为。

倒退的一种表现形式是受暗示性（Suggestibility）。受暗示性最经常的表现是人们受挫折后会盲目地相信别人、盲从地执行某个人的指示。在组织中，倒退现象表现为不能控制自己的情绪，盲目地追随某个领导人，缺乏责任心，无理取闹，毫无由来的担心，轻信谣言等。管理人员也会表现出倒退的迹象。有些管理人员在受到挫折后不愿承担责任，难于做出简单的决策，敏感性降低，不能区别合理的要求与不合理的要求，盲目服从于某个人或某个组织等等。

3. 病态的固执（Abnormal Fixation）

固执（Fixation）通常是指被迫重复某种无效的动作。尽管反复进行某种动作并无任何结果，但仍要继续这种动作。由于这种行为具有强制性的特点，它们往往不能被更适当的反应取代。针对大学生进行的实验表明，大学生在受到轻度挫折后学习新问题的能力大为降低。这是因为挫折的效应之一是使他们原有的行为凝固化，从而阻碍了习得性反应。

人们处于惊慌失措的状态下往往会发生固执行为。例如，发生火灾时，人们往往拼命推拉上锁的大门，越重复这种动作，越可能丧失逃避的时机，但人们往往还要继续这种动作。

4. 妥协（Compromise）

人们受到挫折时会产生心理或情绪的紧张状态。这种状态在心理学中称为“应激”（Stress）。人们长期处于过度应激状态会引起各种疾病，因此，需要采取妥协性的措施减轻应激状态。妥协性措施有下面几种表现形式：

（1）文饰作用（Rationalization）。人们在受到挫折后会想出各种理由原谅自己或者为自己的失败辩解。文饰作用起着自我安慰的作用。这非常类似于我们平常所说的“阿Q精神”。

（2）投射作用（Projection）。一个人把自己身上存在的不良品质强加于别人身上就是投射作用的表现。把自己的不良品质投射到别人身上，会减轻自己的内疚、不安和焦虑。投射作用是一种无意识的反应。

（3）替代作用（Replacement）。升华（Sublimation）是替代作用的一种主要表现形式。当一个人确立的目标与社会的要求相矛盾，或者受到条件的限制而无法达到时，他会设置另一个目标取代原来的目标，这就是替代作用。

（4）反向作用（Reaction Formation）。人们表现于外的行为或情感，与他们内心的感受完全相反，称之为反向作用。反向作用往往是为了掩盖内心憎恨、敌视的感情。

（5）表同作用（Identification）。表同作用是与投射作用完全相反的表现。投射作用是把自己不良品质强加到别人身上，而表同作用则是把别人具有的、使自己感到羡慕的品质加到自己身上。这往往表现为模仿别人的举止言行，以别人的姿态风度自居。如儿童在游戏中扮演成人的角色以及成年人模仿演员的穿着打扮等等。

（三）应付挫折的方法

采取什么方法应付挫折，如何减轻或消除人们的挫折感，是心理学研究的一项重要课题。

1. 正确对待挫折

人生遇到各种挫折是不可避免的。对于生活和工作中可能遇到的困难和失败应有充分的心理准备。对于生活和工作中的困难和失败作好充分准备的人，面对挫折时会冷静地分析失败的原因，及时总结经验教训，找出解决问题的办法。相反，对于困难和失败毫无准备的人，面对挫折时会惊慌失措，进而灰心丧气，失去继续前进的勇气和信心。

2. 改变情境

应付挫折的有效方法之一是改变引起挫折的情境。特别应注意心理环境的改变，在组织管理活动中主要表现在人际关系的调整、沟通的改善等方面。

3. 适当的精神发泄方法

这是一种心理治疗方法。这种方法是要创造一种情境，使受挫折者可以自由表达他们受压抑的情感。因为人们处于挫折情境时会以紧张的情绪反应代替理智行为，因此，只有使这种紧张的情绪发泄出来，才能恢复理智状态。

精神发泄可以采用各种形式。例如，可以给使自己受到挫折的人写信，发泄自己的不满，但信写好后不要寄出，否则会伤害别人。有时，一个人晚上写好信，第二天早晨就会心平气和。在“霍桑实验”中，采用个别谈话方式让工人发泄对工厂管理当局的不满和抱怨，研究人员只是洗耳恭听，详细记录，经过上万人次的谈话以后，霍桑厂的产量大幅度上升。这也可以说是精神发泄方法的结果。日本有一家电气公司，设立所谓情绪发泄控制室（Human Control Room），墙上挂着公司老板和蔼微笑的照片，室内放着橡皮做的人形靶，旁边架子上有各种棍子，有不满情绪的职工可以进去用棍子或拳头痛打人形靶，以发泄自己的气愤。

4. 对受挫折者的攻击行为要有容忍的态度

面对受挫折者的攻击行为不应采取针锋相对的反击措施。关键在于对受挫折者抱有容忍的态度。要把受挫折者看成是一个需要帮助的人，创造消除挫折的消极影响的环境和氛围。

案例分析

他们为什么要走？

赵经理是公司的人力资源部负责人，近一段时间他所看重的两位公司业务骨干要走，这使他很烦恼。主要原因是这两位员工认为他们现在所作的贡献远大于回报，而且事实的确如此。而公司则认为他们所取得的成绩是因为有公司作后盾，离了公司他们不会有此作为。相持之下两人一气而走。

讨论：请用激励中的公平理论分析此案例。

本章小结

在管理中，研究需要和动机的规律，预测人的行为进而引导人的行为是管理心理学研究的一个重要课题。特别是有关激励理论的研究对于进一步激发员工的工作积极性起到了非常重要的指导作用。本章首先解释了需要、动机与激励的概念，进而介绍了几种重要的激励理论包括：内容型激励理论、过程型激励理论以及状态型激励理论并对诸多理论的成就或贡献及其局限性作了讨论和分析。

重要概念

需要　动机　激励　需要层次说　双因素理论　成就动机理论　ERG 理论　期望理论　目标设置　强化　公平理论　挫折

同步测练与参考答案

一、判断题

1. 成就需要强的人会不懈地努力克服困难，追求更佳的工作业绩。
2. 成就需要强的人喜欢难度适中的工作。
3. “激励—保健”理论是由赫兹伯格提出的。
4. 杰出的经理们往往都有较高的权力欲望。
5. 需要较强烈的人往往在组织中充当被管理的角色。
6. 马斯洛在他的需要层次理论中强调，人的行为是由优势需要决定的。

7. 物质需要与精神需要两类需要是按照需要的对象划分的。
8. 所谓激励就是激发人的动机，调动人的工作积极性的过程。
9. 期望理论属于过程型激励理论。
10. 公平理论属于过程型激励理论。

二、选择题

1. 内容型激励理论是从激励过程的起点，即人的（　　）出发对激励问题加以研究的理论。
   A. 本能　B. 生理　C. 情境　D. 需要
2. 行为塑造的方法主要有（　　）。
   A. 奖励　B. 回避　C. 惩罚　D. 消退
3. 按照需要的起源划分，人的需要可以分为天然性需要与（　　）两大类。
   A. 生理性需要　B. 发展性需要　C. 社会性需要　D. 心理性需要
4. 美国心理学家赫兹伯格在他提出的双因素理论中，把良好的政策与管理、良好的上级监督、工资、人际关系、工作条件等因素归为（　　）。
   A. 情境因素　B. 保健因素　C. 激励因素　D. 工作因素
5. 弗罗姆在他的期望理论中强调，要调动、保持人的工作积极性，管理者必须正确处理好三类关系：努力与成绩关系、成绩与奖励的关系、奖励与（　　）的关系。
   A. 他人需要　B. 社会需要　C. 组织需要　D. 个人需要
6. 斯金纳在他提出的强化理论中强调，人类行为的发动、调节与控制只能依靠（　　）强化作用。
   A. 外部的　B. 内部的　C. 潜在的　D. 需要的
7. 目标理论认为对目标的合适程度可以从三个角度加以分析，即目标的具体性、目标的难易度和（　　）。
   A. 目标的可接受性　B. 目标的实践性　C. 目标的合理性　D. 目标的科学性
8. 麦克利兰的成就需要理论认为人的需要可以分为对成就的需要、对社交的需要和（　　）。
   A. 对发展的需要　B. 对享受的需要　C. 对精神的需要　D. 对权力的需要
9. 需要层次理论是由美国心理学家（　　）提出的。
   A. 马斯洛　B. 弗罗姆　C. 洛克　D. 斯金纳
10. 美国心理学家赫兹伯格在他提出的双因素理论中把影响员工满意感的因素分为保健因素与（　　）两大类。
    A. 情境因素　B. 激励因素　C. 群体因素　D. 领导因素

三、讨论题

1. 评价马斯洛的需要层次理论。

2. 分析比较马斯洛需要层次理论与双因素理论的差异。

3. 论述弗罗姆的期望理论。

4. 讨论挫折理论及个体差异。

参考答案

一、1. T　2. T　3. T　4. T　5. F　6. T　7. T　8. T　9. T　10. F

二、1. D　2. ABCD　3. C　4. B　5. D　6. A　7. A　8. D　9. A　10. B

三、略

第三编　群体心理

第七章

CHAPTER SEVEN

群体的一般问题

学习目标

群体是组织的重要组成部分，是社会分工与协作的产物。群体对于群体成员、其他的群体以及其他组织，都有着很重要的影响。群体心理是管理心理学的一个重要课题，了解各种群体对人们的心理、行为的不同影响，对于在组织管理工作中掌握人们的心理活动规律有着极为重要的意义。本章从群体心理的一般概念入手介绍有关群体的理论研究，包括群体的概念和特征，正式群体与非正式群体的概念、形成与功能，群体的规范，群体的压力与从众行为，群体的凝聚力，群体的士气等问题。

重点难点提示

- 群体的概念及特征
- 群体的分类
- 正式群体与非正式群体
- 群体的形成与功能
- 群体的规范与压力
- 群体的沟通与冲突

第一节　群体的一般概念

一、群体的定义

所谓群体就是两个人或两个人以上，为了达到共同的特定目标，彼此相互依存和相互作用的一个整体。一个群体不同于个体的简单集合，群体应是一个整体，群体建立在其成员的相互依存和相互作用的基础之上，并有特定的群体目标。

人们为什么要加入群体？由于大多数人同时属于多个群体，在现代社会，大多数的工作是一个人所无法完成的，必须依靠更多的人才能完成；还有一个众所周知的原因就是人是群居动物，人的社会动机使人聚集并组成群体。对个人而言，不同群体为其成员提供不同的利益，满足个人不同的需要。心理学从后者的角度对人为什么要加入群体进行了许多探索，总结了个人加入群体的最常见的几个原因：

（1）安全的需要。通过加入一个群体，个人会减少独处时的不安全感。个人加入到一个群体中之后，会感到自己更有力量，自我怀疑会减少，在威胁面前更有韧性。

（2）认同的需要。加入一个被别人认为是很重要的群体中，被这一群体所接纳和承认，个体能够获得满足感及群体的信任、支持和帮助。

（3）自尊的需要。群体能使其成员觉得自己活得很有价值。群体成员的分工合作在赋予每个成员一定的地位和任务的同时，还能够使群体成员自己感受到自己存在的价值。

（4）情感需要。群体可以满足个体相互交往的社交需要。人们会在群体成员的相互交往中获得满足。对于许多人来说，这种工作中的人际相互作用是他们满足情感需要的最基本途径。

（5）权利需要。权利需要是单个人所无法实现的。只有在群体活动中才能实现。

（6）实现目标的需要。有时，为了完成某一特定目标需要多个人的共同努力才有可能，需要凝聚众人的智慧和力量。在这种时候，主管人员就要依赖正式群体来完成目标。

二、群体的特征

群体介于组织与个体之间，通常应具备以下四个特征：（1）在心理上各成员之间相互依附，彼此意识到对方的存在；（2）在行为上各成员有共同的规范，彼此相互影响；（3）在整体上各成员具有群体意识；（4）在行动上各成员的心理与行为，以有共同的目标为宗旨。

三、群体的要素

社会心理学家霍曼斯（G. C. Homans）研究表明，任何群体都存在着相互联系的三要素。即：(1) 活动。活动是群体得以存在并持续存在下去的重要因素。(2) 作用。群体因活动使得成员间发生相互影响和相互作用，彼此交往，彼此沟通。(3) 感情。群体因活动使得成员与成员之间，成员与群体之间产生感情，反过来，这种感情又会对群体活动产生影响。

四、群体行为

群体行为是联系个体行为与组织行为的纽带。以组织目标为依据，与个体行为彼此产生影响。

群体行为的要素主要包括：

M：群体成员（包括成员的知识技能等）；

T：群体任务；

Q：群体结构；

L：群体领导者（包括领导者的知识技能及其他特征）；

E：群体环境；

F：参数。

由此可见，一个群体的行为，不但深受上述各种要素的性质和程度的影响，而且还受这些变量相互之间关系的影响。

第二节　群体的分类

群体可按不同的标准进行分类。

一、根据群体是否实际存在划分

从群体是否实际存在的角度可以把群体分为假设群体和实际群体。

(一) 假设群体

所谓假设群体是指实际上并不存在，只是为了研究和统计分析的需要划分出来的群体。假设群体又称统计群体。假设群体可以按照不同的特征（民族、年龄、性别、职业等）来划分。例如，有时为了某种统计分析的需要将组织中的工人按年龄划分为青年工人、中年工人和老年工人，此为按年龄划分的假设群体。由此可见，假设群体虽然客观上并不存在，但却是我们进行研究和分析问题的重要手段。

(二) 实际群体

实际群体是指实际存在的群体。这类群体的成员之间有着实际的直接或间接联系。下面介绍的各种群体均属于实际群体。

二、根据群体规模的大小划分

根据群体规模的大小可以把群体划分为大型群体和小型群体。社会心理学的角度（群体问题也是社会心理学的重点问题之一）对于大小的划分提出了一个标准，这就是群体的成员之间是否有直接的、面对面的接触和联系。

（一）大型群体

大型群体是指群体成员之间只是以间接的方式，通过群体的共同目标，通过各层组织机构等联结在一起的群体。由于大型群体成员之间的联系是间接的，故相对而言，大型群体中社会因素比心理因素有更大的影响。因此，一直以来有关大型群体的研究主要是社会心理学的任务。

对于大型群体还可以作进一步的分类，如阶级群体、阶层群体、社会职业群体、民族群体、区域群体以及在观看演出、电视的观众和收听广播的听众群体等。

（二）小型群体

小型群体是指群体成员有直接的、个人间的、面对面的接触和联系的群体。在小型群体中，由于人们之间有更多的直接接触，从而易于建立起情感上和心理上的联系。因此，在小型群体中，心理因素的作用相对来说要大于在大型群体中的作用。国外的社会心理学研究比较集中于小型群体问题，对于小型群体下了各种定义。

概括起来说，一般认为小群体应具有下述特点：（1）人数不多；（2）群体成员之间有直接的个人交往和接触；（3）群体的成员由共同的活动结合在一起；（4）群体的成员之间发生感情上的相互关系；（5）他们的行为受群体中形成的规范所调节。

三、根据个体的归属划分

根据个体的归属，可将群体划分为实属群体和参照群体。

（一）实属群体

实属群体是指个体实际所归属的群体。就组织中某一个体而言，他所在的科、室、班、组就属于此类群体。

（二）参照群体

参照群体（Reference Group）通常又称为标准群体或榜样群体。这种群体可以是现实存在的抑或是想象中的群体，其观点、准则以及目标、规范等会成为一种榜样，成为人们力求去达到的标准或目标，个体往往以此为参照来修正自己的行为以适合这些标准。“这种群体的标准、目标会成为个人的‘内在中心’”（G. H. Mead，米德）。

一个人也可以同时有两个或更多的参照群体。如果几个参照群体的目标、规范相互矛盾，往往会引起内心的冲突。应对这种内心的冲突加以引导，使先进群体的标准在人的心目中占优势，以使人的个性向正确的方向发展。有时一个人心目中的参照群体并不是现实中实际存在的群体，把想象中的群体作为自己的参照群体（如优秀的文艺作品或英雄人物形象等），作为自己的学习榜样，由于得不到必要的反馈，不能从想象的参照群体中得到对自己行为的评价，极易使人的个性片面发展。想象中的参照群体不能代替现实中存在的参照群体，人们只有以现实存在的群体的标准、规范作为调节自己行为的标准和规范，才能得到个性的正常发展。

参照群体的研究对组织管理活动有着非常重要的现实意义。树立先进典型也是管理工作的重要经验，但重要的是如何使先进典型成为全体员工或是多数员工的参照群体，特别是使得这些典型能够真正成为人们心目中努力学习的榜样是管理心理学需要进一步研究的重要课题。

四、正式群体与非正式群体

根据构成群体的原则、方式的不同可以将群体分为正式群体与非正式群体。梅约是最早提出非正式群体概念的学者。

（一）正式群体

正式群体是指由组织正式设立有明文规定的一种编制固定、责权明确的群体，群体的成员有规定的权利和义务，有明确的职责分工和上下级关系。此种群体是为了完成一定的任务、达到组织特殊目标而组成的，组织成员有着明确的分工，组织成员须自觉遵守组织的规章制度和行为规范，成员之间关系相对正式和稳定。

（二）非正式群体

非正式群体是指人们为了满足社交的需要，而在工作环境中自发形成的一种无名目，却实际存在的群体。非正式群体成员之间的相互关系带有明显的感情色彩，是以个人之间的好感、喜爱为基础，为了满足社会交往的需要在工作环境中自然形成的。

在正式群体中通常存在着非正式群体。两者之间并没有根本的利害冲突。问题在于管理者要善于协调非正式群体与正式群体的活动，引导非正式群体为达到正式群体的目标服务。但如果非正式群体具有反社会倾向，会对正式群体完成任务起破坏作用。

学者研究证明，非正式群体有以下五个方面的特征：

（1）规模小，并且一般不带政治色彩；

（2）群体以某种共同利益、观点和爱好为基础；

（3）群体内推选最有威信的人当首领；

（4）群体内有一套不成文的惩罚制度和手段及较强的自卫性和排外性；

（5）群体的成员之间有一条比较灵敏的信息传递渠道。

国际上流行的非正式群体分类主要有以下几种。

1. 塞利士的分类

美国管理学者塞利士（L. Sayles）根据非正式群体与组织是否保持良好的关系，将非正式群体分为：

（1）冷淡型。其成员有着共同的困扰，常表现出不满情绪，对组织的行为漠不关心。其成员大多知识层次不高，技术较差，收入微薄，凝聚力较差，通常没有领袖，虽不会对组织施加压力，但有时会大发牢骚。

（2）乖僻型。其成员行为前后不一，与管理者时而保持良好的合作关系，也可能表现出反叛行为。这种非正式群体有领袖，但较独断，其成员大多是半技术性人员。

（3）策略型。其成员大多从事须独立操作的判断性工作，对管理者往往会施加连续而持久的压力，易于达成他们所期望的目标。此种非正式群体具有较大的向心力，由群体中极具影响力的核心成员担任领导者。

（4）保守型。其成员大多知识渊博、技术高超，且多居于重要的学术岗位，具有极强的自信心和稳定性，一般不会向组织施加压力。有研究认为此种非正式群体通常很难应付。

2. 道尔顿的分类

管理学家道尔顿（M. Dalton）以非正式群体成员之间的关系为依据将非正式群体分为：

（1）垂直型，其成员具有上下级关系。可细分为共栖型与寄生型两种。所谓共栖型是指其成员具有较大的依赖性，领导尽量偏袒下属，并给予其方便和好处，以建立感情。此种群体成员之间的关系是“互惠”的。所谓寄生型是指其成员之间的关系为单方面的依赖关系。

（2）平行型，其成员的社会地位大体在同一层次。可细分为防卫型与进取型。所谓防卫型非正式群体是指其成员因面临共同的危机或威胁而走到一起的非正式群体。此种非正式群体的凝聚力随着共同的危机或威胁的严重程度而增强，并随着危机或威胁的减弱而降低，甚至解体。此种非正式群体的影响力会因组织压力及垂直型非正式群体的活动得以抑制。所谓进取型非正式群体是指其成员采取有效的积极行动，主要靠自己的才华、能力与团结精神等去努力打破不合理与不公平的特权现象，或者争取自己的合法权益。

（3）随意型，此种非正式群体通常没有明确的目标，并且不会对组织提出什么要求。为了满足友谊的需要而彼此排忧解难、亲密交往。

3. 里维斯的分类

心理学家里维斯（E. T. Reeves）以联系非正式群体成员的纽带为根据，将非正式群体分为：

（1）友谊型群体。其成员有着共同的兴趣和利益，有着感情上的联系和共鸣，主要为了满足人们交往和情谊的需要，是人一生中参与最早、联系最多的非正式群体。

（2）嗜好型群体。其成员有着共同的追求和嗜好。

（3）工作型群体。其成员因工作关系而走到一起，特指组织安排的工作之外的业余工作。

（4）自卫型群体。其成员因不满管理者生硬固执的工作态度而联合起来的群体，此种群体有时会阻挠组织目标的实现。

（5）互利型群体。其成员坚持互利互惠的原则，彼此互相提供便利。

4. 以非正式群体的性质为根据的分类

（1）积极型。这是一种亲组织型的非正式群体。因其目标与组织目标一致或大体一致，其活动对组织有促进作用。

（2）中间型。这是与组织若即若离的非正式群体。其活动与组织目标一致时，对组织起积极作用；但当其活动与组织目标相违背时，对组织起消极作用。

（3）消极型。这是与组织目标不一致的非正式群体。显然此种非正式群体因其目标与组织的总体目标存在差异，对组织起消极作用也就在所难免了。

（4）破坏型。这是一种非法的非正式群体，应依法治理。

五、群体的规模和结构

（一）群体的规模

群体规模能否影响群体的整体行为？回答是肯定的。一个小型群体的规模应该有多大，其成员的人数应有多少，这是社会心理学研究的主要课题。

这样的研究首先要确定小型群体人数的下限和上限。美国心理学家詹姆斯曾对符合于小型群体特征的 9 129 个群体进行了分析。他指出，在多数情况下，小型群体的人数为 2 ~ 7 人，并认为这是小型群体模型的最佳人数。由此可见，詹姆斯主张小型群体的下限应为 2 人。有学者认为，12 个人可能是成员可以同时对其他成员作出各种反应和进行相互交往的上限。事实表明，小型群体完成任务的速度比大型群体快。12 个人以上的大型群体更善于吸收多种不同的观点。因此，如果群体的目标是调查事情的真相，群体参与了解决问题的过程，那么应该是大型群体更有效。相反，小型群体善于完成生产性任务。因此，成员在 7 人左右的群体在执行任务时，更为有效。

有关群体规模的研究还表明，成员数量为奇数的群体似乎比偶数群体更受欢迎，这是因为在为决定而投票时可以形成大多数，可以避免僵局的发生。5 ~ 7 人的群体所固有的一些缺陷，如少数人统治、形成派系及难以达成一致等，更能充分发挥每个成员的作用。主张偶数群体的人认为单靠表决影响群体中人与人之间的关系，不是解决问题的好办法。当意见分歧的双方势均力敌时，应进一步进行协商，这样既可以在深入讨论的基础上使问题得到解决，又可以避免群体中人们之间的关系紧张。

有关群体上限和下限、偶数和奇数的研究虽有一定的参考意义，但由于都是抽象地对群体规模进行研究，因此不能作为指导的原则。

首先，群体规模应根据生产任务的性质确定群体人数的下限，这个下限应保证能一般地完成生产任务。其次，应确定群体规模的最适当的人数，这个人数要保证群体的生产效率达到最佳程度。最后，群体规模的上限应确定在这样的人数上，如果超过了这个上限，生产效率就会下降。

一个与群体规模有关的最重要发现是社会惰化（Social Loafing）。所谓社会惰化是指一种倾向，一个人在群体中工作不如单独时更努力。这个发现使下面的逻辑遇到了挑战：即群体作为一个整体的生产力，至少等于群体成员个体生产力的总和。有研究表明，群体规模的增大，与个人绩效呈负相关。就总的生产力来讲，4 人群体的整体生产力大于 1 人或 2 人的生产力，但群体规模越大，群体成员个体的生产力反而降低了。导致这种社会惰化效应的原因一种解释是群体成员认为其他人没有尽到应尽的职责。若将别人看作是懒惰而无能的，你可能就会降低自己的努力程度，这样你才会觉得公平。另一种解释是群体责任的扩散。因为群体活动的结果不能归结为具体某个人的作用，个人投入与群体产出之间的关系就很模糊了。在这种情况下，个人就会降低群体的努力。换句话说，当个人认为自己的贡献无法衡量时，群体的效率就会降低。

工作群体中这种社会惰化效应的意义在于，如果管理人员想借助群体的力量来强化士气和工作团队，就必须提供一种衡量个人努力程度的手段。否则，管理人员就应该权衡一下群体可能带来的生产率的下降程度是否可以接受。但此结论带有西方的偏见，由个人主义支配的“个人主义主宰一切”的文化里，社会惰化现象可能比较突出。在个人主要受群体目标激励的集体主义社会里，此结论就不一定适用了。一项关于美国员工和中国、以色列（后两者都是集体主义国家）员工的比较研究发现，中国员工和以色列员工没有卷入社会惰化的倾向。事实上，中国员工和以色列员工参与到集体中时，工作绩效比单独工作时绩效要高。

有关群体规模的研究可以得出如下结论：

（1）成员为奇数的群体似乎比成员为偶数的群体更受欢迎。

（2）5 人或 7 人群体在执行任务时，比更大一些的群体或更小一些的群体，都更有效。群体成员为奇数，在投票时就能降低发生僵局的可能性。而且，由 5 人或 7 人组成的群体足以形成大多数，允许发表各种不同意见。同时，又可避免与大群体相关的一些弊端，如少数人占统治地位，发展小团体，禁止某些成员参与决策，在决策时拖延时间等。

（二）群体的结构

群体的结构是指群体成员的组成成分。群体成员的结构可以分为不同的方面，如年龄结构、能力结构、知识结构、专业结构、性格结构以及观点、信念的结构等。所谓群体的结构就是指这些结构的有机结合。群体成员的结构对于群体的工作效率有很大影响：群体成员搭配得当，会使群体协调一致，紧密团结，提高工作效率；群体成员搭配不当，会使群体涣散，经常发生冲突，降低工作效率。

国外心理学长期以来对群体结构的同质和异质问题进行研究。所谓同质是指群体的成员在能力、性格、年龄、知识等方面都比较接近。所谓异质是指在上述各方面都迥然不同。研究表明，在完成简单的任务时，同质结构的群体效率较高，而在完成复杂的任务时，异质结构的群体效率较高。一般来说，企业中的基层生产班组具有同质结构比较适当；而在领导班子中最好具有异质结构，因为领导班子承担的任务较为复杂，需要有不同能力、性格、年龄、知识的人互相配合，取长补短，共同努力，才能顺利地执行领导的职能。

对于上述的结论需作两点重要的补充。在分析同质和异质结构时，不能把基本观点、信念结构包括在内。无论是完成简单的任务还是完成复杂的任务，在对待重大问题的基本观点和信念方面必须一致或基本一致。这是群体顺利完成任务的前提条件。在这方面只能要求一致、统一。

此外，从结构的观点来分析同质和异质是一种对静止状态的分析，即静态的分析。这种分析对于搞好企业管理有一定意义，但不能绝对化，因为人们在群体中的相互作用是一个动态过程，人们的能力、性格等虽有一定的稳定性，但并不是固定不变的。因此，对于群体活动的过程不仅应从结构方面考察，还应研究它的变化、发展过程。

第三节　群体的形成与功能

一、正式群体的形成

正式群体是为了实现组织赋予的任务而建立的。它在组织法规或组织系统中，有明确的组织地位、权责关系及职责范围。按其延续的时间长短，可划分为长久性正式群体和暂时性正式群体。

二、非正式群体的形成

（一）心理因素

这是非正式群体形成的首要因素。

（1）价值观念一致。价值观一致的人，往往有着共同的理想，有相似的生活目标，对事物有着共同的看法，从而形成非正式群体。

（2）兴趣与爱好一致。共同的兴趣、爱好易于产生共同的语言，从而形成非正式群体。

（3）性格、脾气相近与互补。性格、脾气的相近与互补易于产生融洽、和谐的感情关系，从而形成非正式群体。

（二）环境因素

（1）工作与生活方式。共同的工作、生活使人们有更多的接触与交流的机会，思想感情易于接近，从而形成非正式群体。

（2）共同的利害关系。各方面条件相接近的人有着共同的利害关系，相互同情，思想感情也较接近，从而形成非正式群体。

（3）亲缘关系、地缘关系及历史关系的影响。由于彼此亲缘、地缘的相近使得人们能够在工作生活上互相帮助、互相支持，从而形成非正式群体。

三、正式群体的功能

群体不是个体的简单相加，而是有组织、有领导、有规则、有共同目标、相互影响、紧密联系的人群集合体。群体有利于协调和处理好团体内部的人际关系，调动每个职工的积极性和创造性，达到群体成员的心理平衡，有效地发挥组织的力量，提高组织的经济效率与效益。

（一）完成组织任务

群体完成组织所赋予的特定工作任务，以此来实现组织的目标，这是正式群体的最主要的功能。组织为了有效地实现目标，需要分工合作，分级、分层地划分若干部门和单位，各部门和单位执行各自的职责，完成各自的任务与目标，从而实现组织目标。群体在各部之间起联络作用。

（二）满足成员的心理需要

群体对其成员的主要功能是为了满足其心理需要。群体能够满足成员的多种需求，归纳起来有以下几种：

（1）获得安全感。个人为了免于孤独和恐惧，成为组织的一员，以获得安全感。

（2）满足社交的需要。个人在群体中保持与周围人的关系，以获得支持和友情。

（3）满足自尊的需要。个人在群体中的地位，可使成员获得自尊的需要。

（4）满足自我确认的需要。个人可以通过参加群体确认自己在社会中的地位。

（5）增强自信心。个人可以通过在群体中与他人交换意见，达成一致，增强自信心。

（6）增强力量感。群体可以在应对某种威胁时，增强个人的力量感。

（7）其他方面。群体还可以满足个人如信息沟通、收集资料等个人方面的需要。

（三）协调人群关系

群体可以在工作和生活中协调群体成员之间的关系，实现群体的目标。

（四）影响和改变个人的观念和行为

群体状况会直接影响到个人的观念和行为。

管理心理学家认为，在正式群体的功能中如能同时达到完成组织任务和满足成员的心理需要这两个目标，即可称为高效率的群体。一个高效率的群体通常具有以下特征：成员之间具有良好的沟通联系；成员之间有高度的影响力和交互作用；共同参与制定政策；群体成员的工作积极性较高；群体成员具有良好的精神状态；群体成员办事认真、快捷。

四、非正式群体的功能

（一）群体对组织的作用

非正式群体的特点之一是信息传递快，沟通灵敏，管理者可以通过它了解情况，掌握动态，改进工作。某些非正式群体成员之间趣味相投、感情融洽、关系密切、凝聚力较强，可以把群体成员团结起来。其对组织起着重要的维持作用。不仅如此，某些非正式群体对正式群体的工作任务也有积极作用，其对完成组织任务、实现组织目标，也是有效的。

1. 促进作用

当非正式群体的目标与正式群体的目标相一致时，非正式群体会成为正式群体完成组织目标的辅助力量，对组织目标的实现起促进作用；当非正式群体的成员结构与正式群体的成员结构相一致时，即正式群体的成员同时又是非正式群体的成员，正式群体的领导人同时又是非正式群体的核心人物，则对组织目标的实现起促进作用。当非正式群体的价值取向和群体行为规范趋向于积极、进取、团结、奋斗时，则会对组织目标的实现起促进作用。积极型的非正式群体，对组织的发展完全起促进作用；而中间型的非正式群体，当其目标与组织目标相一致时，对组织目标的实现起促进作用。

2. 阻碍作用

当非正式群体的目标与正式群体的目标不一致时，对组织目标的实现起阻碍作用；当非正式群体的成员结构与正式群体的成员结构不一致时，尤其是正式群体的领导人失去非正式群体成员的信任时，会阻碍正式群体工作的开展；非正式群体的价值取向和群体行为规范趋向于江湖义气或寻求不正当刺激时，会影响到正式群体的工作效率，进而成为组织目标实现的阻力。

（二）群体对个人心理的影响

群体是组织与个人之间联系的桥梁。它具有融洽人际关系，满足群体成员的合理需要，形成相互激励、相互竞争的有利环境，调动人的积极性的作用。具体来说群体对个人心理的影响有如下方面。

1. 满足其成员心理上和感情上的需要

管理心理学家们认为群体可以满足其成员的下列心理需求：群体可能使个体免于孤独、恐惧，从而获得心理上的安全感；在群体中，成员之间团结协作，可以取得个人难以取得的成就，受到他人的尊敬，从而满足成员的成就和自尊的需要；另外在群体中可以增强凝聚力，共同对付外界的威胁。

2. 对其成员的控制作用

作为非正式群体的一员，必须遵守群体的一些不成文规范，这种规范的约束力，对成员起着控制作用。

3. 对其成员的改造作用

在非正式群体中，群体的态度和行为模式对其成员会产生直接或间接的影响，在潜移默化中起到改造成员的作用。

4. 对其成员的激励作用

群体引入竞争机制，能促进成员之间相互竞争与相互激励。群体是个体相互竞争、相互促进、相互激励的社会心理环境因素。如果群体本身缺乏活力，成员之间搞绝对平均主义，那就缺乏激励的作用。群体的竞争机制不仅本身具有强大的激励力量，而且群体成员之间的信息交往、意见沟通，能及时发现别人的优点和长处，认识自己的缺点和不足，从而增强个人自信心，激发每个成员奋发向上的精神。

5. 群体能使成员个人产生强烈的归属感和认同感

群体能使自己和其他成员保持友谊和紧密联系，心理协调，增强归属感。当群体取得成就和荣誉时，并伴随有集体荣誉感和自豪感；当群体受到外界压力和威胁时，群体成员团结更紧密，能产生一致对外的动力。这是一种巨大的感情的动力。群体内各个成员对一些重大的事件与原则问题，都保持共同的认识与评价，这就是群体的认同感（也称共识心理）。群体的认同感往往会相互影响，尤其是个人情绪焦虑不安或对外界情况不明时，群体其他成员的认同感对其影响更大，这是认知的作用。

6. 群体对个人能产生强大的支持力量

当个人的心理和行为符合群体规范，就会得到群体的支持、赞许与鼓励，从而进一步强化其行为。群体对个人能起到支持作用，取决于下列条件：一方面，该群体在社会上有一定影响、地位和威信，对群体成员有吸引力；另一方面，个人热爱自己的群体，希望得到群体的支持与鼓励。

7. 群体能融洽并协调人际关系

群体能进行各种信息的交流和沟通，因而能促进个人与个人之间的感情交流，促进群体成员之间相互联系、相互了解、使彼此关系融洽等。当群体内部出现某种隔阂或矛盾时，可以利用群体的力量，作好协调、促进、转化工作。

（三）群体对个人行为的影响

群体对个人心理的影响着重表现在行为上，也落实在人的行为上。群体对个人行为的影响表现在以下方面。

1. 社会助长作用

即由于群体的其他成员在场，消除了单调情境，激发了个人的工作动机，从而提高了工作效率。尤其是对简单熟练的工作，或对具有外向型性格的人来说，会产生更强的社会助长作用。例如，与别人一起从事简单的机械性的工作或受别人赞许，就会产生助长作用。社会助长作用的机制，主要是由于别人在场，能唤起竞争意识和被评价意识，使自己感到有竞争的压力，从而增强行为的动力。

2. 社会标准化倾向

人们在单独情境下个体差异很大，而在群体中有行为的常模和群体规范的制约及影响，且个体行为差异明显变小，使人们对事物有大体一致的看法，同时有意识地趋向同一标准或规范的心理行为倾向，称为社会标准化倾向。

3. 社会顾虑倾向

即指个人在大众面前受到约束，其行为表现拘谨、踌躇，反应迟钝。这种倾向在性格内向的人身上表现得更为明显；在没有把握或难度较大的工作任务面前，也常有这种情形。

4. 从众行为倾向

这是指个人在群体中，不知不觉地受到团体的“压力”，而在意见判断和行为上表现出与群体中大多数人相一致的现象。在团体（或多数人）的“压力”与暗示下，容易使人产生从众行为。从众行为产生的具体原因是：(1) 可能把大多数人的错误判断看成正确的，因而从众；(2) 个体缺乏自信心，随声附和以求心安；(3) 相信自己判断正确，而不敢标新立异，因怕人讽刺而随声附和；(4) 受情境因素影响而从众；(5) 个性特征的影响，一般依赖型的人从众行为较明显，独立性强的人，从众行为不太明显。

从众行为有积极作用，也有消极作用。其积极作用是：有利于改变个人错误观点与行为；有利于提高工作效率。其消极作用表现在以下方面：(1) 容易使人出现人云亦云现象，易埋没人的创造性；(2) 易出现表面一致，貌合神离的局面；(3) 易产生小团体意识，随声附和的错误决策。

五、群体内相互作用过程的心理分析

早期，心理学家勒温提出了“群体动力学”理论。他用场理论和力学概念，说明团体成员之间各种力量相互依存和相互作用的关系，认为群体不是个体的简单总和，而是超越了总和。群体对个体能产生巨大影响，个体在群体中会表现出不同于在个体单独环境中的行为反应效果。他还认为，人们结成的团体不是静止不变的，而是处在不断地相互作用、相互适应的过程之中。正确分析群体中成员间的相互关系，是群体动力学的一项重要内容。

继勒温之后，很多学者对群体相互作用进行过研究。贝尔斯（R. F. Bales）1950 年提出了分析群体成员相互关系的方法。他在对一个群体的决策过程的实验研究中发现：在一个没有领导人的团体活动中，群体成员相互作用行为可分为两类，一类是团体成员对工作任务的行为；一类是群体成员间相互关系的行为。这些行为有时起正的、促进作用，有时起负的、促退作用。

贝尔斯应用相互作用分析法，发现在群体中发言最多的两种人，他们各自所起的作用有显著的差异。一种人的发言内容属于提出建议、意见、情报等工作任务方面的内容，这种人发挥着团体任务专家的作用；另一种人是人际关系的专家，他所作出的相互作用较多的属于表明赞同、关心成员的需要，协调成员的关系等方面的工作内容。尽管某个人能起两种作用，但有时两种作用分别由两个人承担，这样团体的功能会更有效。为此我们可以一个人着重抓工作，另一个人着重抓人际关系，这样可能使群体不断地稳步前进。贝尔斯的发现为管理人员提供了一些有关作业组合内意见交往的形式、成员的作用和地位的系统见解。

第四节　群体的规范和凝聚力

一、群体的规范

（一）群体规范的概念

所有的群体都有自己的规范，它作为一种准绳，规定了群体可接受的行为，并要求全体成员一致遵守。规范就是对个体在特定场合下的行为的期望。不同的群体，有着不同的规范。组织中通常都有正式的规范，它往往以文字的形式公告全体成员，阐明各种规章制度，供大家遵守。然而，在组织中，许多规范都是非正式的。

（二）普遍性的规范

虽然不同群体有不同规范，但有些规范却是具有普遍性的。

涉及与绩效有关的行为的规范有：员工的工作水平、工作方式、产量指标、沟通方式等规定。这些规范同绩效有密切关系。

涉及外表因素的规范有：规定应怎样穿着打扮、如何对组织表示忠诚等，甚至包括什么时候必须紧张忙碌、什么时候可以放松节奏。

有关非正式社交活动的规范主要来自非正式工作群体，用以管制团体内的社交活动，如员工行动坐卧、与什么样的人为伴、与什么人交往、从事何种交际活动等。

有关资源分配的规范有：涉及薪金，艰巨工作的分派、工具设备的分配等事宜。这些规范会直接影响员工的工作满足感，间接影响群体绩效。

（三）规范的作用和意义

群体规范对于团体及成员有着重要的意义。主要包括以下几点。

1. 维持和巩固群体的作用

规范是群体成员认同的，它是群体行为一致的基础。没有这种规范，群体就可能是一盘散沙。

2. 树立评价标准的作用

群体规范是行为的参照标准，也是衡量成员行为的准绳。群体规范作为群体成员行为的榜样，为其提供了共同的心理参考原则。

3. 群体动力的作用

群体规范对成员行为的发动或制止有着决定性的作用。群体规范以舆论的形式对人们的行为产生影响，为人们指引方向。

4. 行为导向的作用

群体规范使其成员懂得如何满足个人多种多样的需求，让其成员知道哪些行为是可以接受的，哪些是不可以接受的，群体规范对其成员起导向作用。

二、群体的压力与从众

（一）从众与顺从的概念

从众行为是指个体在群体的压力下，不仅在行为上与其他人保持一致，而且在信仰上也改变原来的观点，放弃原有意见的现象。

顺从行为是指个体在群体的压力下，只在表面上表现出与群体其他人保持一致的行为，但内心却仍然坚持个人观点的现象。

从众与顺从的区别在于是否出于“内心自愿”。放弃原来的意见以符合群体的要求，通常称为从众；保留自己的观点，而又不在行动上违背群体的意志即表面上保持与群体行为一致，通常称为顺从。

1956 年美国心理学家阿希（S. Asch）进行了从众现象的经典性研究“三垂线实验”。证明了在群体压力之下会产生顺从或从众行为。他以大学生为被试，每组 7 人，坐成一排，其中 6 个为事先安排好的实验合作者，只有 1 人为真正的被试。实验者每次向大家出示两张卡片。其中一张画有标准线 x，另一张画有三条直线 A、B、C。实验者要求被试判断 x 线与 A、B、C 三线中哪一条线等长。实验指明的顺序总是把真被试安排在最后。第一、第二次测试大致没有区别，第 3 ~ 12 次前 6 名被试按事先要求故意说错。这就形成一种与事实不符的群体压力，可借此观察被试的反应是否会发生从众压力，从而影响其产生从众行为。阿希多次实验，所得结果非常相似。实验表明：(1) 大约 1/4 ~ 1/3 的被试保持了独立性，没有发生过从众行为。(2) 所有被试平均从众行为百分比为 35%。(3) 大约有 15% 的被试，从众行为的次数占实际判断次数的 75%。

实验后，阿希对从众的被试作了访谈，归纳出从众的三种情况：(1) 被试确实把分阶段的反应作为参考框架，观察上就错了，发生了知觉歪曲。(2) 被试意识到自己看到的与他人不同，但认为多数人总比自己正确些，发生了判断歪曲。(3) 被试明知其他人都错了，却跟着作出了错误反应，发生了行为歪曲。一般认为，发生从众的行为是因为个体在群体中受到信息上和规范上的压力。一方面，存在信息压力。经验使人们认为，多数人的正确概率比较高，在模棱两可的情况下，由于缺少参照构架，就越发相信多数人，越从众。另一方面，存在规范压力。群体中的个人往往不愿意违背群体标准而被其他成员视为越轨者，害怕与众不同而成为“一匹离群之马”，遭受孤立，因此采取多数人的意见。

（二）从众行为产生的原因

在阿希的试验之后，一些心理学家进一步分析产生从众现象的原因，经询问被试得出如下结论：

1. 出于知觉的歪曲

被试因受别人影响，把多数人的错误判断看成正确判断，误认为是自己看错了。

2. 出于判断的歪曲

发现自己的判断与多数人不同，于是对自己的判断缺乏自信心，以为是自己看错了，从而修改了自己的判断。

3. 出于行为的歪曲

被试虽相信自己的判断正确，而别人的判断是错误的，但害怕别人的嘲讽，表面上采取顺从行为，作出了与众相同的错误判断，而内心上仍保留了自己的正确判断。

（三）从众的类型

1. 表面从众，内心接纳

表里一致，即所谓的“心服口服”。这是群体与个体之间最理想的关系，特别是，当组织目标与成员期待的目标一致时，才容易出现这种状态。

2. 表面从众，内心拒绝

表里不一致，即所谓的“口服心不服”。有人称这种现象为“权益从众”或“假从众”，个体的内心将引起不协调的状态。

3. 内心接纳，表面不从众

即所谓的“心服口不服”。表面上反对多数人的意见，心理上却是赞同的。这种情况通常发生在个体由于地位和身份的原因，不便于表现出内心的反应是顺从的。

4. 内心拒绝，表面不从众

即所谓的“口心都不服”。这是彻底的不同意多数人意见，个人确信多数人的意见是不正确的，并认为应该改变多数人的意见。这种表面与内心都与群体不妥协的现象也时有发生。

（四）影响从众行为的因素

1. 群体因素

（1）群体的性质。一个能满足个体愿望的群体，个体一般倾向于服从，易于出现从众。

（2）群体的成员。群体内多数成员的能力或地位均高于自己，则个人易于放弃自己的见解而顺从大众。

（3）群体的气质。群体若对坚持己见者采取不能容忍的态度，而对从众者予以奖励，个体的从众行为必然会受到强化。

（4）群体的凝聚力。凝聚力较强且有严格的规范、个体归属感明显的群体，个体因害怕不从众而被视为越轨，也易于从众。

（5）群体的一致性。若群体一致反对一个人的意见，此人会感受到来自群体的压力而产生从众。若群体中有他人与之意见相同，则其从众的可能性会大大降低。

2. 个体特征

（1）智力水平的高低。智力水平低、观察能力和分析判断能力弱、专业知识少者，易于从众；反之，智力水平高、观察能力和分析判断能力较强、专业知识多者，则不易从众。

（2）情绪的稳定性。情绪不稳定者，对群体压力的抵抗力弱，易于从众。

（3）自我影响。自尊心和自信心强者，不易从众；反之，自尊心弱者，缺乏自信者，则易于从众。

（4）个性特征。个性独立者，群体压力对其作用较小，不易从众；反之，个性依赖者，过于看重人际关系，易于接受暗示，容易从众。

（5）态度与价值观。对社会评价、社会舆论敏感者，易于从众。

（6）生活阅历。阅历丰富者，不易从众；反之，生活阅历浅、缺乏经验者易于从众。

3. 问题的性质

个体在面临复杂的没有把握的问题时，容易从众。

（五）群体压力的产生

所谓群体压力是指当一个人在群体中与多数人的意见或行为不一致时所感受到的心理压力。这种群体压力的心理基础，一般是当事人群体归属、社会交往以及安全、尊重等需要。人们一般都害怕受到所在群体的冷落、孤立、排斥和唾弃。

（六）从众行为、群体压力与管理对策

1. 从众与不从众

当个体对群体的压力不予接受时，叫做不从众。可分为以下三种情况：

（1）反从众。即个体非但不从众，而且公开违抗群体的规范。

（2）独立。独立是指个体在群体压力下仍保持其相对的独立性，使自己的行为不过分地受群体压力的影响。

（3）集体主义自决。所谓集体主义自决指的是以集体主义思想为指导，对群体的意见经过独立分析后所作出的行为反应。

2. 群体压力与管理对策

（1）群体压力有积极和消极之分。在组织管理中，对积极的“正向压力”应加以维护和强化；而对“反向压力”要善于识别，以减弱它的消极作用。

（2）要善于分析不从众者的情况。对于那些不从众者，不但不能对其施加压力，反而应具体分析其实际情况。

（3）特别注意应保护和支持群众的独创精神。

3. 从众行为与管理对策

（1）要充分利用从众行为的积极作用。

（2）要警惕和防止从众心理、从众行为的消极作用。

（3）领导者在作决策时，要防止在“表面一致”的情况下，匆忙地作出决策。

（4）重视并善于倾听不从众者反面的意见。

三、群体的凝聚力

（一）什么是群体的凝聚力

群体的凝聚力又称群体的内聚力，是指群体对每个成员的吸引力以及群体成员之间相互依存、相互协调、相互团结的向心力。群体对其成员具有吸引力，其成员就对群体具有向心力。它可以通过群体成员对团体的向心力、忠诚、责任感、群体荣誉感等来表示；也可以用群体成员之间的关系融洽、团结协作、友谊和志趣等态度来说明。也有人把群体凝聚力定义为：群体使其成员在群体内积极活动并拒绝离开群体的吸引力。群体对其成员的吸引力由以下因素组成：群体中成员与成员之间的吸引力；群体活动对成员的吸引力；群体活动对满足成员个人需求的吸引力；等等。

高凝聚力的团体有以下特征：（1）有良好的群体气氛，其成员间意见沟通快，信息交流较为频繁，互相了解较为深刻，民主气氛好，关系和谐；（2）有较强的吸引力、向心力，其成员愿意参加群体活动，生产或其他活动的出席率较高；（3）群体成员有较强的集体主义精神与责任意识，愿意承担群体的任务，关心、维护群体的利益和荣誉；（4）群体成员有强烈的归属感、尊严感、自豪感等集体主义的情感。

（二）影响群体凝聚力的因素

1. 领导因素对群体凝聚力的影响

领导者是群体的核心，领导班子自身是否团结一致、齐心协力、坚强有力，会直接影响群体的凝聚力。群体的领导方式对群体凝聚力也会产生很大的影响。研究表明，在民主、专制、放任混合等领导方式中，民主型领导方式能使成员有充分表达自己意见的机会，成员有较强的参政意识，成员之间团结协作、互助友爱，因而有较高的凝聚力；而专制型和放任型领导方式则往往会降低凝聚力。

2. 群体的同质性对凝聚力的影响

群体的同质性即指群体成员之间的共同相似性，其有相似吸引的作用。如群体成员有共同的目标、理想、信念；相同的需要、动机、兴趣与爱好；相同的民族及文化背景；相似的个性及个性心理特征等，都是群体的同质性。一般来说，相同生产性质有相互吸引的作用，同质性越高，群体的凝聚力也就越高。但是，有时群体成员之间产生利益冲突时，工作性质相同，工作能力和水平相当的成员，彼此不服气，可能出现嫉妒、“同行是冤家”、“文人相轻”等现象，这样会破坏群体的凝聚力，造成群体内部的不团结。

3. 来自群体外部的压力能增强群体内部的凝聚力

因为某一群体受到外来群体的侵犯、攻击、竞争、威胁时，群体内部每个成员都面临生死存亡的威胁和压力，任何人没有单独逃避的可能，这时只有群体成员更加紧密地团结在一起，才能抵御外来的压力。

4. 群体内部的奖励方式对群体凝聚力的影响

管理心理学的研究与实践表明，个人奖励与集体奖励方式有不同的作用。西方管理心理学的研究一般认为集体奖励方式可能增强群体的凝聚力；而个人奖励方式可能增强群体成员之间的竞争力。

5. 群体成员的荣誉感、成就感、归属感等集体主义的精神和情感对凝聚力的影响

管理实践表明：某个群体在组织中占有显著的地位和影响，工作卓有成效更具挑战性，群体的经济效益高，则群体成员会产生较强烈的认同感、集体荣誉感、成就感和归属感，成员都希望维护群体的荣誉，保持群体的先进性。因而群体的凝聚力较高。群体成员会相互接纳，齐心协力，共同奋斗，使群体取得更有效的成就。反之，若某个群体的社会地位低，工作成效差，经济效益也低，则群体成员可能都想离开该群体，其吸引力、团结力、向心力就较差。如有些群体开展的"厂服"、"厂徽"、"厂歌"、"厂日"活动或"校服"、"校徽"、"校日"等活动，有助于培养群体成员的集体荣誉感、成就感、归属感，增强群体的凝聚力。

6. 群体的规模、规范与风气对凝聚力的影响

从规模来看，小群体往往比大群体凝聚力更强，更趋向一致性，群体的人数过多，规模过大，容易造成意见分歧，信息交流与信息沟通受阻，从而降低群体的凝聚力；另外，群体规模太小，又会失去平衡力量，矛盾难以调解与解决，也会降低凝聚力，影响工作任务的完成。适度规模的群体可以增强凝聚力。

（三）群体凝聚力与生产效率的关系

研究与实践表明：群体凝聚力与生产效率之间存在着较复杂的关系，群体凝聚力高可能提高劳动生产效率，也可能降低劳动生产效率。主要原因通常是生产效率并非由凝聚力单一因素决定的，群体目标与组织目标的一致性也是一个重要因素。如果群体目标与组织目标一致，则凝聚力与生产效率之间成正相关，凝聚力高，生产效率也高；反之，群体目标与组织目标不一致，则凝聚力与生产效率成负相关，凝聚力越高，群体成员越会抱团来抵制组织目标，其生产或工作效率反而越低。有的研究还表明高凝聚力的群体成员更加遵循自己所在群体的工作规范，因而成员的工作表现没有什么差异。

社会心理学家沙克特（S. Schachter）的实验曾专门研究过群体凝聚力与生产效率之间的关系。沙克特在有严格控制条件的情况下，检验了群体凝聚力和对群体成员的诱导（即群体目标与组织目标的一致性）对生产效率的影响。实验的自变量为凝聚力和诱导，因变量是生产效率。设一个对照组，四个实验组，即高凝聚力和积极、消极诱导组；低凝

聚力和积极、消极诱导组。实验结果表明，四种不同的条件，对生产效率的影响是不相同的，高凝聚力积极诱导组生产效率最高；低凝聚力积极诱导组次之；低凝聚力消极诱导组再次之；高凝聚力消极诱导的生产效率最低。见图 7－1。

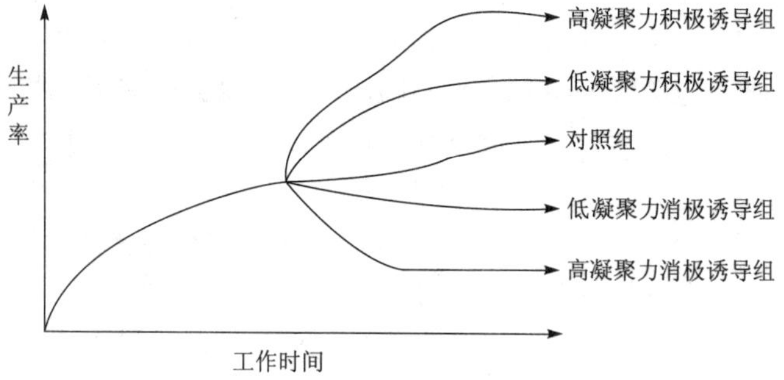

图 7－1　群体凝聚力与生产率的关系

四、群体的高效率

高效率的群体有两个重要指标：即生产性指标和群体士气的指标。

高效率的群体有如下特征：(1) 群体内部及群体与上下级之间有良好的沟通；(2) 群体成员之间有高度的交互作用与影响力、凝聚力；(3) 决策分权化和参与决策的过程，多数成员有较大的自由度；(4) 群体成员乐意接受组织目标；(5) 群体成员有较强的工作与成就动机；(6) 群体成员有良好的情绪状态和精神状态；(7) 有较高的生产量与生产效益；(8) 成员有较强的工作满意感。影响群体效率的因素见表 7－1。

表 7－1　影响群体效率的因素①

独立变量		中间变量（派生变量）	从属变量（结果变量）
结构变因	1. 群体规模大小 2. 群体的特征（民主、专制、合作、竞争、同质、异质、和谐、冲突） 3. 成员特征（动机、智能、个性、受教育程度） 4. 自我中心角色（阻碍者，寻求认可者，支配者与逃避者），还是群体维护角色（鼓励者，协调者，折中者与监督者） 5. 群体内的沟通途径	1. 领导者的作风 2. 群体成员士气高低 3. 群体凝聚力，成员间的友谊关系 4. 群体成员的参与程度	1. 群体的生产量 2. 群体成员需求的满足

① 程正方．现代管理心理学．第 2 版．北京：北京大学出版社，1996.

续表

独立变量		中间变量（派生变量）	从属变量（结果变量）
工作变因	1. 工作的性质与内容 2. 工作的困难程度 3. 完成工作所要求的时间 4. 任务角色的表现：建议者、信息加工者、总结者、评价者	1. 领导者的作风 2. 群体成员士气高低 3. 群体凝聚力，成员间的友谊关系 4. 群体成员的参与程度	1. 群体的生产量 2. 群体成员需求的满足
环境变因	1. 工作的物质环境（照明、通风、湿度） 2. 群体环境（含内部人际关系、群体与其他群体的关系等） 3. 组织环境 4. 社会环境		

第五节　群体决策

一、决策

决策（Decision-making）是管理中经常发生的一种活动；决策即决定，它是为了实现特定的目标，根据客观的可能性，在占有一定信息和经验的基础上，借助一定的工具、技巧和方法，对影响目标实现的诸因素进行分析、计算和判断选优后，对未来行动作出决定。

管理决策的奠基人赫伯特·西蒙（Harbert A. Simen）（1916—2001）认为决策是管理的核心。管理就是决策，管理的各层次，无论高层、中层还是下层，都是在作决策。传统的管理将组织活动分为高层决策、中层管理和基层作业。认为决策只是组织中高层管理的事，与下面的其他人员无关。但是西蒙却认为，决策不仅仅是高层管理的事，组织内的各个层级都要作出决策，组织就是由作为决策者的个人所组成的系统。首先组织的成员是否留在组织中，就要将组织提供给他的好处和他的付出进行对比。当决定了留在组织中后，无论成员处于哪一个管理阶层，都是要作出决策的。而且随着科技的发展，员工素质的提高和组织的日趋扁平化，决策权会逐渐下放，即使是处于作业层次的员工，也要对采用什么样的工具、运用什么样的方法作出选择。西蒙也强调管理不能只追求效率，也要注意效果。效率是在一定目标和方向上的效率，效果则是决定方向目标这一类的根本问题。西蒙等人认为，在“信息爆炸”的当代，重要的不是获得信息而在于对信息进行加工和分析，并使之对决策有用。认为今天的稀有资源不是信息，而是处理信息的能力。西蒙决策理论的核心概念和根本前提是人类认知能力的局限性。

二、群体决策与个体决策的比较

个体决策是由领导者凭借个人的智慧、经验及所掌握的信息进行的决策。决策速度快、效率高，适用于常规事务及紧迫性问题的决策。个体决策最突出的特点是无需开会或花很长时间去讨论各种方案。所以当需要很快作出决策时，个体决策非常有优势。个人决策的最大缺点是带有主观和片面性，因此，对全局性重大问题则不宜采用。个体决策时责任明确，而群体决策时责任就相对比较模糊。

组织的大部分决策是群体决策（Group Decision），尤其是对组织活动和人员有深远影响的决策。管理者40%以上的时间是在开会，在进行群体决策。

群体决策的优点主要表现在：(1) 提供更完全的信息和知识；(2) 三个臭皮匠胜过诸葛亮；(3) 提供更多样的经验和观点；(4) 可以开发更多的可行方案；(5) 提高解决方案的接受程度；(6) 增加正当性。

而群体决策的缺点主要表现在：(1) 费时；(2) 少数人垄断；(3) 服从的压力；(4)“从众现象”，即压抑不同的、少数的或不受欢迎的观点，以建立一致的表象；(5) 模糊的责任。

为了更好地发挥群体决策效益，我们应该注意把握以下几个方面：(1) 从总体上看，群体决策比个体决策好；(2) 要明确评估准则。在决策速度方面，个人决策优于群体决策，在创意方面，群体决策优于个人决策；在解决问题的接受程度方面，群体决策优于个人决策；在决策效率方面，个人决策优于群体决策；(3) 在群体决策规模的大小上看，一般5~15人较适宜，不少于5人，7人最能发挥效能。

三、群体决策中的特殊现象

（一）群体思维

群体思维（Group Thingking）是由于群体内聚力的规范，过度压抑了群体采取行动来客观评估各种备选方案。由于群体压力的作用，个体的心理能力，对事实的认识以及对道德的判断出现了衰退现象。群体成员通常会把任何与他们假设不一致的意见合理化；群体会对组内持不同意见者施压；群体内持不同意见者，往往通过保持沉默，甚至降低自己意见重要性，来尽量避免与群体观点不一致；保持沉默者，往往被认为是赞同者。造成一种群体内无异议的错觉。群体思维在三种情境下最容易出现：(1) 群体本身已养成明确的群体认同感。(2) 群体成员均愿意维护群体的积极形象。(3) 群体成员感到群体的积极形象受到严重威胁。可见，群体思维不仅仅是使持异见者屈从的机制，它也是群体维护其积极形象的工具。

（二）群体极化

群体极化（Group Polarization）最早是由 James Stoner 于 1961 年发现群体讨论时的现象而提出。群体极化是指在群体中进行决策时，人们往往会比个人决策时更倾向于冒险或保守，向某一个极端偏斜，从而背离最佳决策。在阐述论点、进行逻辑论战时，一些成员变得具有防御性。当他们面对挑衅时或者群体中冒险人数占多数时，态度或者做出的决策会变得更为冒险甚至激进，称为冒险偏移。在某些情况下，如果群体中谨慎保守人数占多数，做出的决策就比个人更保守，群体决策偏向保守一端，称为谨慎偏移；但在更多的情况下，群体决策偏向冒险的一端，比个体决策更倾向于冒较大风险。这种倾向意味着与个人单独行动相比较，群体成员更愿意拿组织资源去冒险。虽然风险决策会有较高的回报，但是失败的决策常常带来灾难性的后果。

四、群体决策技术

（一）头脑风暴法

头脑风暴法（Brain Storming）是为克服群体压力抑制不同意见而设计的。群体压力束缚了创造性可选方案的产生。在群体决策中，由于群体成员心理相互作用影响，易屈于权威或大多数人意见，形成所谓的“群体思维”。群体思维削弱了群体的批判精神和创造力，损害了决策的质量。为了保证群体决策的创造性，提高决策质量，管理上发展了一系列改善群体决策的方法，头脑风暴法是较为典型的一个。头脑风暴法的突出特点是激发人的自由联想。

（二）名义群体法

名义群体法（Nominal Group Technique）和传统的委员会一样，要求所有成员都到场（通常 7～10 人围坐），组成列名群体。群体成员先进行个体决策，然后各成员逐一说明自己的看法，直到所有成员表达完毕再进行群体讨论，以便澄清和评价它们。最后让每个群体成员安静独立地对每个主意打分，挑选最佳方案。优点：让群体成员正式会面，但又不限制每个人的独立思考，因为限制会影响决策过程中的讨论和互相交流。

（三）电子会议法

这是群体预测与计算机技术相结合的预测方法。群体成员将自己有关解决政策问题的方案输入计算机终端，然后再将它投影在大型屏幕上。优点：匿名，可靠，快速。缺点：打字慢的人没有优势，没有面对面的口头交流。

（四）德尔菲法

德尔菲法（Delphi Technique，又称专家意见法）是以德尔菲的名字命名的技术，比较复杂、而且费时。匿名发表意见，团员间不发生横向关系，即不安排群体成员见面，只与调查人员发生关系，反复填写问卷，汇总成专家基本一致的看法。要求独立思考。具有匿名性、反复性、定量性、集体性和准确性的特点。优点：避开直接交锋，没有人际冲突；花费少，得到的信息量大；缺点：耗时，互动性差。

案例分析

SOHO 的工作方式

王磊是一家小型软件公司的老板，他的公司仅有 11 人，但这 11 人全部都是程序设计高手。公司惟一缺乏的是正式的组织结构和相应的管理人员，而王磊也不愿意建立起庞大的组织结构，因为在他的概念里，所谓正式的组织结构只是浪费公司资源的代名词，而 SOHO 才是更为有效的工作方式。SOHO 就是指在家或是任何你愿意的地方工作并利用种种通信技术进行沟通。王磊家有一间他的工作实验室，他通过电话、传真与系统分析员、程序员们联系，了解他们的进展情况，布置下一步工作计划；他也利用这种方式与客户谈生意；员工的工作成果会及时地提交到公司，并得到相应的报酬。当然他也定期与员工单独见面，大致每月一次，虽然见面的机会不多，但他们利用不多的机会能解决最重要的问题。虽然这种工作方式既节省开支又节省时间，而且提供给员工更加自由的工作空间，但也有不少缺点，如不见面的交流总让人觉得不真实，SOHO 模糊了工作与生活的界限，使那些工作狂有机会不分昼夜地工作，而且并不适合那些传统的行业。

讨论：

1. 你是否认为 SOHO 会成为未来的一种趋势？管理者是否会因此降低了自己的控制能力？
2. 作为管理者或被管理者你是否愿意接受 SOHO 这样的组织方式？
3. 你认为 SOHO 组织方式是否提高了员工和公司的效率，说明原因。

本章小结

群体是一个介于组织和个人之间的人群结合体。群体的主要功能是为了满足群体成员多方面的需要，群体可划分为许多种，其中本章描述的重点是有关正式群体与非正式群体的问题。通过本章的学习，使学生了解了有关群体的概念和特征，正式群体与非正式群体的概念、形成与功能，群体的规范，群体的压力与从众行为，群体的凝聚力，群体的士气等问题。

重要概念

群体　正式群体　非正式群体　群体规范　群体压力与从众　群体的凝聚力　群体的士气　决策　群体思维　群体极化　头脑风暴法　名义群体法　德尔菲法

同步测练与参考答案

一、判断题

1. 参照群体，也称标准或榜样群体。
2. 梅约是最早提出非正式群体概念的学者。
3. 在正式群体中通常存在着非正式群体。
4. 以非正式群体与组织是否保持良好的关系为依据，将非正式群体进行分类的学者是道尔顿。
5. 以联系非正式群体成员的纽带为根据，将非正式群体进行分类的学者是里维斯。
6. 研究表明成员为奇数的群体似乎比成员为偶数的群体更受欢迎。
7. 表面不从众，内心却接受将引起个人心理上的不协调。
8. 当个体在面临复杂的没有把握的问题时较易发生从众行为。
9. 在群体凝聚力与生产效率关系问题的研究中，发现高凝聚力消极诱导组的生产效率最低。
10. 群体士气实际上是指员工的工作态度与满意度。

二、选择题

1. 以群体是否客观存在为依据，可以把群体分为实际群体与（　　）两大类。
   A. 假设群体　B. 结构群体　C. 协作群体　D. 活动群体
2. 非正式群体的特征主要有（　　）。
   A. 规模小　B. 有不成文的惩罚制度
   C. 以感情为纽带　D. 有比较灵敏的信息传递渠道
3. 一个高效率的群体具有以下特征（　　）。
   A. 共同参与制定政策　B. 成员之间具有良好的沟通联系
   C. 成员工作积极性较高　D. 成员之间有高度的影响力和交互作用
4. 影响从众行为的群体因素有（　　）。
   A. 群体的气氛　B. 群体的凝聚力

C. 群体的一致性　　D. 群体的性质

5. 影响从众行为的个体因素包括（　　）。

A. 生活阅历　　B. 智力水平的高低

C. 情绪的稳定性　　D. 态度与价值观

6. 影响群体凝聚力的因素包括（　　）。

A. 成员的个性特征　　B. 领导方式

C. 成员与群体保持一致　　D. 领导的个性特征

7. 群体规范的作用有（　　）。

A. 群体动力的作用　　B. 行为导向的作用

C. 维持和巩固群体的作用　　D. 树立评价标准的作用

8. 管理学家认为，群体大致上可以满足其成员的下列需要（　　）。

A. 获得安全感　　B. 增强自信心

C. 满足社交的需要　　D. 增强力量感

9. 正式群体的功能有（　　）。

A. 完成组织任务　　B. 满足其成员的心理需求

C. 协调人群关系　　D. 影响和改变个人的观念和行为

10. 非正式群体对其成员的主要功能有（　　）。

A. 对成员起改造作用

B. 对成员的激励作用

C. 对其成员起着控制作用

D. 满足其成员心理上和感情上的需求

三、讨论题

1. 什么是群体？有何功能？
2. 比较正式群体与非正式群体的特点。
3. 讨论正式群体与非正式群体的功能。
4. 什么是群体规范？群体规范的作用有哪些？
5. 什么是从众？从众行为产生的原因是什么？
6. 什么是群体凝聚力？影响群体凝聚力的因素有哪些？

参考答案

一、1. T　2. T　3. T　4. F　5. T　6. T　7. T　8. T　9. T　10. T

二、1. A　2. ABCD　3. ABCD　4. ABCD　5. ABCD　6. ABC　7. ABCD　8. ABCD　9. ABCD　10. ABCD

三、略

第八章

CHAPTER EIGHT

群体的沟通和冲突

学习目标

在群体中，沟通也是一个极其重要的内容。一个群体的工作效率与发展水平，很大程度上取决于信息的吸收和利用，即沟通。冲突是组织内人际关系矛盾和问题激化的形式。本章从有关群体沟通与群体冲突入手，对有关问题展开讨论，通过改善沟通，处理冲突，进而理解沟通与冲突的规律，尽可能地消除沟通不畅带来的障碍，以实现有效地管理。

重点难点提示

- 群体沟通的概念及程序
- 群体沟通的作用
- 群体沟通的分类
- 不同类型沟通网络对群体行为的影响
- 意见沟通的障碍及其解除
- 冲突的过程
- 群体冲突的解决

第一节　群体的沟通

一、沟通的一般概念

（一）沟通的概念

沟通（Communication）即指信息交流。意见沟通是指两个或两个以上的人之间经由联络渠道，传递与交流信息、思想观点、情感愿望、意见，达到相互了解与理解的过程。人类沟通有多种形式，一方面，可能是借助通信工具（如电话、电报、电影、电视等）进行的信息交流，这是通信技术科学研究的问题；另一方面，也可能是人与机器的交流，这是工程心理学的课题；另外，沟通在大群体的人与人之间进行，是社会心理学的研究课题；还有就是沟通在企业、组织中人与人或者团体与团体中进行，是管理心理学研究的重要课题。

意见沟通是群体存在与发展的一个重要条件。意见沟通必须在两人及两人以上之间进行，如果单独一个人则不能称为意见沟通；如果在很多人之间没有信息交流，没有意见沟通，他们很难构成一个实在的群体。意见沟通是相互的，发出信息者与接受信息者，缺少哪一方面都很难形成信息交流或意见沟通。在现代管理中，意见沟通是群体存在的重要条件，信息交流是一种重要的管理手段。

（二）意见沟通的程序

意见沟通程序是由六种基本要素构成的。

（1）信息发出者。这是信息沟通的主体，是有目的的传播信息者。

（2）信息编码。把信息加工成便于传递的形式，可采用语言、文字、电码、图案、影片、符号等编码形式。

（3）讯道。即信息沟通的媒介与渠道，声、光、电、动物（犬或信鸽）、人、报纸、书信、书刊、电影、电视等都是信息传播的媒介。

（4）信息接受者。即信息传递所想达到的对象。

（5）信息到达后经过译码（即依据过去的经验）对信息解释，将编码信息还原。

（6）采取行动或产生反应，进行信息反馈。即将信息接受者的反应反馈至信息发出者，这样就使意见交流成为具有反馈功能的程序。

上述程序可简化为信息发出、沟通渠道、信息接收与反馈三个环节。

在意见沟通中，感知、注意、理解、感情、态度、行动个性等心理因素，影响沟通的效果。

（三）意见沟通的作用

信息沟通作为管理工作的基础，特别是有关信息情报资料的收集和传递，在组织、群体的领导和管理工作中，占有十分重要的地位。信息交流是有效地进行计划、组织、激励、协调、指挥、控制等功能所不可缺少的因素。

费斯廷格将意见沟通按功能分为两种：一为工具式沟通，主要是传播情报，将自己的知识、经验、意见等告知接受信息者，从而影响其知觉、思想、态度，进而改变其作为。二为满足需要的沟通，其目的是表达情绪，解除内心紧张，征求对方的同情共鸣，确定与对方的人际关系等，主要满足个人精神上的需求。

在企业与组织管理中，意见沟通有着十分重要的作用：

(1) 意见沟通能为团体提供努力工作的方向、资料、情报、知识等外部环境，以及内部信息。任何一个企业部门的生产经营和管理都离不开信息，其产品的畅销、经营好坏与消费者状况、竞争对手、市场动态、成本升降、盈利的增减、工艺改进、技术革新、原料供应、行政立法与政治经济政策的变化等都有关，必须从社会上得到各种确切的消息、信息之后，才能提高企业的生产水平和经济效益。另外，了解团体内部成员的需要，团体成员的工作士气，各部门之间的关系，凝聚力大小，管理效能高低等等，这些内部信息，汇同外部信息一起，是搞好企业科学管理，使决策科学化效能化的重要条件。

(2) 意见沟通是领导者和被领导者之间增进了解和理解的工具。通过沟通对话可以增强领导工作的透明度，帮助员工明确工作任务，理解组织目标，了解具体要求和工作中存在的困难。通过沟通，领导者也能及时了解员工的意见、要求与情感状况。如若意见沟通受阻，彼此之间可能发生隔阂、误解、矛盾、纠纷、互不信任、互不理解的状况，这样必将影响各项工作的正常运转。

(3) 意见沟通是调节人际关系的重要条件。良好的信息沟通保证了意见的交流，使许多独立的人、群体和组织构成一个统一的整体；意见沟通满足人的社会交往与友谊的需要，是人们用以表达思想、感情和态度，寻求同情与友谊的重要手段，不仅有利于人际关系的和谐，而且能解除其内心的烦恼、孤独、压抑与紧张，使人心情愉快、舒畅，有益于身心健康。

(4) 意见沟通可以改变人的态度与行为，能促进企业改革与推行某项决策。信息与意见是影响人的态度和行为变化的外界刺激物。群体成员在不同信息、意见、观念的影响下，能形成不同的态度，并引起不同的行为。

(四) 人类意见沟通的特点

信息交流、意见沟通并非人类特有的现象，但人类的意见沟通同动物相比，有如下主要特点：

(1) 言语交流（书面或者口头）是人类意见沟通的最重要的形式。

(2) 人与人之间的意见交流不仅是信息、消息的交流，也是人的思想、感情、态度、观点的交流。人类意见、信息的含义既丰富又复杂。

(3) 人与人之间的意见沟通过程，心理因素起着重要的作用。在发出者与接收者之间，需要彼此了解对方进行信息交流的动机和目的；需要彼此注意、认知、理解交流信息的含义；需要有相互交流的愿望。而信息交流的结果往往会影响和改变人的心理和行为，从而增进团体成员之间的和谐感情。

（4）在人与人的意见沟通过程中，会出现特殊的障碍。这种障碍不仅是传播信息通道上的失真或编码、译码上的错误，而且包括人所特有的心理障碍。人的知识、经验、态度、观点、个性不同，对同一信息的看法和理解也可能不同。

（5）人与人的意见沟通具有不同的风格。由于每个人的个性差异，其向别人提供有关自己的信息及接受别人的信息程度有明显的差异，另外向别人提供反馈信息的程度也不相同。这两方面的差异可将人际信息沟通划分为五种不同的类型：① 自我克制型，善于克制自己，不肯轻易流露感情。② 自我防守型，善于保护自己，较敏感，一旦接受他人信息立即反馈。③ 自我暴露型，性格外露，不善伪装，也易接受外界信息，反馈程度低。④ 自我谈判型，是较稳重的中间类型。⑤ 自我实现型，反应灵敏，积极主动，反馈程度高。

二、意见沟通的方式（或种类）

意见沟通的方式很多，都有不同的划分标准与特点，在管理过程中，应根据实际情况，选择合适的沟通方式。

1. 不同层次的沟通方式

从组织层次的观点出发可分为三种沟通方式：

（1）个人与个人的沟通。这是团体内部成员之间或者内部成员与外部成员之间个人与个人的信息交流。

（2）个人与团体的沟通。即一人对多人的信息交流，如经理向董事会作业务报告，车间主任向全体成员作年度总结等。

（3）团体与团体的沟通。团体之间的意见沟通。对于团体之间互相了解对方的情况，协调团体间的合作关系，采取对策以便在竞争中求生存发展都有重要作用。团体对团体的沟通通常由各自的领导者或代表组成代表团，通过协商、谈判、友好访问等方式进行。

2. 单向沟通和双向沟通

从信息沟通的方向，地位有无转移上看，可分单向沟通和双向沟通两种。

（1）单向沟通，即指发出信息者与接收信息者的方向位置不变，双方无论在语言上还是在表情动作上都不存在反馈信息，如发指示、下命令、电视授课、广播演讲与报告等都带有单向沟通的性质。

（2）双向沟通即指发出信息者与接收信息者的位置不断变化。发出信息者以协商、讨论或征求意见的方式面对接收信息者，信息发出后，又立即得到反馈。有时双方位置互换多次，直到双方共同明确为止。谈心会、座谈会、对话会等都属双向沟通。

单向沟通与双向沟通哪种效率高呢？美国管理心理学家莱维特在1959年曾设计实验研究这一课题。其实验结果得出下列几点结论：① 从速度看，单向沟通比双向沟通的速度快。② 从内容正确性看，双向沟通比单向沟通准确。③ 从沟通程序上看，单向沟通安静、规矩，双向沟通混乱、无秩序。④ 双向沟通中，接收信息者对自己的判断有信心、有把握，但对发出信息者有较大的心理压力，因为随时会受到接收信息者的发问、批评与挑剔。⑤ 单向沟通需要较多的计划性；双向沟通无法事先计划，需要当场判断与决策能力。⑥ 双向沟通可以增进彼此了解，建立良好的人际关系。

可见，单向沟通与双向沟通各有所长，到底采取哪种方式应视不同情况而定。一般来说，快速沟通以单向沟通较好；准确沟通以双向沟通有利；简单工作以单向沟通较好；复杂而陌生的问题则双向沟通效果较好。

3. 上向沟通、下向沟通及平行沟通

从组织结构和信息流动方向上看，有上向沟通、下向沟通、平行沟通三种。

上向沟通是纵向沟通的一种方式，是团体成员通过组织系统直接向该团体领导者或高级领导者传递情报，反映意见的一种方式；基层管理人员或领导者向高级领导者汇报情况，交流信息也是这种沟通方式。员工通过上向沟通向领导反映意见，获得心理上的满足；领导与管理者可以了解群体内部信息，改善企业的管理；还可以使领导者与员工之间建立良好的关系。

下向沟通主要指团体领导者、管理者对员工进行的信息沟通。下向沟通的任务主要有：指示组织目标和工作方针；指派工作计划、工作项目和程序；发布任免事项，提出处理意见；对员工进行思想政治教育。

领导者与管理人员向下级沟通时，应注意以下几点：向下级提供新信息、新消息，以引起员工的兴趣；充分注意下级的情绪，调动员工的积极性；发扬民主作风，不搞专制独裁，不搞一言堂；讲究沟通艺术，说有风趣、生动，有教育性的短话，实话等。

平行沟通是指在组织系统中，层次相当的个人及群体之间所进行的信息传递和交流。平行沟通可使办事程序手续简化，节省时间，提高效率；企业内部相互了解，培养整体观念及团体合作精神；可以增强员工之间、群体之间互谅互让的精神，培养友谊感；可以满足员工的社会需要，提高工作兴趣，改善工作态度。平行沟通可能在同级领导者之间、平行群体之间进行，也可能在普通群体成员或员工之间进行；既可用正式沟通的方式（如群体内部的协商会、联席会议、调度会议，群体外部的公函来往，谈判与协商会等），也可用非正式沟通的方式（如私人聚会交谈、娱乐式的沟通等）。

4. 口头言语沟通和书面言语沟通

依据沟通工具来划分，意见沟通方式有言语沟通与非言语沟通。其中言语沟通又分为口头言语沟通和书面言语沟通。

口头言语沟通的形式很多，包括会议、讨论、报告、谈话、广播、电话洽谈等方式。

其优点是沟通双方有亲切感；可以通过语音、语调、停顿、表情等进行感情交流，增加沟通效果；具有迅速、主动、立即反馈、双向沟通的特点；口头沟通方式有弹性，可以随机应变，双方能充分地交换意见，能当面提出并回答问题。其缺点是由于随机性强，可能抓不住重点；陌生人交谈造成心理紧张与压力；口说无凭，其权威性小一些。因此，要求沟通的双方心理不要太紧张，口齿清楚，言语简练，发表意见能抓住重点，要有谈话的诚意和技巧，否则会降低沟通的效果。

书面言语沟通的形式也很多，包括布告、通知、备忘录、文件、刊物、书信、电报、书面总结、调查报告等方式进行的信息交流。其优点是具有一定的严肃性、规范性、权威性；准确性高，不容易在传达中被歪曲；可以作为档案材料和参考资料，以及正式交换文件长期保存；比口头表达能更为详细地供接受者慢慢阅读，细细领会。其缺点是沟通不灵活，感情因素少一些，对文字能力要求较高。

有人曾对大学生、建筑工人、商业店员分别用不同沟通方式传递信息，再测效果。沟通方式中，口述与书面并用最优，再次之是口述、书面公告栏，效果最差的是口述法。传统的管理多偏重于书面的沟通；现代管理中，口头言语沟通受到重视，书面沟通仍是一种重要方式。但采用书面沟通方式，应注意文章的可读性、规范性、清晰性、逻辑性、条理性、可懂性和理解性。

非言语沟通主要指表情与动作的交流，人们常通过各种手势、目光接触与对视、面部表情、身段表情等来交流信息与感情。也有人称此为身体语言的沟通。

三、意见沟通网络研究

在正式群体中，人与人之间的信息交流过程产生了沟通通道，由两个或两个以上沟通通道组成的结构形式称为沟通网络。一般来说，意见沟通网络可划分为五种基本类型，即轮式、链式、环式、全渠道式、Y 式等。五种基本沟通网络各有其优点和缺点，其对活动效率有不同影响（见表 8－1）。

表 8－1　　不同类型沟通网络对群体行为的影响

网络类型	传播信息速率	解决问题难易程度	团体作业组织化程度	领导人产生	士气与满意感	对工作变化弹性
轮式	快	简单问题效率高	迅速产生组织化并稳定	非常显著	很低	慢
链式	较快	简单问题效率中等	慢慢产生组织化并稳定	比较显著	低	慢
环式	慢	复杂问题中等有效	不易产生组织化	不发生	高	快

续表

网络类型	传播信息速率	解决问题难易程度	团体作业组织化程度	领导人产生	士气与满意感	对工作变化弹性
全渠道式	很慢	复杂问题最有效	不易产生组织化	不发生	很高	快
Y 式	较快	简单问题效率高；复杂问题效率低	产生组织化并稳定	显著	较低	慢

轮式沟通是有信息汇集点与传播中心的控制型网络。这种网络集中化程度高，领导核心明显；除核心人物全面了解情况外，其余成员消息闭塞，很难达到心理满足，因而士气低；对解决简单问题，工作速度快，准确性高，效率高，解决复杂问题效率低；是抢时间，争速度，控制型的沟通网络。

链式网络在组织系统中，相当于一个纵向沟通网络，代表五级层次的逐级传递方式，信息可以自上而下或者自下而上地传播。其传播速度解决问题较快，准确性较高，领导者的地位、作用比较明显，但士气低，适应变化慢，比较适合解决简单问题。

环式网络是链式网络的一个封闭式控制结构。其工作速度慢，集中化程度以及何人将成为团体领导人的预测程度偏低，群体成员具有一致的满意程度，群体士气高昂，适应工作变化较快，解决复杂问题中等有效。

全渠道式网络是一个民主气氛很浓或合作精神很强的群体或委员会之类的组织结构采取的沟通网络。各沟通者之间是全面开放式的沟通。团体士气很高，合作气氛浓，人际关系融洽，适合于解决复杂的问题。

Y 式沟通是兼有链式、轮式特点的沟通网络，只有成员位于沟通的核心，成为沟通的中间媒介；解决简单问题效率高，解决复杂问题效率低；传递信息速度较快；是逐级管理沟通方式，员工满意程度不高，士气较低。

以上五种，链式沟通网络传递信息的速度最快；环式沟通网络能提高组织的士气；轮式解决简单问题时效率最高，而在解决复杂问题时，则环式和全渠道式较为有效，“Y”式兼有轮式和链式的优缺点，但成员的满意度较低。

四、意见沟通的障碍及其解除

（一）造成沟通障碍的主要因素

在组织管理中，意见沟通往往受多种因素的干扰。

1. 语言表达、交流和理解造成的意见沟通障碍

语言是人们交流思想、沟通信息的重要工具。人们通过语言、文字及其他符号，可以把思想观念转换（编码）为信息进行沟通，但语言使用不当会造成意见沟通的障碍。如信息发出者口齿不清楚，文理不通顺，使用非规范化的语言（方言、土语用词不当、生造字词）等都可能使对方听不懂或不理解；另外信息接收者由于注意、认知、思维及经验水平等原因，不能正确地接受与理解对方的意见、意图和精神，也同样会造成沟通上的障碍。

2. 群体成员对人对事的态度、观点和信念不同，思想感情的差异以及个性差异，也会造成意见沟通在心理与思想感情上的障碍

如在向上级反映情况时，投其所好，夸大成绩，缩小缺点，报喜不报忧，故意欺上瞒下，造成上下级之间的沟通障碍。下级对某一上级抱有好感，就容易接受这位上级的指示和要求；反之，就会大打折扣。一个诚实正直、以身作则的领导者，其下达的工作意见与指示，容易被员工信任接受；而品格低劣、作风差的领导者传达的意见，员工不会轻易相信，也不会轻易接受。情绪镇定者对信息理解较正确，性情暴躁者可能引起沟通障碍。

3. 距离障碍、组织结构障碍及沟通方式的障碍

沟通双方距离太远，接触机会少，频率低，因而交往与信息沟通会发生障碍。双方社会背景的差异，会造成社会距离和心理距离的扩大，也会引起沟通的障碍。组织机构庞大，层次太多，会影响信息沟通的及时性或真实性。

（二）意见沟通障碍的解除

意见沟通障碍的解除，必须由传达信息者与接收者双方共同努力。

1. 提高沟通的心理水平

要想解除意见沟通的障碍必须注意以下心理因素的作用：

（1）感知认真，注意力集中，有助于信息准确而又及时地传递和接受，避免信息错传和接受时减少信息的损失；

（2）增强记忆准确度是消除意见沟通障碍的有效心理措施，记忆准确度高的人，传递信息可靠，接受信息也准确；

（3）提高思维能力和水平是提高沟通效果的重要心理因素，强的思维能力和高水平对于正确地传递、接受和理解信息，有密切的关系；

（4）培养稳定情绪和良好的心理气氛，有助于人们心平气和地传递信息和正确地判断信息，避免因偏激而歪曲信息。

2. 正确地运用语言文字

运用语言文字是否得当，直接影响沟通的效果。在意见沟通中，正确运用语言文字应注意以下方面：

（1）要真挚动人，具有感染性，有吸引力，有利于从感情上激励对方；

（2）意义要明确，不要拖泥带水，不要模棱两可，以免沟通时产生误解；

（3）要做到措词得当，通俗易懂，不要滥用辞藻，力戒空话、套话、大话，非专业性沟通，少用专业性术语；

（4）要借助手势语言和表情动作，以增强沟通的生动性和形象性，使对方容易理解与接受；

（5）尽量使用短句，有利于意见的沟通；

（6）叙事说理，力求言之有据，条理清楚，富有逻辑性；

（7）注意净化语言文字，努力做到语言优美，说话和气；

（8）说话时把握节奏、轻重、停顿、语气要得当，必要时应该重复；

（9）交谈时人称要明确合适，否则会造成误解；

（10）尽量使用规范化的语言文字，少用土语、方言。

3. 学会有效的聆听方法

有效聆听是克服沟通障碍的重要条件。戴维斯（Davis）曾列举有效聆听的十大要点：

（1）少讲多听，不要打断对方的讲话；

（2）交谈轻松、舒适，消除拘谨不安情绪；

（3）表示有交谈的兴趣，不要冷淡或不耐烦；

（4）尽可能排除外界干扰；

（5）站在对方立场上考虑问题，表现出对对方的同情；

（6）要有耐性，不要插话；

（7）要控制情绪，保持冷静；

（8）不要妄加批评和争论；

（9）提出问题，以显示自己充分聆听和求甚解的心理；

（10）仍是少讲多听。

4. 学会有效沟通的方法与艺术

良好的沟通应注意下列问题：

（1）选择适当的交谈地点，严肃庄重的内容应在会议室、办公室谈，亲切的内容可以边散步边交谈，求助人的内容可到家拜访中交谈；

（2）交谈时间要适当，既不要仓促草率，也不要马拉松式；

（3）交谈主题内容明确，不要扯得太远；

（4）交谈气氛应亲切、平等、诚恳；

（5）交谈结束时，要有礼貌地告辞。

美国管理协会曾提出如下改善沟通的建议：

（1）沟通前先将沟通内容与概念澄清；

（2）检查并确定沟通的真正目的；

（3）应注意考虑沟通时的一切环境因素；
（4）计划沟通内容时，应尽可能取得他人的意见；
（5）沟通时应注意语调；
（6）尽量传递有利的信息；
（7）应有必要反馈信息；
（8）沟通不应忽视长远目标，应着眼于未来；
（9）言行一致，表里如一；
（10）应学会聆听，成为一位“好听众”。

第二节　群体的冲突

一、冲突的概念及性质

（一）冲突的定义

冲突（Conflict）是我们日常生活中很正常的一部分。有关冲突的定义非常多。所谓冲突是指两种目标的互不相容和互相排斥激化的表现。冲突必须是双方感知到的，实际上是否感受到冲突是一个感知问题。若根本未意识到，常常会认为冲突不存在。

（二）冲突的性质

由于冲突的定义各异，对冲突的性质也有不同的看法。有人认为，冲突应仅限于有意的行为，即是有预谋的。但当实际的行为引起矛盾时，无论它起初是否有意，实质上都已构成了冲突。还有人认为，冲突应指公开的行为，即只有产生外在的对抗才构成冲突。然而，当出现观念上的对抗时，问题已经存在，外部行为只不过是冲突所采取的一种表现形式而已。事实上，组织内的冲突主要有建设性冲突和破坏性冲突。

1. 建设性冲突

建设性冲突是指双方目标一致，只是由于认识手段不同而引发的冲突。其特点主要有：

（1）双方都关心实现共同目标；
（2）彼此愿意了解和听取对方的意见和观点；
（3）大家都以争论问题为中心，互相交换情况和信息。

建设性冲突的存在有利于促进组织健康发展，鼓舞人的进取心，成为有积极作用的动力。

2. 破坏性冲突

破坏性冲突是指双方目标不一致而引发的冲突。其特点主要有：

（1）双方对自己的观点都相当自信；

（2）不愿听取对方的意见和观点；

（3）由对问题的争论转为互相攻击和对立；

（4）互相交换意见的次数减少，乃至完全停止。

破坏性冲突是消极的，它会破坏原已建立起的良好的人际关系，严重影响着成员间的感情，影响组织目标的实现。

二、冲突观念的变迁

在组织和群体中，冲突的作用也是“相互冲突的”。一种观点认为必须避免冲突，因为它的出现表明群体内的功能失调，我们称其为传统观点；另一种观点认为冲突是任何群体与生俱来的、不可能避免的结果，但它并不一定是坏的，它有着对群体工作绩效产生积极影响的潜在可能性，我们称其为人际关系观点；第三种观点代表着当代思想，它认为冲突不仅可以成为群体内的积极动力，实际上某些冲突对于有效的群体工作来说是必不可少的，我们把这种思想称为相互作用观点。

1. 传统观点

冲突的早期观点认为，所有的冲突都是不良的、消极的，它常常作为暴乱、破坏、非理性的同义词。在这里，冲突是有害的，是应该避免的。

在20世纪三四十年代，这种看待冲突的传统观点占优势地位，它代表了大多数人的态度。人们认为冲突是功能失调的结果，它出现的原因来自几个方面：沟通不良；人们之间缺乏坦诚和信任；管理者对员工的需要和抱负不敏感。

认为所有冲突都不好的观点给我们提供了一种简单的办法来对待引起冲突的个人行为。为了要避免所有冲突，提高组织和群体的工作绩效，我们就必须仔细了解冲突的原因，并着手纠正这些组织中的功能失调。尽管当代大量研究都提供了强有力的证据驳斥这种认为冲突水平的降低会导致群体工作绩效提高的观点，但很多人依然在使用这种标准来评估冲突情景。

2. 人际关系观点

冲突的人际关系观点认为对于所有群体和组织来说，冲突都是与生俱来的。冲突不可能被彻底消除，有时它还会对群体的工作绩效有益。由于冲突无法避免，人际关系学派建议接纳冲突，使它的存在合理化。20世纪40年代末至70年代中叶，人际关系观点在冲突理论中占据统治地位。

3. 相互作用观点

人际关系观点接纳冲突，而冲突的相互作用观点则鼓励冲突。这一理论观点认为，融洽、和平、安宁、合作的组织容易对变革的需要表现出静止、冷漠和迟钝。因此，它的主要贡献在于：鼓励管理者维持一种冲突的最低水平，这能够使群体保持旺盛的生命力，善于自我批评和不断创新。

从相互作用观点可以看出，认为冲突都是好的或都是坏的的看法显然并不恰当，也不够成熟。冲突是好是坏取决于冲突的类型。具体而言，我们有必要对功能正常和功能失调的冲突进行区分。

三、冲突的过程

冲突的过程可分为四个阶段：潜在的对立或不一致（Potential Opposition）、认知与个性化（Cognition and Personalization）、行为（Behavior）、结果（Outcomes）。

（一）潜在的对立或不一致

冲突的第一阶段是可能产生冲突的条件的酝酿时期。这时出现的情形并不一定导致冲突的发生，但却是冲突发生的必要条件。这些条件包括三类：沟通、结构、个人因素。

1. 由沟通造成的冲突

由沟通造成的冲突主要来自语言表达困难、误解、沟通渠道中的干扰等。一般的看法是：沟通不良是冲突的起因。换句话说，只要我们能好好地沟通，就可以彼此消除误解。然而，这种认识并不完全正确。沟通中的时间因素也是一个不可忽视的变量。有时，充分的沟通可以排解误会，但有时沟通也会耗费时间、延误合作而导致误解。而且，沟通中语言使用不当，方式选择不当，结果会适得其反，妨碍沟通，成为造成冲突的潜在条件。研究表明：太多或太少的沟通，都会导致冲突的产生。

2. 由结构造成的冲突

所谓“结构”包括了团体的大小、分配给员工的工作的专门化程度、权限的明确程度、成员目标的一致性、领导风格、奖酬制度、团体间的相互依赖关系等。研究表明：团体越大，成员的工作越是专门化，引起冲突的可能性就越大；成员年纪越轻，人员流动率越高的团体，冲突的潜在性就越大。领导风格越是独裁、苛刻，对员工的行为进行监督、控制，冲突的潜在可能性就越大。另外，过分追求参与化，也会引发较多的冲突，因为鼓励参与的同时也就鼓励了个体化、多样化。如若奖励方法不公平，必然引起冲突。

3. 由个人因素引起的冲突

个人因素包括个人的价值系统以及可以突出显示个人特性和个体差异的性格。有研究表明：某些性格容易引发冲突，如高权威性、过于独断、低自尊等。值得注意的是，在研究社会冲突时，最重要也最容易被忽视的因素，就是个人价值体现的差异。事实上，偏见的产生、团体中意见的分歧、个人的不公平感等，若用个体价值观的差异来解释是最恰当不过的了。

（二）认知与个性化

随着各种潜在条件的具备、不断恶化、引起挫折并被人所知觉，冲突便会产生，当然，只是知觉还不能表示个人已介入其中，还需要情绪的卷入，人们确实体验到焦虑、紧张甚至挫折感。

（三）行为

当一个人采取行动以阻挠他人实现目标、获取利润时，便进入了第三阶段，即冲突采取了外显的对抗形式。外在冲突可以有各种形式，从最温和的、间接的言语对抗到直接的攻击甚至失去控制的抗争或暴力。一旦冲突表面化，双方会寻找各种处理冲突的方法。有学者认为，处理冲突一般从两个维度上来考虑：一为合作性（Cooperativeness）维度，主要指某一方愿意满足对方需要的程度；另一维度是坚持性（Assertiveness）维度，主要是指某一方坚持满足自己的需要的程度。大致来说，两个维度上的不同程度的表现可以产生五种处理方法：

1. 竞争（Competition）

当一方只追求自己的目标和获取利益而不顾给对方造成影响时，其行为叫做竞争。在正式团体中，非赢即输的生存竞争常导致其只顾满足自己的利益。

2. 统合（Collaboration）

当双方都希望满足自己的需要时，便会合作而寻求对双方都有利的解决方法。这时，双方都着眼于问题，澄清彼此的异同，求同存异，而不是简单地顺应对方的观点。

3. 退避（Avoidance）

当看到冲突时，采取漠不关心的态度或逃避外显的争执或对抗的行为，即为退避。与他人保持距离、划清界限、固守领域，也是一些退避的行为；如若无法采取退缩的行为，还可以压抑、掩饰存在的差异。有时，压抑可能比退缩要好一些，尤其当团体成员之间存在相互依赖、交互作用的关系时。

4. 顺应（Accommodation）

当一方以把对方利益置于自己利益之上的方式来满足对方需要时，便是顺应。显然，为了维持彼此的关系，一方作出了自我牺牲。

5. 妥协（Compromise）

冲突双方都必须放弃部分利益以便能够在一定程度上满足部分需要时，便会达成妥协。这时，谈不上谁是赢者谁是输者，双方都付出代价，也都有所得。

没有哪种处理方法能适用于所有的冲突，要依具体的冲突情境而定。而且每个人都有自己独特的处理冲突的方式或潜在倾向，而且这种方式是相对固定的。

（四）结果

当采取措施处理外显冲突时，就会产生一些结果。可以是良性的，即促进团体绩效，但也可能是恶性的。

有研究表明：冲突可以增进决策质量，激发成员的创造力、兴趣和好奇心；冲突也是挖掘问题和情绪宣泄的良好媒介；同时，冲突也提供了一个自我评价与改善的机会。还有研究发现：决策时，一定的分歧、冲突，有利于发现各种不同的方案，扩大可能性，从而提高决策质量。此外，冲突可以打破团体沉思的僵局，防止不周全的决策出台，对现状提出挑战，增加革新的可能性，甚至直接提高生产力。

当然，冲突也会导致恶性结果。紧张气愤充斥，不满情绪膨胀，团体陷入失控的对立状态，濒于瓦解，绩效则更是无从谈起。

四、冲突的类型

研究人员发现有三种类型：简单冲突、假性冲突、自我冲突。所有冲突几乎都属于沟通冲突，而且通常可以采取某种沟通技巧来加以避免、解决或缓和。有效的冲突管理要求个人作出的反应能够减少对方刻薄的、愤怒的、防御性和刺激性的回应。这一技巧包含了三种反应方式，各自针对三种主要的冲突类型。

当简单冲突出现时，两个或两组人了解彼此的目标，但其中任何一方都无法做到既实现自己的愿望又不致阻碍对方目标的实现。沟通冲突管理的方法就是一种控制和解决简单冲突的方式，它采用特定的反应方式，使冲突保持简单化，推迟双方的相互影响，并将冲突置于共同的非竞争性的环境中。

假性冲突有可能是由于沟通无效而引起的。在某一特定问题上持相同观点的人没能对他们的一致性进行沟通，而误以为他们之间有分歧。假性冲突管理方法是一种消除沟通中的曲解和误会的方法。

当人们在情感上受到困扰以至于危及到他们的自我时，自我冲突就发生了。自我冲突使得人们为了保存颜面而不计代价，靠打败他人来保护自己。自我冲突管理方法具体有：

（1）将人们的注意力集中到相关的、真实的情况上；

（2）鼓励对方也把注意力集中到有关的事实上；

（3）自己停止说话，让对方对冲突和冲突产生的原因进行阐述。

沟通冲突管理技巧试图帮助人们控制他们防御式的反应，从而使他们能够发展而不是损害人际关系。管理沟通冲突的技巧是建立在这样一种观念上，即冲突是不可避免的，没有任何人际关系可以幸免，要完全消除冲突是不可能的。我们需要对它进行管理，人际关系才能得以继续。有时，通过冲突，我们可以学到自己生活中重要的相处方式。冲突也不一定总是有害，只要我们对别人表示出尊重，并且真心诚意地设法控制它，就能很好地处理冲突并能从中获益。

在简单冲突的管理方法中，要友善地对待他人。主要体现在：开诚布公地谈话，不让自己的观点妨碍与他人的相处，对待他人的观点如同对待自己的观点一样。

在假性冲突管理方法中，你对他人的友善可以消除你们之间的误会，一般通过请求对方澄清和表达自己的理解来达到目的。

在自我冲突管理方法中，你对他人的友善体现在不让你的自我迫使你用否定的言辞来回应别人，让对方有表达的机会，协助对方能够描述你们之间存在的冲突。

五、群体冲突的解决

缓和群体冲突的基本原则有两个：第一，必须找出两个或两个以上的群体都能同意的目标；第二，应该建立群体与群体间的沟通联系。

具体的解决冲突的方法有：

1. 设立超级目标

设置超级目标可以使对立的双方减弱冲突，因为他们必须把精力集中到目标的达成上，从而缓解了对立的情绪。

2. 采取行政手段

管理者可以通过改变结构、设置综合领导、妥协、压制冲突、教育、拖延或和平共处以及转移目标来减少冲突。

3. 处理冲突的二维模式

托马斯提出的二维模式是，以“合作”，即满足他人利益为横坐标，以“武断”，即满足自己利益为纵坐标构成的二维空间的模式。托马斯的二维空间模式，有五种处理冲突的方式：

（1）竞争型方式。毫不让步，坚持自己的利益要求。

（2）回避型方式。既不满足对方也不满足自己的利益。

（3）体谅型方式。愿意满足对方的利益需要。

（4）合作型方式。最大限度地满足双方的利益要求。

（5）妥协型方式。这是坚持与合作中的一种中庸之道。

本章小结

在群体中，沟通也是一个极其重要的内容。一个群体的工作效率与发展水平，很大程度上取决于信息的吸收和利用，它在组织、团体的领导和管理工作中，占有重要地位。意见沟通的方式很多，每种方式都有自己的划分标准与特点。意见沟通往往受多种因素干扰，而发生障碍。

冲突也是组织内人际关系矛盾和问题比较激化的形式。冲突的过程可分为潜在阶段、认知与个性化阶段、行为阶段、结果阶段四个阶段。冲突有简单冲突、假性冲突和自我冲突三种类型。

本章从有关群体沟通与群体冲突入手，对信息沟通与冲突等有关问题展开讨论，通过改善沟通，处理冲突，理解沟通与冲突的规律，从而尽可能地消除沟通不畅带来的障碍，以实现有效地管理。

重要概念

群体　　群体规范　　凝聚力　　沟通　　冲突

同步测练与参考答案

一、判断题

1. 双向沟通的优点是“速度快、工作性质简单”；缺点是“准确性差、不易被接受”。
2. 单向沟通的优点是“准确性高、容易被接受”；缺点是“速度慢、发送者压力大”。
3. 快速沟通以单向沟通为好。
4. 沟通网络除链状、环状和 Y 型沟通几种形式外，还有 X 型等形式。
5. 准确沟通以双向沟通为好。
6. 在沟通网络中，没有核心人物的沟通方式是环状沟通。
7. 群体间的冲突增加了各群体内部的内聚力。
8. 轮式和链式解决简单问题时效率最高。
9. 双方目标一致，只是由于认识手段不同而引发的冲突为破坏性冲突。
10. 以争论问题为中心，互相交换情况和信息为建设性冲突。

二、选择题

1. 改善沟通的方法主要有（　　）。

A. 重视单向沟通　　B. 重视面对面的沟通

C. 重视利用附加信息的沟通　　D. 重视双向沟通

2. 预防群体间冲突的方法有（　　）。

A. 设立共同的竞争对象　　B. 设立超级目标

C. 尽量提供各群体互相往来的机会　　D. 尽量避免形成争胜负的局面

3. 冲突的过程主要包括（　　）。

A. 潜在的对立或不一致　　B. 认知和个性化

C. 行为　　D. 结果

4. 造成沟通障碍的主要因素有（　　）。

A. 语义上的障碍　　B. 知识经验水平的限制
C. 知觉的选择性障碍　　D. 心理因素引起的障碍

5. 冲突是指由于两种（　　）的互不相容和互相排斥而引起矛盾激化的现象。
A. 组织　　B. 群体　　C. 利益　　D. 目标

6. 冲突的过程可以分为四个阶段：潜在对立成不一致阶段、认知与个性化阶段、（　　）阶段和结果阶段。
A. 人际交往　　B. 行为　　C. 冲突　　D. 矛盾

7. 按信息沟通是否有地位转移分类，信息沟通可以分为单向沟通和（　　）沟通两类。
A. 双向　　B. 交叉　　C. 多向　　D. 交互

8. 在下列沟通通道中，通道丰富性得分最高的是（　　）。
A. 电话　　B. 备忘录
C. 面对面的交谈　　D. 广告、公告

9. 按沟通者有无地位转移将沟通分为（　　）。
A. 上行沟通　　B. 下行沟通
C. 平行沟通　　D. 单向沟通
E. 双向沟通

10. 反映职权的严格从属关系的沟通是（　　）。
A. 链状沟通　　B. 轮状沟通
C. 环状沟通　　D. Y 型沟通

三、讨论题

1. 什么是群体沟通？沟通的程序有哪些？
2. 什么是群体冲突？影响群体冲突的原因有哪些？
3. 讨论不同类型沟通网络对群体行为的影响。
4. 讨论意见沟通的障碍及其解除。
5. 讨论冲突的过程。
6. 讨论群体冲突的解决。

参考答案

一、1. F　2. F　3. T　4. F　5. T　6. T　7. T　8. T　9. F　10. T

二、1. BCD　2. ABCD　3. ABCD　4. ABCD　5. D　6. B　7. A　8. C　9. DE　10. ABCD

三、略

第四编　组织心理

第九章

CHAPTER NINE

领导行为与管理

学习目标

领导心理的地位是由其特点所决定的。由于领导者所特有的特点以及在企业或组织中特有的地位，他们往往成为企业成败的关键因素。本章就如何培养具有能力的领导者，如何发挥领导者的工作效率等进行探讨，向学生介绍有关领导及领导者的概念、领导的功能以及有关领导研究的一些理论。

重点难点提示

- 领导及领导者的概念和特点
- 领导研究的几种理论
- 领导心理素质的培养

对于任何一个组织，无论是企业、学校还是政府等，领导所起的作用越来越大。组织的成功与失败，很大程度上取决于领导。关于什么是领导，一个卓越的领导应具备什么样的素质等问题将在这一章中作一一介绍。

第一节　领导的一般概述

一、领导、领导者与管理者

（一）领导的概念

关于领导这一概念，在学者们那里有着各种各样的表述，但是领导包含着“影响”的含义是人们公认的。领导（Leadership）是指影响团体，影响他人以达成组织目标的能力。领导只能产生在群体中，一般是群体中对群体活动和信念最有影响力的人成为领导者。一个领导者要倡导各种活动、规定秩序、作出决策并裁决成员之间的争端，还要进行激励，充当鼓动者，要走在任何所倡导的行动的前列。因为群体成员在很大程度上是根据领导的要求和指示，而不是根据其他成员的指示去工作。这些职能是一个领导者对他人产生影响的最一般的标志。

给领导下定义是困难的，但识别和测定谁是领导并不困难。许多研究表明，对于谁是领导，群体内的成员和群体外的观察者的认识是相当一致的。

（二）领导与被领导的关系

领导与被领导的关系反映的是两个人或更多的人之间权力或影响力不均等分配的一种关系。在一个组织或群体中，领导是得到授权影响该组织或群体的人，他与单纯参与群体活动的普通成员是有所区别的。

领导与成员之间这种权力不均等分配的关系，实质上仍然是两者在心理上或经济上的一种交换。

领导人并非孤立存在，要知道自己是否处在领导地位上，只要看看周围有没有人跟随就行了。领导意味着跟随者愿意接受影响，为了实现某一目标，跟随者自愿放弃某些决策自由而服从于领导。如果跟随者不愿放弃决策自由，不能在群体中感到满意，其追随程度自然大打折扣。换言之，领导为了影响下属，就必须满足他们一个或者更多的需要。

领导与被领导之间的关系绝不是单方面的，在这种关系中，领导及其行为既取决于领导者的影响，更取决于被领导者是否接受影响。这种接受包括领导是否赢得下属的支持，下属认为领导是否公平，是否和蔼可亲、受人爱戴，等等。

当然，处于领导地位的人同样能获得经济上和心理上的报酬，比如，有比下属高很多的薪金以及其他经济上的待遇。有时，有些领导职位并没有经济上的报偿，也还是有人愿意承担，并履行领导职责，因为他可以获得心理上的满足。比如，学校球队的队长、学生会主席，企业领导人的一些社会兼职。这意味着不论是否有经济奖酬，领导都赋予个人对别人的影响力或权力，这种权力会使人们产生满足感，因为这使他们能在某种程度上影响他人的福利，更能影响自己的命运。

总之，在群体中为了保持领导地位，领导者必须能使群体成员得到满足；同样，群体也必须满足领导者对权威和声望的需要，而且授予领导者足够的权力达到组织的目标。当二者在心理或经济交换上取得平衡时，领导与被领导的关系才有利于组织目标的实现。

（三）成为领导的途径

成为某个群体领导的途径通常有两条：一是群体之外的人或机构任命；二是由群体选举。被任命的领导和通过选举而自己赢得这个地位的领导者之间有着重大的区别：选出的领导者比任命的领导者更有影响和权威。

在许多情况下，群体并不一定赞成被任命的人取得领导地位，他们不愿承认他的合理性，或者不得不承认，于是在领导与被领导之间产生更大的心理距离。而群体选举的领导则是成员们公认的，他们的领导权因此也会得到群体的承认，其合理性更强。

在大多数的企业管理中，管理职位的获得，有许多是被任命的。任命一个领导，仅仅赋予了他名义和地位，这个领导者只有以某种方式使这个地位真正合理化，才能保证他对群体的影响以及群体对他的认同。一个被任命的领导必须通过证明他的能力，通过广泛的接触和其他一切可行的手段，向下属证明自己的价值，去尽力得到群体的支持，使群体成员信服，接受他成为他们的领导。无疑，被任命的领导的工作难度更大。

二、管理者的概念

领导与管理是有所区别的，因而也就决定领导者与管理者并不总是指同一个人，尽管人们常常把二者混为一谈。领导者与管理者的最大区别在于，管理者有合法地位和正式权力，而领导者可能是非正式任命的，或者并不处于管理岗位上，他们没有正式权力却有正式权力以外的影响力。

有些学者认为领导者和管理者是完全不同的两类人：

第一，管理者以非个人化的态度；而领导者以个人的态度对待目标。

第二，管理者根据自己在事件和决策过程中所扮演的角色与他人发生联系；而领导者以一种更为直觉和移情的方式与他人发生联系。

第三，管理者处理复杂的问题；领导者处理变化的问题。

达到组织的最佳效果，领导和管理同样重要；在理想的情况下，所有的管理者都应当是领导者。因此本章所讨论的有关领导和领导者的问题，都是基于这一理论，即领导者指的是既有管理职权又具备职权以外的影响力的人。

三、领导功能

领导者在领导活动中所表现出来的行为就是领导行为，领导行为的影响和作用表现为领导功能。领导功能表现在团体与组织行为的许多方面。领导者的功能可分组织功能和激励功能两个方面。

（一）组织功能

即建立组织管理机构，科学地组织生产，达成组织目标的功能。

领导的组织功能是要依靠组织管理机构去实现的。领导者在管理大生产时对组织机构的总要求是：清晰的职位层次；流畅的意见沟通；有效的协调合作系统；强有力的指挥中心；高效率的执行机构；准确的信息反馈等。为了有效地管理大生产，发挥组织的功能，还应在组织系统内部建立如下机构。

1. 建立决策中心

决策机构要精干；决策中心的领导关系要明确，不能多头指挥；决策中心的成员要有较高的能力与水平。

2. 建立执行系统

这一机构的条件是执行决策要坚决；要有各种特殊的技能与才干；忠诚于工作与事业；有实干精神，能完成工作任务。

3. 建立有效地控制与监督系统，以及及时畅通的信息反馈系统

实现组织目标是领导者的根本任务与组织功能。为了发挥组织功能，完成组织任务，实现组织目标，领导者必须做到：

（1）对环境进行科学分析，根据企业或组织内部与外部的条件、需要与可能性，制定与设置组织总目标，进行重要的决策。

（2）根据组织总目标可分解为二级、三级、四级分目标；根据战略决策及原则考虑策略计划，包括信息分析、执行方案、预期结果。

（3）为实现企业与组织的目标及决策，领导者应合理地组织和使用人力、物力、财力。

（4）通过组织结构对企业与组织的活动过程进行有效的控制与及时的信息反馈。

（5）建立与健全科学的管理系统。如组织系统与机构、工作制度、规章制度等。

（6）为新的组织目标、战略决策和策略作准备。

（二）激励功能

所谓激励，就是调动人的主动性、积极性、创造性的过程。激励功能是领导者的主要功能之一。组织功能尚可借助他人的知识与能力实现，而领导者的激励功能是不能借助的。任何一个高明的领导者，若不能发挥好激励功能，目标与决策再好，组织再合理，管理再科学化、现代化，也不能很好地实现组织与企业的目标。领导者的激励功能主要包括

以下方面。

1. 职工“参与”激励

通常，个人的目标与组织目标一致性程度低，会影响职工的积极性和团体的士气。领导者的职责就是要将组织目标的实现与职工的个人目标（利益、需要、方向）统一起来。而实行参与式的民主管理，发动职工参与制定目标，进行决策，增加组织目标与决策的透明度，有利于创造出一种良好的组织环境，使职工意识到组织目标与个人目标的一致性。这样可提高职工接受与执行组织目标的自觉性与积极性。

2. 领导者的“榜样”激励

领导者以身作则在职工中起模范带头作用，对于调动职工的积极性也是至关重要的，无论是哪一级领导均是如此。管理实践表明：若领导者自身对组织目标缺乏信心或者缺乏实干精神；或者以权谋私，不忠于职守；或者只埋怨职工，不关心职工，其必然会大大挫伤职工的积极性。领导者带头，作出榜样，职工的积极性才可能得以调动。此外，其他人的榜样也有重要的激励作用。

3. 需要“满足”激励

激励的因素很多，合理地满足职工的多种需要（物质需要、安全需要、精神文化需要、社会交往需要、尊重荣誉需要、劳动成就需要等）是激发被领导者实现组织目标的热情的关键因素。满足职工的需要总的精神是根据职工的贡献与绩效论功行赏，而奖赏要满足职工多层次的需要。具体而言，满足职工的需要要综合分析、合理解决。首先，要分清职工的正当需要与不正当需要的关系，正当的应设法满足，不正当的应说服教育；其次，在正当需要中也有合理与不合理之分，合理的应努力解决，不合理的应说服职工放弃；再次，合理需要中有当前能解决与当前不能解决之分，能解决的应尽力解决，不能解决的，也应讲清原因与情况，使职工心中有数；最后，当前能解决的需要中还有依靠组织解决与职工自己解决之分，前者应采取具体步骤去解决，后者也应创造条件，予以支持，让职工自我解决。

4. 职工素质“提高”激励

职工积极性水平与他们对完成工作任务，实现组织目标的期望水平有关；而职工自身素质的高低，是影响期望水平的一个重要因素。例如职工的知识经验水平、文化素质水平、专业技术水平、能力才干水平以及思想觉悟、心理品质、职业道德等都会影响职工的工作效率与行为效率。而职工素质的提高，除了职工自己努力外，领导者的支持、帮助、关心、激励、培养和使用是重要条件。

除上述激励方法外，前面所涉及的目标激励、期望激励、奖惩激励、内外激励、归因激励、公平激励等，都是重要的激励原则和方法。

第二节　领导的素质和影响力

影响领导者的行为成功和取得绩效的因素很多。这里仅从领导者自我的素质、领导班子的结构、领导者的影响力等方面分析、说明。

一、领导者的素质

所谓领导者的素质是指领导者应具备的基本品质和条件，包括政治品质、思想品质、作风素质，心理品质、身体素质及增效素质等。

（一）品质素质

1. 政治品质

政治品质主要指领导者的基本政治态度、立场和观点。我国是社会主义国家，我们要建立和完善的是社会主义市场经济，我国的企业和各级组织的领导者应具备如下基本的政治品质：

（1）有鲜明的政治态度和坚定的政治立场，即坚决拥护和执行四项基本原则（坚持社会主义方向；坚持中国共产党的领导；坚持马列主义和毛泽东思想；坚持无产阶级专政）。

（2）有严明的政治纪律性，能与党中央在政治上保持一致，坚决拥护与执行党的十一届三中全会以来改革开放的各项方针政策。

（3）有高度的政治责任心，能立志改革，为振兴中华而努力奋斗。

（4）有良好的政治品质，实事求是，光明磊落，不谋私利，不搞宗派，坚持真理，修正错误。

2. 思想品质

（1）在思想方法上，应坚持辩证唯物主义的世界观与方法论。要全面而不要片面地，要本质而不要表面地，要发展而不要静止地，要理论联系实际而不要教条地看待与分析问题，有实事求是的精神。

（2）在思想的实质与核心上，应树立全心全意为人民服务的思想与宗旨，甘当勤务员，绝不以权谋私。

（3）在思想意识上，要有改革意识、创新意识、知难而进的奋斗意识。

（4）在责任意识上，能忠实于自己的工作与事业，有理想、有事业信念，对未来目标的实现充满信心。

（5）在道德意识上，应遵守社会公德，做人要诚实、正直，办事要公道，信守合同，讲信誉。

3. 作风素质

领导者的作风即指领导人在工作上和生活中表现的一种比较稳定的态度和行为方式，也是领导者特有的一种工作风格。领导作风是关系到管理绩效和工作成败的一个重要因素。作为社会主义企业的领导和管理者应具备的作风素质是：

（1）要有理论联系实际的作风，空谈误国，少说空话、假话、大话、套话，实干兴邦，多察实情、办实事、求实效。

（2）要有批评与自我批评的作风，要旗帜鲜明，明辨是非，反对只讲人情、不讲原则的“老好人”和自由主义作风。

（3）要有密切联系群众的作风，做到服务群众，要以人民利益至上，关心群众，要真心实意，有真情实感，谦虚谨慎地向群众学习，坚持走群众路线，反对官僚主义作风。

（4）要有艰苦奋斗、廉洁奉公的作风，做到勤政务实、同甘共苦、廉洁自律、奉公守法。

（5）要有开拓创新、锐意进取的作风，“要用新脑筋来对待新事物”，反对苟同俗流，墨守成规。

（二）心理品质

领导者应具备的心理品质主要有能力素质（智力与特殊能力）和非能力素质（个性特征）。

1. 能力素质

德才兼备是我们选择、使用、考核干部的基本条件与准则。“德”的问题是指领导者的政治品质、思想品质、道德品质与作风品质等。“才”的问题主要指领导者的工作与技术能力、组织与管理能力、决策能力等。

（1）工作与技术能力。领导者应具有通晓主管部门的业务、技术的能力，以及指导工作与生产，解决实际问题的能力。领导者的工作与技术能力具体表现在以下几方面：① 对主管部门的工作、业务、技术很熟练；② 具有对工作与生产各环节进行综合平衡的能力；③ 对综合计划的各个要点能作出正确判断的能力；④ 对工作中可能暴露出来的矛盾，具有预测能力；⑤ 对反馈的信息能及时处理的能力。

（2）组织与管理能力。工作与技术能力是称职领导者的一个条件。精通业务与技术高明不一定是称职的领导者，领导者还必须具备以下组织与管理才能：即计划与规划设计能力；把握整体目标的能力；组织、控制、指挥与协调能力；口头与文字表达能力；用人与授权的能力；开拓与创造的能力；处理人际关系的能力；改革、随机应变与适应环境的能力；意见交流与信息沟通的能力；领会与掌握政策的水平与能力。

（3）决策能力。决策能力也是领导者的重要能力素质之一。组织与企业领导者的领导过程，从某种意义上说是不断决策的过程。决策包括经营决策、管理决策、业务决策、人事决策、战术决策与战略决策等，这些决策直接关系企业的命运和领导者的管理绩效。

决策能力是一种综合性能力，它是由下列能力要素构成的：① 分析与综合问题的能力；② 预测能力；③ 逻辑判断能力；④ 直觉能力；⑤ 当机立断的魄力与能力；⑥ 谋略能力；⑦ 组织团体决策的能力。

上述三种基本能力是每位领导者必须具备的，但是由于职位高低不同，所负职责范围不同而有差异：职位愈高，其工作所需的决策（理念）上的能力愈强，也就是统率全局、综合协调的能力愈多，而技术能力的运用则较少；职位愈低，因其实际支配及指导职工的工作，故工作技术能力需要愈大，同时因负责范围较窄，理念能力需要则略减；不管哪层领导均需组织管理与协调人际关系的能力。

2. 非能力素质（个性素质）

领导者成功的心理品质除上述能力素质外，还有如下个性特征等非能力素质：

（1）领导者的个性倾向。主要包括领导者的需要、动机、兴趣、理想、信念、世界观等。这是领导者个性结构中最活跃的因素，是领导行为的基本动力。高效率的领导者应有多层次的需要，尤其应具有友谊与爱、自尊与受人尊重、自我实现等需要倾向特征；有强烈的进取心、责任心与成就动机；有广泛、持久而稳定的兴趣与爱好；有明确的职业理想、信念与事业心等。

（2）领导者的性格特征，这是领导者个性结构中最核心的成分。良好的性格特性是领导者成功的重要心理条件。领导者应具备的性格特征主要是：主动、独立、敢冒风险与创造精神；合作、团结、谅解与宽容精神；诚实、正直、公道与秉公精神；勤奋、努力、刻苦及上进精神；恒心、毅力、忍耐及坚韧顽强的精神；忠诚、踏实、认真负责的精神等。

（3）领导者的自我调节特征也是领导行为的一个重要条件。这方面的素质主要有自知之明、自信、自律、自制、自强、自尊、自爱等自我认识、自我评价、自我控制的品质。

（三）领导者的增效素质

领导者的增效素质即指能增加领导行为效率的，除基本素质之外的心理条件。一般增效素质有以下几方面：

1. 领导者树立威信

领导者的威信主要依靠以下条件：脚踏实地，工作做出绩效；为人正直、办事与处理问题要做到公开、公正、公道；使用人才，要讲关心、爱护与信任；以身作则，身体力行，严格要求自己，起模范带头作用；坚持真理，能及时修正自己的过失与错误。

2. 有效地宣传与说服

首先，学识渊博，知识面广，说话有科学性；其次，口头或书面言语表达能力强，说话富于逻辑性，生动感人，有吸引力与号召力；再次，能平等待人，态度和蔼，亲切交谈；说话要守信誉，应做到言必信，行必果；另外，还要掌握和运用谈话的艺术与技巧。

3. 运用批评武器提高管理绩效

批评要及时；批评要适可而止；不要轻易当众批评；不要一开始就倾盆大雨；批评人要开诚布公，真诚相待，从团结的愿望出发，经过批评，达到团结的目的；不要算旧账；允许反批评。

4. 协调人际关系增强管理效率

良好的人际关系是一种重要的社会心理素质。领导者要建立良好的人际关系，应该具有谦虚、热情和对人尊敬、信任、礼貌、平等、诚实等心理品质。

二、领导的影响力

领导者能否成功地实施领导，影响力是一个重要因素，否则难以完成组织或团体目标。

（一）什么是影响力

影响力是指一个人与他人交往中，影响和改变他人心理和行为的能力。在人际交往、团体与组织行为中，几乎所有的人都具有影响和改变他人心理和行为活动的能力。由于领导者身居要职，作用特殊，其影响和改变被领导者的心理和行为的能力更强，其意义也更大。

（二）领导影响力的构成

一个领导者是否具有强大而有效的影响力，取决于许多因素，如职务、地位、资历、权力、品格、能力、知识、感情等。这些因素可以归纳为权力性影响力和非权力性影响力两类。

1. 权力性影响力

即强制性影响力。这种影响力是由社会的正式组织与团体赋予个人的职务、地位、权力与资历等构成的。一般来说，掌权者如校长、厂长、经理、行政长官等都有一定的强制性影响力。强制性影响力如威胁力、奖赏力、合法的正统力、规范力、专家力、法人代表力等。有时，非正式团体的领导者也有这种影响力。在特殊情况下，非掌权者也有这种影响力。

德国的官僚集权组织模式的创始人韦伯提出的三种权力形式：(1) 合理—合法的权力（即以“法律”或者“掌权有地位的那些人……发布命令的权力”为基础的）；(2) 传统的权力（即以古老的传统与神圣不可侵犯的信念以及对下级行使权力的人的合法性地位为基础的）；(3) 神授的权力（这是来自早期的恩赐的基督教思想；它是以对个人的明确而特殊的尊严、英雄主义或典范的品格的信仰……为基础的）；(4) 法国著名管理学家法约尔提出的来自职位与等级的职务权威（即下达命令的权力和强制别人服从的职权），均属于带有一定强制性的影响力。

强制性影响力的特点是：(1) 对他人的影响带强迫性，不可抗拒，违抗要遭惩处；(2) 以外部推动力的形式发生作用，对职工的激励作用有一定的限度；(3) 被影响者的心理和行为是被动、服从的，缺乏自觉性、主动性、积极性；(4) 领导者与被领导者之间，可能产生较大的心理距离。

构成权力性影响力的因素有如下三种：

(1) 传统因素。即指人们对领导者的一种传统观念。例如，在封建社会，数千年的社会生活使人们头脑里产生这样的观念，“皇帝是真龙天子，有至高无上的权力，皇帝的话是金口玉言，被称为圣旨，百官与臣民必须绝对服从，不得违抗。”今天人们已不相信皇帝是真龙天子，皇权世袭的制度已被摧毁了，但视领导者为权威的传统观念仍然存在。人们认为领导者不同于普通人，他们有地位、有权威、有才干，比一般人要强得多。这种传统的观念，使人们对领导者产生服从感．并形成某种特定的行为规范。

(2) 职位因素。这是一种社会性因素，职位是一种社会分工，是一个人在组织中的职务与地位。对于领导者来说，社会通过选举、任命、自荐或招聘等方式给予他一定的权力。有了职权，他对下级与职工就产生强制性力量（奖惩、指挥、分配工作、职务升降等）并使下级与职工产生敬畏心理。通常职位越高，权力越大，其影响力也越大。但是，“县官不如现管”，有时顶头上司比高职位者有更直接和更强的影响力。

职位因素的影响力是以法定形式为基础的领导者的强制权力，这种影响力存在于领导者实行领导行为之前。这种影响力虽不以领导者个人的意志为转移，但其影响力的大小、性质与个人的心理品质、才干有密切的关系。

(3) 资历因素。即指领导者的资格、经历与阅历因素。这是一种历史性的因素，反映领导者的历史状况。现实中，人们对资历较深的领导者往往比资历较浅的领导者产生更强的敬重感。从影响力量来看，资历因素是领导者的任职历史因素，也属于强制性的权力影响力范围。老厂长、老经理、老校长、老干部、老首长要比新上任的年轻的领导干部有更强的影响力。

2. 非权力性影响力

也称自然性影响力，这是由领导者自身的素质和行为造成的，是与领导者的权力没有必然联系的影响力。例如领导者对下级的喜爱与赞赏，关心与体贴，支持与帮助，亲切与友好，尊重与信任，态度和蔼与谦逊等；对工作与事业的抱负与信心，实干与热情，秉公与廉洁，公道与公正等属于这类影响力。即便是一个普通的人（非领导者），也有这种影响力。

这种影响力有如下特点：这种影响力是自然性的，而非权力性的；这种影响力不是单纯外部动力，而是职工在心悦诚服的心理基础上，自觉地、自愿地接受影响的过程；领导者与被领导者关系和谐、心理相融；比权力性影响力有更强的、更持久的影响力量。

自然影响力的基本要素有品格、才能、知识、感情等。

（1）品格因素。这是领导者的本质性因素。领导者的品格主要包括道德、品行、性格、作风等。品格主要表现在领导者的心理活动与言行之中。"身教重于言教"、"榜样的力量是无穷的"，具有高尚品格的领导者，如周恩来总理、焦裕禄、张鸣歧、孔繁森等，容易使群众产生敬重感，并诱发他们去模仿与认同，从而产生更巨大的号召力、动员力、说服力与影响力。品格不好的领导者无论其职务多高、资历多深，也会威信扫地而失去影响力。可见品格因素是领导者影响力的重要成分。它既是选择领导干部的重要标准之一，也是领导者自我修养的重要内容。

（2）才能因素。即指领导者的聪明才智和工作能力、专业能力。这是构成领导者非权力影响力的又一重要因素。这是领导者能否胜任领导职务与能否完成领导工作的重要心理条件之一。领导才能是在实践中形成并表现在实践之中的，所以它是领导者的实践性因素。

领导者的才能主要指组织管理才能、专业技术才能和决策能力。当然，也包括一个人的业余专长与才能（如绘画、书法、音乐、体育、棋艺等）。这些均会增强职工对领导者的敬佩感，从而产生较强的吸引力，提高影响力。

品格与才能因素结合，领导者德才兼备，能产生更强烈的影响力。

（3）知识因素。知识是人类社会历史经验的总结和概括。知识本身就是一种力量，是科学赋予的一种力量。现代化大生产对知识有更高的要求，尊重知识、尊重有知识的人才，是现代管理的一个重要特点。

领导者的知识是科学性因素。具有丰富科学知识的领导者在指导工作、宣传、沟通群众关系时，容易取得职工的信任，使大家产生一种信赖感，影响力必然会增强。

一个企业、学校、科研与行政部门的领导者不仅要有专业知识（包括专业技能），还要有管理方面的知识与能力，以及社会心理学、组织管理心理等方面的知识。这些是使领导者的影响力带有科学性和取得职工信任的重要因素。不仅如此，即使像体育、音乐、绘画等知识也有助于领导者的人际交往，增强影响力。可见，领导干部的专业化与知识化，是选拔领导人才的一个重要条件。

知识与才能结合，能使领导者产生更强大的影响力。

（4）感情因素。感情是人对客观对象好恶亲疏倾向的内心体验，是情绪与情感的一种提法。人与人之间，领导者与被领导者之间感情亲密，关系融洽，心理距离小，则相互之间吸引力就大，彼此之间的影响力、感染力就强。

领导者待人和蔼可亲，能体贴关心下级，作职工的知心朋友，则职工对该领导会产生亲切感，容易接受其帮助，听信其劝告，服从其领导与指挥管理。这样，领导者的影响力会大大增强。相反，领导者态度生硬，感情冷漠，与职工在心理上产生排斥与对抗，有较大的距离，职工敬而远之，其影响力就会急剧下降，甚至降到负值。

综上所述，领导者的影响力因素可概括为表 9－1。

表 9－1　领导影响力因素表

分　类	因　素	性　质	心理影响
权力性	传统因素	观念性	服从感
	职位因素	社会性	敬畏感
	资历因素	历史性	敬重感
非权力性	品格因素	本质性	敬爱感
	才能因素	实践性	敬佩感
	知识因素	科学性	信赖感
	感情因素	精神性	亲切感

（三）怎样提高领导者的影响力

在领导者影响力诸因素中，从激励作用来看，非权力因素起主导而较长久的作用；权力性因素起次要而短暂的作用。从工作动力与效率来看，有时可能非权力性因素起作用大，有时可能权力性因素起作用大。在这两类影响力中，相互也会发生影响。通常，领导者权力性因素作用大小，受非权力性因素的影响。如果领导者的非权力影响水平高，则对权力性影响起增力作用，反之，起减力作用。

1. 提高领导者影响力水平的关键是提高领导者的非权力性影响力水平

要做到这点领导者应从如下几个环节入手：

（1）应加强自我意识与品格修养，做到言行一致，以身作则，正直公道，品德高尚，关心他人，团结同志，作风正派，秉公自律，为政清廉。

（2）不断学习马列主义理论知识、专业知识、市场经济与管理知识、现代信息与计算机知识、教育、心理及其他科学知识，注意知识更新和扩大自己的知识面，提高自己的科技、文化、知识素养。

（3）在实践中加强锻炼，提高自己的能力水平。包括抽象思维能力、决策与创造能力；具体智慧能力、专业技术与操作能力；社会智慧能力、社会交往、社会适应与管理能力等。

（4）密切联系群众，注意高尚情操的修养，学会关心人、体贴人、爱护人、帮助人，同大家建立亲切而深厚、真挚的感情；要矫正见物不见人、高傲自负、态度生硬、以势压人、对人冷漠的心理与行为。

在上述诸因素中，尤其要注意品德与才能的修养，德才兼备是领导干部的重要条件，也是提高影响力的重要因素。不仅领导者自身要加强这方面的修养，上级领导与上级主管部门在选拔、招聘、培养、考核、晋升时也应注意这些因素。

2. 正确使用权力性影响力

即通过政策、程序、规定、决策和命令等方式正确行使职权。要做到正确使用职权，领导者必须注意以下问题：

（1）在使用职权时，要态度审慎，执法公正严明，不要专制独裁、滥用职权；

（2）要秉公自律，为政清廉，赏不避仇，罚不避亲，不以权谋私；

（3）要善于用人授权，大权集中，小权分散，不搞专权独断；

（4）领导者要深入实际，调查研究，亲自动手，具体指导；

（5）要虚心听取意见，接受组织和群众的监督。

3. 形成良好的社会心理环境与和谐的组织气氛，增强权力性影响力与非权力性影响力的效能

提高影响力不仅仅是对领导者直接的要求，还包括被领导者的状况及环境因素。例如，提高被领导者的心理水平，使组织目标、团体目标与个人目标一致起来；增强团体的信息沟通与意见交流；和谐人际关系；形成正确的舆论和团体风气等都有助于提高领导者的影响力水平。

4. 遵循领导的法则，使领导发挥成功的影响力的作用

领导法则除前面各章所讲的组织原则、管理原则之外，这里以人际关系理论为主流，应注意如下几点：坚持人格平等、互敬互谅、尊重人格的原则；切实坚持整体、公开、公平、互利的原则；建立完整的沟通网络的原则；坚持积极激励、使职工奋发上进的原则；坚持民主参与的原则；坚持相互领导的原则等。

第三节　领导理论

一、领导有效性的特性理论

特性研究的途径是一种最古老的研究途径，特性理论研究的是领导者的个性。已有许多心理学家对此进行了长期的探索。根据他们对领导特性的来源所作的不同解释，我们可以把特性理论分为：传统特性理论和现代特性理论。

（一）传统特性理论

这种理论认为领导者的特性是生而具有的，生而不具有这种领导特性的人就不能当领导。

为了寻求天生的领导者，为了尽早发现那些生来就注定当领导的人，许多心理学家对社会上成功的和不成功的领导者进行了深入调查，试图找出天才的领导者所具有的个体特性。例如吉普（Gibb，1969 年）的研究认为天才的领导者应该具有：善言；外表英俊潇

洒；智力过人；具有自信心；心理健康；有支配他人的趋向；外向而敏感。斯托格狄尔等人认为领导者的先天特性应为：善良；可靠；勇敢；责任心强；有胆略；力求革新进步；直率；自律；有理想；良好的人际关系；风度优雅；乐观；身体健壮；智力过人；有组织能力；有判断力。

但通过几十年研究和实践，许多人对传统特性研究提出了种种异议，主要有：

（1）各国心理学家所提出的天才领导者的个人特性范围广泛，有几十种，甚至几百种。这些特性之间不但相关性不大，而且常常互相矛盾。例如，有人认为领导者应该属于粘液质，具有理智冷静的头脑；有人则认为领导者应该属于多血质，具有热情灵活等特点。

（2）在研究领导者与被领导者、成功的领导者与不成功的领导者的差别时发现，他们的特性之间只存在量的差别，而没有质的差别。例如，斯托格狄尔 1948 年研究了 19 个成功的领导者，其中有 11 个人比一般人情绪稳定，有 3 个人情绪不稳定，还有 5 个人情绪稳定性与普通人相同。

（3）社会中，许多具有天才领导特性的人实际上并没有当领导者。

由于在传统的特性研究中出现了上述种种问题，使许多心理学家逐渐体会到在领导特性问题的研究中，遗传决定论的观点是错误的，应该抛弃这种唯心主义的观点。

（二）现代特性理论

现代人认为领导是一种动态的过程，领导者的特性和品质是在实践中形成的，可以通过训练和培养加以造就。

为了满足实际工作需要，选择领导要有明确的标准，培训领导要有具体的方向，考核领导要有严格的指标。各国心理学家分别根据本国的具体条件，研究领导者应该具备的个人特性，并提出了合格的领导者应该具备的特性条件。

如日本企业界要求领导者应当具有以下 10 项品德、10 项能力：

10 项品德为：使命感、责任感、信赖性、积极性、忠诚老实、进取心、忍耐性、公平、热情、勇气。

10 项能力为：思维决定能力、规划能力、判断能力、创造能力、洞察能力、劝说能力、理解能力、解决问题能力、培养下级能力、调动积极性能力。

美国企业界提出企业家应该具有的 10 大条件为：

（1）合作精神：能赢得人们的合作，愿与其他人一起工作，对人不是压服，而是感化和说服。

（2）决策才能：依据事实而非依据想象进行决策，具有高瞻远瞩的能力。

（3）组织能力：能发挥部属的才能，善于组织人力、物力和财力。

（4）精于授权：能大权独揽，小权分散，抓住大事，把小事分给下属。

（5）善于应变：能权宜通达，机动进取，不抱残守缺，不墨守成规。

（6）勇于负责：对上级、下级、产品用户及整个社会抱有高度责任心。

（7）敢于求新：对新事物、新环境、新观念具有敏锐的感受能力。

（8）敢担风险：对企业发展中不景气的风险敢于承担，有改变企业面貌、创造新局面的雄心和信心。

（9）尊重他人：重视和采纳别人的意见，不武断狂妄。

（10）品德超人：品德为社会人士、企业职工所敬仰。

二、领导有效性的行为理论

对于领导行为，从前面所介绍的人性假设及其相应的管理策略中不难推测到。经济人和泰勒的科学管理，被称作是“考虑工作”的时代；社会人和梅约的人际关系理论，则是“考虑人”的时代。在以这两种人性观建立起的管理秩序中，管理者的领导行为被典型地划分为两个维度：关心工作和关心人。尽管研究者对领导行为有不同的称谓，但它们都可以被放置在“关心工作”和“关心人”两类行为的框架下（见表9－2）。

早期的领导行为理论，确立了领导行为的两个独立维度，并试图说明两个维度在管理者身上的不同组合可以形成的不同的行为风格，并认为不同的行为风格会导致不同的领导绩效。

表9－2　　不同学者对领导行为的研究及其称谓

年　代	理论或模型	研究者	“关心人”	“关心工作”
1945	领导行为	俄亥俄州立大学	关怀维度	结构维度
1956	四分图	密执安大学	员工导向	生产导向
1961	领导系统论	利克特	支持关系的原则	高绩效目标
1964	管理方格论	布莱克、莫顿	关心员工	关心生产
1965	PM 理论	三隅二不二	团体维系	目标达成
1967	费德勒模型	费德勒	关系取向	任务取向
20 世纪 60 年代	情境领导理论	赫塞、布兰查德	支持行为	指导行为
1973	领导者参与模型	弗罗姆、耶顿	磋商的	专制的

权变理论进一步发展了行为理论。尽管它没有扩大和丰富领导行为的内容，但它反对管理者的领导行为一成不变，并试图解决在什么情况下，什么样的行为风格才更有效的问题。

（一）领导行为四分图

1945年，美国俄亥俄州立大学工商企业研究所，在斯多蒂尔和沙特尔（Stogdill &

Shartle）两位教授的领导下开展了一项范围广泛的关于领导问题的调查。1956 年，在充分研究统计了 1 000 多种刻画领导行为的问题和收集到的被调查人的反应之后，提出领导行为的两个维度，它们是关心人和抓组织，或称“关怀维度”（以人际关系为中心）和“结构维度”（以工作为中心）。同一位领导人可能这一方面的比重大，而另一方面的比重小，通常是两方面兼而有之的一个综合体。这两种因素不是互相排斥的，可以而且应该把它们结合起来。他们首创用两根轴线的图示法来表示领导行为，画出了表示这两个维度多种结合情况的四分图。用这样的维度进行划分，非常容易地把任何一个领导者的行为投影于一个四分图上，而确定四种行为类型。

关怀维度指的是领导者尊重和关心下属的看法和情感，更愿意与下属建立相互信任的工作关系。关怀的行为表现为，帮助下属解决个人问题，友善而平易近人，待人公平，十分关心下属的生活、健康和工作满意感等问题。

结构维度指的是领导者更愿意界定自己和下属的工作任务和角色，以完成组织目标。这样的行为包括：向下属分派具体任务，规定工作绩效标准，强调工作期限，明确职责和关系，建立信息沟通的途径，等等。

进一步的研究发现，两个维度的行为表现均高（高关怀—高结构）的领导者，常常比另三种类型的领导者更能使下属取得高工作绩效和高满意度。但在以常规性任务为主的生产部门，高结构与生产效率呈正比，高关怀则与生产效率成反比；而在非生产性部门，情况正相反。

密执安大学的研究中心也把领导行为分为两个维度：员工导向和生产导向。员工导向的行为重视员工的需要和人际关系，生产导向的行为更强调工作及其完成情况，把人员看作是达到目标的手段。这一研究还证明，具有员工导向的管理者能使工作群体达到更高的工作绩效，从旷工、事故、人员流动、工作满意等方面，“关心人”都是更有效的领导行为。

（二）管理方格

美国行为科学家布莱克和莫顿等人于 1964 年提出管理方格论。认为组织中的领导方式，存在着“对人的关心”和“对生产的关心”两种不同的结合。他们提出的管理方格法，主要是为了避免在组织管理的领导中趋于极端的方式，即或者是科学管理，或者是人际关系；或者以生产为中心，或者以人为中心；或者以 X 理论为依据，或者以 Y 理论为依据。应该采取各种综合的领导方式。布莱克和莫顿把“关心人”和“关心工作”两个维度各细分出 9 个等级，用坐标线划出，在四分图的基础上可以得出 81 个方格，每个方格都代表了一种领导行为的风格，而每一种领导风格都可以用它的横坐标和纵坐标的数值来表示。比如（1，9）是指高关心员工，低关心工作的领导行为——乡村俱乐部式的管理；（9，1）则是高关心工作，低关心员工的领导行为——权威式的管理；（1，1）关心工作和关心员工的行为都很低的领导行为——无为而治式管理；（9，9）对工作和员工都高度关心的领导行为——团队式管理；（5，5）保持必需的对工作和员工的关心——中间型管理。

布莱克和莫顿通过自己的研究认为，（9，9）型管理者的工作效果最佳。因为它是最完善的管理方式，这种风格的领导者不仅使群体可以在竞争中获得成功，而且能激发员工的创造热情，发挥个人的能力。当然，一个领导者同时重视“工作”和“人”两个方面是很不容易的，然而通过有意识的培训则可以帮助领导实现（9，9）型管理。

管理方格在对领导行为和风格的区别上有了进一步的发展，但遗憾的是，它未能证明（9，9）管理风格在所有情况下都是最有效的。

（三）PM 理论

这是由日本大阪大学三隅二不二教授在20世纪60年代提出的一种行为理论，他把领导行为的两个维度之一称之为“目标达成”,包括计划工作和对完成工作任务施加压力；另一个是“团体维系”,主要是强化、维系和关心集体。

在 PM 理论中，同样根据两种行为的组合而确立4种类型的领导者，相比之下，PM型的领导绩效最好。此外，这一理论的特色在于，根据 PM 理论设计的 PM 量表（含 10 个分量表），不仅可以对领导者的两种领导行为加以评估，而且还可以考察所在组织的管理情境。后者的评价结果既可视作领导行为的结果，也可视作领导行为的原因。因此，PM 理论及其测评量表可以作为组织诊断的工具。

领导行为评估——P 因素：测量领导的专业知识水平、工作的计划性、领导下级的效能等。M 因素：考察领导工作方法，与下级的关系，促进集体的团结。

管理情境评价——工作激励：对本职工作的兴趣、责任感等。对待遇的满意程度：诸如对工资、奖金等物质待遇和发放办法的满意度。企业保健：职工本人及家属对本企业工作条件和环境的满意程度。心理保健：在工作环境中的人际关系、职责范围等，以及由此而引起的紧张或不安。集体工作精神：工作群体的集体意识。会议成效：对以会议形式解决生产中遇到的问题的效果和意义的重视程度。信息沟通：对组织内部沟通渠道和网络、沟通效果的考察。绩效规范：关于工作目标设立和任务完成等方面的群体规范。

三、作风理论

作风理论是研究领导者工作作风的类型以及不同工作作风对职工的影响，以期寻求最佳的领导作风。

该理论的创始人是社会心理学家勒温。他以权力定位为基本变量，把领导者在领导过程中表现出来的极端的工作作风分为三种类型：

专制作风——权力定位于领导者个人手中。

民主作风——权力定位于群体。

放任自流作风——权力定位于每个职工手中。

在实际工作情境中，三种极端的工作作风并不常见，大量的领导人采纳的工作作风往往是处于两种极端类型之间的混合型。

为了分析不同领导作风对群体成员所产生的影响，勒温于 1939 年进行了不同领导作风对群体影响的实验研究。他把一群 10 岁儿童分为三个组，由 3 个经过专门训练、代表三种典型的领导作风的成人轮流在各小组担任领导，组织儿童从事制作假面具的活动，使每个小组都经受专制作风、民主作风和放任自流作风的领导。

实验中，专制作风型领导人实行个人独裁领导，把权力完全集中于自己手中。他决定设计工作的一切方针，讲解种种技术与活动，指定课题及人员搭配，还亲自进行批评与表扬；同时，又与组内人员保持一定的距离，没有感情交流。民主作风型领导人实行参与，把权力交给群体。与组织群体成员共同讨论工作计划和目标，鼓励他们积极表达自己的意见，让他们自己选择课题和工作伙伴；民主作风型领导人关心他人，尊重他人，把自己看作群体的一员。而放任自流作风型领导人则实行无政府管理，把权力放手交给每个群体成员。他既不想评价或管理群体活动，也不关心群体成员的需要和态度，一切尽可能放任群体自理。

勒温通过实验研究，提出不同的领导作风对群体行为产生不同的影响。

比较三种不同的领导作风对群体产生的影响，可以明显地看到，放任自流作风型的领导人工作效率最低。他所领导的群体在工作中只达到了社交目标，而没有达到工作目标，产品的数量和质量都很差。专制作风型的领导，虽然通过严格的管理，使群体达到了工作目标，但群体成员的消极态度和对抗情绪也在不断增长，因而比民主作风型的领导所领导的群体发生的争吵多 30 余倍，挑衅行为多 8 倍。而民主作风型的领导工作效率最高，他所领导的群体不但达到了工作目标，而且达到了社交目标，孩子们表现得很成熟、很主动，并显示出较高水平的创造性。

勒温的实验研究虽然带有很大的人为性，但他首先以权力定位为基本变量，对领导作风进行了分类，并提出不同领导作风对群体产生的不同影响，他为后人进行领导心理的研究开辟了一条新的途径。

继勒温之后，许多心理学家进行了作风研究，多数人的研究结果支持了勒温的观点。

科奇（Coch）和富兰奇（French）于 1948 年开展了对四个群体的研究。这四个群体原来都采用民主—专制混合型的领导作风。实验时，他们对一个群体采用专制作风的独裁领导，对两个群体采用民主作风参与领导，对另一个群体继续采用混合作风的领导。结果，实行专制领导的群体，产量急剧下降，职工怨气很大；采用民主领导的群体，产量很快超过原来的最高水平，职工满意度很高；而混合作风的群体则保持了原来的生产水平。科奇和富兰奇认为，这个实验证明了勒温的观点，民主作风比专制作风工作效率高。

瓦维拉斯（A. Bavelas）通过群体参与决策后生产效率明显提高的实验结果，证明民主作风型的领导工作最有成效，再次证明了勒温的观点。

密执安大学的利克特通过长期研究后，在 1961 年发表的《管理新模式》一文中，把国外现行领导作风归为四类：

剥削式独裁（Exploitive Authoritative System）：权力集中在最高一级，下级无任何发言权。

慈善式独裁（Benevolent Authoritative System）：权力控制在最高一级，但授予中下层部分权力。

协商式领导（Consultative System）：权力控制在最高一层，授予中下层部分权力，有时在一些次要问题上，下级也有决定权。

集体参与领导（Participative Group System）：让职工参与管理的领导，上下级处于平等的地位，有问题双方民主协商、讨论，由最高领导作最后决策。

他认为只有依靠民主的领导，从内心来调动职工的积极性，才能发挥人的潜力。而领导人依靠奖惩、个人权力来控制人的管理形式将要过时了。利克特建议领导人要真心诚意，而不是假心假意地让职工参与管理。要看到职工的智慧，相信他们愿意搞好工作。他认为专制式的管理永远不可能达到民主式管理所能达到的生产水平和对工作的满意感。

在作风理论研究中，虽然许多心理学家通过调查研究和现场实验进一步验证了勒温的观点，支持民主作风为最佳的领导作风，但也有不少人提出了异议，提出了不同的观点。例如，桑弗尔（San Forel）和海桑（Haythorn）等人证明独裁型性格的人喜欢有指挥能力的专制领导；斯科特（Scott）通过对军队的调查，发现在具有专制作风的人领导下的军队，战斗力最强。这些研究都表明专制作风的工作效率最高。还有人认为三种领导作风对群体的影响并无差异，它们均可导致群体工作的高效率，也可导致群体工作的低效率。

综上所述，究竟哪一种领导作风最理想，作风理论的研究并没有最后作出结论。

领导是一个动态的过程，领导工作的效率取决于领导者、被领导者和环境的相互作用。而作风理论的研究脱离了被领导者的特性，脱离了环境特性，孤立地研究领导作风的影响，必然得不到全面的、符合实际的结论。

四、情势理论（权变理论）

领导行为理论指出了领导者不同的行为方式与群体工作绩效的关系。但是，领导的过程是一个影响的过程，使领导成功或失败的因素不仅取决于领导者的行为风格，正如行为理论自己也曾发现在某些情境中“高关心人”的领导行为更有效，在另一情境中，“高工作”的行为会更有效。那么，这些情境是什么？是否可以区分？一系列的权变理论就是在确立影响领导行为有效性的情境因素上发展起来的。

所谓权变，就是权宜应变。权变管理理论认为，要根据组织内外环境随机应变地进行管理，没有一成不变、普遍适用的“最好的”管理理论和方法。权变管理理论的理论基础是超 Y 理论。超 Y 理论认为，管理的指导思想和管理方式要视工作性质、环境特点、成员素质等而定，不能一概而论。超 Y 理论认为人们加入组织的需要类型有差异，人们对管理方式的要求有差异，影响组织结构和管理方式的因素有差异，人们对工作的亲和力有差异。

（一）费德勒的权变模型

费德勒在 20 世纪 50 年代末提出了第一个综合的权变模型。他认为，任何一种领导类型都可能是有效的，也可能是无效的，关键是看它是否适合于特定的领导环境。因此，对领导行为有效性的考察或预测，要从三个方面进行：确定领导者的行为风格；确定领导的具体情境；确定领导风格与具体情境是否匹配。

第一，领导者的行为风格的确定。费德勒仍以领导行为理论的两维模式为基础，认为领导者存在着典型的两种风格，即“关系取向”和“工作取向”的领导。他通过对 1 200 个群体的调查，设计了“最不愿与之共事者问卷”，简称 LPC 问卷。用投射的方法测量一个领导者的领导风格。这个问卷由 16 个两极的形容词组成，它首先让受测者回想一个最不愿与之共事的人，然后对他按 1～8 个等级进行评价。如果受测者 LPC 得分高，把最不愿与之共事的人，仍能用积极词汇描述，即说明他很乐于与同事建立良好的人际关系，是“关系取向”的领导者；如果回答正相反（LPC 得分低），对难以与之共事的同事的评价是消极的，那么，这位领导是一个更关心生产任务的“工作取向”型的领导者。

第二，领导情境的确定。费德勒分离了 3 个情境因素，他认为这是决定领导行为有效性的关键。

（1）领导者与被领导者的关系：双方的信任程度、被领导者对领导者的忠诚、尊重和追随程度。

（2）任务结构：工作任务的程序化（结构化）的程度，比如工作是常规的还是非常规的、工作规范明确与否。

（3）领导者的职权：领导者是否拥有权力、对下属是否能直接控制、被上级和组织的支持程度。

对上述 3 个变量的评估结果，就是领导者所处的情境状态。比如一个有利的情境是：领导者与被领导者的关系很好、任务结构化强、领导职位权力强，在这样的情境中，领导者拥有较高的控制和影响力。相反的情境下，领导者的控制力则很小。费德勒对 3 个情境变量综合分析后，得到了 8 种领导情境，每个领导者位于其中之一。

第三，领导风格与情境的匹配。在确定了领导者固有的行为风格和对其领导情境进行评估后，利用费德勒建立的匹配模型，可以得知和预测领导效果。费德勒的研究结论是：在非常有利和非常不利的情境下，“工作取向”的领导会比“关系取向”的领导其行为更有效。关系取向的领导者在中等有利的情境中工作绩效会更好。

费德勒认为，一个人的领导风格是固定不变的。这意味着如果情境要求“工作取向”的领导者，那么一位“关系取向”的领导者在此岗位上是难以达到最佳效果的，为此，或者替换领导者，或者改变情境因素，因为一个人很难通过改变自己的风格去适应特定的情境。

大量的研究对费德勒模型的总体效度提供了支持，并得出了相当积极的结论。但这一模型在实践应用中也存在着缺陷，需要进一步改进。如一些研究对 LPC 量表的使用方法提出质疑，而三个情境因素在实践中的评估也过于复杂，即很难确定领导者与被领导者的关系、工作任务的结构化以及领导者究竟有多大的权力。

（二）情境领导理论

在赫塞与布兰查德（P. Hersey & K. Blanchard）开发的这一理论中，把下属作为权变的变量，即认为下属的成熟水平是选择领导风格的依赖条件。

按照阿基里斯的“不成熟—成熟”理论，人们总是经历一个由不成熟到成熟的过程，在这个过程中，有效的领导应当是针对不同成熟度的下属分别指导，采取扩大工作范围、个人责任和给予下属发展的机会等措施，创造条件帮助下属日趋成熟。领导情境理论同其他领导行为理论一样，也把领导的行为方式按“关心人”和“关心工作”两个维度划分成 4 个类型：高关系—低工作的参与式、低关系—高工作的命令式、高关系—高工作的推销式、低关系—低工作的授权式。

而选择领导方式的权变因素——被领导者的成熟度，在领导情境理论中主要包括两个方面的内容：

第一，工作成熟度。指被领导者的知识和技能。知识越丰富、技能越高强，工作成熟度也就越高。

第二，心理成熟度。指工作的意愿和动机。工作兴趣和自觉性越高，越不需外力推动，心理成熟度越高。

员工的工作成熟度与心理成熟度高低程度不同，组合情况也就不同，依成熟度的高低依次为：有工作能力，也有工作动机；有能力，但无动机；无能力，但有动机；既无能力，又无动机。对于不同成熟度的员工，应以不同的领导方式来对待。例如，对于那些既有能力，又有较高的工作积极性的下属，领导者可采取授权式的领导方式，不但可以减少对下属工作的控制和指导，还可以减少关系行为，因为下属既愿意也能够承担工作中的责任。而对无能力但有动机的下属，领导者需采用高关系—高工作的推销式领导行为，既要指导下属的工作，弥补其能力上的不足，又要让下属感觉到领导对其工作热情地肯定。而对有能力但缺乏动机的下属，运用支持、非指导性的参与式最能使其受到激励。

情境领导理论由于其生动的表述和易于理解，普遍被企业中管理者们所接受和推崇，并常常作为管理者主要的培训内容。《财富》杂志评选的 500 强中的许多企业都采用这一理论模型，此外，它还为美国的所有军队服务系统所承认。虽然该理论在实践中拥有很广泛的接受性，但在一些研究者的论证中，只得到了不多的证据支持。因此，尚需慎重对待情境领导理论的结论。

（三）路径—目标理论

路径—目标理论是加拿大多伦多大学伊迈斯（M. G. Evans）提出，后由豪斯（R. J. House）开发确立的，它是最受推崇的领导行为理论之一。这一理论采用俄亥俄州立大学的结构和关系两个维度观点，确定了4种领导行为。并同激励的期望理论相结合，认为领导者的主要任务是提供必要的支持以帮助下属达到他们的目标，并确保他们的目标与群体和组织的目标相互配合、协调一致。所谓“路径—目标”，意味着为下属清理实现目标路程中的各种路障和危险，使下属的“旅途”更为顺利。

在这一权变理论中，四种领导行为是：

（1）指导型（结构维度）——让下属明了对他的期望，以及完成工作的方法、程序和时间等。

（2）支持型（关系维度）——对下属亲切友善，关心他们的需求。

（3）参与型——与下属共同磋商，在决策前充分考虑下属的建议。

（4）成就导向型——设定富有挑战性的目标，期望下属充分实现自己的最佳水平。

权变变量是：

（1）下属控制以外的环境因素，如工作结构、权力系统、工作群体等。这一权变因素决定了领导者采用哪一种行为最有效果。

（2）下属的个人特征，如经验、能力、内控型还是外控型个性特征等。这些因素决定了环境因素与领导行为的相互作用，当领导行为与下属特点不适应时，领导效果则不佳。

路径—目标理论的逻辑得到许多研究的证实，即领导者若能补偿员工本人或工作情境中所缺乏的东西，员工的工作绩效和工作满意感会大大提高。但是，如果工作结构明确、任务清晰，而员工也有能力和经验时，则不必进行指导，否则员工会认为这种指导性行为不仅多余，而且是干扰和侵犯。

（四）领导者参与模型

1973年，弗罗姆和耶顿（V. Vroom & P. Yetton）提出了“领导者参与模型”。他们把领导行为风格与下属参与决策相联系，并在具体情境和工作结构下，讨论如何选择领导方式和参与决策的形式以及参与的程度。该模型的突出特点是：它提出了一系列根据不同情境类型而遵循的规则，供领导者决策时确定下属参与形式和程度。这一复杂的模型包含了7项权变因素和5种可供选择的领导风格。

最近，弗罗姆和加格（A. Lago）对模型进行了修订。修订后的模型仍包括过去的5种领导风格，但权变因素扩展为12个。

5种领导风格——按下属参与的程度依次是：

独裁Ⅰ：领导者使用自己手头现有的资料独立解决问题或作出决策。

独裁Ⅱ：领导者从下属那里获得必要的信息，然后独自作出决策。在从下属那里获得信息时，领导者可以告诉或不告诉他们问题所在。在决策中下属的任务是向领导者提供必要信息而不是提出或评估可行性解决方案。

磋商Ⅰ：领导者与有关的下属进行个别讨论，获得他们的意见和建议。你所作出的决策可能受到也可能不受下属的影响。

磋商Ⅱ：领导者与下属们集体讨论有关问题，收集他们的意见和建议，然后你所作出的决策可能受到也可能不受下属的影响。

群体决策Ⅱ：领导者与下属们集体讨论问题，一起提出和评估可行性方案，并试图获得一致的解决办法。

12 个权变因素是：

质量要求：这一决策的技术质量有多重要？

承诺要求：下属对这一决策的承诺有多重要？

领导者的信息：你是否有充分的信息作出高质量的决策？

问题结构：问题结构是否清楚？

承诺的可能性：如果是领导者自己作决策，其下属肯定会对该决策作出承诺吗？

目标一致性：解决此问题后所达成的组织目标是否是下属所认可的？

下属的冲突：下属之间对于优选的决策是否会发生冲突？

下属的信息：下属是否拥有充分的信息作出高质量的决策？

时间限制：是否因为时间紧迫而限制了下属发挥能力？

地域的分散：把地域上分散的下属召集到一起的代价是否太高了？

激励—时间：在最短的时间内作出决策对领导者来说有多重要？

激励—发展：为下属的发展提供最大机会对你来说有多重要？

如何确定具体的决策方式呢？参与模型把 5 种领导风格和 12 种权变因素交互结合，利用计算机或决策树来选择。

参与模型进一步证实了领导研究应指向情境而非个体，也许称为“专制或参与的情境”，要比称为“专制或参与的领导”更说得通。与路径—目标理论相同，弗罗姆和耶顿、加格都反对把领导者的行为风格看作是固定不变的（如费德勒那样），他们认为，领导者可以根据不同的情境调整他们的风格。

从领导行为理论的研究中，可以概括出管理者的领导行为有效性取决于众多的因素：管理者的特点、被管理者的特点、与环境有关的工作特征、群体和组织特征。

五、领导理论的新观点

（一）认知资源理论

1987 年，费德勒及其助手重新定义了其权变模型中的某些“疏漏之处”，他们把领导者的认知能力作为影响领导有效性的重要因素，因而称为认知资源理论（Cognitive

Resource Theory）。

认知资源理论的假设有二：一是有聪明才智的领导者要比德才平庸之辈更能制定有效的计划、决策和策略；二是领导者通过指导行为传达他们的计划、决策和策略。

领导者的认知资源包括经验、智力活动等因素。在不同的情境下，不同认知水平的领导者会产生不同的领导绩效：在无压力和具备支持的环境中，指导行为与高智力相结合，可导致高水平的绩效；在高压力环境中，领导者的工作经验与其绩效呈正比；在无压力的情境下，领导者的智力水平越高，群体工作绩效越高。

很显然，认知资源理论把领导者的个人特质（认知能力）也作为领导有效性的一个权变因素来看待，进一步丰富了权变理论的观点。

（二）领导行为的第三维

在前面所介绍的理论中，领导行为均以两维模式加以组合。北欧的一些学者重新考察了当年俄亥俄州立大学研究的原始数据，发现在对领导行为的研究项目中包含了有关"发展"的行为因素，如"做事总是采用新方法"，"运用新观点解决问题"，"鼓励下属采取新活动"等。但在当时的年代里，发展与变革的行为并不十分重要，"发展"的行为被当时的研究者所忽略。

然而今天的情况发生了根本的改变。芬兰和瑞典的学者提出，在当今千变万化的世界里，有效的领导应表现出发展导向行为，必须重视尝试的价值，寻求新方法，勇于激发和实施变革。

一些以芬兰和瑞典领导者为样本的研究，初步证实了这一假设，具有发展导向行为的领导在20世纪90年代更令下属满意，并获得下属的高度评价。这些研究支持了应该把"发展导向行为"作为一个独立的领导行为维度的观点。

（三）可替代的领导

按照权变的观点，领导行为并不是在任何情况下都有效。一些权变理论的研究资料已经表明：在许多情境下，比如下属是经过培训的、有丰富经验的、属内部激励而对组织奖励淡然时，领导者的领导行为是无关紧要的，甚至是多余的。罗宾斯认为，某些个体、任务和组织变量可能成为"领导"的替代因素，或者使领导者对下属的影响是无效的（见表9-3）。

表9-3　领导的替代因素和无效因素

因素		关系取向	任务取向
个体	经验和培训	无影响	替代
	专业	替代	替代
	对奖励的淡然	无效	无效

续表

因　素		关系取向	任务取向
工作	高结构化任务	无影响	替代
	提供自身反馈	替代	无影响
	满足个体需要	替代	无影响
组织	正式明确的目标	无影响	替代
	严格的规章制度	无影响	替代
	内聚力高的工作群体	替代	替代

领导者并不总是对下属产生影响，因为对个体工作绩效和工作满意感产生影响的变量很多，如态度、个性、能力、动机和群体动力因素、企业文化等。领导及其行为只是组织行为总体模型中的自变量之一，在某些情况下，它能解释或者影响到员工的工作行为、工作绩效和工作的积极性，在某些情况下，它可能被其他方面的因素所替代，对员工不会产生影响。

（四）摄政取代领导

更有一些激进的管理学家则认为领导制即将死亡，取而代之的将是摄政制（管家制），彼得·布莱克（P. Blake）在其《摄政制：选择超越自私的服务》一书中，就提出了这一思想。领导这个概念的力量在于它包含了权力、责任和主动性，但它却也背上了一个包袱：不可避免地同控制、指令、指手画脚等行为联系在一起。行为学家一再证明：责任和参与是创造高效工作环境的管理策略，而用代替别人作价值判断的态度领导变革，与在组织内广泛下放所有权和责任格格不入。

布莱克认为，领导制的替代物是摄政制。它指的是替某人代为管理某物。他认为，摄政制要求我们对某一组织的成果全面负责，而又不给别人限定目的，不控制别人，不代替别人解决问题。相信即使把控制权交给更接近于工作的人，责任仍能承担起来，而且会使工作更出色。摄政者不再决定创造什么样的文化，而由组织内部的成员决定工作环境应该是什么模样。

摄政制通过心甘情愿地为周围人服务，而不是通过控制来实现对组织的责任。在下列情况下，才会有真正的服务：权力平衡；服务的首要对象是组织；人人参与目标的制定和企业文化的选择；酬劳的分配平衡而且公正等。

本章小结

领导是指影响团体，影响他人以达成组织目标的能力。领导者的功能可分组织功能和激励功能两个方面。领导者能否成功地实施领导，影响力是一个重要因素，否则难以完成组织或团体目标。决策对领导者而言却是一项根本性的工作。不能决策就不能领导，优柔寡断者绝不可能成为一名好的领导人。通过对领导心理特点的分析使学生了解在管理工作中领导的重要作用。

重要概念

领导　领导者　被领导者　领导影响力

同步测练与参考答案

一、判断题

1. 在管理方格理论中，任务型领导属于（9，1）型。
2. 品格因素属于权力性影响力。
3. 构成非权力性影响力的主要成分有品格因素和能力因素。
4. 领导者本身的素质差异，决定了他们要采取不同的方式方法来树立威信，其效果也是大相径庭的。
5. 影响力是一个人在与他人的交往中，影响和改变他人的心理与行为的能力。
6. 领导者的资格与经历是产生影响力的因素。
7. 在管理方格理论中，最佳的管理方式为（9，1）型管理方式。
8. 强调领导有效性并非取决于领导者个人的品质与行为，而是由领导者、被领导者与环境三因素之间的相互作用所决定的领导理论，称为领导有效性的情境理论。
9. 提高领导者影响力水平的关键是提高领导者的非权力性影响力水平。
10. 传统特性理论认为领导者的特性是生而具有的。

二、选择题

1. 构成权力性影响力的主要成分是（　　）。
   A. 品格因素　B. 传统因素　C. 职位因素　D. 资历因素
2. 领导是指引导和影响个人或组织，在一定条件下（　　）的行动过程。
   A. 完成任务　B. 实现目标　C. 交流合作　D. 说服或制约
3. 日本心理学家三隅二不二创建的 PM 领导行为类型中，把（　　）类型的领导行为定义为效率最差的领导行为。
   A. PW 型　B. PM 型　C. P 型　D. M 型

4. 在领导生命周期理论中，可以看出被领导者的（　　）对领导者的影响。
   A. 知识范围　　B. 成熟度　　C. 技能水平　　D. 经历
5. 美国密执安大学的研究把领导者行为分为面向生产与（　　）两个方面。
   A. 面向发展　　B. 面向效益　　C. 面向组织　　D. 面向员工
6. 领导者素质的培养主要体现在（　　）。
   A. 吸收新知识　　B. 强调成效　　C. 重视理性　　D. 开发意识
   E. 创新能力
7. 属于领导者做好工作的前提条件的心理素质是（　　）。
   A. 善于转换角色　　B. 较完善的人格
   C. 外松内紧的防卫心理　　D. 富有使命感和同情心
8. 一个真正有为的领导者应当同时具有正式领导者和（　　）的功能。
   A. 群体领导者　　B. 非正式领导者　　C. 正规领导者　　D. 非正规领导者
9. 通过领导者个人的品质条件与人格特征对领导有效性进行研究的理论称为领导有效性的（　　）理论。
   A. 能力　　B. 气质　　C. 品质　　D. 人格
10. 西方领导行为理论中的管理方格图以（　　）为横坐标，以人员定向为纵坐标。
   A. 任务定向　　B. 效益定向　　C. 生产定向　　D. 组织定向

三、讨论题

1. 试分析现代领导体制发展的趋势和特点。
2. 试分析领导影响力的构成因素及怎样才能提高领导者的影响力。
3. 试评价一种领导理论。
4. 怎样培养和选拔有效的领导？
5. 解释领导、领导者及被领导者的概念。
6. 举例说明领导的心理素质及培养。

参考答案

一、1. T　2. F　3. T　4. T　5. T　6. T　7. F　8. T　9. T　10. T

二、1. BCD　2. B　3. B　4. B　5. D　6. ACD　7. B　8. B　9. C　10. A

三、略

第十章

CHAPTER TEN

组织心理与管理

学习目标

个体、群体、组织是不可分割的整体，由个人组成某个群体，而群体又存在于某一组织之中，个体的心理和行为既要受特定的组织环境的影响和制约，同时又影响着组织功能的发挥。如何有效地运用组织中的人力、物力、财力等的研究，对组织心理、组织行为的研究是组织管理心理学研究中的重要课题。本章主要介绍有关组织问题的相关研究，如组织概念、组织结构、组织理论、组织文化、组织变革、组织发展以及组织的跨文化研究等。

重点难点提示

- 组织的概念及分类
- 几种基本的组织结构
- 影响组织结构的因素
- 几种组织理论
- 组织变革的动力与方法
- 组织发展与组织文化

第一节　组织的概念与分类

一、组织的概念

管理学家们曾提出过关于组织的理论，对组织概念作出了各种各样的解释。由于各种理论的角度不同，如有的从组织结构方面；有的从组织形态方面；有的从组织行为方面；有的从组织控制方面等去理解组织，因此对组织概念的解释差异较大。随着组织的发展，人们对组织的认识不断深化，组织的概念也不断充实。在这里，我们通过对传统和现代组织概念的比较，可以较深入地理解组织的涵义。

组织，一般有两种含义：其一，作动词时，意为安排分散的人或事物使之具有一定的系统性和整体性，如组织人力，组织群众等，此为管理的一种职能；其二，作名词时，意为按照一定的宗旨和系统建立起来的集体，是一个开放的、复杂的社会技术系统，一种配合关系，如工厂、学校、机关、党派、政府部门等。

（一）传统的组织概念

传统的看法认为，组织是为了达到特定的共同目标，经由各部门分工合作和不同层次的权力和责任制度，而合理地协调一群人的活动。这个定义包含如下的意思：

1. 组织有一个共同的目标

人们为了达到特定的目标而协同活动，没有共同的目标，组织就是一盘散沙。

2. 组织有不同层次的分工合作

组织包括不同层次的分工合作，而劳动的分工，又需有不同的权力和责任制度来加以保证。组织的目标，是个体单独所无法达到的，组织的效率也是单一手工业生产无法比拟的。组织要达到这样的目标和生产效率，就必须分工合作，而且就像一个企业，不仅要有厂长、车间主任、科室干部和班组长，还要明确划分他们的权利和职责。可见，组织区别于小群体的一个重要特征，就是组织是一个有上下层次的结构。

3. 组织的功能

组织的功能在于协调人们为达到共同目标而进行的活动，包括各组织层次内部和各层次之间的协调。要协调人们的活动，就需要统一所有成员的思想、意志，调动各层次的积极性。

上述组织定义，指出了组织的最一般的特征，由于它着重于从组织的内部来说明组织的特征，实质上把组织看成与外界隔绝的封闭系统。因此，这种传统的定义不能全面地解释复杂多变的环境中的组织。

（二）现代的组织概念

现代的组织概念，把组织看成是开放的社会技术系统。这个定义包括下述三种涵义：

1. 组织是一个开放的系统

组织不断地与外部环境进行材料、能源和信息的交换，从而不断改革和发展。

2. 组织是一个社会技术系统

既包括结构和技术的方面，也包括心理、社会和管理的方面。

3. 组织是一个整合的系统

组织建立在其各子系统的相互依存之上，离不开与环境的相互作用，因此，组织整合了各子系统及其与环境的关系。组织好比一个人要恰当地协调与整合身体各部分，使其所投入的人力、物力和财力得以有效而经济地转变为产品。

二、组织的分类

组织可以有不同的分类标准。

（一）根据组织的目标来分类

根据组织的目标来分类，可以把组织分为：

（1）互益组织：工会、俱乐部、政党、团体等。

（2）工商组织：商业公司、企业、银行等。

（3）服务组织：医院、学校、社会机构等。

（4）公益组织：政府组织、研究机构、消防队等。

（二）根据组织正式和非正式的情况来分类

根据正式和非正式来分类，可以把组织分为：正式组织与非正式组织。

正式组织的特征有：

（1）经过规划，不是自发形成。其组织结构的特征反映出一定的管理思想和信念。

（2）有十分明确的组织目标。

（3）讲究效率，要适当地协调工作，处理人、财、物之间的关系，以最经济有效的方式达到目标。

（4）分担角色任务，形成人们之间关系的层次。

（5）建立权威，组织赋予领导以正式的权力，下级需服从上级，以便贯彻命令。

（6）制定各种规章制度约束个人行动，要求组织的一致性。

（7）组织内个人的职位可以取代。某甲离职后，工作可由某乙取代，不重视个人的独特性。

非正式组织的特征有：

（1）组织的建立以人们之间具有共同的思想、相互喜爱、相互依赖为基础，是自发形成的。

（2）组织最主要的作用是满足个人不同的需要。

（3）这种组织一经形成，会产生各种行为规范，约束个人的行为，这种规范可能与正式组织目标一致，也可能不一致甚至相抵触。

由于非正式组织主要满足组织成员的心理需要，因此，也有人称之为心理—社会系统。

（三）根据个人和组织的关系来分类

根据个人和组织的关系来分类，这种分类有两个标准，即运用权力和权威的程度和个人参与组织活动的程度。从这两个标准来分类，每类又可分为若干种。

从运用权力和权威的程度如何这个标准来看，可以分成三种组织：

（1）功利性的，在运用合法权威的同时，实行经济和物质奖励，这类组织如工商业、农场等。

（2）规范性的，利用了有内在价值的奖励，权威建立在业务专长的基础之上，如学校、专业协会、医院、社会团体等。

（3）强制性的，包括监护性精神病医院、监狱和劳教所等。

从个人参加组织活动程度如何这个标准来看，又可分为三种组织：

（1）疏远的，个人与组织活动很少有共同之处。

（2）精打细算的，参加工作的原则是“干一天活，拿一天工资”。

（3）道义上的，自觉自愿完成组织的任务，积极参与组织活动，个人与组织目标一致。

从组织的目标、正式与非正式和个人与组织的关系等方面，来了解和分析不同组织的心理与社会结构，这对于研究组织心理是十分必要的。

第二节　组织结构与组织理论

组织的结构是组织各个部分之间相对稳定的关系的一种模式。它并不像生物或者机械系统的结构那样明确可见，而是体现在组织的实际活动过程中。为了进一步说明组织结构这个概念，我们可以分析一下系统中结构与过程（或功能）的差异。在生物系统中，我们分别研究了有机体的结构和过程。如解剖学基本上是研究有机体结构，而生理学则主要研究其功能。可是，对于组织这样的社会系统，就难以作出如此明确的区分。不过，我们常常把组织结构看成“静态”的方面，把组织过程或功能看作“动态”的方面。

一、几种基本的组织结构

（一）直线式的组织结构

这是出现最早，也是最简单的组织结构模式。这种组织由于人员少，人物单一，其指挥与管理职能基本上由厂长自己执行，机构简单、职权明确，但是对厂长在管理知识和专业技能方面都有较高的要求。这种组织结构一般只适用于规模小、生产过程简单的企业，而在大规模的现代化生产的企业中，由于管理任务繁重而复杂，这种结构就不适宜了。

（二）直线职能式的组织结构

随着组织规模的不断扩大，专业技术的日趋复杂，管理问题的不断增多，在上述直线式的基础上，按照职能标准来划分各个部门的职能式结构，增加职能管理人员。也就是说，职能式组织结构，是按专业分工设置的。职能部门的主管就是管理人员。作为管理方面的参谋，他们只能对下级机构的工作提出建议和进行指导，没有决策权，也不能直接进行指挥和命令。这种结构比较适应现代化工业生产的特点，适应组织管理复杂的要求，能减轻领导者的工作负担，也保证了统一的指挥和管理。

（三）矩阵式组织结构

矩阵式组织结构是一种多元式的结构，把按职能和工作项目划分的部门组成一个矩阵式结构，使同一名管理人员既同原职能部门保持组织与业务上的联系，同时又可以参加项目小组的工作。其纵向是传统的功能型组织，横向是多个专项任务组织，把功能型组织和多个专项任务组织有机地结合在一起，有助于提高技术水平和管理水平。但由于矩阵式组织结构是以方案小组为单位的，其临时性较强，人际关系不甚稳定；小组工作人员受双重上司的命令和指挥，在上司之间出现矛盾和分歧时，会左右为难，难以执行；专项小组变动较多，组织活动很难开展。

二、影响组织结构的因素

组织结构包含着三个方面：结构的复杂性、正规性和集中化。组织结构的复杂性包括组织内的部门化和管理的层次等；正规性是组织中依靠各种规章制度和管理职工的程度；集中化指的是组织中决策权所处的位置，管理幅度的大小在很大程度上与集中化程度有关。这三方面实际上决定了组织的结构。从这三个方面看，影响组织结构的因素很多，例如，管理的层次、管理幅度、规章制度、管理决策的程序以及技术与环境方面的因素等。上一章已介绍过管理决策方面的研究和理论，这里主要讨论管理层次与幅度以及技术与环境。

（一）管理层次与管理幅度

管理层次是指生产指挥系统划分为多少等级。管理幅度则是指一名上级管理人员所直接领导和管理的下级人数。管理层次一般决定了组织的纵向结构，而管理幅度决定横向结构。

管理层次与管理幅度常常联系在一起，按层次的多少和幅度的大小，可分为高耸的组织结构和扁平的组织结构。这两种结构各有利弊。

高耸的结构，管理层次较多，管理幅度小，沟通渠道多。其优点是管理严密，分工明确，上下级容易协调；其缺点是管理层次多而增加了费用，信息沟通时间长。由于管理严密，容易影响下级人员的满意度和创造性。

扁平的结构，管理层次少，管理幅度大，沟通渠道少。其优点是由于管理层次少而管理费用低，信息交流速度快。由于管理幅度大，成员有较大的自主性，因而满意度增加。其缺点是不能严密监督下级的工作，上下级协调较差。

采用高耸结构还是较扁平的结构，应考虑如下因素：

1. 工作任务的相似程度

工作任务越相似，管理幅度就越可能加大，可采用较扁平的结构减少管理层次。工作任务差异大，则应缩小管理幅度。

2. 工作岗位的接近程度

职工工作岗位较接近的情况下，可以加大管理幅度，采用较扁平的结构；反之，应采用较高耸的结构。

3. 职工的经验和思想水平

职工缺乏经验，应减小管理幅度，加强对职工的指导。职工工作自觉性高，责任感强又有工作能力，则应提高工作的自主性，让职工自己管理自己，发挥创造性，可以采用扁平结构。

4. 工作任务需要协调的程度

如果工作任务要求各部门之间或一个部门内部高度的协调，则应减少管理幅度，以较为高耸的结构为宜。

因此，我们应根据企业和单位的实际情况选择组织结构，提高组织的效能。

（二）技术与环境

组织结构还受到组织内的生产技术活动和组织所处的周围环境的影响。“技术”在这里主要是指组织中投入到产出的过程。组织中技术活动的确定性程度决定了对组织结构有不同的管理和协调的要求，确定性程度高，可以加强组织结构的正规化和集中化。反之，则需要组织结构具有较大的灵活性。环境因素包括外部的竞争、购销状况与市场需求，也包括整个社会文化背景的要求与影响。在这方面，从 20 世纪 50 年代起就进行了许多重要的研究，我们将结合组织理论，介绍这方面研究的主要结果。

三、组织理论和模型

组织是不断发展的，组织理论和模型，从传统的古典组织理论到现代的系统与应变型的组织理论，也有一个发展过程。

（一）古典的组织理论

德国社会学家韦伯（M. Weber）于 1910 年提出了古典组织理论，他认为组织应是一个层峰结构，又叫科层制度（官僚体制）。“层峰结构”是指组织应是一个金字塔形的结构，其特点如下：

1. 有明确规定的职权等级制度

在这种组织中，明确划分各种职务和权力等级。各个下级都处于一个上级的控制和监督之下，职务和权力是明文规定的，但人员可以调换。

2. 专业化强、分工明确

每个人的工作都分成简单的、例行常规的、明确规定的作业。

3. 明确的规章制度

用规章制度来保证和巩固组织内各层次和人们之间的协调一致。

4. 不受个人情感因素的影响

对于人的感情和个性因素都不予考虑，只根据制度实行奖励或惩罚。

5. 职员的选择和提升主要根据技术能力

以技术能力为基础选择和提升职员，即各级行政人员必须具有特殊才能和专门训练才能任职。

6. 法定的程序系统

各项工作、决定以及法规都有一定的法定公式及程序系统，并记载于文书上。

7. 管理权与所有权分离

组织的行政人员是一批具有专门的管理才能的管理者，并不是所有权者，职员所占的职位并非财产所有权。

总之，这种组织理论主张集权，明确职责，严格管理，不考虑人的心理因素。

应当指出，这种组织结构具有如下的缺点：(1) 组织中的沟通容易被曲解，因而造成单位之间、单位与整个组织目标之间的冲突；(2) 组织是机械式的，不能适应环境的变化；(3) 容易压制职工的创造性，不适于从事以创造和革新为重点的、非常规的、非灵活的组织活动；(4) 不考虑人的积极性，不考虑职工的心理因素、情感因素。实质上是把人看成是组织中的一个机器零件。

总之，这是一个封闭式的组织系统，难以适应外界的变化。

(二) 现代组织理论

1. 行为组织理论

这种理论的主要代表人物是斯科特 (W. G. Scott)，它以古典的层峰结构理论为基础，吸收了心理学、社会心理学、行为科学的关于行为规律和非正式群体的知识，对古典理论作了一定的修改。它与古典组织理论相比，有如下三个特点：

(1) 在集权和分权的问题上，主张更多的分权。分权可以使更多的人参与决策，有利于调动积极性。美国通用汽车公司总裁斯隆提出的“集中政策，分权管理”主张，就是这个意思。

(2) 从组织形态来看，不主张高耸的组织结构，而倾向于扁平的组织结构。这是与分权的主张相联系的。扁平组织有利于调动下级人员的积极性。

(3) 提倡部门化，古典组织理论提倡分工化和专业化，这主要是针对个人而言的。部门化实际上是分工化和专业化的发展，是部门的专业化。如大学、医院都是以部门化为基础的组织。

2. 社会系统理论

传统组织理论都把组织看成一个高度结构化的封闭系统。现代组织理论则趋向于把组织看成开放的社会技术系统。这个系统由一些子系统构成，从而整合了人们围绕各种技术过程所进行的活动。技术过程影响着组织的投入、信息与材料转换过程的性质以及系统的产出；而社会系统则决定了技术利用的效率和效益。

系统的观点使我们能够全面地理解组织的整个过程。其重要结果之一，就是使我们懂得并没有一种简单的、普遍适用的组织设计和管理的原则。因此，现代组织理论不但反映了各子系统之间的协调关系，而且具有一种应变的观点，强调子系统之间关系的更为具体的特点和模式，从而提供了具体组织的设计和管理的基础。应变的观点要求组织与其环境之间以及各子系统之间的协调一致。

从系统概念和应变观点出发，研究产生了许多组织理论模型，我们在这里介绍几个主要的模型。

（1）霍曼斯（G. Homans）的模型

社会学家霍曼斯运用系统的概念，对社会群体进行了实际研究。他提出一个社会系统的模型，这个模型既适用于小群体，也适用于大的组织。他认为，任何一个社会系统都存在于下述三种环境之中：

① 物理环境（工作场所、气候，设施的布局）。

② 文化环境（社会的规范、目标，价值观）。

③ 技术环境（系统为完成任务所具备的知识和手段）。

这些环境决定着社会系统中人们的活动和相互作用。而人们在进行活动和发生相互作用时，又会产生人们之间以及人们对环境的一定的情感。霍曼斯把这些由环境所决定的活动、相互作用和情感称为外部系统，即社会系统。

霍曼斯的模型有五个关键的成分：

① 活动，指人们的工作活动。

② 相互作用，指人们之间发生的沟通和交往。

③ 情感，指人的价值观、态度和信念，包括相互之间积极与消极的感情，这些是在活动与相互作用过程中表现出来的。

④ 所要求的行为，指组织或群体中所正式规定的活动、相互作用和情感。

⑤ 新的行为，指在所要求行为之外的一些行为。

霍斯曼认为，活动、相互作用和情感这三个方面是相互依赖的。其中之一发生变化，其他因素也相应地发生变化。例如，人们彼此之间交往越频繁，感情就会越亲密；感情越亲密，交往也会越频繁。

他还注意到，随着人们交往的增加，不仅会产生新的情感，还会产生新的行为规范、新的态度，进而产生新的活动方式。例如，霍桑实验中，群体中形成了新的规范。这种新规范、态度、活动方式并不是由外界环境引起的，而是由社会系统中的内部系统所引起的，故称之为内部系统，实际上就是我们所说的非正式组织，而外部系统则相当于正式组织。

内部系统与外部系统也是相互依赖的。这就是说，一个系统的变化会引起另一个系统的变化。正式组织中人际关系（相互作用模式）的变化会引起内部系统（即非正式组织）的变化。例如，调整机构和人员会打破原来已经形成的小圈子。反过来也是一样。

内外两个系统又是与外部环境相互依赖的。这就是说，环境的变化必然要引起正式和非正式组织的变化。反之，工人们在非正式组织中的议论和活动，也可能产生技术革新等创造，促使技术环境发生变化，重新设计劳动设施（物理环境的变化）并在工人和管理人员之间形成新关系（文化环境的变化）。

霍曼斯的组织模型有什么意义呢？我们认为有下列三个方面的意义：

① 它告诉我们，组织中任何一个部门所发生的事件和进行的变革，都不是孤立地起作用的，它必然要影响组织中的其他部门和周围的环境，这启发我们的企业管理人员，在处理部门的某种事情、进行某项改革时，必须考虑到对其他部门和外界的影响，如多发奖金问题。

② 它提出了一系列的分析单元，如活动、相互作用、感情、规范等，这有助于我们用以分析组织中的心理现象。

③ 它为提出更精确的组织模型奠定了基础。霍曼斯的模型可以说是证明系统理论和应变系统理论的早期模型。

但不能认为霍曼斯的模型是完美无缺的，他认为非正式组织不受外界环境影响就不够科学。此外，任何模型都不能代表组织的各个方面，而只能从某个方面来说明组织的特征。

（2）利克特的“重叠群体”模型

利克特对组织理论的贡献，主要是这样两种观点。一是组织是由互相关联、发生重叠关系的群体组成的系统；二是这些互相关联、发生重叠关系的群体是由同处于几个群体重叠处的个人来联结的。这个个人，利克特把他叫做“联结针”或“联结针角色”。

这个模型重视的是以下两点：

第一，这种模型把与任何群体有关的环境看成是另一组系统或群体。环境由以下三部分组成：① 较大的系统。这是与组织从事同样活动的其他组织的总和或整个社会。例如，机械行业或整个社会就是一个比某一个机械厂更大的系统，它构成这个机械厂的环境的一部分。② 同样大的系统。这是与组织处于同一水平的其他组织或团体，例如，兄弟厂、协作单位、供应单位等。③ 较小的系统。组织内的正式群体和非正式群体。

第二，组织与环境的联系同样要依靠在组织与环境之间占重要地位的关键人物，这种人物在组织与环境之间起着联结针角色的作用。举一个例子来说，我们想推销本厂的机械产品，个别人去宣传这个产品如何好，并不能得到客户的信任，如果一位在社会上有地位的机械工业专家出来讲话，对客户的影响就要大得多。这位专家在这种情况下，实际上就起到了组织与环境之间的联结作用。利克特模式的主要贡献在于打破了过去组织理论中提出的一人一职一位，各部门之间严格划分界限的观念。此外，强调管理人员不能只完成本职的固定工作，还要在各部门之间，人与人之间起联络作用。特别是企业的中层管理人员，不但需要与同级单位保持联系，还需要在上下级之间起联络作用，即要承担联结针的角色。因此，可以说，群体的重叠和联结针角色是利克特模式的两大特点。

（3）塔维斯托克的研究——社会技术系统

塔维斯托克是伦敦的一个研究所，该所以特里斯特（Trist）为首的一批研究人员在一个煤矿进行技术改革。该煤矿原来采用短壁法采煤，即手工采煤。采煤工 6 人组成一班，一般都是自愿结合。由于矿床很不规则，所以需要很强的适应性。这种小组有较大的自主权，干活可以随机应变，这样就比较容易对付这种多变的局面。最主要的是：小组是自愿结合的，加上工作比较危险，伙伴精神强，小组成为一个团结一致的集体。因此，这种传统的组织法也是有很多优点的。

技术改革是要改短壁法为长壁法，即采用传送带采煤。结果就不得不改变过去小组单干的办法而进行了明确的分工。这样分工细了，技术比较简单，效率照例可以提高。但副作用的代价非常高。主要是缺乏伙伴感，这种伙伴感在环境非常单调的矿井劳动中，是一种很重要的需求。再加上其他的原因，如对劳动结果的知识反馈不具体及奖励制度上的问题，造成了出勤率下降、士气低落、生产下降。由此看来，技术改革前的组织管理有它很大的长处，但技术改革对生产的提高又势在必行。于是塔维斯托克研究所的心理学家就建议采用一种兼顾两者的取长补短的综合办法。既把传统办法的小组扩大，尽量维持原班组的人际关系，又不再固定分工，克服了工作单调的问题。这样的结果，使情况大有好转。缺勤率从 4% 下降到 0.5% 以下，因病缺勤率也降低了一半，生产率提高了 20% 。

这一事实说明，技术系统的改革必然影响到社会心理系统，因此，提出了社会技术系统的概念。这个理论认为任何生产性组织，皆由技术体系与社会体系组合而成，这两种体系交互影响，互为因果，只重视其中的一面是片面的。

（4）卡恩的“重叠角色组”模型

卡恩（R. l. Kahn）用社会心理学中的“角色组”概念来解释组织。

组织中的每一个人在此正式组织中都占有一个“职位”。对于占有这个“职位”的人，人们都有所期望。因此，人们对这个人所期望的行为，称为“角色期望”。那么正式组织中一种职位怎样与其他职位相联系呢？我们可以这样问：“当一个人执行一个组织角色时，为了很好地完成这个任务，他同哪些人联系、一块儿协同工作？”我们称这个人为“中心人物”。而跟他协同工作的人——如上级、下级、同事或组织之外的人，就组成了这个人的“角色组”，因此整个组织可以看成是一个由许多这样重叠相连的“角色组”构成的。

组织成员的行为可以从下面三点来研究：

① 角色冲突。角色组里不同的人，对中心人物有不同的期望。当角色组中包括组织内部与外部的多种人时，其角色冲突较大。

② 角色不明。就是角色组里面的人没有把中心人物完成角色任务所需要的情报资料传达给他，因此，“中心人物”不知道是否要做出反应、如何反应。角色不明是新来的管理人员经常体会到的，他负有一定的责任，拥有一定的权利，但没有人告诉他怎样恰当地完成他的任务。在这种情况下，个人所体验到的不安是强烈的。

③ 角色负担过重。中心人物遇到了来自许多角色组成员的期望，而这在有限的时间内或在符合要求方面，他没有能力或无法完成。

从心理学角度说，角色冲突、角色不明与角色负担过重都会引起个体心理的紧张和焦虑，为了消除紧张、焦虑，中心人物会采取一种“要么斗争，要么逃避”的反应。因此有时会产生不顾整个组织效率的行为。例如，一位管理人员为了避免角色冲突引起的紧张，而忽视或拒绝他的角色组中某一成员的合理要求，结果使某些任务无法执行。

卡恩用了职位、角色期望、对角色期望的认识、对冲突的反应方式、执行角色任务的有效性等组织中多种因素的相互依赖关系及组织与外部组织的相互影响等概念，突破了传统的组织定义。

（5）机械的和有机的组织模型

此模型由伯恩斯（Burns）和斯托克（Stalker）提出。他们研究了英国 20 多家公司，目的在于考察与不同环境因素的联系以及科技和市场改变的速度对于这些公司管理过程的影响。结果发现，处于急剧变动的环境中的公司组织结构与处于稳定环境中的组织结构不同，从而提出了机械的组织与有机的组织的概念。

所谓机械的组织与上述的层峰结构的组织具有相同的特征，即高度的专业化、形式化和集中化，有固定程序的活动，有计划的行动，对不熟悉的事物做出缓慢的反应。有机的组织与机械的组织相反，它在结构上具有很大的灵活性。如果环境条件稳定，应采用机械性结构；如果环境条件经常变动，应采用有机的结构。但机械的和有机的是一个连续体的两端，现实中处于两个极端的情况是较少的，应根据环境的变化和组织成员的习惯和偏爱采用相应的结构形态。

第三节　组织变革

一、组织变革的动力

组织变革的动力来自各方面，不仅来自外部环境，而且来自组织内部。

（一）外部环境

1. 社会政治因素会影响着任何组织和企业内部的改革

其影响力量包括统治阶级的政权易位、政治体制的改革、国内政治局势的动荡与稳定、民主与法制的健全与破坏、方针政策的正确与错误、社会风气的好坏、国际政治与风云变幻等。

2. 经济发展推动着组织改革

主要体现在以下几个方面：

（1）经济发展、生产力水平的提高，劳动生产条件与物质条件的改善，生产方式发生变化等，将推动着组织和企业的改革。

（2）社会经济结构的发展，产业结构的变化，经济体制的改革推动着各级企业与事业组织的改革与调整。

（3）经济发展会影响教育、文化、科技及人们思想观念的变化，这些变化对组织改革都会产生影响。

（二）价值观念的变化

随着社会的发展，人们的价值观念也在不断发生变化。

（三）技术

技术系统是组织变革的一个明显的推动力。处理和加工材料的新方法等情报的获得就起到这样的效果。机械化、自动化、计算机化对于组织有着广泛的影响，这些新技术的采用常常对组织的结构和社会心理系统等方面有很大的影响。对于不稳定的动态的环境，技术因素就显得愈加重要。

（四）结构

组织变革的另一动力是结构。结构的改变通常与其他因素有关（如技术）。在其他分系统稳定不变的情况下，在组织结构上单独进行调整是适宜的。在其他各方面处于相对稳定的状况下，正是调整结构的恰当时机，调整的目的是提高组织效率。结构改变最典型的是对现有的部门再进一步划分或合并，这样往往会影响到整个组织系统。其他如非正式组织的因素，也会促成结构的变革。

组织结构方面的变革具体有：通过部门化的划分或单位联合成部门的变革方式使正式

组织系统中产生许多分系统；新结构形式的创建，如混合公司、跨国公司、地区性运输系统和多单位的保健实施系统等；非正式组织的变化也是组织系统变革的一个因素；内部结构的变化，如特别委员会、任务小组、规划管理机构的变革等，也将为整个组织的改革提供动力。

（五）社会心理系统与人的因素

组织变革的动力经常来源于社会心理因素，组织变革及其目标的实现在很大程度上依赖于人的因素。充分地利用组织和企业中人的因素，才能成功地实现预定的目标。组织内部的群体动力状态、人际关系、信息交流、意见沟通以及成员的士气、动机、态度、行为等的改变，对整个组织都有重要的影响。如果组织的技术改革要求下级支持，而下级根本没有积极性，那么，技术改革就不会有效果，甚至会产生消极影响。在这方面对组织成员的教育和引导就是关键。

（六）管理

管理无疑是组织变革的推动力。管理部门要保证任务的圆满实现，就需要对企业和组织的生产和工作作出有效的预测和计划，对工作的各种要素和生产的各个环节进行协调的组织和指挥，对组织成员进行联系实际的教育与鼓励，对企业不断进行积极的挖潜和创新，等等。这些管理活动也是组织变革的必要基础和条件。而且，进行组织变革，需要管理部门根据客观情况，经过分析，作出高效率的决策，推动和指挥整个变革过程。

二、组织变革的方法

对于不同的变革要求、不同的组织状况，应采取不同的组织变革方式。一般来讲，组织变革可以从以下几方面进行：

其一，从组织结构入手，根据前面介绍的各种组织结构，进行调整和重新组织。

其二，从技术入手，进行挖潜改造和革新。

其三，从人的因素入手，提高组织成员的积极性和创造性，实现变革的目标。

其四，从控制和调节外部环境入手，主动地改革环境以适应组织的需要。

这几方面的侧重不同，但又相互联系。下面略作说明。

（一）通过改变结构来实现组织变革

结构的改变就是重新进行组织，包括划分和合并新的部门、协调各部门工作、调整管理幅度与管理层次，以及给基层单位一部分自主权等等。通过改革结构来实现组织变革的方法，比较直接，见效快，常常可以使组织发生根本性的转变。例如，随着新产品、新工艺的迅速增长，某电器公司的集中化的组织结构和效率越来越低，不能适应各种新的变化，阻碍了生产的进一步发展。于是，该公司开始进行结构改革，采用分散化的结构，组成专业生产部门，如民用电器部门、航天电器部门、建筑电器部门等等，结果使企业效率大大提高，并通过进一步的组织变革，不断发展壮大。

（二）通过改变技术来实现组织变革

技术的改变，主要是组织完成任务所用的方法和设备的改变。例如，引进新生产工艺、新设备、新的测量成绩的程序，提高机械化和自动化程度，等等。另外，投资少、收益快的办法，主要是深入进行这方面的挖潜和技术改造。其他，如提高和改进质量，控制技术和生产进度，也可以实现组织变革的某些目标。

（三）通过改变人来实现组织变革

上述技术和结构的改变，都是通过改变职工的工作环境来提高组织的成效、实现组织的变革的。它们根据这样一个假设：创造适宜的工作环境能使职工的行为变得有效。用改变人来改变组织就是试图以直接改变职工的动机、态度和技能来改变职工的行为。国外心理学家和社会科学家认为这是一种“教育范畴”的东西。对此，我们是很熟悉的。我们的管理人员每天都在做“人的工作”，而且我们是有优良的思想教育传统的。当然，用改变人来变革组织不仅包括思想教育方面的内容，还包括沟通等管理技术。

此外，根据有关工作动机心理学研究，重视提高职工工作动机，实行有效的奖励制度和责任制等等，都可以推进整个组织变革，这方面可参阅本书前几部分的讨论。

（四）通过调节和控制外部环境来实现组织变革

组织不但要适应外部环境的迅速变化，而且还需要主动的调节和控制环境，使之在最大程度上有利于组织目标的实现。除了改革组织内部的管理制度和规范等以适应环境以外，还应重视创造新的环境，例如开辟新的市场、加强外部信息资料的输入等等。

三、克服对变革的抵制

变革意味着破旧立新，人们通常是欢迎的，总是希望把自己所在的组织和企业搞得好一些，发展得快一些，创造更多的财富，积累更多的资金，对国家作出更大的贡献，同时，也希望工作环境更舒适些，劳动保护和住房等生活条件更好些等等。但同时也会在某种程度上影响其成员的利益和权利的重新分配。因此，组织的变革必然会引起一些成员的抵制。

（一）抵制变革的原因

抵制变革的原因大体上有三种：心理的、经济的和社会的。

1. 心理上的抵制

（1）职业认同。组织变革会破坏某些人的职业认同感，组织变革的进行，有可能在某种程度上影响个人的安全感。在变革之前，人们的工作常常是熟悉的、稳定的，这在心理上有一种安全感。当人们面临变革时，这种“职业认同”会受到一定影响，于是就产生了对变革的抵制。

有的管理人员觉得，管理部门要进行变革，就意味着自己没有做好工作。因此，会产生抵触的态度。另外，对本职工作的自豪感，也会由于要改变职业而产生不满。还有，人们习惯于稳定的、惯常的工作模式，一旦打破这种工作模式，实行新的变革，就会产生某种压力和不满意感，从而抵制变革的进行。

（2）不安全感。某些管理部门虽然赞同变革，如引进新技术，但就是没有具体实施。即便实施起来，其结果往往存在成功和失败两种可能性，这就产生了不安全感，即便成功，担心变革带来将来的不稳定，害怕可能失败，便自觉不自觉地形成对变革的抵制。

（3）地位上的考虑。另一个导致抵制变革的心理因素，是人们感到变革会影响他们在组织和企业中的地位，影响他们的既得利益。人们害怕失去原来的某些地位和职权，因而产生某种心理上的抵制。所以，国外有些自动化工厂，仍然让原先的管理人员发布一些实际上无效的命令，使他们不感到自己的“地位”受到影响，从而减少心理上对变革的抵制。

2. 经济原因造成的抵制

抵制变革还可能由于经济上的原因，即担心变革会影响自己的收入，包括以下几种情况：

（1）担心技术改革后被解雇。

（2）计时工资制的工人担心变革之后减少工作时间，使自己少拿钱。

（3）担心改变职务而降薪。

（4）担心增加产量而不增加个人收入。

3. 社会的抵制

（1）群体的功能与共同标准、态度、目标、规范和领导品质有关，群体要维持一种平衡，使得群体保持基本相同的行为。所以不论何时，当对群体实行变革时，群体会采取行动反对它，使之达到通常的平衡。

心理学家勒温用一个概念来表示它，叫做“自动平衡”。那么，如果外界压力确实引起群体的某些行为的改变时，它同时也会引起抵制变革的反应，群体会向新的“自动平衡”方向移动。勒温的研究表明，当推动群体变革的力量和抑制群体变革的力量之间的平衡被打破了，变革也就发生了。这些不平衡解冻了原来的模式，那么，群体为了获得新平衡，就得费力去奋斗，其结果是群体在新的、与以前不同的平衡水平上重新“冻结”。这表明，用增加推动变革的力量来改变群体，大多数群体会用增加抑制变革的力量来做反应，一旦抑制变革的力量削弱了，变革便容易产生。所以用增加变革的动力来改变群体时往往比较困难，推动力量增加了，整个系统的紧张程度也增加，这种更大的不稳定，更有可能在群体成员方面产生不合理的行为。

（2）变革的阻力也来自实行典型的等级制组织结构的组织本身。组织的等级层次多，上下层信息的沟通按特定的渠道进行。当变革的意愿触犯了组织中某一层次人员的利益时，该信息往往会受到抵制。

（二）克服对变革的抵制

1. 参与

心理学研究表明，人们对某项事情参与的程度越大，他就越能承担责任，把这件事当作自己的事。因此，可以让组织内的成员都不同程度地参与变革的全过程，共同商讨变革的必要性。当有关的人员能够参与有关变革的设计和讨论时，抵制的情况就较少发生，变革就容易顺利进行。

2. 委任

群众选举产生的领导，其领导行为容易为群众所接受。由这种领导实行变革时，受到的抵制就较少。同时，领导要身体力行，作出表率，重视变革过程中的思想教育工作。

3. 合理安排变革的时间和进程

即使不存在对变革的抵制，那也需要时间来完成变革。不论组织的哪一级，都需要时间去适应新的制度，排除障碍。如果领导觉得不耐烦，强行加快速度推行变革，下级会产生一种受压迫感，这会造成习惯的工作关系的变异，产生以前没有过的抵制。

一般来说，领导常常低估充分实行变革所需要的时间，他们没有认识到大部分工作是密切配合的。职工之间、职工与上级之间的连锁关系的模式需要一段时间才能建立起来。

因此，管理部门和领导要清楚地懂得人际关系会影响着变革的速度。否则的话，即使推行了变革，今后反而需要更多的时间和精力去克服遗留的问题。

4. 处理个体对变革的抵制

我们知道，个体的行为是由很多因素决定的。一些心理学家认为，这些因素的力量通常是相对平衡的。

因此，要引起个体的改变，就必须使其中一种或几种因素发生改变，增强或者减弱影响该个体的一种或几种力量。

压力能够导致变革，但如果许多加在个体身上的力量的目标各不相同，则改革的方向就较难预计。如果各种压力方向一致的话，就很可能产生所预期的结果。例如，对有不良行为的儿童，学校、家长、邻居等共同教育他，就更容易使他向好的方向转变。

此外，就个体与群体的关系来说，由于个体对群体的忠诚，希望维持现状，也常常会产生对变革的抵制。这样，个体改变的方向就较难预料。

在群体心理部分已经谈到，当个人要超过群体定额时，会受到群体规范的限制。在群体压力下会迫使个体抵制变革。有的心理学家认为，对于每种变革，都存在一种相反的力量。

可见，要使个体获得改变，要么增加直线下面的力量，要么撤销直线上面的力量。

5. 利用群体动力

有的心理学家提出，运用“变革的群体动力学”，可以推动变革。这就是利用群体来改变个体或群体本身的方法。

（1）强烈的归属感。创造一种“我们的”感情，会使变革成功的可能性大大增加。如果要有效地改变某一群体，则群体中那些要改变的人和那些需要施加影响使其改变的人，都要有强烈的归属感，即把群体看作是自己的群体。

（2）群体的威望。一个群体对于其成员越有吸引力，该群体对于成员的影响力就越大。群体越使人称心如意，越团结，成员也越容易接受影响和影响别人。怎样提高群体对个人的重要性呢？心理学家认为，主要应提高对群体目标重要性的认识并加强合作互助，使彼此亲密无间。

（3）态度、价值和行为。群体的共同目标对其成员的态度、价值和行为等有极大的影响，应注意利用群体目标，使之与变革的目的一致起来，从而较顺利地改变成员的态度、价值观和行为。

（4）个人的威信。一个成员在其他成员中威信越高，他所具有的影响力就越大。这种威信不在于该成员在群体中的职务，而常常是在群体活动中表现出有较高技能、比较活跃积极的人。因而，应认识群体中真正的领导者及其影响，注意利用他来强化群体的认同感，共同明确变革的目的。

（5）注意群体规范。如果一项变革使某一成员或群体的一部分将会在很大程度上偏离群体规范，这就可能遇到强烈的抵制，所以一般不宜采用这种方式。为了抵制变革，群体甚至会把该成员排斥于群体之外。因此在进行变革时，应考虑与群体规范的关系，以便采取适当的措施。同时，也应注意适当的引导和教育，建立有利于变革的新规范。

（6）共同的知觉。当群体成员共同知觉到变革确实需要时，就能产生一种强大的要求改变的力量。这种压力存在于群体内部，当群体成员没有这种要求时，即使一位专家提出一系列事实来证明改变的必要，群体也会抵制。但是，如果改变的必要由他们自己发现的话，就大不相同了，他们会自觉地实行变革。

（7）分享情报资料和沟通的重要性。有关需要变革的资料、变革的计划以及变革的结果，必须让群体所有成员都知道。分享情报资料，不仅能带来相同的知觉，而且在群体成员中形成这样一种感觉，就是他们在计划变革中起着作用。于是他们就会担当起一定的责任，有一定的责任感。同时，在变革中加强信息交流，对于成功地实现变革是极为重要的。这既有利于及时实施变革的各个步骤，也使得决策者能够及时发现实施中可能产生的新问题、新情况，获得有效的反馈。这样才能随时排除变革过程中遇到的抵制和障碍。

6. 进行力场分析

这个方法是由勒温提出的。在实施变革的过程中，如果遇到阻力，主张把支持变革和反对变革的所有因素采用图示方法排队，分析比较其强弱，然后采取措施，通过增强支持因素和削弱反对因素的办法，推行变革。

勒温认为，对于一项变革，企业中存在着两种力量。一种是推动力，指有利于变革实现的力量，它能引发一种变化或使变化继续下去。另一种是抑制力，是阻止或降低推动力的力量，它阻止变革的发生或进行。当这两种力量相等时，达到平衡。

为了提高生产力，或推进某项变革，可通过以下几个途径来实现：增强推动力；降低抑制力；同时提高推动力和降低抑制力。

例如：某个工厂要全体女工带防护眼镜，但受到了抵制。心理咨询人员经过调查后，分析了两个方面的因素，并针对反对因素采取了措施。

（1）对第一个反对因素（嫌戴眼镜太重），经过了解只要多花 5 美分，就能调换到一种比较轻而又舒适的镜架。公司同意支付这笔开支，问题解决了。

（2）对第二个反对因素（戴了不美观），让每个女工自己设计合适的眼镜式样，并开展竞赛，引起了大家的兴趣。有了新的式样，这个问题也解决了。

（3）第三个反对因素（女工对公司制度的抵制），随着第一个、第二个问题的解决，也得到了解决。这样就使女工对公司的规定从消极和反对转变为积极的支持。

我们国家有些厂矿对此也有经验。如上海某船厂船体车间改变钢板下料就是一例。

该车间原采用各个冷作组钢板分散下料的办法，后来鉴于这种办法存在不少问题，决定成立全车间的钢板下料小组，由它统一下料。但是，要这样做，便产生了两类意见，一类是赞成的，另一类是反对的。他们采取“力场分析”的方法，进行了分析比较。

他们通过分析，发现支持因素（即赞成改革的）有：

（1）节省人力。原有 9 个冷作组，每个组中有 3 ~ 4 个风割工，共 20 多人。如果集中成立一个下料组，由于大大减少了准备和收场等等工作量，可以节省人力，多余的人力可用来加强其他部门。

（2）提高钢板利用率。由于各冷作组分散下料，人们往往从自己的方便出发割钢板，有时甚至乱割一气，大材小用，小材不用，造成很大浪费。而集中下料，可由下料组统筹安排，做到物尽其用。

（3）有利于经济核算。分散下料，出现返工，再去割一块就是了。集中统一下料后，哪个冷作工有返工，即可发现，不仅有利于提高责任感，也有利于更好地实现经济核算。

（4）有利于劳动力的适当安排。

这几条好处，形成了一支支持成立下料组的力量，成为变革中的推动力。

但是，推行这项变革时，也有人反对。反对的原因是：

（1）原来 20 多人的工作现在由 8 人负担，人们担心任务太重，多劳不能多得。

（2）钢板堆在露天，工人在露天工作，风吹太阳晒，工作条件差，很辛苦，吃不消。

（3）多余的风割工要调换另外工种，要迫使一些人改行。

根据以上不赞成的因素，车间领导不是用硬压任务、硬推行的办法，而是根据力场分析的原理，采取了相应的措施，使抑制力降低到最低限度。这些措施是：

（1）对增加工作量这一问题，车间领导在对职工加强思想教育并鼓励挑重担的同时，贯彻按劳分配的原则，相应提高物质待遇。

（2）针对工作条件差这一问题，车间采取改善工作环境的办法，筑起挡风墙、搭帐篷等等。

（3）对于改行这一问题，车间尽可能将年轻同志调下来，给他们充分的时间和学习条件，鼓励和支持他们学习技术，掌握新工种的操作程序和要求等等。

这样，这项改革便得到了顺利的推行。①

四、组织变革与组织效能

组织的变革是为了提高组织的效能。国外许多管理心理学家提出各自的理论模型，从不同标准论述了组织效能问题，这里介绍几种模型，以启发我们的思路，了解国外管理心理学在这方面的研究情况。

（一）巴斯的模型

心理学家巴斯（Bass）认为，按传统的观点，以生产率和利润之类的指标来评价组织。这是远远不够的。组织的效能必须反映出："组织对它的成员是否有价值，组织成员和组织对于社会是否有价值?"他认为评价一个组织应该从以下三个方面入手：

（1）生产、获得的利润以及自我维持的程度。

（2）对于组织成员有价值的程度。

（3）组织和组织成员对社会有价值的程度。

（二）本尼斯的模型

本尼斯提出，现在的有关组织效能的判断标准的基本缺陷，是没有注意到适应变化这一问题。他认为，"当今组织面临的主要挑战，是要能够对变化的条件作出反应和适应外界的压力。"所以，判断组织的效能，应当包括适应性和解决问题能力这些标准。

本尼斯感到，组织所采用的方法论上的法则和解决问题的技术，是决定的因素。这些法则和技术，类似于科学调查中所用的方法。

如果组织要在变化了的环境中生存，必须做到：

（1）强调科学方法，特别是要有进行实验的愿望和具有调查的精神。即是说，要勇于探索，能把尝试性的结论放到实践中去检验和发展，然后实施。

（2）要具有科学调查的精神，就要使得职工能自由发表意见，组织要尊重个人。

总之，本尼斯认为，组织的关键是能在变动的环境中生存和适应，而要做到这一点，必须有一种科学的精神和态度。这样，适应性、清楚地辨明问题的能力和实践检验的能力，是组织效能的主要组成部分。

与此相一致，本尼斯提出以下组织有效和健康的标准：

---

① 卢盛忠．管理心理学．第3版．杭州：浙江教育出版社，1998.

（1）适应环境的能力。解决问题和灵活机动应付环境变化的能力。

（2）确认本身的能力。就是组织对本身的真正了解。这个组织是个什么样的组织？它的目标是什么？它应该做什么？组织的成员对目标理解的程度和拥护的程度如何？组织成员的自我知觉和组织外其他人对这个组织知觉之间的一致程度如何？等等。

（3）检验现实的能力。准确地觉察和解释环境的真正性质的能力，尤其是敏锐而正确地掌握环境中那些与组织功能有密切相关的问题的能力。

（4）协调和整合的能力。协调组织内各部门，解决各部门之间冲突的能力，以及能使组织目标与个人的需求结合起来。

（三）贝克哈特的组织健康模型

贝克哈特（Beckhard）认为，一个健康的组织应该具有如下的特征：

（1）整个组织各附属部门和个人依照组织的目标和计划来行动。

（2）问题、任务和目的决定如何组织人力资源。

（3）不管信息来源在组织的哪一部分，都要由那一部分作出决策，或由信息来源附近的部门进行决策。

（4）奖励应该根据短期利益或生产的整个成绩，能促进下级的成长和发展，有利于创造一个生气勃勃的班组。

（5）平行的和上下的沟通能得到正确理解，人们应该是开诚布公的，敢于面对事实。

（6）个体之间和群体之间不合作的情况减少到最低限度，所有人员能持续努力地创造生动活泼的局面，能提出解决问题的方法。

（7）能对任务和目的提出不同见解。

（8）组织和它的组成部分能把本身看作是交互作用的，并且和环境交互作用，组织应是开放的系统。

（9）在维持组织的整合性和在环境中的独特性方面，每个人、每个部门能相互支持。

（10）能建立反馈机制，这样，个体和群体能学习到更多的东西。

第四节　组织发展与组织文化

一、组织发展的一般概念和历史

组织发展是国外在近二三十年来管理心理学中发展起来的新领域，简称它为OD，即“组织发展”（Organization Development）的英文缩写。组织发展是个动态概念，是指在变动的环境下，通过长期的努力来改进和更新企业组织的过程，特别是实现更有效和协调的管理，提高组织效率。

二、组织发展的内容

组织发展一般可以分为两大类，即技术与结构方面的组织发展和个人与群体方面的组织发展。本节先讨论技术与结构方面的组织发展问题。

（一）社会技术系统

如前所述，英国塔维斯托克研究进行了社会技术系统的研究。这些研究提出要重视技术系统和社会心理系统的交互影响。在组织发展中，也把协调这两个方面作为重要的任务，以便使企业和单位中的技术，组织结构和社会相互作用诸方面达到最佳的配合。社会技术系统的知识来源于两个方面的理论和实践：一是科学管理学和工业工程学，比较注重于企业的物理环境和功效；二是普通心理学和社会心理学，比较注重职工之间的关系和个人的需要。

因此，社会技术系统的方式就是希望在改革工作环境和管理制度的同时，注意在职工之间和上下级之间建立积极合作的关系，并且满足所有成员的不同需要。如20世纪70年代塔维斯托克研究所在一家纺织厂进行过一项运用社会技术系统的理论进行组织发展的研究。该厂由于安置了自动织机并使工作任务高度专门化，因而降低了产品的产量和质量。心理学家对该厂进行了一系列的改革。他们重新设计了工作任务，把不同工作从九道工序减少到三个阶段，并且使任务可以经常变换；他们还建立了半自动化生产的工作群体，负责一组织机，等等。在此以后的两年中，生产率不断上升，废品率下降，职工的工作劲头也大大提高了。

由此说明，在技术革新或自动化生产的同时，应重视工作群体的建设；加强任务本身的变换，以收到显著的效果。

（二）工作再设计

此方面的组织发展也着重技术和企业社会结构的改革，同时，还增加整个任务的多样性、完整性和意义，加强工作的责任性和及时反馈工作结果的信息，从而利用工作本身的激励因素，提高工作满意度和生产率。

工作任务设计主要开始于20世纪的科学管理运动。当时，泰勒和吉尔布雷斯等运用时间和动作分析技术，系统地考察了不同类型的工作，他们试图最大限度地提高工作效益。然而，通过工作任务设计来进行组织发展的研究，还是近些年的事情。

1. 工作扩大化

工作扩大化主要是扩大工作范围，增加工作的种类，同时承担几种或周期较长的工作，以减少工作的单调性，提高工作热情。

工作扩大化使员工有更多的工作可做。通常这种新工作同员工原先所做的工作非常相似。这种工作设计导致高效率。

工作扩大化的主要好处是增加了员工的工作满意度和提高了工作质量。IBM公司报告，工作扩大化导致工资支出和设备检查的增加，但因质量改进，职工满意度提高而抵消了这些费用；美国梅泰格（Maytag）公司声称通过实行工作扩大化提高了产品质量，降低了劳务成本，工人满意度提高，生产管理变得更有灵活性。

工作扩大的途径主要有两个："纵向工作加载"和"横向工作加载"。"加载"是指将某种任务和要求纳入工作职位的结构中。利用"纵向工作加载"来扩大一个工作职位，是指增加需要更多责任、更多权利、更多裁量权或更多自主权的任务或职责。"横向工作加载"是指增加属于同阶层责任的工作内容，以及增加目前包含在工作职位中的权力。

2. 工作丰富化

工作丰富化是对工作内容和责任层次基本的改变，是对工作责任的垂直深化。它使员工在工作过程中，获得成就感、认同感、责任感和自身发展。工作丰富化设计要遵循一些原则：(1) 给员工增加工作要求。(2) 赋予员工更多的责任。(3) 赋予员工工作的自主权。(4) 不断和员工进行沟通反馈。(5) 对员工进行相应的培训。

工作扩大化与工作丰富化之间存在着区别。在某种程度上，工作扩大化仅仅是一种工作范围的水平扩展，是一种低水平的工作扩大。而工作丰富化则必须给员工赋予更多的责任，即可能还有其他任务要求他完成，并且相应的职责也随着任务一起下放给员工了，使得员工具有强烈的责任感。

3. 弹性工作时间制

弹性工作时间是指在一定限度内允许员工自由选择他们自己的工作时间段。在弹性工作时间制中，员工每天的工作时间总量与标准工作时间制相同；不同的是，他们获准在一个叫做"带形宽度"的范围内完成这些工作时数，这一带宽是员工在每个工作日的可工作最长时间。弹性工作时间包括两部分"核心时间"和"弹性时间"。"核心时间"是每天所有员工必须出勤的时间段。"弹性时间"是员工可调整他们自己的时间表的时间段。弹性工作时间制最重要的作用可能就是，它允许员工调整自己的时间以把个人需求和工作要求之间的矛盾减到最小。有了弹性工作时间制，个人需求可以得到调整。为了促进员工结构的多样化，组织需要开发灵活的工作地点和工作时间。这种变动在一些公司里明显受到了抵制。长期以来"上班便等于生产效率"的观点仍然是许多企业文化中的一部分，弹性选择权似乎在全面质量管理环境中使用效果最好。

三、个人和群体方面的组织发展

这方面的组织发展着重于组织成员和群体活动的整个过程，主要来源于心理学和社会心理学的许多研究，以及人际关系活动。这类组织发展的基本假设是，通过一些专门的程序，提高组织成员的心理素质和人际过程（人际知觉、人际关系等），将能够改进组织的绩效。

（一）传统方式的组织发展

早期所采用的实验室训练方法，已被广泛应用于组织发展，其中两种主要的技术是敏感性训练（Sensitivity Training）和方格训练（Grid Training）。这两种技术和调查反馈方法都代表了传统的、但仍广泛运用的组织发展方式。

1. 敏感性训练

敏感性训练是要使参加者深入地了解自己和其他人的感情和意见，并从中提高学习和认知的能力。敏感性训练可以通过解决自己与工作中的问题，促进个人的价值观念，培养参加者在实际环境中作出成绩。

敏感性训练的主要对象包括职工、中上层管理人员、学生以及具有不同文化背景和不同民族的人员。

在敏感性训练中，参加的人员自由地讨论自己感兴趣的问题，自由地表达自己的意见，分析自己的行为和感情，并接受对自己行为的反馈意见（批评或者其他意见），从而提高对各种问题的敏感性。

通常，可以自由参加这种训练，每次一般不超过 15 人，外加训练者（主持人）。训练时间一般为 3 ~ 14 天，大致可以分以下几个阶段：

（1）不规定正式的讨论议程和领导，由参加者自由讨论，相互启发，增进彼此之间的了解。

（2）训练者不加评论地、坦率地谈出自己的看法，这是一方面的反馈。对于参加者的主要反馈，来自其他参加者当时的相应行为。

（3）着重增进人际关系，相互学习，促进新的合作行为的不断形成。

（4）根据实际工作中的情景和问题，巩固学习效果。

由于敏感性训练的具体办法各异，针对的问题也不同，因此，对训练的评价并不一致。但是，敏感性训练作为管理心理学中的一种训练方法，只要在正确的思想指导下，采取这种群体讨论、畅所欲言的办法，仍可解决组织与群体中人际关系方面的某些问题。

2. 方格训练

在领导心理一章中，介绍过领导行为的管理方格理论。方格训练正是从领导行为的管理方格理论发展而来的组织发展方式。布莱克等的领导管理方格中，（9，9）的位置表明对人和生产都表现出最大的关心，因此，（9，9）的这种管理方式，就是方格训练的一项目标。

方格训练与敏感性训练的不同之处在于，敏感性训练更可以说是作为组织发展的一种工具或手段。方格训练则不只是工具或手段，而是组织发展的一项全面的计划。

方格训练包括六个阶段：

（1）实验室讨论会式的训练。介绍训练用的资料和几种领导作风的概念。

（2）小组发展阶段。同一部门的成员集中在一起，讨论打算如何达到方格中（9，9）

的位置，并把上一阶段学到的知识运用于实际情景。

（3）群体之间的发展阶段。这个阶段开始了整个组织的发展，确定和分析群体之间的冲突和问题。

（4）订立组织目标阶段。讨论和制定组织的重要目标，增强参加者的义务感。

（5）完成目标阶段。参加者设法完成所订立的目标，并一起讨论主要的问题。

（6）稳定效果阶段。即对思想和行为方面的训练结果作出评价。

这六个阶段所需的时间，按不同实际情况而异，有的可以几个月，有的需要进行 3 至 5 年。国外的实际研究表明，这种训练对于提高组织效率有显著作用，并得到广泛应用。据 1974 年的一项统计，美国至少已有 2 万人参加了公开的方格训练，还有 20 多万人参加了公司内部的方格训练会，方格训练成为最流行的组织发展方式。

3. 调查反馈

这种组织发展的基本方法，是通过问卷表调查和分析某单位的工作，发现问题，收集解决问题的方法和意见，并把这些材料反馈给参加问卷调查的人。所调查的单位可以是工作群体和部门，也可以是整个组织。可以举行调查反馈的会议，运用所得到的资料，诊断所存在的问题，制定解决问题的行动计划。这方面所采用的一些标准形式，是由密执安大学社会研究所（1SR）研究和设计的。问卷可以包括三方面的问题，即领导管理过程中的问题，组织的沟通、决策、协调和激励方面的情况，以及职工对组织中各方面情况的满意度。实践证明，这种方法可以比较准确地发现所存在的问题，找到解决的办法，并且促进参加者的态度和行为的转变，改善整个组织气氛。

问卷的设计对于调查的效果是十分重要的。读者可以参阅有关心理测验和态度测量的章节。下面以美国某公司的调查问卷表的几个项目为例，说明这类问卷的形式。

态度问卷的部分项目（举例）

	同意	难回答	不同意
（1）我的工作时间恰当	○	○	○
（2）我的报酬与厂内其他部门相比是公平的	○	○	○
（3）我的管理人员对人常常是公正的	○	○	○
（5）我相信管理部门的公平和诚实	○	○	○
（5）我在友好的环境中工作	○	○	○
（6）我知道我的工作与组织内其他工作是否相互配合	○	○	○
（7）我的管理人员欢迎我提意见，即使意见与他的不同	○	○	○
（8）我为我在这个公司工作而骄傲	○	○	○
（9）对我来说，工作是否中意还是个问题	○	○	○
（10）对于午饭是否方便，我没有什么意见	○	○	○

这种问卷用的是 3 点量表法，也可以用 5 点量表法来设计。

调查反馈所用的问卷一般不记名，可以与聘请来的专家共同进行。

4. 相互作用分析

这是组织发展中的另一种改变人们行为的方法。相互作用分析既是分析行为的方法，也是一种性格形成的理论。

相互作用分析（Interaction Analysis）的基本理论认为，个体的个性由三种心理状态构成。这就是“父母”、“成人”、“儿童”状态。这三种状态与年龄没有关系，只是指心理上的三种状态。

“父母”心理状态是以权威和优越感为标志。通常表现为统治人的、训斥人的，以及其他权势式的对待人的作风。这种状态学自于父母或其他权威人物。

“儿童”心理状态类似于“儿童”时期的冲动——自然的冲动。表现为服从和任人摆布。一会儿逗人喜爱，一会儿发脾气，使人讨厌。这种状态出自于一个人一时的感情冲动。

“成人”心理状态表现为客观的和理智的。它不受“父母”和“儿童”心理状态的干扰。

因此，相互作用分析理论认为，理想的相互作用应该是“成人”刺激和“成人”反应。

人们的相互作用有时是“平行的”关系。如“父母—父母”，“儿童—儿童”，“成人—成人”。这种情况下，两人之间的“对话”会无限制地继续。但在现实情况下，常常会遇到交叉的相互作用。如“父母—成人”，“父母—儿童”，“成人—儿童”，在这种情况下，信息交流就会中断。

（1）平行的相互作用

领导说：“这件任务，一个星期内能完成吗?”

下级说：“如果没有其他干扰，我想是能够的。”

在这种相互作用情况下，双方都从“成人”心理出发进行交谈，彼此心平气和，以协商的口吻进行客观的、理智的互相作用。

（2）交叉的相互作用

下级：“我希望这一次能够得到晋升。”

领导：“你连目前的任务都还没有完成，还谈什么晋升!”

在这种情况下，下级从“成人”心理出发进行交谈，而领导以“父母”心理状态出发，以训斥“儿童”的方式交谈，结果使得对方感到压抑，交谈就会中断。

美国有些大公司已采用此法进行训练。目的在使受训练者了解与他人交往中，自己和对方的行为出自哪一种心理状态，然后争取消除信息交流中的心理障碍，建立互相信任的关系。

例如，美国航空公司曾经用影片作教材进行相互作用分析教育。

影片映出一位女售票员接待两位男顾客，为他们安排旅行日程计划。后面一位女顾客等得不耐烦了，就破口责骂这个女售票员，说："你在跟男人谈情说爱吗？没完没了的。让人家久等。"尽管实际上并非如此，但是这位女顾客的行为则发自"儿童"心理状态，并以一种恼火的"父母"姿态出现。这时售票员的反应不是反唇相讥，而是把局面转到"成人—成人"的模式。她说："非常抱歉，让你久等了，你需要什么？"事情就这样顺利地过去了。

对于这种相互作用分析的训练方法的效果，大多数人反映良好。它可以使受训练者更好地理解人们在相互接触中的心理状态，当互相作用遇到阻碍时，应尽量采用"成人—成人"的反应去处理问题。

（二）其他方式的组织发展

除了上述四种传统方式的组织发展，还有其他一些重要的组织发展方式，这种组织发展主要在人际水平和群体之间的水平上进行。

1. 过程咨询（Process Consultation）

过程咨询也可简写为 P. C. 。这种组织发展方式主要涉及群体内部或者群体与顾问之间所发生的过程情况，其基本假设认为，过程方面的顾问能够比较有效地帮助诊断和解决现代组织所面临的重要问题。过程咨询所实施的范围可以包括沟通、群体成员的角色、群体决策、群体规范与发展以及领导和群体之间的问题。

组织心理学家夏恩（Schein）认为，组织发展的过程咨询方式有以下几个步骤：

（1）最初接触。委托人与顾问交换意见，介绍正常程序不能解决的问题。

（2）确定关系。订立正式合同，以及就所希望结果和期望达成一致意见。

（3）选择背景和方法。

（4）收集资料，进行诊断。顾问通过问卷、观察和交谈等进行调查，作出初步诊断。

（5）进行咨询干预。包括制定程序、反馈、指导，以及调整组织结构等方式。

（6）结束咨询、撤离。在达到预定的目的的基础上，结束过程咨询，并商定今后需要时再进行咨询。

实践表明，过程咨询有两个主要的优点：一是可以解决现代组织面临的重要的人际问题或群体间的问题；二是可以帮助组织自己解决存在的问题。但是过程咨询也有不足之处，例如，组织成员不能像在其他组织发展活动中那样广泛参与整个过程，而且过程咨询一般时间较长、费用较大。

2. 组队建设（Team Building）

组织是由为完成共同目标而一起工作的人组成的，因此，组织发展中有相当大的注意力集中于组队建设。组队既是指班组，也包括具体的部门或群体。这种形式既可应用于群体内部，也可用于相互依赖的一些群体之间。组队建设的目的是以群体成员的相互作用来协调群体的步调，提高群体的工作效率。

在组队建设正式进行之前，需要有一些预备的活动。例如，一些生产班组在参加组队建设的组织发展之前，先参加两天半的训练班，讨论存在的问题。有的心理学家称之为“解冻”，即把问题摆出来，准备接受变革。然后对所有第一线的管理人员进行问卷调查，了解有关组织气氛、管理和工作内容方面的情况，并且由顾问把所收集的调查资料与各班组讨论，坦率地分析问题，提出初步的进行改革的建议。

在组队建设过程中，整个班组或部门一起确定解决问题的办法，制定完成所需目标的计划，同时还在各班组或部门之间举行会议，这可以在班组、部门之间建立合作，并把组织发展活动扩展到整个组织。

这种组队建设方案一般要花几个月到一年的时间。在这当中，外来的顾问起着重要的促进作用。组队建设可以在一种开诚布公的、合作的气氛中提高班组或部门的效率，它不但会改进沟通，而且会使参加者体验到心理上的进步，增强处理人际方面问题的能力。

在国外所进行的组织发展研究中，大部分都运用了组队建设方式，而且效果是好的。我们可以运用这种方式，结合联系实际的思想教育，加强基层班组的建设，从而提高整个企业或组织的战斗力。

3. 目标管理（Management by Objectives）

在组织发展中，目标管理已成为一个重要内容。目标管理也可简写为 MBO。目标管理可以说是从目标论发展起来的，不过，通常人们把目标管理归于这个词的创造者德鲁克（Drucker）。他提出，系统地制定目标和评价结果，可以改进组织的绩效和职工的满意度。现在，目标管理的参加者已由起初的只限于管理人员，发展到各种群体甚至个人，它已经成为组织发展的有效手段之一。

目标，实际上是一种期望达到的成就或结果，对于不同的文化背景、不同的企业，目标的性质也大有差异。目标对于组织或个人的努力程度和工作成绩都具有十分重要的意义。目标管理就是通过制定和实施具体的目标而提高职工的工作积极性和工作的效率。

目标管理一般有以下几个步骤：

（1）由管理部门提出总的目标，包括确定组织中关键的方面（如市场问题、产量、服务质量等），并决定成绩的客观标准或尺度以及考核办法。这些往往是从结果的方面来考虑的。

（2）从上到下制定目标管理系统，每个部门根据总目标和本部门的情况，订立各部门目标。

（3）订立个人目标，个人会同管理人员拟订自己的目标以及行动的计划，以形成一个目标的锁链。

（4）评价结果，定期（至少每 3 个月一次）对照目标，评定各人的工作成绩，另外，每年再作一次总的评定。评定中可以对所订目标作必要的调整，以适应变化了的情况。评定由管理部门和职工共同进行。

目标管理的关键是：(1) 要注意个人、群体和整个组织的目标的整合，把这几个方面紧密联系在一起；(2) 在实施过程中，充分让职工讨论和酝酿，订立为大家所接受的切合实际的目标；(3) 心理学研究证明，对中等难度的任务，工作效率最高。因此，应使目标保持在中等难度。

目标管理对于组织发展是比较有效的手段，其显著的优点有：改进了组织中的计划和控制程序；提高了职工的动机、责任感和义务感；明确了各类人员的角色和应担负的责任；改进了组织中的沟通，特别是上行沟通和横向沟通等等。

当然，目标管理需要管理人员具备一定的订立目标的技能，并且能够指导下级人员订立和实施各自的目标。在进行目标管理的同时，还应配合适当的奖励制度，以提高职工实现目标的积极性。

四、组织文化的概念

什么是组织文化？由于西方学者所概括的组织文化大都以企业组织为典型，因此，它与企业文化在许多场合是一致的，有时是在同一意义上被使用的。但从严格的意义上说，组织文化的概念要比企业文化广泛得多，因为，除企业文化以外，还存在着各种不同类型组织的文化。

其中有学者认为：组织文化，其“精髓就是共同习得的价值观、理念和假设，它们随着组织继续获得成功，而变成共享的和理所当然的”（沙因）。

组织文化应该是随着组织的成长、变化自然形成的。

组织文化是组织成员在较长时期的生产经营实践中逐步形成的共有价值观、信念、行为准则及具有相应特色的行为方式、物质表现的总称。在企业中通常称它为企业文化。

由于不同学者的知识、经验不同，认识各异，对于组织文化也有不同的理解，但概括地说，至少可以分为三大类：

（一）三层次说

认为组织文化由三个层次内容组成。第一层次是文化的外显部分。以企业为例，指企业组织中的厂房、设施、机器、装备、产品、服务、厂容厂貌等外显的、物质形态的东西。较深一层的第二层次，称为制度文化，指组织的规章制度、公约、纪律等制度形态的东西。最深层次为核心层，称为精神文化，指组织的价值观念、信念、理想等精神形态的东西。这三个层次合起来，便是组织文化。

（二）两元说

认为组织文化是由组织中物质文化与精神文化两个方面因素总合而成的。物质文化指的是有形的、可见的东西，如机器、设施、厂容厂貌、技术设计、商品包装、商标等。物质文化又称外显文化、硬文化或表层文化。精神文化指的是无形的、看不见的方面，如组织中的共同价值观、信念、传统、气氛、作风、行为准则等。精神文化又称为隐形文化或深层文化、软文化等。

（三）精神文化说

认为组织文化是以价值观为核心的包括信念、作风、行为规范在内的各种精神现象。它体现在物质形态之中，并发挥其影响和制约作用，但不能把物质形态的东西包括在内。

由此可见，国内外学者对组织文化的理解见仁见智、各有见地。但从中也不难看出他们的共同之处，这就是他们都承认价值观为核心的精神文化是组织文化的最主要成分。

我们认为，组织文化应是在一定历史条件下，某一组织（包括企业、学校、医院等）在其发展过程中形成的共同价值观、精神、行为准则等及其在规章制度、行为方式、物质设施中的外在表现。

五、组织文化的分类

组织文化可按不同的标准进行分类，不同的学者都从各自的观点提出自己的分类。这里仅介绍四种不同的分类，前两种从形式上进行分类，后两种则从内容方面进行分类。

（一）主导文化与分支文化

主导文化（Dominant Culture）是指某一组织大多数成员共同具有的核心价值观，它体现出该组织独特的个性。分支文化（Subculture）是指大型组织由于部门的不同或地理区域的划分而形成各种不同的文化。

应当指出，一个组织的主导文化和分支文化并不是彼此分开的，某一部门的分支文化应是组织共同具有的核心价值观与本部门特有价值观的有机结合。例如，某公司的采购部门由于其工作部门的特殊性而可以具有该部门职工的特殊信念、思想和观点，但它们不能脱离整个公司的核心价值观。这就是说，主导文化要渗透于分支文化之中并起指导作用。如果一个组织没有主导文化，仅存在许多分支文化，这样的组织就会是一盘散沙，最终会无法适应外界的变化而解体。在一个大型组织中，只有主导文化与分支文化有机的结合，才能对组织成员的行为起到引导、凝聚和激励的作用。

（二）强势文化与弱势文化

从组织文化的影响力来看，可以划分为强势文化（Strong Culture）和弱势文化（Weak Culture）。在组织文化的研究中，区别强势文化与弱势文化，已成为一种发展趋势，尤其要注重强势文化的培育和发展。

强势文化是指具有强烈影响力的文化。在组织中这种文化的核心价值观会被组织成员广为接受，组织成员会对这种价值观产生强烈的认同，因此强势文化具有很强的行为控制力，会强烈影响组织成员的行为。例如，一家商店的强势文化是强调为客户服务，这种观念已深入职工心中，在这种情况下，商店职工都知道，自己的行为在其他方面没有太多的约束，但面对客户时必须严肃、认真、负责。这表明“为客户服务”这一强势文化直接影响着职工的行为。

强势文化的另一结果是降低职工的离职率。由于组织成员对强势文化中的价值观具有高度的认同，会产生高度的凝聚力、对组织的忠诚感和归属感，因此也会降低组织成员的离职意向。

此外，强势文化在某些情况下可以代替正式的规章制度，对人的行为起控制和调节作用。在任何工作组织中，都必须制定一定的规章制度，用于控制人们的行为，保证人们行为的一致性。如果组织中形成了某种强势文化，组织成员就会强烈认同于这种文化的价值观，从而自觉地控制和调节自己的行为。这样，强势文化与正式的规章制度实际上起到了殊途同归的作用。

（三）索涅费尔德的组织文化分类

索涅费尔德（J. Sonnenfeld）的分类有助于我们了解组织文化的不同，以及组织文化与组织成员适当匹配的重要性。他将组织文化分为四类，即学院式文化、俱乐部式文化、棒球队式文化和堡垒式文化。

1. 学院式文化

对于那些想找一个做好分内工作、得到稳步提升的人来说，具有学院式组织文化的公司是最好的选择。这类公司喜欢招聘刚从学校毕业的大学生或研究生，对他们进行适当的培训，然后分配到各职能部门去工作。例如，美国的国际商用机器公司（IBM）、可口可乐公司、通用汽车公司就属于这类公司。

2. 俱乐部式文化

这类组织提倡忠诚感和归属感的价值观，认为年龄、资历和经验非常重要。与具有学院式文化的组织相比，这种组织的主管人员大多为知识渊博的通才。像政府机关、军队、航空公司等都是这类组织。

3. 棒球队式文化

这类组织的文化提倡冒险和创新，具有冒险和创新精神的人最适合于在这类组织工作。组织会给予职工充分的自由，并按他们的工作成绩给予优厚的报酬。这类组织包括会计事务所、律师事务所、投资银行、顾问公司、广告代理商、软件开发公司等。

4. 堡垒式文化

棒球队式文化鼓励创新、冒险，而堡垒式文化则是首先要维持生存。前述三种类型的组织在遇到不景气或萧条的经济环境时，往往都会转化为堡垒式的组织。在这种情况下，组织主要的宗旨是维持生存、保护现有的资产，对职工提供的保障很少。但这种组织对于那些喜欢迎接挑战的人来说，是较适当的场所。堡垒式组织包括大型零售商店、旅馆业、民营的石油天然气开发公司等。

索涅费尔德发现，许多组织无法归入某一种类型的组织，其原因可能是这些组织具有混合型的文化。此外，各类组织也不是固定不变的，由于多种因素的影响，一类组织文化可能转变为另一类组织文化。他还发现，不同类型的组织文化，会吸引不同类型的人到该类组织中工作。例如，具有冒险和创新精神的人在棒球队式的组织中可能如鱼得水，而在学院式的组织中则无所作为。

（四）迪尔与肯尼迪的分类

美国学者特伦斯·迪尔和阿伦·肯尼迪在《公司文化》一书中，把组织文化划为四种类型。

1. 硬汉文化

这种文化可用“强悍”来形容，往往是风险很高、决策结果反馈最快的企业，如电影公司、广告公司、风险创业公司等。这类企业决策时赌注高、决心大、冒大风险，口号都是强调“最佳”、“最大”、“最伟大”，企业内部充满互相竞争气氛。由于要求在短期内获得利益，企业人员合作精神差，不重视长期投资，人员流动率高，很难建立坚强而又一贯的企业文化。

2. 努力工作—尽情享乐文化

这是一种“行动文化”，要求精力充沛、拼劲十足，但工作之后尽情玩乐，工作与玩乐并重。大多数商业性公司、推销公司属于此类文化。此种公司一般风险不大，但工作紧张。“有活快干，干完就算”，这种环境很适合年轻人的胃口。这种文化在遇麻烦时，会采取短期行为，缺乏长远打算。

3. 长期赌注文化

这是一种风险很大、反馈缓慢的文化，其价值观集中在对未来投资，需要人们具有坚强的自信和长期经受考验的能力。属于此类文化的大都是基础工业企业，如冶金、石油、矿山等。这类文化尊重权威和专家，不能容忍心理不成熟的人和工作不认真的现象。优点是有助于产生高质量的发明创造和重大技术突破，缺点是行动缓慢，对迅速变化的环境不会作出灵敏的反应。

4. 过程文化

这是一个低风险、慢反馈的领域，包括银行、保险公司、水电公司、制药业等单位。由于反馈过慢，员工对自己工作效果好坏全无观念，因此，会促使他们把注意力放在“如何做”上面，而不是“做什么”上面。例如，把公文往来、行政事务看得无比重要，其价值观集中在技术的完美上，过程和细节力求准确无误。在这种文化下的人，工作井然有序，完全照章行事，因而也容易抑制人的创造性，产生僵化体制和官僚主义。

一般情况下，企业不会仅仅具有一种文化类型。常见的是多种类型的混合，只是有所侧重而已。不同的文化类型就会有不同的习惯作风和行为方式。

最后，应当指出，组织文化分类的研究，不只限于上述四种，尤其是按内容提出的分类，还有其他一些。例如，哈里森把组织文化划分为权力文化、角色文化、任务文化、人的文化，这里不再作详细的介绍。但必须指出，这些分类，特别是按内容的分类，都是对西方尤其是美国组织文化的研究结果。上述研究对我们有参考意义，具有中国特色价值观的组织文化分类的研究，还有待于我国学者的努力。

第五节　管理心理学的跨文化研究

一、跨文化研究的概念和意义

（一）跨文化研究的概念

心理学的跨文化研究（Crosscultural Study）是指对不同文化背景条件下的人们心理和行为进行比较研究，分析其存在的差异及原因。管理心理学是研究各类工作组织中人们的心理和行为规律的学科，其中的跨文化研究侧重于研究不同文化背景中人们管理心理和工作行为的差异及其原因。管理心理学的跨文化研究有两个基本来源：文化人类学的研究和社会心理学的研究。前者指出了存在于不同文化中的人们心理特征和行为特征的明显差异，后者通过对文化和环境的分析提出对这些差异的解释。

跨文化研究包括的范围很广。它包括跨国家、跨民族、跨地区等的比较研究。从跨国、跨民族、跨地区的角度来看，可以研究两国、两个民族、两个地区文化差异对人们心理和行为的影响，也可以就某一问题进行多国、多民族和不同地区的分析和比较。从研究的课题来看，跨文化研究几乎包含本书中的全部课题，如个体心理、群体心理、领导心理和组织心理中的各种课题。这里应当指出，本节所介绍的研究成果，主要侧重于不同国家的文化差异对人们心理和行为影响的研究。

（二）跨文化研究的意义

现今，世界经济正在向一体化、全球化的趋势发展，国际贸易空前活跃。这首先是由于交通和通信技术的飞速发展。现在，喷气式飞机、计算机网络、卫星通讯、国际电话等使各国人民之间的交流和对话比以前容易得多，各国的交互往来非常频繁，界定产品的国籍也相当困难。例如，本田公司虽是日本公司，却在美国俄亥俄州建有汽车制造厂。福特汽车公司的总部在美国的底特律市，但却在墨西哥生产汽车。此外，诸如可口可乐和 IBM 这类纯美国的公司，其大半收益却来自国外。

经济一体化发展趋势的主要表现之一是跨国公司的发展和区域性经济组织的出现。据美国《财富》杂志的统计，名列美国前 500 家的大企业绝大部分是跨国公司。区域性经济组织也不断出现，如欧洲共同体、东南亚联盟、北美自由贸易区等等。我国自改革开放以来，有大量国外资金进入中国，建立了数以万计的合资企业或外商独资企业。随着我国经济的不断发展，我国企业也在国外设立了各类公司。因此，产品的国家界线已非常模糊。例如，一台机器，可能在多伦多设计，由韩国提供零部件，在日本组装，而在伦敦、纽约销售。在一个跨国公司内，可能有说着几种语言、文化背景各不相同的管理人员和职工在一起工作。

总之，随着国际贸易的日益发展、跨国公司和区域性经济组织的扩大，了解组织中人们之间的文化差异，激励不同文化条件下的管理人员和职工，并把他们组成有凝聚力的工作群体，解决不同文化背景人们之间的矛盾和冲突，在不同国家建立适合于当地文化的组织结构，对不同文化背景的人采取不同的管理措施，等等，这一切都需要从管理心理学的角度开展跨文化的研究。

如何开展跨文化的研究？下面分别介绍两种参照框架。其一是 K－S 框架，其二是霍夫斯塔德的框架。

二、K－S 框架

克鲁康与斯特洛德贝克提出了一个跨文化研究的参照框架，简称 K－S 框架。这一框架提出六种用以评定基本文化的维度，即人与环境的关系、时间取向、人性观念、活动取向、责任定位、空间取向。

（一）人与环境的关系

对于人与环境关系的态度，体现出人们不同的价值取向。在这方面，有三种不同的价值观念。

1. 顺从环境

认为人在自然力量面前是无能为力的，人的生活是命中注定的，是受神灵支配的。

2. 与环境和谐相处

认为人的行为应与物质环境协调一致。例如，美洲印第安人要修一条道路，若前面有一片树林，他们宁可绕道修路也不肯破坏树林，表现出人与环境和谐相处的价值观。

3. 主宰环境

认为人定胜天，人能征服环境，人是环境的主宰。仍以修路为例，一个美国白人工程师修路时，会砍伐树林、削平山头，从而改变地貌，修一条笔直的道路。

在某些情况下，由于价值观的不同，会导致事业功败垂成。一位美国建筑师受公司委托要在一个西非国家建一座鱼类加工厂。这位建筑师经过仔细调查，考虑到交通、市场、动力资源、招工条件等选择了一个理想的厂址，但遭到当地土著居民的反对，因为这个地方被当地居民视为“圣地”。这是顺从型价值观与主宰价值观冲突的典型案例。

与环境关系有关的价值取向对管理活动有很大的影响，这比较突出地表现在目标设置与预算编制上。在顺从型的文化中，管理当局很少采取量化手段而较多采取定性手段，甚至在西方行之颇为有效的目标管理在一些中东国家根本行不通。在和谐型价值观占上风的文化中，目标的设置更多地受到适应环境条件的限制，当环境条件变化时经常对目标进行调整。而在主宰型文化占优势的条件下，管理人员会设置明确具体的目标，并千方百计排除障碍去实现既定的目标。

在编制预算方面，跨国公司中的法国子公司与美国子公司有不同的态度。法国人倾向于和谐型的价值观，他们把预算制度仅仅看成是一种练习，并不太认真，而把会计结算看成是真正的现实。美国人持有主宰型价值观，他们把预算看成是真实的、有用的手段。

（二）时间取向

关于时间取向，也有三种不同的价值观。

1. 面向过去

当人们面临新的挑战时，他们往往首先是回顾过去的传统，首先考虑别人过去是如何处理这些问题的。例如，意大利喜欢沿袭传统，保留历史上的风俗习惯。

2. 面向现在

如果人们主要考虑的是一项行动的直接结果，则主导的价值观是面向现在的。研究表明，美国人具有面向现在的时间取向。

3. 面向未来

如果人们主要关心的是行动的长远结果，则面向未来会成为他们主导的价值观。研究表明，日本人持有面向未来的时间取向。

美国人自认为具有面向未来的价值观，因为美国人很重视制定长远计划。但事实情况并非如此。一项对日美两国企业家行为的对比案例研究说明了这种情况。一批美国企业家去巴西执行商业使命，他们在巴西的几座城市进行了闪电式的访问，两周后回到美国，其中一位经理感叹地说："此行纯属浪费，没有做成一笔生意。"一家日本公司也派经理人员去巴西，临行前，公司总裁对这些经理说："你们先去看看，头一年不要急于做生意，先了解当地的风情，学习葡萄牙语，然后再开展业务。"这两个案例的对比研究，证明美国人急功近利，注重短期效果，持有面向现在的价值观；而日本人则注重长期后果，具有面向未来的价值观。

时间取向的不同也对管理活动有明显的影响。这主要表现在制定规划、确定决策标准和实施奖励制度方面。面向过去的文化更可能在制定规划时重新创造出过去的行为。面向现在的管理人员在规划中更关注短期利益，而面向未来的管理人员可能更多地考虑长远利益。同样，在确定决策标准方面，面向过去的文化以过去的标准为依据，面向现在的文化仅以目前的影响为标准，面向未来的文化以长期的结果为标准。在实施奖励制度方面，面向过去的文化往往采取历史上已确定的制度，面向现在的文化则遵循现有契约所规定的方式，但这种方式可以修改以适应新的情况，而面向未来的文化则以取得的工作绩效作为制定奖励制度的标准。

在时间取向上，关于"守时"的概念也有文化差异。一些国家很强调时间观念，在约定会见时，早到或迟到5分钟左右是允许的，超出这个时限，被认为是不守时或失约。而在另一些国家，这个时限可能被延长到45分钟或1个小时。时间观念上的文化差异也可能成为贸易谈判的障碍。如果一方认为应开门见山，少说废话，立刻谈生意，而另一方认为心急办不成事情，应从容不迫，慢慢来才是做生意的正确方式，在这种情况下，可能发生冲突，使谈判出现困难或失败。

（三）人性观念

关于人性观念，我们在第二章中已作了详细的论述。从 K－S 框架来看，则把对人性的观念分为性善论、性恶论和混合论。

如前所述，人性观念对于管理活动有很大的影响。从跨文化研究的角度来看，这主要表现在管理监督、管理作风和组织气氛上的差异。如果从性恶论的观点出发，必然对职工采取严厉的监管措施，实行专断、独裁式的管理，并形成管理当局与职工之间对立的组织气氛，依靠交换式的合同和契约进行工作。如果持有性善论的观点，则会采取宽松的管理措施，实行民主的、参与式的管理，形成互助合作的组织气氛，上下级之间建立起一种无拘无束的非正式关系。持有混合论的观念则会采取适度的监控方式、折中的管理作风，形成介于上述两种观念之间的组织气氛。一些研究表明，美国的管理方式是以混合型人性观为基础的。

应当指出，这里所说的性善论或性恶论，是指麦格雷戈提出的 X 理论和 Y 理论，而不是指我国古代春秋战国时期有关人性善或恶的哲学争论。

（四）活动取向

活动取向是指人们以什么样的活动作为中心。从活动取向出发，也可以划分为三种不同类型的文化。

1. 自为型

这种文化强调做（Doing）或行动，注重是否达到目的。例如，美国人属于自为型文化，他们期望通过努力工作得到奖励、加薪和晋升。

2. 自在型

这种文化强调此时此刻的存在（Being），崇尚纯朴的自发性，行动受感情支配。例如，墨西哥人缓慢的工作节奏和及时行乐的天性表明他们具有自在型的文化。

3. 自控型

这种文化处在自为型和自在型两个极端之间，把活动的焦点放在控制上，强调行事受理性支配。例如，法国人的文化倾向于自控取向，他们行事强调以理性与合乎逻辑为依据。

活动取向影响着人们对待工作和休息的态度和方式，影响着人们对工作的努力程度，也影响着人们如何处理工作与生活的关系。在以自为型为主导的文化中，人们会视工作活动为一切的中心，用务实的标准作为决策成败的标准，奖励制度以工作绩效、工作结果为依据。在以自在型为主的文化中，决策标准和奖励制度会以感情为基础，对工作绩效和结果的关心会随个人的自发性而变化。在以自控型为主的文化中，决策标准和奖励制度会以理性与合乎逻辑为依据。对于工作结果会按照均衡的目标来评定，即兼顾长期与短期利益、数量和质量等。

在对一家跨国公司的法国子公司和美国子公司所作的对比研究中发现，两个子公司对总部制定的预算测评系统的态度有明显不同。倾向于自为型文化的美国经理采取高度选择性态度，他们看中的是可操作的简单指标，关心这套系统如何为经营目的服务。而倾向于自控型文化的法国经理则把这套系统看成是复杂的练习。法国经理很注意这套系统的各个部分及其计算的精确性，但并不用于生产部门；而美国经理只求出数据的近似值，但关心这些数值如何运用于生产部门。至于自在型文化，没有进行对比研究，但可作出推论，在这种文化中可能不太重视定量指标。

（五）责任定位

责任定位（Focus of Responsibility）也可译为责任焦点，它是指人们对他人及对他人的福利应负什么责任。根据责任定位可以划分为个人取向、群体取向和等级取向的文化。

1. 个人取向

这种取向认为，人们只需要关心自己，这是个人主义的价值观。美国就具有这种个人主义的价值观。在美国一般都是由父母子女组成的两代人家庭，这种家庭就是人们的责任界限，而且子女一旦成年，就要离开家庭。

2. 群体取向

在这种取向占主导地位的文化中，人们要对大家族的成员或群体负责。例如，意大利人就具有群体取向的价值观。

3. 等级取向

以这种文化为主的社会中，人们只对本等级的成员负责，而且各等级之间有严格的界限。例如，英国至今仍保留着王室和贵族阶层，印度则存有种姓制度。

责任定位的不同也影响着管理活动的差异。组织结构、沟通模式、奖酬制度等都会受到责任定位差别的影响。在以个人取向为主的文化中，很重视组织结构中个人的作用，注意的重点则是处于组织结构顶端的领导者。然而，无论组织采取什么样的结构，人们的关系并不那么严格，往往是不很正规的、比较灵活的。例如，一个人有两个顶头上司的矩阵式组织是完全可以接受的。在以群体取向为主的文化中，注意的重点是群体之间的差别，组织结构上也反映出这种取向。在以等级取向为主的文化中，强调组织间横向和纵向两方面的差别，而且等级结构中的规则很严格。一项研究表明，法国人具有等级取向的价值观，他们很难设想能在令出多门的矩阵式组织中进行工作。法国管理人员在发现工作中的问题时，只会向自己的顶头上司汇报，而对其他同事不漏一点风声。

在沟通模式方面，等级取向的沟通模式往往以权威为基础，群体取向强调群体内经常的信息交流，而个人取向则根据需要采取多层次、多方位、开放式的交流模式。

在奖酬制度方面，个人取向以个人的工作绩效为依据进行奖酬，群体取向则注重集体奖酬制度，而等级取向则以等级地位作为奖酬的标准。

一项研究指出，被人们普遍认为具有群体取向的日本文化，在通过仔细考察后发现，日本企业文化的特点是群体取向与等级取向的结合，是等级地位感与平等主义教育的共存。一方面，是以工作绩效，而不是以等级对职工进行奖酬；另一方面，是对上司的尊重和服从。日本企业的主要负责人都是阅历丰富、德高望重、年事已高的人。

（六）空间取向

空间取向是指人们对其周围空间的态度，人们如何使用自己周围的空间以及对这种空间"所有权"的认识。据此可以从空间取向这一维度划分成私有型、公有型和混合型。

1. 私有型

这种空间取向认为，谁占有这一空间，这一空间便只为占有者的利益服务。如果这一空间受到别人的侵犯，会采取保护行动。一般来说，美国、加拿大人具有这种空间取向的价值观。

2. 公有型

这种空间取向认为空间应为人们共有，大家都可使用。一般认为，日本人具有这样的价值观。

3. 混合型

这是介于私有型与公有型之间的一种类型。

在管理活动中，办公室的布局，人们之间的沟通和交往模式都会受到这种价值取向的影响。在私有型空间取向占主导地位的文化中，办公室是封闭式的，人们喜欢自己的专用办公室，即使是大型办公室，也用隔板分开。在公有型空间取向的文化中，办公室是开放式的，公用办公室不用或较少用隔板。混合型则居于两者之间。在沟通和交往模式方面，私有型倾向于个别交谈，即一对一的交谈，并且不希望别人听到，而且两人之间应保持一定的距离。公有型则会采取开放式，参与多种多样的交往活动，同时有几个人参加谈话，人们之间无距离的约束。混合型则居于两者之间，沟通交往有所选择，距离适度，不远不近。

对加拿大联邦政府一个部迁入新办公楼的调查表明，新办公楼采用开放式办公室，但为了照顾各处室人员的习惯，准备了可移动的隔板。结果首批迁入新楼的 300 人用了可供 800 人用的隔板。原因是每个人都坚持用原来的旧隔板再加上新隔板，即两层隔板，以此来满足他们保护隐私权和所有权的需要。这表明，加拿大人具有私有型空间取向的价值观。

从 K－S 框架的观点来看，美国人的价值取向如表 10－1 所示。

表 10－1　　K－S 框架的价值取向维度

价值取向	类　　型		
人与环境的关系	主宰	和谐	顺从
时间取向	过去	现在	未来

续表

价值取向	类　　型		
人性观念	性善	混合	性恶
活动取向	自在	自控	自为
责任定位	个人	群体	等级
空间取向	私有	混合	公有

如何应用 K－S 框架？这里应当着重指出，这一框架只是为人们分析和研究不同文化提供一种工具、一种手段，而不能简单地把某种文化生搬硬套到这一框架之中。此外，要特别注意下述几种情况。

首先，K－S 框架是用于分析国家文化和民族文化的，而不能把它套用到某一国家或某一民族的个别人身上。例如，美国具有主宰型的价值观，而个别美国人可能具有顺从型的价值观。

其次，任何国家的文化都不是均匀一致的。一个国家的不同地区、不同民族还存在着各有区别的亚文化或分支文化。

第三，文化是动态的，尽管每种文化的基本价值观变化非常缓慢，但随着时间的推移会逐渐发生变化。例如，改革开放以来，我国人民的价值观正在发生很大的变化。

三、霍夫斯塔德的框架

1984 年，霍夫斯塔德对分布在世界各地的 64 个 IBM 公司的 11.6 万余名职工进行了调查。这项研究与过去的研究有所不同。

以往的跨文化研究只包括数量很少的几个国家，而且是分析不同国家的各种类型的公司。霍夫斯塔德的研究则集中于一个公司分布在不同国家的分公司，这样可排除因公司类型的不同而造成的政策和习惯上的差别。因此，他所发现的是国与国之间的差异，即国家文化的差异。

他发现了管理人员和职工在国家文化四个维度上的差异。这四个维度是：(1) 权力距离；(2) 个人主义对集体主义；(3) 不确定性的回避；(4) 生活数量对生活质量。这里应当指出，霍氏提出的第四个维度在原著中是男性化对女性化，由于这一维度过分强调性别差异，因此我们根据圣叠戈州立大学罗宾斯（S. P. Robbins）的修订，改为生活数量对生活质量。下面分别介绍这四个维度。

（一）权力距离（Power Distance）

由于人与人之间在体力和智力上存在着个别差异，因此，他们拥有的财富和权力也不会相同。这就是说，人与人之间不可能有绝对的平等和平均。霍氏用权力距离作为社会对组织内权力分配不均接受程度的衡量标准。他根据上级决策方式、下级对上司有不同意见的恐惧心理以及下级希望上级采用的决策方式等指标来确定权力距离，提出了“权力距离指数”的概念。

权力距离指数高的国家能接受组织内权力距离的大幅差异，职工对掌权者表示出极其尊敬和服从。在这类国家中，头衔、地位和身份非常重要。与这些国家的公司进行谈判必须派出地位、头衔相等的代表。此外，在这类国家中实行职工参与管理的可能性较小。研究表明，菲律宾、委内瑞拉、印度等国家属于权力距离指数高的国家。相反，权力距离指数低的国家则尽可能减少这种差距。上级虽拥有权力，但职工对上级并不感到恐惧。丹麦、以色列和澳大利亚等属权力距离指数低的国家。

（二）个人主义对集体主义（Individualism vs. Collectiuism）

这一维度与 K－S 框架中的责任定位有相似的涵义。霍氏用个人生活的重要性和被公司培训的重要性作为衡量个人主义的指标。这些指标高表明个人主义超过集体主义，反之，这些指标低则集体主义超过个人主义。霍氏也根据这些指标提出了“个人主义指数”的概念，个人主义指数与权力距离指数有负相关。个人主义指数高则权力距离低，反之亦然。

在个人主义指数高的国家，社会机构比较松散，人们只追求自己及其小家庭的利益。美国、英国、荷兰等国家属于个人主义指数高的国家。在个人主义指数低的国家，社会机构严密，人们期望在集体中彼此照顾、互相保护，为此，也要求人们对集体应该忠诚。日本、哥伦比亚、巴基斯坦等国属于个人主义指数低的国家。这一指数对区别不同国家公司的管理模式、个人生活、培训计划和发展策略等都有重要意义。

（三）不确定性的回避（Uncertainty Avoidance）

霍氏用法规导向、职工的稳定性和压力等指标提出了“不确定性回避”指数。这一指数表明不同国家的人们对现实中的不确定性的反应方式。世界上充满了不确定性。一些国家的人对社会上的不确定性能比较泰然处之，面对风险并未感到有很大威胁，有较高的安全感，这属于不确定性回避指数低的国家，如丹麦、新加坡等国家。在一些不确定性回避指数高的国家，人们面对不确定性会产生焦虑和紧张，感受到不确定性的威胁，有较高的不安全感。日本、葡萄牙、希腊等国属于不确定性回避指数高的国家。在这些国家，人们要求组织提供安全保障并减少风险。因此，这些国家的组织有严格明确的规章制度，较少容忍分歧的观念和行为，职工的流动率较低，企业普遍实行终身雇用制等等。

（四）生活数量对生活质量（Quantity vs. Quality of Life）

某些国家的文化比较强调生活数量，重视维护人们获得金钱和物质的权利。另一些国家的文化则比较强调生活质量，如人际关系和谐、关注他人的福利等。霍氏发现，日本、澳大利亚、美国在生活数量维度上得分很高，而挪威、瑞典、丹麦和芬兰在生活质量维度上得分很高。

霍氏通过调查后发现，在所有国家中，美国文化中个人主义指数最高，权力距离指数低于平均水平，不确定性指数低于平均水平，生活数量维度上的得分远高于平均水平。

表 10－2 是一些国家在四个文化维度上的情况。

同样，在运用霍夫斯塔德的框架时也应重视在前面论述 K－S 框架时所提出的几个注意事项。

表 10－2　　霍夫斯塔德文化维度的例子

国　家	个人主义—集体主义	权力距离	不确定性的回避	生活数量*
澳大利亚	个人	小	中	强
加拿大	个人	小	低	中
英国	个人	小	中	强
法国	个人	大	高	弱
希腊	集体	大	高	中
意大利	个人	中	高	强
日本	集体	中	高	强
墨西哥	集体	大	高	强
新加坡	集体	大	低	中
瑞典	个人	小	低	弱
美国	个人	小	低	强
委内瑞拉	集体	大	高	强

*　生活数量分数低等于生活质量分数高。

四、国家文化与组织文化在管理中的作用

国家文化与组织文化之间的关系问题是一个复杂的理论问题，各国学者持有各不相同的观点。这里，仅从管理的角度论述跨国公司中国家文化与组织文化的作用问题。这个问题实际上是跨国公司在不同国家的分公司中组织文化和国家文化的影响力何者更强的问题。一种观点认为，随着世界经济的一体化和贸易全球化的发展，组织面临的问题和机会是相似的，因此，它们采用的组织战略、组织结构和技术方案也是类似的，组织之间这种相似点会逐渐明显，这种趋同化的趋势将超过它们之间的差别。跨国公司为这种趋同化的进程作出了贡献。来自跨国公司东道国的职工和来自其他国家的管理干部分享共同的经验和经历共同的社会化过程，从而形成了共同的价值观。这就是说，组织文化的影响力要大

大超过国家文化的影响力。持有这种观点的人指出，海氏集团公司制定的工作评价系统在香港、洛杉矶、伦敦、巴黎、新德里等各地都是适用的。麦当劳餐馆在世界各地的分店都使用统一的经营管理模式。这些案例都证明了组织文化强有力的作用。

但是，另一种观点认为，国家文化对跨国公司职工的影响力要比组织文化更强。持有这种观点的人虽然并不完全否认跨国组织趋同化的前景，但认为这是遥远未来的事情，现在以及近几十年内，国家文化的影响力仍将大于组织文化的影响力。他们指出，IBM 在慕尼黑工厂的职工，受德国文化影响较大，要了解职工的行为，除组织文化外，更应考虑国家文化的重大影响。另一个案例是迪斯尼公司的主题公园。目前，迪斯尼公司在世界上建有四个主题公园，两个在美国，一个在日本，另一个在巴黎。美国的迪斯尼主题公园经营状况一直很好，但巴黎的迪斯尼主题公园经营状况令人担忧。研究表明，基本原因在于美式的文化传统与法国文化传统的冲突。例如，法国人喜欢带狗，而巴黎的迪斯尼乐园禁止带狗进入。法国人缺乏耐心，不愿排长队等待，而美国人在观看一个游览项目时可耐心等待 30 分钟。在美国，50% 的游客会在乐园内吃快餐；而法国人的午餐是很正规的，不习惯随便在外面吃快餐，等等。这一切都表明国家文化的重大影响。

上述两种观点虽各有其合理性，但都失之偏颇。实际上，在不同的跨国公司中，由于经营范围、管理模式等各不相同，国家文化和组织文化在管理中的作用也会不同，应采取应变的观点对具体情况作具体分析。一项研究指出，在跨国公司中有三种不同的管理策略。第一种是以管理方式为主的策略，即以跨国公司东道国的组织文化为主，或者以跨国公司所在国的国家文化为主。第二种是混合式的策略，即把本国与外国的管理方式兼收并蓄，融为一体。第三种是协作式策略，即吸收两种文化中的独特成分设计出超越这两种文化的新管理方式。究竟采取何种策略，则视具体情况而定。

最后，应当指出，在论述跨文化的研究时，涉及我国企业文化的案例较少，因为在这方面我们还缺乏系统的有科学依据的资料。因此，从跨文化的观点研究我国的企业文化和组织文化是我国管理心理学及有关学科工作者的一项重要课题。①

本章小结

组织是个动态的概念。组织意为按照一定的宗旨和系统建立起来的集体，是一个开放的、复杂的社会技术系统，一种配合关系。本章通过对组织结构、组织理论、组织发展、组织变革、组织文化等概念的分析、介绍，使学生进一步了解组织心理在管理中所占有的重要地位，组织心理问题的研究是管理心理学中极为重要的课题。

① 卢盛忠．管理心理学．第 3 版．杭州：浙江教育出版社，1998.

重要概念

组织　　组织结构　　组织发展　　组织变革　　组织文化　　跨文化研究

同步测练与参考答案

一、判断题

1. 美国文化中个人主义指数最高，权力距离指数低于平均水平。
2. 二元说强调，组织文化是组织中的物质文化和精神文化的总和。
3. 分担角色任务，形成人们之间关系的层次是正式组织的特征之一。
4. 直线式的组织结构是出现最早，也是最简单的组织结构模式。
5. 直线职能式组织结构是一种多元式的结构。
6. 用社会心理学中的“角色组”概念来解释组织的学者是卡恩。
7. 本尼斯认为判断组织的效能，应当包括适应性和解决问题能力这些标准。
8. 方格训练是组织发展的一项全面的计划。
9. 日本人较注重长期后果，具有面向未来的价值观。
10. 加拿大人具有私有型空间取向的价值观。

二、选择题

1. 行为组织理论的主要特点是（　　）。
   A. 强调层峰组织结构　　B. 主张扁平组织结构
   C. 主张集权　　D. 主张分权
2. 组织变量由两类因素所组成，一个是结构变量，另一个是（　　）。
   A. 任务变量　　B. 权力变量　　C. 关系变量　　D. 主张分权
3. 工作再设计包括（　　）等。
   A. 设置目标　　B. 工作扩大化
   C. 工作丰富化　　D. 弹性工作时间
4. （　　）对一个组织结构形式有重要的影响。
   A. 管理距离　　B. 管理幅度　　C. 管理人数　　D. 管理方法
5. 最早的组织结构形式是（　　）。
   A. 直线式组织结构　　B. 扁平式组织结构
   C. 矩阵式组织结构　　D. 职能式组织结构
6. 精神文化说强调组织文化是以（　　）为核心的。

A. 物质　B. 价值观　C. 人际关系　D. 组织机构

7. 在关于组织文化的各种学说中，认为“组织文化是由组织中物质文化与精神文化总和而成”的学说是（　　）。

A. 二层次说　B. 两元说　C. 精神文化说　D. 三因素学说

8. 克服组织变革阻力的措施很多，树立组织威望的措施属于（　　）。

A. 进行力场分析　B. 让组织成员参与变革

C. 利用群体动力　D. 奖励变革中的创新者

9. 从组织文化的影响力来看，可以划分为（　　）。

A. 强势文化　B. 弱势文化　C. 主导文化　D. 分支文化

10. 认为组织是由互相关联、发生重叠关系的群体组成的系统观点的学者是（　　）。

A. 霍曼斯　B. 利克特　C. 塔维斯托克　D. 伯恩斯

三、讨论题

1. 试分析现代组织结构的内容和特征。
2. 比较现代组织与古典组织的差异。
3. 试评述韦伯的古典组织理论——官僚模型。
4. 试分析组织变革的几种模型。
5. 组织发展在企业中所起的作用是什么?
6. 比较 K－S 框架与霍夫斯塔德框架，并分析在运用这两种框架时应注意的问题。

参考答案

一、1. T　2. T　3. T　4. T　5. T　6. T　7. T　8. T　9. T　10. T

二、1. BD　2. A　3. BCD　4. B　5. A　6. B　7. B　8. C　9. AB　10. B

三、略

第十一章

CHAPTER ELEVEN

工作压力与员工心理健康

学习目标

工作效率与管理效率的提高，除了依赖于个体的认知水平、能力、个性因素以及领导、团体、组织以外，保持员工的心理健康，营造有利于员工身心健康的工作环境与心理环境，是企业管理中一项不可忽视的重要工作。本章介绍有关工作压力的概念及应对策略、工作压力产生的原因及后果以及心理健康等方面的研究。

重点难点提示

- 工作压力的概念
- 工作压力的原因及后果
- 工作压力的应对策略
- 情绪与身心健康
- 心理疾病的预防与治疗

第一节　工作压力与应对

一、工作压力的概念

在美国，接近90%接受初级治疗的来访者是因为与压力有关的问题。每年大约有750 000美国人尝试自杀，通常也是因为无法排解的压力。在美国每个普通的工作日里，大约100万的雇员因为与压力有关的问题而缺勤，40%的雇员工作的调动与压力有关。我国卫生部宣教中心2011年10月公布的一项调查统计：国内大企业员工身心健康问题突出，超过80%的人受到过各种健康问题困扰，78.9%的员工有过“烦躁”情绪，59.4%的人感受过“焦虑”，38.6%的人觉得“抑郁”，仅有5.8%的员工自称没有工作压力，近60%的员工选择休息睡觉解压。（调查面向30个城市的50家全国500强企业，其中国企24家，私企19家，外企7家。）颈椎病、腰椎病、肠胃病和脂肪肝是目前威胁员工身体健康的主要疾病，员工最大的困扰来自“疲劳”和“失眠”。调查人群中专科以上学历超过90%，对健康知识知晓良好，但每天坚持锻炼者只有6.4%，有超过80%的人遭遇过健康困扰，将近50%有健康问题者称“疾病不严重，拖拖无所谓”。①

所谓压力（Stress）是指在机体工作环境影响下产生的心理和生理反应的综合状态，它代表了机体对于环境压力的一种反应。工作压力的最终目的是使个体更好地适应环境。压力的最直接表现即精神紧张。压力一词（在医学领域通常被称为应激），首先由加拿大生理学家汉斯·谢尔耶（Hans Selye）于1946年应用于医学领域，他通过多次临床和实验研究，提出了应激和全身适应综合症的理论，把这种现象称为一般适应综合症（General Adaptation Syndrome，GAS）。10年后谢尔耶才在他的著作中提出了应激的概念，受到了医学界的重视，并被广泛用于医学理论和临床实践。

根据谢尔耶的应激学说，全身适应综合症包括三个阶段。第一个阶段叫警戒期，这一期又可分为休克期和抗休克期。休克期时，可出现血压下降、血管渗透性增高、血液浓度降低及体温下降等休克症状。抗休克期的表现与休克期相反。第二阶段叫抵抗期，此期间人体出现各种防御手段，使机体能适应已经改变了的环境，以避免受到损害。第三阶段叫耗竭期，此期间是在应激因素严重或应激持久存在时才会出现。它表示机体“能源”的耗竭，防御手段已不起作用。如若继续发展，严重者会导致死亡。一般适应综合症的三阶段模型，至今仍有现实意义。但现代的研究已更多地转向多维度的研究。这就是说，不是仅研究应激的生理维度，而是综合研究生理、心理和行为

① 《中国青年报》，2011年10月30日。

的反应。

心理学上，压力有其积极的意义。生活中遭遇突发事件时，由于紧急的情景刺激了有机体，就能使其激活水平很快改变，引起情绪的高度应激化。在危险的境遇下独立地采取果断的决定，在瞬息变化的情况下作出迅速的反应。应激可能使人的活动变得积极，思想变得清晰明确。人的个性特征在应激反应中起决定作用，迅速的判断力、意志自觉性、意志果断性、坚毅的精神、类似的行为经验，都是积极应激反应不可缺少的条件。

应当把压力的概念与一些其他类似的概念区别开。有人认为，压力的概念与心理学中焦虑（Anxiety）的概念非常相近，但实际上它们是不同的。焦虑是一种心理现象，是一种情绪状态，而压力不仅是心理、情绪状态，而且会在生理、病理现象出现上起重要作用。压力产生时可能伴随有焦虑，但不仅限于焦虑。应激也不同于神经紧张（Nervous Tension），神经紧张总是表露于外的，而压力可能表露于外，也可能通过自我控制“隐蔽起来”。

二、工作压力的原因及后果

（一）工作压力的原因

在一个反应性的定义中，压力部分地被看作是对某些刺激的反应，这些刺激通常称为压力源（Stressors）。一个压力源是一种潜在地对外部事件或者情况造成伤害或者威胁的东西。但是，压力对压力源来说不仅仅是一种反应。在一个反应性的定义中，压力是环境刺激（一种压力源）和个体反应之间相互作用的结果，即压力是在环境刺激情况下和个体以特定方式做出反应的倾向之间相互作用的结果。由此，我们可以看到压力源主要来自三个方面：(1) 外部物质环境：包括自然的和人为的两类因素。属于自然环境变化的有寒冷、酷热、潮湿、强光、雷电、气压等，可以引起冻伤、中暑等反应。属于人为因素的有大气、水、食物及射线、噪声等方面的污染等，严重时可引起疾病甚至残废。(2) 个体的内环境：内、外环境的区分是人为的。内环境的许多问题常常来自于外环境，如营养缺乏、感觉剥夺、刺激过量等。机体内部各种必要物质的产生和平衡失调，如内分泌激素增加，酶和血液成分的改变，既可以是应激源，也可以是应激反应的一部分。(3) 心理社会环境：大量证据表明，心理社会因素可以引起全身性适应综合症，具有应激性。亲人的病故或意外事故常常是重大的应激源，因为在悲伤过程中往往会伴有明显的躯体症状。研究表明，在配偶死亡的这一年中，丧偶者的死亡率比同年龄其他人要高出很多。

具体可将引起压力的因素归纳为如下四种，即引起工作压力的环境因素、组织因素、群体因素和个人因素（见表 11 - 1）。

表 11－1　工作压力的主要来源

压力源	主要因素	可能后果
工作条件	工作超负荷或负荷不足 工作的复杂性及技术压力 工作决策与责任 紧急或突发事件 物理危险 时间变化	生产线歇斯底里症 精疲力竭 生物钟紊乱 健康受到威胁 烦恼和紧张增加
角色压力	角色模糊 角色冲突	焦虑和紧张增加 低工作满意度与低绩效 过于敏感
人际关系	缺乏接纳与支持 勾心斗角，不合作 领导对员工不关心	孤独、抑郁 敏感 人际退缩
职业发展	升职或降职 工作安全性与稳定性 抱负受挫	失去自信 焦虑增加 工作满意度与生产力降低
组织系统	结构不合理，制度不健全 派系争斗 员工无参与决策权	动机和生产力低下 挫折感 对工作不满意
家庭工作交互影响	引起压力的生活事件 （如婚姻、家庭问题等）	焦虑和紧张增加 身心疲惫

1. 环境因素

许多有关工作压力的研究都忽视了外界环境因素对压力产生的影响。但人们日益清楚地了解到，在现代社会中，外界环境因素对压力的产生有很大影响。研究表明，社会经济的变革、技术改造、家庭生活、居住条件、社区环境等等都可能是引起压力的因素。

社会经济的变革使市场竞争更加剧烈，对企业的生存和发展必然造成很大的压力。特别是新技术、新工艺的广泛采用，使得许多员工因原有的技能已不能适应当前的工作，面临失业的威胁，往往会引起压力。

拥挤的环境也可以提高人的压力水平。一般情况下，秩序井然的拥挤环境不会引起压力。如果拥挤失去了控制，以至于影响了人们的正常行动，往往就会引起压力反应。

人际关系状况对人的应激反应也有很大的影响。如果人际关系比较协调，彼此间能够相互理解、谅解，在这种环境下生活，人们会生活得很坦然，很自在，不会经常受到不良刺激的影响。如果人际关系不协调，人们就会生活在一种紧张的气氛中，使压力增加。

2. 组织因素

除了外界环境引起压力的潜在因素外，许多引起工作压力的因素与组织本身有关。组织内有许多因素能引起压力感，例如，所做的不是自己愿意做的事或在有限的时间内完成工作，工作负担过重，同时令人讨厌，难以相处的老板等，都会给员工带来压力。

虽然组织是由群体和个人组成的，但有必要先从较宏观的组织水平上来考察引起工作压力的因素。应当指出，组织越庞大、越复杂，引起员工工作压力的因素也会越多。从组织水平来看，引起工作压力的因素主要包括四个方面，即组织政策、组织结构、工作条件和信息处理。

3. 群体因素

前面章节我们已经详细讨论了群体各种因素对人们心理和行为的影响。群体因素也可能成为引起工作压力的潜在根源。

（1）群体缺乏内聚力。缺乏内聚力的群体会在群体内形成各种非正式的小群体，由于各非正式小群体的利益冲突或意见不一致，往往会造成人与人之间的关系紧张。紧张的人际关系会使人产生焦虑、烦躁、愤怒等情绪状态。这实质上是工作压力的心理表现。

（2）缺乏社会支持。人们在工作中不可避免会产生挫折、失误或失败。在这种情况下，人们特别需要群体其他成员的关心、理解和安慰，即特别需要社会支持。如果缺乏这种支持，人们会感到孤立无援、心情压抑、情绪低落，这同样也是工作压力的心理表现。

（3）群体内的冲突。正如我们在讨论冲突时所指出的，冲突包括个人内心的冲突、群体中个人之间的冲突以及群体目标与个人目标的冲突等等。如果这些冲突没有得到及时的处理和解决，也可能导致压力的产生。

4. 个体因素

压力因素具有可加性，压力是逐步积累和加强的。每一个新的持续性的压力因素都在增强个体的压力水平。单个压力本身可能无足轻重，但如果在业已很高的压力水平上，它就可能成为“压倒骆驼的最后一根稻草”。如果要评估一个员工所承受的压力总量，就必须综合考虑他所经受的机会性压力、限制性压力和要求性压力。潜在的压力是否一定会转化为现实的压力，还与个体差异性有关，诸如个人的知识、工作经验、社会支持等。

从某种意义上来说，上述引起压力的因素（环境因素、组织因素和群体因素）实际上从广义上可以归结为个体因素，因为它们归根到底都是引起个人的应激状态，但从狭义的个体因素来看，主要有下述几个方面：

（1）角色模糊（Role Ambiguilty）与角色冲突（Role Conflict）。角色（Role）是指组织和群体中其他人对处于一定地位的个人行为方式的期望。一个人应清楚了解他在工作中扮演的角色，了解自己工作的内容、职责和范围，知道自己应当做什么和不应当做什么。如果不明确工作的职责，不清楚别人对自己扮演角色的期望，就会产生角色模糊。同时一个人在工作和生活中扮演着多种角色，周围人对其扮演的角色有不同的期望、不同的要求，通常会发生角色冲突，也会出现应激状态。

角色模糊是近来一个备受关注的概念。它指的是对一个给定的角色的期望或规定（Prescriptions）缺乏明确的理解和认识。组织的成员要求知道自身角色的期望的信息，即如何获得角色，该角色的最终结果是什么等。当有关角色的信息不存在或这些信息无法有效沟通时，角色模糊就出现了。

（2）工作超载（Work Overload）。员工承担时间紧迫或力不从心的工作任务时，会造成工作负担过重，即工作超载。在现实生活中，许多人都面临过这样的情况，随着某项考试的临近，一些学生会产生由于压力引出的多种生理症状，如失眠、心跳加快等等。此时，一般适应综合症会自发活跃起来，考试结束后，身体又恢复正常状态。但当工作太少或工作单调时，也同样会产生压力。这就是说，工作低负荷也会产生压力。如果一个人整天无所事事，也会感到无聊、烦闷、抱怨、自尊心降低并出现身体乏力和精神疲劳。这同样是压力的生理和心理表现。

（3）生活与职业的变化。生活与职业的变化可能产生压力。家庭、亲戚、朋友和个人的不幸也是引起压力反应的主要原因。当个人对已发生的事情没有心理上的准备时，意外的不幸会引起情绪的大幅度波动，并导致一系列生理和心理上的不适。霍姆斯（J. H. Holmes）和拉赫（R. H. Rahe）及其华盛顿大学的同事的研究证明，突然的生活变化确实会造成应激，这种变化与人的身体健康有显著的相关。他们列举出43项造成压力的事件，并按其对压力产生的强烈程度排成顺序。分数越高，表明引起的压力越强烈。他们把这张由43项生活事件及相应的分数列成表格（见表11－2），作为测量人们一年中生活变化情况的工具。把过去一年中生活事件的得分相加，就能估计出他们压力的强烈程度。

表11－2　　　　生活事件与压力指数

生活事件	平均压力指数
配偶死亡	100
离婚	73
夫妻分居	65
监禁（拘留）	63
家庭近亲死亡	63
个人受伤或患病	53
结婚	50

续表

生 活 事 件	平均压力指数
解雇	47
夫妻重新和好	45
退休	45
家庭成员健康的变化	44
妊娠	40
性障碍	37
家庭新成员的出现	37
企业调整	39
财务状况变化	38
亲密朋友死亡	37
工作变动	36
夫妻吵架次数的变化	35
抵押在 1 万美元以上	31
抵押或贷款取消	30
工作职责的变化	29
儿女离家	27
婚姻纠纷	29
个人的突出成就	28
妻子就业或停止工作	26
上学或毕业	26
生活条件的变化	25
个人习惯的变化	24
与上级发生纠纷	23
工作时间或条件的变化	20
住宅的变化	20
学校的变化	20

续表

生 活 事 件	平均压力指数
文娱活动的变化	19
宗教活动的变化	19
社会活动的变化	18
抵押或贷款在 1 万美元以下	17
睡眠习惯的变化	16
家庭收入的变化	15
饮食习惯的变化	15
假期	13
圣诞节	12
轻度违法	11

霍姆斯与拉赫发现，使用这个表格的分数，能够预测与压力有关的疾病。假如一个人一年中经历的压力分数累计超过 200 分，第二年他将有 50% 的可能出现严重的健康问题。如果累计得分超过 300 分，则有 75% 的可能在第二年产生严重健康问题。本章前面所述的一般适应综合症可以解释这些结果。假如一个人抵抗疾病的预防能力由于持续不断地抗拒压力而消耗殆尽，心脏病或溃疡会乘虚而入。

霍姆斯与拉赫列举的生活事件中，并非全部都对人产生消极影响，有一些事件具有积极意义。例如，结婚、个人的突出成就都是有积极意义的事件。但它们也会引起低水平的应激，如果处理不当，也会有消极影响。以结婚为例，结婚需要对日常生活进行很大的调整和重新安排，也需付出代价。

最后应当指出，上述表格列举的各种生活事件，都是美国学者对美国人生活调查的结果。中国人的生活习惯与文化背景与美国人有很大的差别，因此，其所列各事件的分数有些可能不适合于中国人。运用这一表格时，应考虑文化差异。

5. 个别差异与压力

同样的生活事件引起人们压力的强烈程度是各不相同的。这就是说，人们的应激状态存在着个别差异。

（1）个人的生理状况。个人的生理状况也是产生压力的一个重要条件。个人的健康状况不同，对压力情境的抵抗能力亦不同。身体状况好，精力旺盛的人具有较强应付压力情境的能力；而身体状况差，体弱多病的人则对压力情境的应付能力较弱。当然，并不完全如此，生理状况的好坏并不能完全决定是否产生压力（在压力源存在的条件下）。对压力情境抵抗能力的强弱还要看个体适应环境的能力。

（2）个体适应环境的能力。适应环境的能力决定着对压力源的承受能力。这种适应环境的能力包括生理适应能力和心理适应能力两方面。生理适应能力主要是由个人的素质决定的。身体素质好，适应能力就强；身体素质差，适应能力就弱。心理适应能力主要是指个人的心理素质，即对各种有利和不利情境的应付能力。心理素质好的人，面对应激情境能够保持清醒的头脑，并采取坚决果断的行动；心理素质差的人，在压力情境下，往往会表现出惊慌失措，缺乏随机应变的能力，很容易受情境的暗示，并导致机体产生压力反应。

（3）气质类型。气质类型也是应激产生的一个条件。不同气质类型的人对应激所作出的反应是不一样的。胆汁质的人反应速度快，主动性强，精力旺盛，但不稳重，好挑战、脾气暴躁。属于这种气质类型的人一般对强度较弱的压力情境很容易克服，对中等强度的压力情境也能很快适应。因此胆汁质的人适应能力较好，能够很好地处理所面临的压力情境。

多血质的人反应灵敏，善于交际，适应环境能力强，具有较强的主动性，他们对压力情境也能很快地适应。

粘液质的人态度稳重能够冷静地分析问题，具有较强的自制力和心理承受能力。因此，粘液质的人对应激情境具有较强的忍受性，并能冷静地分析所发生的事情，寻求解决的办法。这种气质类型的人在面临应激情境时，心理上具有很大的韧性，沉着冷静。

抑郁质的人反应迟钝、缺乏灵活性，情绪容易波动，很容易受环境气氛的影响，优柔寡断，缺乏适应性和主动性，对应激情境通常作出消极的让步或忍耐。所以，这类人容易产生应激反应。

从上面四种类型的人中可以看出，前三种气质的人都具有较强的适应能力，只有抑郁质的人对环境缺乏适应性。但抑郁质的人有一个优点，即忍受能力强，如果这种类型的人经过不断反省，增强自信心，是完全能够适应应激情境的。

（4）人的个性差异。我们在前面论述个性中的气质问题时，曾谈到 A 型个性与 B 型个性的区别。但最初关于 A 型和 B 型个性的研究并没有与压力问题的研究联系起来。20 世纪 50 年代，一些心脏病学家开始注意把这种个性分类及其行为表现用于预测心肌梗塞等病症。20 世纪 60 年代中期，两位心脏病学家弗里德曼（Friedman）和罗斯曼（Rosenman）才把 A 型与 B 型个性的分类运用于研究应激问题，A 型人进取心强，喜欢竞争，设置的标准较高，常对自己和他人感到不耐烦，善于在工作压力下进行工作；B 型人看起来比较轻松自在，他们接受现有的环境，按照环境要求工作，而不是与其竞争。研究指出 A 型个性与压力以及由压力引起的后果有较高的相关。表 11－3 列举了 A 型个性和 B 型个性的不同特征。

表 11－3　　A 型与 B 型个性的特点

A 型特征	B 型特征
总是在活动	不大在乎时间
走路很快	有耐心
吃东西很快	不自吹自擂
说话很快	玩牌是为了乐趣，不是为取胜
没有耐心	闲散时不感到内疚
同时干两件事	没有时限的压力
不知如何处理休闲时间	采取温和的措施
用数量测定绩效	从来不匆匆忙忙
具有攻击性	
具有竞争性	
总是感到时间的压力	

一项调查表明，企业的中高层管理者多为 A 型个性（60%），而 B 型管理者较少（12%）。另一项 3 000 人的大样本调查发现，其中 77% 的心脏病患者是 A 型个性，在 39～49 岁的年龄组中，A 型个性的人心脏病发病率比 B 型个性的人高出 6.5 倍。虽然这些美国学者研究的数据并不能代表我国企业管理人员应激的现状，但 A 型个性与应激有较高相关是已被证明的事实，应予以高度重视，采取积极措施，加以防范。有关减轻和预防应激的各种措施将在后面提到。

（二）压力的身心反应

压力是一系列生理反应和心理反应的综合表现。从表面上看，生理反应和心理反应似乎是相互独立的东西，其实不然，二者是密切联系的，压力反应是生理和心理相互作用的结果。

1. 压力状态下的生理反应

处于紧张状态的人，一般来说，紧张反应不是局部的，而是整个机体的综合反应。这种综合反应有以下几种表现：

（1）经常体验到神经抽搐或肌肉痉挛，如经常感到机体的某一部位不由自主地跳动，眼睛和脸部发紧，并伴有肌肉的有节律地跳动等等。

（2）行为举止受拘束的时候，总是感到有些紧张，动作僵硬、急促，目光缺乏灵活性，经常摆弄手指或身体的其他部位，坐在人多的地方无所适从，或是呆坐、呆站在那里，很不自然等等。

(3) 紧张的人经常清嗓子、抽鼻子、感到气闷，而且动作也比一般人多，但又没有明确的目的；经常感觉到背部、胸部、关节以及身体的其他部位酸痛，缺乏柔性和灵活性，经常消化不良，不喜欢吃饭或没有食欲。

(4) 皮肤经常无缘无故发痒，而且吃药也不起作用。

(5) 全身无力、疲劳。持续的应激反应会大大消耗机体的高能物质，使正常的生理活动不能得到充足的能量支持，于是，机体就会表现出疲倦和无力的反应。

长期处于压力状态，机体为了应付当前的紧张，体内就会不断地进行生物化学活动。于是，神经系统、脑垂体、肾上腺、胸腺等腺体不断紧张地工作，来调整机体的紧张状态。当机体内贮存的能量被大量地消耗时，体内的生理生化平衡受到破坏，同时，机体与外界的物质和信息的交换也因长期的紧张而失调，使机体的能量处于短缺状态，没有充分的神经电能、化学能来应付当前的紧张情境。于是，生理活动状况表现出不断削减的趋势，控制和调节紧张的大脑活动也变得迟钝了。在这种情况下，很多疾病便乘虚而入，或是原有症状加重，使机体的生理状况大大恶化。

2. 压力状态下的心理反应

紧张不仅表现在生理上的变化，而且也表现为心理上的不适。在压力反应过程中，生理上的紧张和心理上的紧张是同时表现出来的，且相互作用、相互影响。生理上的紧张表现得较为直接、直观，很容易体验到，而心理上的紧张则具有隐蔽性，有时是感觉不到的。

一般情况下，心理上的紧张有如下表现：心烦意乱，心理压抑，焦虑，疑神疑鬼，注意力不集中，思维混乱，缺乏逻辑，情绪不稳定，空虚，无力，感到生活没有意义，缺乏自信心，自我防御心理较强，等等。

心理上的紧张反应通常是通过行为变化表现出来的。一般来讲，心烦意乱表现为急躁，爱发脾气；情绪压抑表现为沉默，行为退缩，行动减少；注意力不集中表现为行为缺乏主动性，失去对生活目的和意义的追求等。心理紧张伴随的行为反应通常表现为自我防御。

压力会引起生理和心理上的一系列反应。如果这些反应长时间得不到调节，就会使机体进入抵抗阶段或疲惫阶段，很容易表现出生理和心理上的病理反应。

长时间处于压力状态下，会大大消耗体内能量，如果得不到适当调节，就会使机体的免疫能力下降，从而影响组织器官的正常功能，引起各种疾病。长期应激状态易引起焦虑、失眠、人际交往的心理疾病。很多大学生平时不学习，上课也不认真听讲，结果一到考试前，便挑灯夜战，弄得狼狈不堪，而且还产生了害怕考试的心理，这就是考试焦虑症。考试焦虑症是一种普遍存在的现象，而且不仅是临阵磨刀的学生容易出现这种情况，就连平时学习较用功的学生，由于缺乏对考试的自信，也会表现出这种症状。除考试焦虑外，失恋以及生活和学习中的意外变故等也会引起不同程度的焦虑。

（三）压力的后果

如前所述，工作压力并非一定产生不良后果。在组织环境中，适当的压力会提高员工的工作绩效。但研究人员往往更重视工作压力造成的负面影响。这是因为当压力超过一定限度时，往往会使工作绩效大幅度下降。由强烈压力造成的影响会在个人的体质、心理和行为上表现出来。

1. 个体的后果

（1）压力对体质的影响。医学界多年的研究都集中于压力对人体健康的影响。强烈的压力会使人血压、胆固醇增高，导致心肌梗塞、溃疡和关节炎，甚至癌症。一些研究表明，强烈压力状态与心脏病发病率有密切关系。两位美国学者曾对一个拥有 4 000 名职工的企业进行了调查，结果表明由于压力而引起的心脏病发病率对一个典型组织的费用和职工体质有一定的影响。当然，应当指出，压力并非是引起心脏病的惟一原因，环境条件、个人的体质状况、遗传等都可能是心脏病的致病原因，但压力确实是导致心脏病的重要原因之一。

（2）压力对心理的影响。如前所述，强烈的压力可能伴随有焦虑、压抑、神经质、易激动、紧张、厌烦等情绪状态出现。压力对人们心理最主要的影响是焦虑的增长。焦虑可以在人遭受挫折时出现，也可能在没有明显的诱因时发生，即在缺乏充分客观根据的情况下出现某些情绪紊乱。因此，焦虑也是引起压力的主要心理状态之一。当个人产生焦虑状态时，会产生消极情绪、敌对情绪以及悲观厌世情绪等不良心理反应。

（3）压力对行为的影响。压力会在人们的行为上有明显的表现。在压力状态下表现出来的直接行为包括食欲减退、失眠、过量吸烟和饮酒以及滥用药物，等等。

2. 组织的后果

从工作的角度来看，压力与工作绩效、缺勤率、离职率以及决策失误有着密切关系。

（1）压力与工作绩效。有研究表明压力与工作绩效之间的关系可以用倒 U 型曲线表示。当人们的压力处于中低水平时，工作绩效会提高，即工作会干得更快更好；但如果人们处于高度的压力状态时，工作绩效会急剧降低，甚至发生差错或事故。

（2）压力与缺勤。压力与缺勤、离职也有一定关系。缺勤和离职与对工作的不满有密切联系。学者用有结构的访谈测定了一家航空公司管理人员的压力程度，然后把压力的测量与工作满意感的测量加以对照，发现具有高度压力的管理人员对于工作性质、与同事的关系和群体的工作士气这三个方面的工作满意度都很低，这种不满导致了缺勤率与离职率的上升。

（3）压力与决策。压力与决策的失误有关。一些观察和研究表明，当人们处于强烈压力的状态时，会拖延或回避作出决策，常常忽视重要的信息，而且不愿收集有助于作出更好决策的新信息，在面临多种备选方案时犹豫不决，结果使决策质量受到影响，甚至产生失误。

三、工作压力的应对策略

尽管适度的压力能提高工作效率，但如果压力水平过高或时间过长，则对人的身心健康起破坏作用。因此，应采取有效的对策防止和减轻压力的水平。其实，本书中论述的许多内容都可被看成是克服压力的措施，如工作设计、目标设置、冲突处理、沟通技术、领导作风、组织开发和组织变革的方法，等等，都是防止和减轻压力的有效措施。但是，从个人和组织方面，可以更具体地提出防止和减轻压力的对策。

（一）个人应对策略

1. 锻炼（Exercise）与放松（Relaxation）

适当的运动如散步、跑步、游泳、打球等等有利于增强人们的体质。体质的增强可为应付压力奠定基础。虽然目前还没有确实的证据表明体育锻炼会直接消除或减轻压力，但体质的增强能帮助人们更有效地应付压力，这是合乎逻辑的。放松也是克服压力的有效方法。放松的方法很多，有深度呼吸训练、肌肉放松训练、静心反思、生物反馈、意象训练等。但放松训练是否会对工作压力产生直接的影响，还缺乏充足的论据。

2. 行为自我控制（Behavioral Self-control）

为了避免过度的压力，人们要学会控制自己的行为。同时还应学会控制引起压力的情景，而不是让情景控制自己。

行为自我控制的一种特殊技术是生物反馈训练（Biofeedback Training）。生物反馈是一种把原来人们意识不到的生物功能引入意识状态的技术。例如，人们的血压升高或降低、心跳加快或减慢、胃液分泌的增加或减少等，在一般情况下是意识不到的，但生物反馈技术可以通过一定的装置使人体内这些原先意识不到的生理功能显示出来。这里仅以测量血压为例来说明。把血压计与某种信号装置相连接，安放在人体的相应部位上，当人们的血压正常时，该装置并无反应；如果血压上升到不正常的水平，该装置会发出信号（亮起红灯或发出响声），提醒人们血压已经升高。通过这种生物反馈装置的多次训练，甚至在去掉这种装置后，人们也可以感觉到血压的升高情况。这就是说，现在已把原来意识不到的血压状况引入到了意识水平。在这种情况下，人们在感觉到自己的血压升高时会较自觉地控制自己的行为，如保持平静、不激动、不发怒等等。生物反馈技术也同样可以用于控制心脏功能，治疗偏头痛，使脑瘫患者控制肌肉的痉挛等。这一技术在美国医院的临床实践中已得到广泛应用。由于血压升高、心律不齐等症状与压力有密切关系，因此，生物反馈训练也是一种通过行为自我控制消除压力的方法。

3. 认知治疗（Cognitive Therapy）

除行为自我控制方法外，近些年来，一些临床心理学家运用认知治疗方法克服压力状态。这种方法过去曾被成功地用于消除人们的焦虑情绪，现在则用于作为减轻工作压力的个人对策。一项研究介绍了认知治疗的下述程序。

首先，要告诉认知治疗的参加者，他们所体验到的紧张、焦虑情绪大部分是由于他们认识上的原因所引起的。然后，拟定帮助参加者改变认知的方案。这一方案由一系列讲演和讨论组成，其目的在于：（1）使参加者意识到，工作中的何种事件引起这种认知；（2）使之意识到这种认知对他们生理上和情绪上的反应有何影响；（3）系统地评定这种或这些事件造成的客观后果；（4）用更恰当的认知取代原来引起情绪紧张的认知（例如，某人的工作任务没有完成而产生压力，此时要改变认知，即"该任务对我而言是力不从心的"，请求上级让别人承担此项任务）。一项以警察学校的学员为对象进行的认知治疗研究结果表明，经过认知治疗的学员比未经认知治疗的学员，其行为自我控制的能力更强，紧张、焦虑情绪较少。

目前，由于方法论上的缺陷，对于认知治疗用于控制压力的意义，还难以作出明确的判断，但随着方法的改进，预期会产生更好的效果。实际上，认知治疗方法类似于我国的思想工作，只不过采取更严密的步骤和方法，并由受过专门训练的临床心理学家加以实施而已。

4. 建立支持性的关系网络（Networking）

社会心理学多年的研究证明，人们都需要社会支持。因此，应把社会支持作为一种减轻压力的对策。这就是说，人们需要有一批同事，彼此之间建立亲密无间的友谊关系。当人们产生压力时，可以向同事或朋友倾诉，而他们也会耐心倾听，给予同情，提供支持。这也是消除和减轻压力的一种方法。这种关系被称为支持性的关系网络。虽然社会支持与减轻压力之间的关系很复杂，还有待于进一步的研究，但已有的研究表明，建立这种网络关系有助于人们更好地克服压力状况，这种对策对于管理人员尤其有效。

总之，个人应对压力的策略有：提高自我的正确认识；增强生理上、心理上的抗压力机能；加强合作、培训对职业的爱好和兴趣；保持身体和精神的放松状态；进行合理的时间安排；避免冲突性情境和行为。

（二）组织对策

本章在论述引起工作压力的组织因素时，指出了四个方面，即组织政策、组织结构、工作条件和信息处理。因此，也应针对这四个方面提出消除压力的组织对策。例如，在组织政策方面，应注意制定尽可能公平的绩效评估和报酬制度。在组织结构方面应采取措施避免权力过于集中、繁琐的形式主义和过高的专业化。在工作条件方面应制定安全保障措施，改善照明条件，减少噪音，控制室温等。而在信息处理方面则应建立流畅的信息通道，防止提出模糊或冲突的目标等等。除上述四个方面外，可以提出下述更为概括的对策。

1. 创造支持性的组织气氛

多数大型组织都具有过多的层次结构，因而易形成一种缺乏灵活性、不关心人的组织气氛，这可能是导致管理人员和职工严重工作压力的原因之一。采取的对策是应该建立较分散、较灵活的组织结构，给予中下层管理人员和职工更多参与决策的机会，使纵向和横向的信息沟通更为通畅。从理论上来看，这种组织结构会创造一种支持性的组织气氛，从而防止或减轻管理人员和职工的工作压力。但是，研究压力问题的一些文献评论指出，组织气氛与压力之间关系的研究还缺乏实验验证的科学依据。对这种关系的探讨还是推论性的，需要今后用大量的实验材料加以证实。

2. 工作设计的丰富化

我们在论述激励问题时，曾介绍了工作丰富化和工作扩大化的设计问题。实际上，工作丰富化也是克服和减轻压力的有效对策之一。工作丰富化的设计主要是为克服工作的单调性，使人摆脱工作厌烦感所采取的措施。工作的单调和由此引起的厌烦也是工作压力产生的根源之一，可以通过改善工作内容（如负更大的责任、提供成长和发展的机会等）使工作丰富化，也可以通过改进核心的工作特征（如技能的多样化、任务的意义、工作的自主性等）使工作丰富化。这种工作设计的丰富化可以克服在单调乏味的工作中产生的压力状态。但是，也应指出，在对待工作丰富化的态度上，人们是有差异的。虽然，多数人喜欢丰富化的工作，但并非所有的人都是如此。一些人喜欢比较单一的、按部就班的、重复性的工作，对于他们来说，丰富化的工作会使他们产生高水平的压力。例如，一些成就需要低、担心工作失败的人面对丰富化的工作会体验到较强烈的压力。尽管如此，对于多数人来说，适当的工作丰富化设计可能是对付工作压力的有效方法。

3. 减少角色冲突和明确组织角色

如前所述，角色冲突和角色模糊是造成工作压力的重要原因之一，因此，从组织的角度来看，应为管理人员和职工设置明确的、特定的、具有挑战性的工作目标，并且为目标完成的程度提供及时的信息反馈。明确的目标不仅对管理人员和职工具有激励作用，而且可以使他们清楚了解组织的期望、消除角色冲突，从而降低工作压力的水平。同样的，及时提供目标完成的反馈信息，也会使管理人员和职工更清楚地了解自己的实际工作绩效，而且也有助于减少角色冲突、减轻工作压力。

4. 规划管理人员和员工的职业发展道路并提供咨询

从传统角度看，组织往往只对于其成员过去的职业经历感兴趣，根据其过去的经历把他们安排在适当的工作岗位上。但是，对于组织成员个人来说，他们更关心自己在组织中的发展前途；个人由于对在组织中的职业发展缺乏明确的了解，从而产生压力状态。这可以说是由于对个人前途未卜而产生的压力。因此，国外的一些大型企业纷纷拟定职业发展规划方案，为本企业员工提供咨询和指导，这也是克服职工工作压力的重要对策之一。

第二节　情绪与身心健康

一、正常的情绪及其功能

情绪反应虽是每个人行为必备的方面，但有积极与消极之分，每个人的反应是不相同的。正常的情绪反应，必须符合下列几个条件：

（1）它是由适当的原因引起的，而且这些原因能为当事者本人所认识。如高兴必有可喜之物，悲哀必有伤心之事，惧怕必有危险之因，愤怒必有挫折与干扰的情境等。

（2）情绪反应的强度是适当的，与刺激原因相匹配。过于极端的反应（过强烈或过冷漠）都不是正常的反应。

（3）正常情绪反应的时间，是随客观情境转移的。引起情绪反应的因素消失之后，情绪反应也逐渐平静。

正常的情绪反应，不论是积极的（愉快的）还是消极的（不愉快的），都有助于个体行为的适应。积极的（愉快的）情绪有更为强的动力作用。有研究表明积极情绪与人格特质中的外向性有关，而消极情绪则与神经质有关。而且认为情绪与人格之间的相关相当稳定，其相关系数的变化范围从0.4到0.9。

积极情绪包括的因素有欢愉（欢欣、幸福、活泼），自我认同（自信、自强、果敢），专心（机警、专注、决断）。30岁之后积极情绪持续稳定。愉快而平稳的情绪，能使人的大脑处于最佳的活动状态，保证体内各器官系统的活动协调一致，使得食欲正常，睡眠安稳、精力旺盛充沛，能充分发挥有机体的潜能。乐观的、愉快的情绪使人充满朝气、生气勃勃、思想开朗、豁达大度，使别人更喜欢接近自己，从而增强自己的处世和交际能力；乐观情绪能抵御不良情绪的袭扰，帮助人们心平气和，较理智地处理问题，不会因生活中的琐事而争吵，从而有助于建立良好的人际关系。

消极情绪在青春期后期达到最强，此后至少到中年时都随年龄的增长而下降。焦虑、忧愁、恐惧、愤怒等不愉快的情绪，只要适当（符合前面讲的三个条件），也是正常有益的。适当的焦虑情绪，能使人的思维能力亢进，反应速度加快，动作更灵敏，提高工作效率与学习效果。

积极情绪和消极情绪都具有一定的遗传性。其遗传相关系数在0.5左右。环境的影响可以增进积极情绪，积极情绪也可以通过以下方式获得：有规律的体育锻炼、充足的睡眠、建立和维护牢固的友谊、为自己设定有价值的目标并为之努力等。

二、不良情绪及其危害

不良的情绪与情感体验有如下几种情形：（1）过于强烈的情绪反应；（2）过于持久

的消极情绪；(3) 情感与情操方面的不良适应。这些对人们的身心健康和社会适应都有较大的危害。

（一）过于强烈的情绪反应

人的情绪虽然主要受大脑皮层下中枢的下丘脑部分支配，但是当这一部分活动过于强烈时，大脑皮层的高级心智活动，如推理、辨别等将受到抑制，使认识范围缩小，意识变狭窄，不能正确评价自己行为的意义及后果，自制力降低，常发生“不合理”、“不适宜”的行为，从而大大降低学习与工作效率。大脑皮层高级中枢部位，对皮层下部分的控制减弱，结果强烈的情绪会愈演愈烈，会造成某些失去理智的破坏行为。

国外学者帕特里克（J. R. Patrick）做过一个颇为有趣的实验：让几个大学生分别进入实验室，该室有四个门，其中三个门是锁住的，只有一个门可以打开，实际上只要按顺序将各门试一下，便能很快找到出路。但是，当实验者用冷水、电击、强光、大声等强烈刺激同时加之于受试者，使之趋于紧张状态时，好几个被试呈现慌乱现象，不知道按顺序找出路，四面乱跑，已经试过的被锁住的门，会重复地去尝试，显然是给弄糊涂了。像这一类因情绪激动而失去理智的现象，在日常生活中是屡见不鲜的。即使未完全失去理智，也会使行为慌乱，效率大大降低。例如，有的人因受强刺激而被气昏或说不出话；有的人在危险时刻可能被吓得惊呆不知所措、瘫软不能动作；有的人高兴可能发狂而忘乎所以；有的人发怒会做出极端过失的行为。许多平时成绩不错的学生，到了考场，由于过分紧张，成绩反而下降。有些运动员在重大比赛中，也常因心情紧张影响临场竞技状态而发挥不好。

强烈的情绪不仅造成行为紊乱，而且也会妨碍身心的健康。在盛怒之下引起心脏病猝发而突然死亡的事例，在临床上也时有发生。“乐极生悲”，心肌梗塞患者大笑容易发生意外，重度高血压患者过度兴奋可能诱发脑溢血。据说一位哲学家去世时，他的侄女因为在他的床头找到了 6 万法郎，竟兴奋过度，也死掉了。我国女排三连冠、四连冠时，医院里会出现因高兴而犯病的高血压患者。

（二）持久性的消极情绪

当情绪状态发生时，会表现一连串的生理反应；情绪反应终了，生理又恢复平静；通常此类变化较短暂，没有什么不良的影响。但若长期延续下去，就会通过神经机制和化学机制引起心血管系统、消化系统、泌尿系统、呼吸系统、内分泌系统等各种身体疾病。例如，当人们的血压高于一般正常的范围；心脏长期加重负担而损伤；胃酸过多而引起肠和胃的溃疡；因消化功能失调而引起腹泻或其他肠胃病；因神经紧张而引起偏头疼、关节炎等均系情绪作用引起的身体疾病，医学上称心身疾病。

美国有两个医生曾对 1948 年毕业的某医学院校的学员进行了长达 30 年之久的跟踪研究。他们把学生分成安静型、开朗型、恼怒型，结果恼怒型的学生中有 77.3% 患了高血压、心血管疾病、良性肿瘤和癌症等，其他类型的学生中只有 25% 和 26.7% 患有此类疾病。

持久性的消极情绪使人没精打采，萎靡不振；心理紧张，惶惶不可终日；生活抑郁沉闷，黯淡无光，大大降低工作与学习效率，妨碍人际交往，干扰正常的社会生活。

（三）不健康的情感体验

不健康的情感体验包括正常状态和不正常状态的情感反应。这两类情感体验对人们的社会行为、心理品质、个性特征及身心健康都有不良影响。

心理正常者的不健康情感主要表现在缺乏高尚的道德、审美和理智情操，具有某些低级情趣。如有的人情感冷漠、冷酷，缺乏同志感、友谊感、同情感和爱的情感；有的情感迟钝与钝化，缺乏稳定而深厚的情感；有的哥儿们义气太重，缺乏正义感、是非感、善恶感；有的虚荣心、嫉妒心太重，缺乏荣誉感；有的性情孤僻，缺乏集体主义情感等。

心理不正常者的不健康情感主要表现在如下情感障碍方面：

(1) 情感低落，即情绪低沉、忧心忡忡，愁眉不展、唉声叹气，甚至悲观绝望，觉得“生不如死”。

(2) 情感高涨，即对一切都自负自信、眉飞色舞，喜笑颜开，洋洋自得。

(3) 情感脆弱，即情感容易在微刺激下而波动，或伤心流泪或兴奋激动，无法克制。

(4) 情感爆发，这是一种突然发作，爆发性的情感障碍。常表现喜怒无常，叫喊吵骂，打人毁物，捶胸顿足，极为粗暴。

(5) 易激忿，这是一种剧烈而短暂的情感障碍，患者易生气、激动、愤怒，甚至大发雷霆，与人争吵不已。

(6) 情感迟钝，即情感平淡，细微情感丧失，患者对亲人不体贴、对同志不关心、对工作不认真、情感反应不鲜明、不生动。继续发展则成为情感淡漠。

(7) 情感淡漠，即对外界任何刺激均缺乏相应情感反应，即使生离死别也泰然处之，无动于衷，冷漠呆板。

(8) 情感倒错，即指认识过程和情感活动之间丧失协调，悲伤性事件却表现愉快。

(9) 表情倒错，即指情感与表情之间的不协调，外表痛哭流涕，内心却很高兴。

三、健康情绪的条件与不良情绪的调节

（一）健康情绪的条件

职工要想具备健康的情绪生活，必须注意健全人格的修养。如下心理条件乃是健康情绪必备的条件。

1. 树立正确的人生观

现实生活中，有顺境也有逆境，人们常能碰到失恋、失学、失业、疾病、失败、挫折之类的情境。只要人们树立正确的人生观，就会获得强大的精神支柱，始终保持乐观向上

的情绪。

2. 开拓宽广的胸怀

“牢骚太盛防肠断，风物长宜放眼量。”目光短浅与心胸狭窄的人，往往被忧愁、愤恨、烦恼等不良情绪所困扰；志向远大，视野开阔，胸怀宽广，心地坦荡的人，才能保持镇定的情绪与乐观主义的心境。

3. 增强适应生活的能力

现实生活是极复杂的，有苦也有甜，有泪花也有欢歌，有冷嘲也有称赞，有仇恨也有友谊。如果人们不能适应这些变化，其情绪反应就会受到伤害。所谓适应生活，即指能正视现实、接受现实、正确评估自己。做到胜不骄，败不馁，不消沉，不自卑，就不会引起强烈的不良情绪反应。

4. 具备知足者常乐的心理

“人心不足蛇吞象。”如果一个人贪心太重，生活上总和别人攀比，不知满足，容易产生嫉妒心理和消极情绪。如果人们在事业上永无止境，永远向上，在生活上知足常乐，就能保持积极的情绪与良好的心境。

5. 培养幽默感

诙谐、幽默、风趣、滑稽是调节人的紧张性，消除忧愁、愤怒、不安情绪，有助于个人适应的极好方法。当一个人陷入某种不调和、被动、极不利的局面，或者与他人发生冲突时，用风趣、幽默的态度去应付，可以使紧张的情况变得比较轻松，窘迫的场面在笑语中消逝，恼怒的情绪得以缓解。具有幽默感的人，不开庸俗、低级、拿人开心的玩笑；宁可自我解嘲，也不使别人尴尬。不只是用幽默应付临时场合，而且常发现生活中轻松有趣的一面。

6. 学会从多角度看问题

片面或单面看问题的人，容易走极端，情绪情感体验也极不稳定。从多角度看问题的人，常常容易从失败、挫折、黑暗、消极的情境中，看到成功、顺利、光明、积极的因素，充满乐观情绪，摆脱沮丧情绪的困扰；同时也能从有利条件中，看到不利的因素，不至于盲目乐观，忘乎所以。

此外，引导员工学会交友，保持和谐的人际关系；培养广泛的兴趣爱好；有事业心、成就感，从工作中获得乐趣；注意娱乐、休息与活动，合理使用大脑等，都是健康情绪的重要条件。

（二）不良情绪的自我调节

生活中人人都会碰到不良情绪的困扰。一个心理健康的人应用理智驾驭自己的感情，排遣、宣泄、控制和调适不良的情绪，做自我调节情绪的主人。通常有如下调节方法。

1. 合理排遣与宣泄

“喜怒不形于色”，压抑自己的情绪反应，不仅会加重不良情绪的困扰，还会导致产生某些心身疾病。因此，对不良情绪的排遣与宣泄是自我调节的一种好方法。不过情绪的宣泄应该是合理的。迁怒于人，找替罪羊，往他人（丈夫、妻子、孩子、顾客、同事）身上发火、出气；把气撒在东西上（摔壶碎碗）；发牢骚、讲怪话，甩手不干；拿工作出气等，都是不可取的。合理的宣泄方法有：心中有委屈、愤怒、不平的事，可向领导、同事、亲人倾诉；矛盾双方开诚布公、交换意见、解开疙瘩、消除误会；大哭一场，释放积聚的能量，调整肌体的平衡；用强运动或干体力活的方法，累得满头大汗，精疲力竭，也是一种能量的释放。

2. 理智消解法

当人处于盲目、缺乏理智状态时，容易与人发生矛盾，产生冲动行为。在失败、挫折、冲突、困扰面前，用理智消解法可以控制个人的情绪。例如，当受批评而不服气的时候，如果冷静地检讨反省，可以减轻心理紧张；与人发生争执时，理智地站在对方立场上设想，会变得心平气和；当受他人的干扰、欺负而感到委屈时，若理智地谦让，不与对方一般见识，可以缓解矛盾；在矛盾激化时，如果能够“三思而后行”，可起降温的作用。

3. 注意转移法

当火气上涌时，有意识地转移话题或做点别的事情来分散注意力，便可使情绪得到缓解；当悲伤、忧愁情绪发生时，先避开某种对象，不去想或遗忘掉，可以消忧解愁；在余怒未消时，可以通过运动、娱乐、散步等活动，使紧张情绪松弛下来。注意转移的原理是在大脑皮层产生一个新的兴奋中心，通过相互诱导、抵消或冲淡原来的优势兴奋中心（即原来的不良情绪中心）。

4. 艺术与创作升华法

将不为社会所接受的消极情绪，导向比较崇高的有利于建设与创造的行为叫升华。这是较高级水平的宣泄，是将情绪激起的能量引导到对社会有利的活动方面去的方法。例如，歌德年轻有才，曾因失恋而绝望，后来抑制了这种轻率行为，把自己的爱情遭遇作为素材，写出了世界名著《少年维特之烦恼》。这是艺术升华的典型。当亲人或师长去世时，产生悲哀情绪是人之常情，但是过于悲痛容易伤身并使人精神不振，化悲痛为力量，用工作与事业的成就来寄托人们对亡者的哀思，也是一种升华。遇到不公平的事情，一味地发牢骚、生气也是无济于事的，正确的态度应该是“立志、争气”，将挫折变成动力，做生活中的强者。

5. 自我安慰的方法

当碰到某种不顺心的事件时，为了减少内心的失望与痛苦，人们常找某种“理由”来安慰自己。主要的自慰法有“酸葡萄心理”和“甜柠檬心理”。这是用某种理由来冲淡内心不安与痛苦的方法。偶尔使用有缓解情绪的作用，但经常采用，可能成为某种病态。

6. 调息法

当人们碰到不安情绪袭来时，常为解脱紧张而深深叹一口气或者突然大口吐一口气等，这是日常生活中常见的方法。著名运动员为了缓冲不安的情绪常用“调息法”。平时发生冲突，受压抑而憋气的时候，也常用这种方法释放紧张感。

（三）情绪处理的“钟摆效应”

物理学原理告诉我们：当一个摆锤所处的初始位置越高，那么根据动能和势能转化原理，它摆过最低点后能够到达对面的位置就越高。“钟摆效应”的真正含义是指一切都在于自己如何给自己选择一个初始位置。整个人类社会都忽视了对人类情绪的研究，中国也不例外，传统上，中国人比外国人更不善于表达情绪，对情绪的认知、处理和脉源的研究上，中外都很薄弱，并且有很多谬误之处。情绪本身没有好坏之分。就如世界上所有事物一样（存在即合理），而应该以对人生的成功快乐有没有贡献为衡量标准（“我好你好大家好”三赢的基础上），有没有这个效果决定一种情绪状态是好是坏。传统上我们认为某些情绪不好，例如，愤怒、悲伤，称为负面情绪。有人因为压力大，受不了情绪上的折磨，学会了“感觉麻木”，意思是不再对相同事情有同样的情绪反应或反应程度降低，这是一种保护机制，短期如此，是没有问题的，但如果长期这样，是会有大损害的。原来当一个人在某一种情绪上减少了反应的强度，所以在其他的情绪上也会有同样的减少。那些所谓的负面情绪强度减少了，正面情绪也会同样的减少，就像“钟摆”一样，摆动起来左右两边幅度总是一样，左边摆得高右边也高，左边低右边也低，如果长期发展，最后就会变成不摆动的钟。停留在正中间一点不动，任何事情不会使他难过，也不会使他开心。把自己的情绪强度尽量扩大（重回较大的摆动幅度），每天中每件事给我们的喜悦、满足、自豪、信心，我们完全得到，达到左边摆动的最高点，心中充满了人生的意义和乐趣。因为左边摆动给我们了喜悦、自信等等正面情绪的积极影响，当右边摆动的负面情绪纵然幅度也达到最高，我们也能承受，而且我们还有很多心态上的技巧去处理负面情绪。这样的生活，正面情绪我们完全享受，完全拥有；负面情绪我们有很多方法可以处理。

四、情绪智力

情绪智力（Emotional Intelligence）通常也称为情商（EQ），是近年来心理学家们提出的与智力和智商相对应的概念。它主要是指人在情绪、情感、意志、耐受挫折等方面的品质。以往认为，一个人能否在一生中取得成就，智力水平是第一重要的，即智商越高，取得成就的可能性就越大。但现在心理学家们普遍认为，情商水平的高低对一个人能否取得成功也有着重大的影响作用，有时其作用甚至要超过智力水平。这个概念源于戈尔曼（Daniel Goleman）的畅销书——《情商：为什么比智商更重要》（Emotional Intelligence：Why It Can Matter More Than IQ）。这本书涉及了情商研究的多个方面。丹尼尔·戈尔曼接受了萨洛维（P. Salovery）的观点，认为情感智商包含以下五个主要方面：

（1）了解自我，监视情绪时时刻刻的变化，能够察觉某种情绪的出现，观察和审视自己的内心体验，它是情感智商的核心，只有认识自己，才能成为自己生活的主宰。

（2）自我管理，调控自己的情绪，使之适时适度地表现出来，即能调控自己。

（3）自我激励，能够依据活动的某种目标，调动、指挥情绪的能力，它能够使人走出生命中的低潮，重新出发。

（4）识别他人的情绪，能够通过细微的社会信号、敏感地感受到他人的需求与欲望，认知他人的情绪，这是与他人正常交往，实现顺利沟通的基础。

（5）处理人际关系，调控自己与他人的情绪反应的技巧。

围绕情绪智力是能力还是个性特征的问题，情绪智力目前有两种看法：一方面它被定义为一种处理情感信息的能力，即情绪知觉、情绪整合、情绪理解力、情绪管理能力；另一方面，它被定义为一种个性特征。Mayer，Salovey，Caruso 等人认为情绪知觉就是当我们的情感信息在各种不同的背景中以面部表情、言语表情等表达出来时，我们记录、保存和解释这些信息的能力。情绪整合就是接近和产生那些能够促进思维的感知的能力。情绪可以通过提供给我们自己的情绪信息来促进我们的思维，让我们指导我们是否高兴、伤心、恐惧或者生气，使我们以适应于自己情绪状态的方式去思考。情绪理解力就是理解情绪意义的能力。情绪管理能力是管理情绪，选择对释放情感体验并且控制情绪表达方式的能力。为了更好地提高青年人以及成人的情商，一些技能方面的训练是可行的。如：自我监控以提高情绪知觉、自我调节以管理悲伤情绪、运用沟通技巧以与别人产生共鸣、问题解决以达到某一目标或完成某一任务等。但事实上情商可能是按照一定的路线：情绪调节能力、表达情绪的能力、管理涉及情感交流的人际关系能力，从婴儿期到青春期逐渐发展起来的。

目前，关于情商的概念有效性的问题即情商到底如何定义——定义为一种能力还是个性特征；在情商的个体差异方面，环境和遗传谁起着决定性的作用；成年人的情商是否可以通过训练来提高；在职业成功上，传统智商和情商谁相对更重要等都存在颇多争议。

五、健康促进与心理健康

（一）健康促进

1. 健康促进的概念和模式

健康促进（Health Promotion）是指运用行政的或组织的手段，广泛协调社会各相关部门以及社区、家庭和个人，使其履行各自对健康的责任，共同维护和促进健康的一种社会行为和社会战略。关于健康促进的确切定义，目前最受公认的是《渥太华宪章》：“健康促进是促使人们维护和改善他们自身健康的过程”。而世界卫生组织前总干事布伦特兰在 2000 年的第五届全球健康促进大会上则作了更为清晰的解释：“健康促进就是要使人们尽一切可能让他们的精神和身体保持在最优状态，宗旨是使人们知道如何保持健康，在健康的生活方式下生活，并有能力做出健康的选择。”

美国健康促进杂志的最新表述为，“健康促进是帮助人们改变其生活方式以实现最佳健康状况的科学（和艺术）。最佳健康被界定为身体、情绪、社会适应性、精神和智力健康的水平。生活方式的改变会得到提高认知、改变行为和创造支持性环境等三方面联合作用的促进。三者当中，支持性环境是保持健康持续改善最大的影响因素。”

以上概念框架提出了最佳健康维度和健康促进的三个层次：卫生教育（Health Education）、疾病预防（Disease Prevention）及健康保护（Health Protection）。通过卫生教育、疾病预防和健康保护三个层面的努力，来增强正向健康与预防负向的健康。所以，健康促进是目前公共卫生所要追求的一个理想，是一种新的策略和新的工作方法。主要包括五项工作：建立健康的公共政策（Build Healthy Public Policy）；创造支持性的环境（Create Supportive Environment）；强化社区行动（Strengthen Community Action）；发展个人技巧（Develop Personal Skills）；重新定位健康服务（Reorient Health Services）。

2. 健康促进的内容与场所

健康促进的主要内容有：

（1）营养

（2）烟草

（3）酒与其他药物

（4）家庭计划

（5）体能活动与体能适当

（6）心理健康与心理失调

（7）暴力性与虐待行为

（8）教育性与社区组织性计划

健康促进的场所包括：

（1）个人家庭

（2）工作场所健康促进（学校、医院、公司等）

（3）社区

类似健康促进方面的努力可以成为幸福促进，在诸如学校、公司、医院等工作场所展开以幸福为核心的健康促进计划。根据幸福的含义，健康促进计划提供了广泛的服务项目，从促进健康的运动，到营养学方面的建议，再到压力管理策略以及夫妻咨询等。值得欣慰的是，在常规坚持参与健康促进计划的人群中，患病的几率大大缩小（不过这些从中受益的人们往往因为人数较少，所以不能造成较大的影响）。同时健康促进计划不会像抗生素一样在几小时内就可以杀灭细菌，它是一项长期艰巨的任务。更有研究表明，乐观主义者比悲观主义者更健康，那是因为乐观主义者比悲观主义者有更为健康的生活方式。健康来自健康的生活方式，好习惯需要坚持，而不是一时兴起。这同样适合现代人生活中非常感兴趣的话题：减肥问题、老龄化和体力问题、寿命问题等等。记得曾经有人说过，如果一个人从80岁往回活，那么这个世界会非常美好。虽有些天方夜谭，但也说明了一个道理，姥姥、奶奶们的话也许有道理。有人会说是关于信仰问题，但实际上有足够的科学数据表明：要想变得更加健康，应该进行合理的饮食、经常性的锻炼身体、不抽烟、有良好的人际关系、积极参加社会活动，使生活变得更加充实等等。

（二）心理健康

众所周知，有关心理健康的讨论和研究一直落后于生理健康。心理健康的概念在近些年来受到广泛关注。心理健康（Mental Health）是指个体能够适应发展着的环境，具有完善的个性特征；且其认知，情绪反应，意志行为处于积极状态，并能保持正常的调控能力。生活实践中，能够正确认识自我，自觉控制自己，正确对待外界影响，使心理保持平衡协调，就已具备了心理健康的基本特征。

早在1958年，玛丽·哈达写了一本非常有预见性的书——《积极心理健康的当前定义》。她提出六种潜在的过程能够导致我们通常认为的心理健康的状态和品质：即自我接纳；对现实的准确感知；自主性（从容的应对生活压力）；对环境的掌控能力；成长、发展、成熟以及人格统一完整。

中国心理卫生协会于2010年做出了一套“中国人心理卫生标准”，有如下方面：

（1）认识并接纳自我。了解自身特点，恰当地评价自己；有自信，懂得欣赏自己，体验自身价值和意义。

（2）有独立生活和学习的能力。能够独立处理衣食住行等日常生活问题，从生活经验中获得知识与技能，并用这些方法解决新问题。

（3）情绪稳定，有安全感。生活中以积极的情绪为主导，能调节自己的情绪变化并基本保持平稳；内心踏实，有安全感。

（4）人际关系良好。能在与他人的交往中体验到正面的情绪，获得满足和快乐；能理解他人，接纳和应对人际交往过程中遇到的问题。

（5）承担应尽的社会角色。基本能够达到与自身年龄、身份、生活环境等符合的责任和义务，比如照顾家庭、完成工作等。

（6）具备应对挫折的能力。积极面对和接受现实，遇到困难、挫折时，能够调整心态，正确面对并想办法克服，而非消极抵触或逃避。

关于心理健康，我们很容易联想到诸多领域中非常优秀的人。中国载人航天工程航天员系统负责人在制定女预备航天员选拔标准的时候，对国外女性航天员的情况进行了统计，入选的年龄，在25岁到35岁的女性候选者占78%，一个很重要的原因是候选者在25岁左右到35岁之间她生理和心理是比较成熟、稳定的时期。① 随着年龄的增长，生理机能逐渐退化，但心理机能并非如此。绝大多数心理障碍会随着年龄的增长而减轻，老年的时候往往比年轻时能更好地调节情绪。但绝不意味着成熟是年老者的专属，这与一个人

① 深圳新闻网 szbbs. sznews. com，2012年6月29日。

的心理成熟度有关。成熟意味着能够很好地完成生命中每一阶段的心理社会任务。现实对埃里克森严格意义的社会发展阶段理论提出了挑战。越来越多的研究发现成熟度与健康之间有密切的关系。

本章小结

通过对工作压力和健康概念的理解，使学生认识到良好、健康的工作环境和心理环境对员工的身心健康所起的作用，同时也是管理工作中要关注的一项不可缺少的重要内容。

重要概念

压力　压力源　一般适应综合症　生物反馈训练　钟摆效应　情绪智力　健康促进　心理健康

同步测练与参考答案

一、判断题

1. 工作压力产生时，明显伴随着一系列心理上、情绪上和生理上的反应。
2. 工作压力的产生会在人的心理上、行为上和生理上显现出多种信号。
3. 按照谢尔耶的理论，人体应付工作压力的能力在用尽后能够马上恢复。
4. 工作压力与工作绩效之间呈倒 U 型关系模型。
5. B 型人看起来比较轻松自在，按照环境要求工作，设置的标准较高。
6. 职工缺勤和离职与对工作的不满有密切联系。
7. 压力对人们心理最主要的影响是焦虑的增长。
8. 适应环境的能力决定着对压力源的承受能力。
9. 放松也是克服压力的有效方法。
10. 心理疾病主要用的是心理疗法。

二、选择题

1. 引起压力的外界因素主要有（　　）。

   A. 拥挤的环境　　B. 技术改造

   C. 社会经济的变革　　D. 人际关系状况

2. 谢尔耶提出的“一般性综合适应反应过程”包括（　　）。

A. 警觉阶段　B. 抵抗阶段　C. 抵制阶段　D. 耗竭阶段

3. 应对工作压力的策略主要有（　　）。

A. 个人策略　B. 组织策略　C. 群体策略　D. 心理治疗

4. 引起工作压力的原因有（　　）。

A. 外界环境因素　B. 个人因素　C. 群体因素　D. 组织因素

5. 引起工作压力的群体因素主要有（　　）。

A. 群体缺乏内聚力　B. 缺乏社会支持　C. 群体内的冲突　D. 群体特点

6. 引起工作压力的个体因素有（　　）。

A. 个体的个性因素　B. 个体适应环境的能力

C. 个体的生理状况　D. 个体的气质类型

7. 当个人产生焦虑状态时，产生的不同反应有（　　）。

A. 产生消极情绪　B. 产生敌对情绪

C. 产生厌世情绪　D. 产生悲观情绪

8. 放松训练的方法很多，其中包括（　　）。

A. 静心反思　B. 深度呼吸训练　C. 意象训练　D. 生物反馈

9. 健康促进的场所包括（　　）。

A. 个人家庭　B. 工作场所　C. 社区　D. 以上全部

10. 心理健康应包括（　　）。

A. 个人适应良好　B. 完善的个性　C. 情绪反应良好　D. 以上全部

三、讨论题

1. 什么是工作压力？引起工作压力的原因有哪些？

2. 工作压力会产生哪些后果？应对策略有哪些？

3. 情绪与身心健康的关系如何？如何调适？

参考答案

一、1. T　2. T　3. T　4. T　5. F　6. T　7. T　8. T　9. T　10. T

二、1. ABCD　2. ABD　3. ABD、ABCD　4. ABC　5. ABC　6. ABCD　7. ABCD
8. ABCD　9. D　10. D

三、略

综合测练与参考答案

综合测练与参考答案

一、名词解释

1. 行为科学
2. Y 理论
3. 晕轮效应
4. 性格

二、判断题

1. 通常我们不会对气质作好坏评价。
2. 高士气的群体不一定有高的生产率。
3. 在管理心理学的发展历史上，被称为“工业心理学之父”的是泰勒。
4. P－O－X 模型是由费斯廷格提出的。
5. 赫兹伯格的双因素理论认为满意的对立面是不满意。
6. 心理学家勒温提出的群体动力理论又被称为火理论。
7. 提倡 X 理论，反对 Y 理论的是麦格雷戈。
8. 偏见是一种不正确的态度。
9. 传统观点往往把组织看成是一个开放的社会支持系统。
10. 态度转变主要指的是方向上的转变。

三、单选题

1. 需要层次理论是由美国心理学家（　　）提出的。
   A. 马斯洛　　B. 弗罗姆　　C. 斯金纳　　D. 洛克
2. 巴甫洛夫高级活动类型中强、平衡、灵活的气质特点属于（　　）类型。
   A. 胆汁质　　B. 多血质　　C. 粘液质　　D. 抑郁质
3. 在科学管理理论中，提出管理五大职能和 14 条管理原则的是（　　）。

A. 韦伯　B. 法约尔　C. 泰勒　D. 吉尔布雷斯

4. 非正式群体形成的主要原因是环境因素和（　　）。

A. 文化因素　B. 政治因素　C. 心理因素　D. 经济因素

5. 日本心理学家三隅二不二创建的领导行为类型中，把以任务为主的领导类型称为（　　）。

A. W 型　B. F 型　C. P 型　D. M 型

四、多选题

1. 态度的形成包括（　　）。

A. 顺从　B. 同化　C. 内化　D. 类化

2. 挫折的行为表现主要有（　　）。

A. 发怒　B. 退化　C. 妥协　D. 攻击

3. 心理过程分为以下几个方面（　　）。

A. 认识过程　B. 情感过程　C. 意志过程　D. 观念过程

4. 自我意识主要包括（　　）。

A. 物质自我　B. 管理自我　C. 社会自我　D. 精神自我

5. 勒温认为组织变革通常包括以下几个阶段（　　）。

A. 解冻　B. 变革　C. 再解冻　D. 激励

6. 管理心理学研究的行为标准主要有（　　）。

A. 生产率　B. 出勤率　C. 缺勤率　D. 工作满意感

7. 按沟通者有无地位转移可将沟通分为（　　）。

A. 上行沟通　B. 下行沟通　C. 单向沟通　D. 双向沟通

8. 群体规范的作用主要有（　　）。

A. 群体动力　B. 促进群体变革　C. 树立评价标准　D. 维持和巩固群体

9. 内容型激励理论主要包括（　　）。

A. 公平理论　B. 双因素理论　C. 挫折理论　D. 需要理论

10. 行为组织理论的主要特点是（　　）。

A. 强调层峰组织结构　B. 主张扁平组织结构

C. 主张集权　D. 主张分权

五、简答题

1. 试述古典管理理论。

2. 什么是压力？简述压力产生的诸多因素。

六、论述题

试分析归因偏差及其在管理中的应用。

参考答案

一、略

二、1. T　2. T　3. F　4. F　5. F　6. F　7. F　8. T　9. F　10. F

三、1. A　2. B　3. C　4. C　5. A

四、1. ABC　2. BCD　3. ABC　4. ACD　5. ABC　6. ACD　7. CD　8. ACD　9. BD　10. BD

五、略

六、略

综合测练与参考答案（二）

一、名词解释

1. 泰勒制
2. 工作满意感
3. 团体冲突
4. 角色知觉

二、判断题

1. 非正式群体没有积极作用。
2. 管理方格中（9，1）型属于任务型领导。
3. 中国行为科学学会成立于1980年。
4. 态度反映个人对人物、事物、客体的心理感受。
5. 价值观全部作用的实质和核心是动力作用。

三、单选题

1. 下列不属于工业心理学范畴的是（　　）。
A. 组织心理学　B. 人事心理学　C. 工程心理学　D. 消费心理学
2. 根据动机需要理论认为人的主要需要不包括（　　）。
A. 安全需要　B. 成就需要　C. 人际交往需要　D. 权利需要
3. 一个人整个的、比较稳定的、带有个人倾向的心理特征的总和为（　　）。
A. 素质　B. 个性　C. 价值观　D. 品质
4. 态度变化三阶段理论的提出者是（　　）。
A. 勒温　B. 费斯廷格　C. 凯尔曼　D. 因斯科
5. 最早的组织结构形式是（　　）。
A. 直线式组织结构　B. 扁平式组织结构
C. 矩阵式组织结构　D. 职能式组织结构
6. 在态度的构成要素中，起基础性作用的是（　　）。
A. 认知要素　B. 评价要素　C. 情感要素　D. 意向要素
7. 以人为对象的社会知觉可以划分为（　　）。
A. 对个人的知觉、群体知觉、角色知觉
B. 对个人的知觉、人际知觉、角色知觉
C. 对个人的知觉、群体知觉、人际知觉
D. 人际知觉、角色知觉、群体知觉

8. 在管理方格理论中，最佳的管理方式为（　　）。

A. （9，1）型管理方式　　B. （1，1）型管理方式

C. （1，9）型管理方式　　D. （9，9）型管理方式

9. 通过领导者个人的品质条件与人格特征对领导有效性进行研究的理论称为领导有效性的（　　）理论。

A. 能力　　B. 气质　　C. 品质　　D. 人格

10. 西方领导行为理论中的管理方格图以（　　）为横坐标，以人员定向为纵坐标。

A. 任务定向　　B. 效益定向　　C. 生产定向　　D. 组织定向

四、多选题

1. 态度的心理结构包括（　　）。

A. 认知　　B. 情绪情感　　C. 行为　　D. 意向

2. 下列不属于管理心理学研究范畴的是（　　）。

A. 个体心理　　B. 神经心理　　C. 组织心理　　D. 临床心理

3. 构成权力性影响力的因素主要有（　　）。

A. 知识因素　　B. 职位因素　　C. 资历因素　　D. 品格因素

4. 过程型激励理论主要包括（　　）。

A. 公平理论　　B. 双因素理论　　C. 成就需要理论　　D. 期望理论

5. 个性倾向性主要包括（　　）。

A. 需要　　B. 价值观　　C. 理想　　D. 动机

6. 行为组织理论的主要特点包括（　　）。

A. 主张集权　　B. 提倡专业化

C. 主张扁平组织结构　　D. 主张分权

7. 正式群体的主要功能有（　　）。

A. 满足成员需求　　B. 完成组织任务　　C. 激励成员　　D. 协调人际关系

8. 领导的基本功能包括（　　）。

A. 组织功能　　B. 激励功能　　C. 控制功能　　D. 协调功能

9. 意见沟通的主要网络包括（　　）。

A. 链式　　B. Y 式　　C. 轮式　　D. 环式

10. 心理学研究表明能力差异主要表现在（　　）。

A. 能力表现的水平差异　　B. 能力表现的早晚差异

C. 能力表现的类型差异　　D. 能力的团体差异

五、简答题

1. 简述管理心理学与其临近学科之间的关系。

2. 试评价一种领导理论。

六、论述题

试分析影响人们态度形成和转变的因素。

参考答案

一、略

二、1. F　2. T　3. F　4. T　5. F

三、1. D　2. A　3. B　4. C　5. A　6. A　7. B　8. D　9. C　10. A

四、1. ABD　2. BD　3. BC　4. AD　5. ABCD　6. CD　7. ABD　8. AB　9. ABCD　10. ABCD

五、略

六、略

综合测练与参考答案（三）

一、名词解释

1. 管理科学学派
2. 经济人
3. 社会知觉
4. 凝聚力

二、判断题

1. 活泼好动、敏捷、灵活是人的性格特征。
2. 泰勒的《科学管理原理》发表于 1911 年。
3. 态度转变的认知失调理论是由费斯廷格提出的。
4. 高智商的人必定有很高的创造力。
5. 传统特性理论认为领导者的特性是生而具有的。

三、单选题

1. 在态度改变的各种类型中，不改变原有态度的方向，仅改变原有态度的强度被称为（　　）。

   A. 一致性改变　B. 不一致性改变　C. 同化改变　D. 异化改变

2. 影响态度改变的团体因素包括信仰、目标、规范和（　　）。

   A. 组织形式　B. 领导方式　C. 领导作风　D. 组织效能

3. 领导是指引导和影响个人或组织，在一定条件下（　　）的行动过程。

   A. 完成任务　B. 实现目标　C. 交流合作　D. 说服或制约

4. 日本心理学家三隅二不二创建的 PM 领导行为类型中，把（　　）类型的领导行为定义为效率最差的领导行为。

   A. PW 型　B. PM 型　C. P 型　D. M 型

5. 如果我们把社会知觉主要理解为对人的知觉，那么以人为对象的社会知觉基本上划分为对个人的知觉、角色知觉和（　　）三种类型。

   A. 人格知觉　B. 情境知觉
   C. 比较知觉　D. 人际知觉（或人际关系知觉）

6. 有人把乌鸦的出现看成是不祥的征兆，把喜鹊的出现看成是好兆头，这是常见的归因偏差中的（　　）。

   A. 观察者与行为者的归因偏差　B. 涉及个人利益的归因偏差
   C. 涉及群体利益的归因偏差　D. 对自然现象作拟人化归因的偏差

7. 影响知觉选择性的主观因素主要有五个方面：(1) 观察者的（　　）；(2) 观察者的兴趣和爱好；(3) 观察者的个性特征；(4) 观察者的过去经验；(5) 观察者的知识结构。

A. 需要与动机　B. 能力结构　C. 态度体系　D. 人格特征

8. 冲突是指由于两种（　　）的互不相容和互相排斥而引起矛盾激化的现象。

A. 组织　B. 群体　C. 利益　D. 目标

9. 冲突的过程可以分为四个阶段：潜在对立阶段、认知与个性化阶段、（　　）阶段和结果阶段。

A. 人际交往　B. 行为　C. 冲突　D. 矛盾

10. 按信息沟通是否有地位转移分类，信息沟通可以分为单向沟通和（　　）沟通两类。

A. 双向　B. 交叉　C. 多向　D. 交互

四、多选题

1. 费德勒的领导模型认为影响领导效果的情境因素主要有（　　）。

A. 领导者的影响力　B. 领导者与员工的关系
C. 任务结构是否明确　D. 领导者的岗位能力

2. 社会知觉的种类主要有（　　）。

A. 对人知觉　B. 人际知觉　C. 角色知觉　D. 自我知觉

3. 构成非权力性影响力的因素主要有（　　）。

A. 知识因素　B. 职位因素　C. 资历因素　D. 品格因素

4. 在管理心理学的研究中，基本的组织结构形式主要有（　　）。

A. 直线式　B. 链式　C. 矩阵式　D. 直线职能式

5. 高凝聚力群体的主要特征有（　　）。

A. 民主气氛好　B. 信息交流好　C. 向心力强　D. 归属感强

6. 领导者素质的培养主要体现在（　　）。

A. 吸收新知识　B. 强调成效　C. 重视理性　D. 开发意识
E. 创新能力

7. 构成权力性影响力的主要成分是（　　）。

A. 品格因素　B. 传统因素　C. 职位因素　D. 资历因素

8. 自我意识包括（　　）。

A. 物质自我　B. 社会自我　C. 知觉自我　D. 精神自我

9. 价值观的作用主要包括（　　）。

A. 动力作用　B. 标准作用　C. 调节作用　D. 定向作用
E. 稳定作用

10. 影响态度转变的因素包括（　　）。

A. 人格因素　　B. 团体因素　　C. 社会环境　　D. 态度体系

五、简答题

1. 什么是气质？气质对管理工作有何影响？
2. 简述影响知觉选择性的主观因素。

六、论述题

分析组织变革的动力和阻力及对管理的影响。

参考答案

一、略

二、1. F　2. T　3. T　4. F　5. T

三、1. A　2. A　3. B　4. B　5. D　6. D　7. A　8. D　9. B　10. A

四、1. BCD　2. ABCD　3. AD　4. ACD　5. ABCD　6. ACD　7. BCD　8. ABD　9. ABCD　10. ABCD

五、略

六、略

综合测练与参考答案（四）

一、名词解释

1. 霍桑效应
2. 自我实现人
3. 首因效应
4. 领导影响力

二、判断题

1. 智力是一种特殊能力。
2. 管理心理学最早起源于英国。
3. 在管理方格理论中，任务型领导属于（9，1）型。
4. 品格因素属于权力性影响力。
5. 当个体在面临复杂的没有把握的问题时较易发生从众行为。

三、单选题

1. 在管理心理学的发展历史上，被称为“工业心理学之父”的是（　　）。
   A. 泰勒　　B. 闵斯特伯格　　C. 库克　　D. 罗特利斯伯格
2. 社会人假设相应的管理理论是（　　）。
   A. X 理论　　B. Y 理论　　C. 超 Y 理论　　D. 人际关系理论
3. 态度转变的理论主要有（　　）。
   A. 成就动机理论　　B. 海德的 P－O－X 平衡理论
   C. 目标设置理论　　D. 纽卡姆的 A－B－X 模型
4. 冲突是指由于两种（　　）的互不相容和互相排斥而引起矛盾激化的现象。
   A. 组织　　B. 群体　　C. 利益　　D. 目标
5. 冲突的过程可以分为四个阶段：潜在对立阶段、认知与个性化阶段、（　　）阶段和结果阶段。
   A. 人际交往　　B. 行为　　C. 冲突　　D. 矛盾
6. 按信息沟通是否有地位转移分类，信息沟通可以分为单向沟通和（　　）沟通两类。
   A. 双向　　B. 交叉　　C. 多向　　D. 交互
7. 以群体是否客观存在为依据，可以把群体分为实际群体与（　　）两大类。
   A. 假设群体　　B. 结构群体　　C. 协作群体　　D. 活动群体
8. 客观事物直接作用于感觉器官而在大脑中产生的对这个事物的个别属性的反应称

为（　　）。

A. 感觉　B. 知觉　C. 记忆　D. 思维

9. 以人为对象的社会知觉可以划分为（　　）。

A. 对个人的知觉、人际知觉、角色知觉

B. 对个人的知觉、群体知觉、角色知觉

C. 人际知觉、群体知觉、角色知觉

D. 对个人知觉、群体知觉、人际知觉

10. 心理学的研究发现，人在知觉过程中会把若干事物作为一个整体来反应，他们在对知觉对象的组合中，服从于（　　）、相似原则、闭锁原则和连续原则。

A. 接近原则　B. 情境原则　C. 交替原则　D. 对比原则

四、多选题

1. 态度转变的理论主要有（　　）。

A. 认知失调理论　B. 海德的 P－O－X 平衡理论

C. 目标设置理论　D. 纽卡姆的 A－B－X 模型

2. 按沟通者有无地位转移将沟通分为（　　）。

A. 上行沟通　B. 下行沟通　C. 平行沟通　D. 单向沟通

E. 双向沟通

3. 反映职权的严格从属关系的沟通是（　　）。

A. 链状沟通　B. 轮状沟通　C. 环状沟通　D. Y 型沟通

4. 非正式群体的特征主要有（　　）。

A. 规模小　B. 有不成文的惩罚制度

C. 以感情为纽带　D. 有比较灵敏的信息传递渠道

5. 一个高效率的群体具有以下特征（　　）。

A. 共同参与制定政策　B. 成员之间具有良好的沟通联系

C. 成员工作积极性较高　D. 成员之间有高度的影响力和交互作用

6. 影响从众行为的群体因素有（　　）。

A. 群体的气氛　B. 群体的凝聚力

C. 群体的一致性　D. 群体的性质

7. 自我意识包括（　　）。

A. 物质自我　B. 社会自我　C. 知觉自我　D. 精神自我

E. 管理自我

8. 一般来说，对人知觉又称社会知觉，大体可分为（　　）。

A. 对人认知　B. 自我认知　C. 人际知觉　D. 角色知觉

9. 领导者素质的培养主要体现在（　　）。

A. 吸收新知识　B. 强调成效　C. 重视理性　D. 开发意识
E. 创新能力

10. 构成权力性影响力的主要因素是（　　）。
A. 品格因素　B. 传统因素　C. 职位因素　D. 资历因素

五、简答题

1. 举例说明影响社会知觉的因素有哪些。
2. 试比较马斯洛的需要层次理论与赫兹伯格的双因素理论的异同。

六、论述题

试评述韦伯的古典管理理论。

参考答案

一、略

二、1. F　2. F　3. T　4. F　5. T

三、1. B　2. D　3. B　4. D　5. B　6. A　7. A　8. A　9. A　10. A

四、1. ABD　2. DE　3. ABCD　4. ABCD　5. ABCD　6. ABCD　7. ABD　8. ACD
9. ACD　10. BCD

五、略

六、略

参考文献

1. Steven L McShane & Mary Ann Von Glinow. Organizational Behavior. New York: McGraw-Hill, 2000.
2. John W. Santrock. Psychology. New York: McGraw-Hill, 2000.
3. Robert J. Gregory. Psychological Testing — History, Principles, and Applications. Allyn and Bacon, 2000.
4. Wayne Weiten. Psychology: Themes & Variations. Wadsworth. Brooks/Cole, 2000.
5. Ronald J. Comer. Abnormal Psychology. Worth publishers, 2001.
6. Fisher, Schoenfeldt, Shaw. Human Resource Management. New York: Houghton Mifflin. 1999.
7. Hansen, C. P. and Conrad, K. A. A. Handbook of Psychological Assessment in Business. Westport. NewYork: Quorum. 1991.
8. 马克思恩格斯全集.23卷.北京：人民出版社，1972：67.
9. 卢盛忠.管理心理学.杭州：浙江教育出版社，1998.
10. 程正方.现代管理心理学.北京：北京大学出版社，1996.
11. 张春兴.现代心理学.上海：上海人民出版社，2005.
12. Paul R. Timm & Brent D. Peterson. 人的行为与组织管理.钟谷兰，译.北京：中国轻工业出版社，2004.
13. 王垒.组织管理心理学.北京：北京大学出版社，1993.
14. 张光泉.人·心理·管理.北京：北京大学出版社，1997.
15. 孙卫敏.组织行为学.济南：山东人民出版社，2002.
16. 时蓉华.社会心理学.上海：上海人民出版社，1986.
17. 苏东水.管理心理学.上海：复旦大学出版社，2002.
18. 侯玉波.社会心理学.北京：北京大学出版社，2002.
19. 俞文钊.管理心理学.大连：东北财经大学出版社，2004.
20. 孔令智，汪建新，周晓红.社会心理学新编.沈阳：辽宁人民出版社，1987.
21. 韦恩·卡肖，赫尔曼·阿格尼斯.心理学与人力资源管理.北京：北京大学出版社，2005.
22.《中国心理卫生杂志》编辑部.心理卫生评定量表手册.中国心理卫生，1993.
23. 张德.组织行为学.北京：清华大学出版社，2005.

24. 周菲．管理心理学．北京：清华大学出版社，北京交通大学出版社，2005.
25. 徐联仓．组织行为学．北京：中央广播电视大学出版社，1998.
26. 戴维·迈尔斯．社会心理学．张智勇，乐国安，侯玉波，译．北京：人民邮电出版社，2005.
27. 斯蒂芬·P·罗宾斯．组织行为学．孙建敏，译．北京：中国人民大学出版社，1999.
28. 松原达哉．怎样培养聪明的孩子5－6岁．李佳，刘翠荣，译．长春：吉林人民出版社，1981.
29. 乐国安．西方社会心理学新进展．广州：暨南大学出版社，2004.
30. 凌文辁，郑晓明，张治灿，方俐洛．组织心理学的新进展．应用心理学，1997，3(1):11－18.
31. 彭瑞祥．中国劳动心理学三十年．心理学报，1980（1）：16－21.
32. 徐联仓，王重鸣．管理心理学研究．中国心理科学（工作心理学分卷），1997（10）：1055－1067.
33. 赵莉如．中国现代心理学的起源和发展．心理学动态，1992.
34. 詹姆斯·吉布森，约翰·伊万塞维奇，詹姆斯·多奈里，罗伯特·柯诺帕斯克．组织行为——行为、结构及过程．杨忠，译．南京：南京大学出版社．2009.
35. 斯蒂芬·P·罗宾斯．组织行为学精要．柯江华，译．北京：机械工业出版社，2005.
36. 克里斯·阿基里斯．个性与组织．郭旭力、鲜红霞，译．北京：中国人民大学出版社，2007.
37. 蒋云根．组织行为的心理分析．上海：东华大学出版社，2004.
38. 克里斯托弗·彼得森．积极心理学．徐红，译．北京：群言出版社．2010.